Immanuel Lück

Alarm um die Schule

Kritische Auseinandersetzung
mit der gegenwärtigen Erziehungs-Situation.
Die Neomarxistische Unterwanderung.

Hänssler-Verlag
Neuhausen-Stuttgart

Veröffentlichung im Auftrag des Theologischen Konventes
der Konferenz Bekennender Gemeinschaften

Bisherige Veröffentlichungen des Theologischen Konventes:
P. Beyerhaus: Bangkok '73 – Anfang oder Ende der Weltmission?
(TELOS-Tb. Nr. 56) 1973
W. Künneth/P. Beyerhaus (Hrsg.): Reich Gottes oder Weltge-
meinschaft? (TELOS-Dok. Nr. 900) 1975
P. Beyerhaus/U. Betz (Hrsg.): Ökumene im Spiegel von Nairobi '75
(TELOS-Dok. Nr. 903) 1976
U. Asendorf u. F.-W. Künneth (Hrsg.): Christuszeugnis im Nebel des
Zeitgeistes – Nicänisches Christusbekenntnis heute
(Edition C–C 14) 1979

CIP-Kurztitelaufnahme der Deutschen Bibliothek:

Lück, Immanuel:
Alarm um die Schule / Immanuel Lück. – Neuhausen:
Hänssler, 1979.
    (TELOS-Bücher; Nr. 907: TELOS-Dokumentationen)

ISBN 3 7751 0396 1

TELOS-Dokumentation Nr. 907
© Copyright by Hänssler-Verlag, Neuhausen-Stuttgart, 1979
Umschlaggestaltung: Daniel Dolmetsch
Gesamtherstellung: Ebner Ulm

Inhalt

Vorwort

In mehreren Ländern der Bundesrepublik Deutschland hat sich in den letzten Jahren ein schwerer Konflikt über bestimmte Reformbestrebungen im Bildungsbereich entzündet. Er drohte insbesondere in Hessen und Nordrhein-Westfalen sich zu einem neuen Kulturkampf auszuweiten. Eltern- und Lehrerverbände gingen, unterstützt von evangelischen und katholischen Stellungnahmen, gemeinsam auf die Barrikaden, um sich z.T. erfolgreich gegen eine drastische Veränderung des Schulwesens zu wehren. Erschien sie ihnen doch nicht nur als Zerstörung eines bewährten Bildungssystems, sondern zugleich als ein schwerer Eingriff in das Elternrecht und in die Freiheit der kindlichen Persönlichkeit.

Nicht allen Betroffenen war es dabei klar, daß die Maßnahmen, gegen die sie hier zu Recht aufbegehrten, nur die Spitze eines Eisberges waren. Aufmerksame Beobachter haben dagegen schon seit Jahren in verschiedenen Veröffentlichungen darauf hingewiesen, daß unser Schulwesen in der akuten Gefahr einer strategischen Unterwanderung durch die Anhänger der neomarxistischen »Frankfurter Schule« steht. Ihr Ziel ist es, die mit dem Abflauen der studentischen Revolution der turbulenten Jahre 1967–70 zunächst gescheiterten gesellschaftlichen Umsturzideen nun langfristig auf dem Wege über die Schule zu verwirklichen. Plötzlich stießen Eltern auf schockierende Texte bereits in Fibeln ihrer Kinder, in denen diese in z.T. geradezu zynischer Art zur Kritik und zum Widerstand ihnen gegenüber aufgewiegelt wurden. Sie erschraken darüber, wie im Sexualkundeunterricht das natürliche Schamgefühl verletzt werden konnte, und erfuhren, wie durch gruppendynamische Rollenspiele Vorgänge aus dem Privatbereich der Familie in das Rampenlicht einer kritischen Klassendiskussion gerückt wurden. Nun setzte eine Unruhewelle ein, die sich in vielen Protesten – bis hin zu Prozeßandrohungen – ausdrückte. Daß dieser Widerstand in vielen Fällen abprallte, hatte einen Grund darin, daß in der Tat der Gedanke, das Schulwesen zum entscheidenden Instrument der Gesellschaftsveränderung zu machen, in bestimmten Parteien bis in die Regierungskreise hinein Wurzel gefaßt hat.

Der Verfasser des vorliegenden Buches gehört zu denjenigen,

die die bedrohliche Entwicklung schon in einem frühen Stadium durchschaut haben. Mehr noch: Er erhob ohne Rücksicht auf bedrohliche Folgen für seine berufliche Existenz Einspruch und sieht sich noch heute gezwungen, sich zu weigern, selbst zum ausführenden Organ einer ideologischen »Sozialisations-Pädagogik« zu werden. Denn als bekennender Christ erkannte er, daß hier im Gewande moderner Erziehungswissenschaft eine Umformung des Menschen bis in die Grundstruktur seiner Persönlichkeit angestrebt wird, die mit der biblischen Sicht von Freiheit und Würde des Menschen als Ebenbild Gottes nicht mehr vereinbar ist.

»Alarm um die Schule« schlug Immanuel Lück öffentlich erstmalig vor, als er gemeinsam mit den beiden Pädagogen C. und R. Willeke und dem Sozialphilosophen H. Günther eine Informationsschrift verfaßte, die unter dem Namen »Schule wohin? Das Kind im Griff!« eine Verbreitung von 150 000 Exemplaren gefunden hat. Ebenfalls entscheidend von ihm veranlaßt wurde der offene Brief, mit dem sich die Konferenz Bekennender Gemeinschaften in den evangelischen Kirchen Deutschlands am 20. Juni 1977 an die bundesdeutschen Kultusministerien wandte, um sie vor der drohenden ideologischen Unterwanderung unseres Schulwesens zu warnen. In diesem Brief, der gleichfalls ein starkes Echo in der Öffentlichkeit gefunden hat, wurde schon die ausführliche Begründung und Dokumentation zu den hier ausgesprochenen Beschwerden angekündigt, die der Verfasser nunmehr nach mehrjährigem eingehendem Studium der einschlägigen Literatur – von zahlreichen Lehrbüchern aus verschiedenen Schulstufen bis hin zu den Rahmenrichtlinien der Kultusministerien und den sozialkritischen Werken der Frankfurter Schule – vorlegt.

Im Unterschied zu anderen wichtigen Veröffentlichungen zum gleichen Thema hat das vorliegende Buch einen doppelten Vorzug: Zum einen führt es dem Leser mit dem kommentierten Abdruck einer Fülle von Schulbuchtexten direkt in den Alltag des Unterrichtes und von hier aus in das bedrohte Elternhaus und in die aufgewühlte Vorstellungswelt der Kinder selbst ein. Zum andern deckt der Verfasser nicht nur in kundiger Auseinandersetzung die ideologischen Hintergründe der Emanzipationsbewegung und Konfliktpädagogik auf, sondern zeigt in theologischer Besinnung jeweils, weshalb die Voraussetzungen und Ziele dieser Erziehungstheorie in unversöhnlichem Widerspruch zu dem stehen, was uns die Heilige Schrift über Wesen und Bestimmung des Menschen in der Sicht Gottes als seines Schöpfers und Erlösers sagt.

Dieses hier kurz skizzierte Hauptanliegen des Buches wurde einem umfassenderen Zusammenhang eingefügt. Man ist heute dabei, den jungen Menschen und seine Erziehung unter einem bestimmten Blickwinkel zu sehen: dem der empirischen Wissenschaften über den Menschen. Diese Sicht führt jedoch zunehmend zu einer Verzerrung dessen, was der Mensch ist. Dies ist um so folgenschwerer, als das Bildungswesen in der Bundesrepublik Deutschland sich anschickt, auf den ganzen Menschen – in allen Altersstufen und in allen Lebensbereichen – glaubt Einfluß nehmen zu müssen.

Die Konferenz Bekennender Gemeinschaften hat am Entstehen des Buches lebendigen Anteil genommen. Sie wünscht dieser von vielen mit Ungeduld erwarteten Veröffentlichung eine weite Verbreitung und hofft dabei, daß der »Alarm um die Schule« nicht nur zu einem heilsamen Erschrecken über das Ausmaß des bereits angerichteten Schadens, sondern vielmehr zu einer entschlossenen Korrektur der gesamten Schulpolitik durch die Verantwortlichen beiträgt.

Prof. Dr. Peter Beyerhaus

Präsident des Theologischen Konventes
der Konferenz Bekennender Gemeinschaften
in den evangelischen Kirchen Deutschlands

Tübingen, den 1. Mai 1978

I. Aus der Theorie der Pädagogik

A. Von der Persönlichkeit zum Rollenspieler

1. Die verantwortliche Persönlichkeit

Alle Erziehung, wenn sie dem Menschen gerecht werden will, muß den Menschen als Person sehen. Der Mensch soll fähig werden zum Urteilen, zum Entscheiden, zum verantwortlichen Handeln gegenüber dem Mitmenschen, gegenüber sich selbst und gegenüber der materiellen Umwelt.

Die Pädagogik wurde in ihrer Auffassung über das Person-Sein des Menschen von der Theologie, vor allem aber von der Philosophie her geprägt. So kam es beispielsweise im Neuhumanismus, einer Bildungs- und Geistesbewegung, die um 1750 entstand, zu einer besonderen Ausprägung des Persönlichkeitsideals: zu einer Überbetonung der Individualität, der Forderung nach Vollendung der Persönlichkeit und der Vorstellung von einem ununterbrochenen Fortschreiten der Selbstvervollkommnung menschlicher Persönlichkeit, verbunden mit dem griechischen Ideal harmonischer Seelenbildung. Diese Vorstellungen wirkten bis in unser Jahrhundert nach, erfuhren aber entscheidende Korrekturen. So betonten z. B. der jüdische Religionsphilosoph Martin Buber (1878–1965) und der katholische Pädagoge Romano Guardini (1885–1968) die Angewiesenheit des Menschen auf ein Du, die Notwendigkeit des Dialogs – gegenüber der alleinigen Zentrierung der Persönlichkeit in der Individualität. Klaus Schaller (1925) machte als Pädagoge zusammen mit R. Guardini auf die Notwendigkeit aufmerksam, daß sich der Mensch an den Forderungen von Mitmenschen und Sachen orientieren müsse und nicht nur alles auf den einzelnen zurückbezogen werden könne. Der Pädagoge F. Bollnow (1903) wies im Gegensatz zu der Auffassung von dem ununterbrochenen Fortschreiten der menschlichen Persönlichkeit und ihrer Selbstvervollkommnung auf die Brüche und Krisen im menschlichen Leben hin und auf die Möglichkeit des Scheiterns überhaupt.

Der Pädagoge J. Speck faßt im folgenden zusammen, was für die Person des Menschen in der Erziehung gilt: »Im Hinweis auf die Person wird – angesichts all dieser Einschränkungen und Verunsicherungen des menschlichen Lebens – die Möglichkeit des Menschen zur Behauptung und Verwirklichung seiner Menschlichkeit angesprochen: daß er Selbststand habe und suche, daß er sich selbst gehöre und aus einem von außen unzerstörbaren Zentrum immer wieder die Möglichkeit zu einem Neuanfang gewinne, daß er in diesem Kern der Person einmalig und unverwechselbar sei und daß daraus seine Würde wie seine unaufhebbare Verantwortung entspringe«[1]. Vom Person-Sein des Menschen her weisen Speck und andere (z. B. Kramp) für die Erziehung auf die unabdingbare Tatsache hin, daß der Mensch nicht verfügbar, verobjektivierbar oder verplanbar sei.

»Jede Erziehung, die sich als im Dienst der Aktualisierung von Personalität stehend weiß, wird sich zu einer ›radikalen Infragestellung des pädagogischen Impulses‹ (Wehle) veranlaßt sehen. Sie wird die Nicht-Objektivierbarkeit, die Unverplanbarkeit, Unverfügbarkeit und Unregulierbarkeit jener komplexen Einheit ›Person‹ berücksichtigen und Formen suchen, um das erzieherische Verhältnis adäquat zu gestalten«[2].

Zum Person-Sein des Menschen gehört ein Weiteres: die Identität. Der Begriff kommt aus dem lateinischen *idem* – derselbe. Mit der Identität des Menschen ist im Bereich der Erziehung gemeint, daß der Mensch bei allem Urteilen und Handeln seine Identität wahren soll, d. h. er soll »er selbst« bleiben. In der Pädagogik drängte sich die Frage nach der Identität als pädagogisches Problem erstmals in der Aufklärung auf und wurde von Rousseau gestellt: die Frage nach einer Erziehung zu einem »mit sich selbst übereinstimmenden« Menschen. In der Zeit der Aufklärung zerbrach dem Menschen zunehmend das Eingebundensein in Familie, Stand und Kirche. Sitten und Gebräuche verloren ihre Bedeutung, verflüssigten sich. Der Mensch setzte sich frei aus diesem Eingebundensein. Gleichzeitig brachte diese Freiheit eine neue Belastung mit sich. Der Mensch konnte nicht mehr auf vorgegebene Verhaltensmuster zurückgreifen, die ihm durch Sitte und Brauchtum gegeben waren. Er spürte die Gefahr, infolge der Verunsicherung durch den Zerbruch bisheriger Wertordnungen die »Übereinstimmung mit sich selbst« zu verlieren. Identitätsbildung wurde nun in hohem Maße an die »Verinnerlichung« ethischer Werte gebunden. (Die Verinnerlichung ethischer Werte ist dann gegeben, wenn diese dem Menschen als Maßstab für sein Handeln zur Selbstverständlichkeit geworden sind, wenn sie ihn durchdrungen haben und er sie somit in sein Ich aufgenommen hat.) Von daher sollte der Mensch dann als Persönlichkeit relativ frei und verantwortlich handeln können. Diese Sichtweise der Identitätsbildung wurde zwar von verschiedenen Aspekten her weiter ausgedeutet, hat sich aber im Prinzip bis in unser Jahrhundert gehalten. Daß Identitätsbildung möglich ist, hänge damit zusammen, daß der Mensch nicht festgelegt sei, sondern »offen«; so wird von seiner »Weltoffenheit«[3] gesprochen, die seine Erziehung möglich und notwendig mache.

Im Ringen um das Person-Sein des Menschen in seiner erzieherischen Verwirklichung war grundsätzlich in der deutschen Pädagogik eine weitere Erscheinung mit eingeschlossen: der transzendente Bezug. Hierbei handelt es sich um einen philosophischen Begriff. Mit der Transzendenz ist das gemeint, was unser menschliches Leben als diesseitiges, in der Erfahrungswelt stehendes Leben überragt. Es ist das, was die Grenzen der Erfahrung und der sinnlich erkennbaren Welt überschreitet: das Übersinnliche, Übernatürliche, das, was im Gegensatz zur Innerweltlichkeit(Immanenz) steht. Der katholische Theologe Rahner deutet diese Erscheinung im menschlichen Leben als die »absolute Offenheit für Sein überhaupt«[4]. Der transzendente Bezug war als zum Wesen des Erzieherischen gehörend eine Schranke gegenüber der Verfügbarmachung des Menschen, gegenüber seiner Machbarkeit und seiner Verobjektivierung.

Die Herkunft des Wortes »Person« ist nicht eindeutig geklärt. Im Mittelalter leitete man den Begriff von dem lat. *»persona«* aus »per-se-una« ab, d. h. »durch sich selbst«. Dies gilt heute als falsch. Ungeklärt ist auch die Ableitung von lat. *»persona-re«*, d. h. »hindurchtönen«, obwohl hier eine Verbindung zu einem Begriff aus der griechischen Theaterwelt vorliegt, der die Maske, das Gesicht, die Rolle des Schauspielers meinte. Als gesichert gilt heute, daß das Wort Person im Zusammenhang mit der Schauspielkunst des Griechentums gesehen werden muß. Neben anderen Aspekten beinhaltet der Personbegriff vom griechischen Theater her den religiösen Bezug des Menschen. Das griechische Theater hat die Welt der Götter immer mit eingeschlossen. Aber: Der Mensch als selbständig handelndes, verantwortliches Individuum, als zu sich selbst erwachtes Ich trat im antiken Theater nicht in den Vordergrund, da der Akzent auf dem Allgemeinen lag, das dem einzelnen übergeordnet war[5].

Die Frage nach dem Menschen als Person, als Individuum, führt uns zurück auf den Ursprung des Menschen. Wir werden verwiesen auf die biblische Offenbarung. Hier wird deutlich: Der Mensch ist als Einzelwesen verantwortlich vor Gott. Als einzelner, als Individuum in seiner Bezogenheit auf Gott geht er in alle Ewigkeit nicht unter. Er wird zum Individuum als Person erst durch die Beziehung auf Gott als sein Du hin. Der lebendige Gott redet den Menschen als Du an und verwirklicht so in ihm das Person-Sein, auf das er als Ebenbild Gottes angelegt ist. Im Menschen hat Gott sich ein persönliches Gegenüber geschaffen. Dieses persönliche Gegenüber Gottes ist zugleich Ebenbild Gottes; die Bibel spricht vom Menschen auch als »Sohn«, als »Kind Gottes«. Von daher findet auch die Frage nach der Identität des Menschen ihre Antwort. Des Menschen Identität ist seine Gottesebenbildlichkeit.

Der Mensch steht als Handelnder in dieser Welt. Er soll sie beherrschen und er soll Gott vertreten. Aber die Erfüllung dieses Auftrages ist nur möglich (gewesen) im Gehorsam Gott gegenüber. Allerdings hat Gott den Menschen auf Gehorsam nicht festgelegt. Gott hat eine Freiheit gewagt, die auch die gegenteilige Entscheidung des Menschen mit einschließt. Das unterscheidet den Menschen von aller anderen Kreatur, mit der wir die Linie der Vergänglichkeit in diesem irdischen Leben gemeinsam haben.

Die Gottesebenbildlichkeit ist nach dem Sündenfall nicht erloschen, sondern bis heute Realität; allerdings ist sie gebrochen und verzerrt. Dabei bedeutet Sündenfall: Ausbruch des Menschen aus der Stellung des Glaubensgehorsams in die der Autonomie, der Selbstverwirklichung, Selbstbestimmung, Selbstfindung. Der Mensch hat sich Gott gegenüber absolut gesetzt. Das, was ihm in dieser Welt als Aufgabe und Auftrag von Gott zugewiesen war, hat der Mensch selbstherrlich an sich gerissen und autonom zu lösen und zu verwirklichen gesucht. Das hat sein Verhältnis zur materiellen Welt, zur Kreatur, zum Mitmenschen und zu sich selbst verkehrt als Folge des verkehrten Verhältnisses zu Gott.

Gott hat sich des »autonom« gewordenen Menschen erneut angenommen. So wird ihm grundsätzlich die Rückkehr in den alten Zustand des Glaubensgehorsams durch Gottes Angebot möglich gemacht. Die Grundlagen hierfür sind von seiten Gottes gelegt: in der stellvertretenden Übernahme der Schuld, die uns von Gott trennt, durch Jesus Christus und in der Versöhnung des Menschen mit Gott durch seinen Tod am Kreuz; im Durchbruch Jesu Christi durch die todverhaftete Weltwirklichkeit ins neue Leben bei seiner Auferstehung; und durch seine schöpferische Gegenwart in dieser Welt im Heiligen Geist. Die Rückkehr in den Glaubensgehorsam – d. h. in die Verbindung mit Gott – wird dem Menschen praktisch möglich durch das Angebot der Aufnahme ins neue Leben von seiten des Auferstandenen. Diese Zuwendung Gottes zum Menschen gilt es in der Person Jesu Christi anzunehmen. Dadurch hat der Mensch die Möglichkeit, die Freiheit des Glaubensgehorsams zurückzugewinnen. Er findet zurück in den Stand der vollen Kindschaft, seiner Ebenbildlichkeit. In Christus wird uns unsere durch den Sündenfall verdunkelte Identität der Ebenbildlichkeit wieder freigelegt. Wird die Gabe Gottes nicht angenommen, so bleibt der Mensch grundsätzlich als Glied der gefallenen Schöpfung unfrei.

Überall da, wo man in der Erziehung von der beschriebenen letzten Voraussetzung des Person-Seins des Menschen ausgeht, weiß man um ein Gemeinsames: um die Unverfügbarkeit des Menschen. Von daher ist J. Speck zu verstehen, wenn er fordert, daß alle pädagogischen Impulse sich von der Nichtobjektivierbarkeit, der Unverplanbarkeit, Unverfügbarkeit und Unregulierbarkeit des Menschen her korrigieren lassen müssen. Alles Verfügbarmachen des Menschen widerspricht seinem Person-Sein als Ebenbild Gottes und tastet damit seine Würde an.

Unverfügbar ist in erster Linie die Bezogenheit des Menschen auf Gott, (unabhängig davon, ob sie ihm bewußt ist). Zum andern ist der Bereich der durch den Sündenfall verdorbenen Lebensbezüge des Menschen unverfügbar, d. h. durch Menschen nicht grundsätzlich steuerbar oder aufhebbar, als da sind: der Zwang zur Selbstverwirklichung, Selbstfindung, Selbstbestimmung und damit zusammenhängend Lebensangst, Minderwertigkeitsbewußtsein, Aufbegehren; die Verderbnis in den Beziehungen zum Mitmenschen: Lieblosigkeit, Ichgebundenheit, Konkurrenzbewußtsein, Neid, Haß u.a.m. Die Unverfügbarkeit als ein von Gott verhängtes Tabu gilt aber auch für das Verhältnis des Menschen zu sich selber. Sie verwehrt alle Versuche der Selbstveränderung durch Selbstheiligung, meditative Übung und alle Arten der Selbstmanipulation.

2. Menschenbildung unter dem Blickwinkel objektivierender Wissenschaften

Die deutsche Pädagogik wurzelte mit ihrer Auffassung über Erziehung in der christlich-abendländischen Tradition. Die Pädagogik war an Philosophie und Theologie orientiert. Sie wurde als »geisteswissenschaftliche Pädagogik« bezeichnet. Die Methode der geisteswissenschaftlichen Pädagogik erlaubte es, aus der Vergangenheit überkommene Vorstellungen aus Philosophie, Theologie und allen Wissenschaften kritisch zu befragen, zu beurteilen und auf das jeweilige erzieherische Problem anzuwenden (hermeneutischer Zirkel). Mit den Methoden der geisteswissenschaftlichen Pädagogik wurden die Inhalte – das Bildungsgut – ausgewählt, von denen man annahm, daß sie das Selbstverständnis und die personale Bildung des Menschen am besten förderten. Es wurden Inhalte gewählt, die als für andere Inhalte repräsentativ dem Schüler die Welt erschließen sollten. Dazu muß die kritische Anmerkung gemacht werden, daß im hermeneutischen Ansatz auch die Tendenz lag, Werte und Normen und Grundüberzeugungen geschichtlich zu manifestieren und zu relativieren und die Wahrheitsfrage nicht zu stellen.

Die Neuvermessung der Lerninhalte

Nach dem 2. Weltkrieg begann sich unter dem Einfluß amerikanischer Denkrichtungen eine Wende in der bisherigen Auffassung über Erziehung abzuzeichnen. Die Ablösung bisheriger Vorstellungen vollzog sich zunächst sehr langsam, drang dann aber vor allem in den sechziger Jahren immer rascher in das deutsche Bildungswesen ein. Sie betraf die Sicht des Menschen überhaupt und damit auch die Lehrinhalte.

Im Hinblick auf die Lehrinhalte stellte Th. Wilhelm in seiner »Theorie der Schule« bereits 1967 das Ende des Bildungskanons fest und wollte ihn ersetzt wissen durch an den Maßstäben der Wissenschaft orientierte Inhalte. »Der Bildungskanon geht zu Ende, er wird durch die Maßstäbe der Wissenschaftsschule verdrängt«[6]. Für die neu zu konzipierende Schule werde der ganze Umkreis der Wirklichkeit existenzbedeutend. Alles trete in den Bereich des Lehr- und Lernwichtigen. Der Schüler begegne außerhalb der Schule einer Fülle von Problemen, und so solle sich für ihn die Schule auch dieser ganzen Umwelt unmittelbar annehmen. Der Vermessungsmaßstab, den die geisteswissenschaftliche Pädagogik bisher mit ihrem hermeneutischen Zirkel lieferte, reiche hierfür nicht mehr aus. Ein neuer Vermessungsmaßstab müsse gefunden werden. »Der einzige Vermessungsmaßstab, der zur Verfügung steht, ist der der Wissenschaft«[7]. Der Bielefelder Erziehungswissenschaftler H.v. Hentig gab das Stichwort der »Vermessung«. Diese Auseinandersetzung um die neue Schule fand im »Strukturplan für das deutsche Bildungswesen«, den der »Deutsche Bildungsrat« als höchstes deutsches Gremium für Fragen der Bildung 1970 herausgab, seinen vorläufigen Abschluß. Das organisierte Lernen – so heißt es dort – soll grundsätzlich wissenschaftsorientiert sein. Alle Bereiche des Lebens sollen von der Wissenschaft her gesehen und bewußtgemacht werden. Es wird gefordert: »...daß die Bildungsgegenstände, gleich ob sie dem Bereich der Natur, der Technik, der Sprache, der Politik, der Religion, der Kunst oder der Wirtschaft angehören, in ihrer Bedingtheit und Bestimmtheit durch die Wissenschaften erkannt und entsprechend vermittelt werden«[8].

Das Unverfügbare soll verfügbar werden

Dieser Neubestimmung der Lehr- und Lerninhalte entspricht eine neue Betrachtungsweise des Menschen und seiner Erziehung überhaupt. Bisher hatten die Grundaussagen und Wertvorstellungen der Pädagogik über den Menschen letztlich ihre Wurzel in religiösen, philosophischen und allgemein weltanschaulichen Kategorien. Nunmehr ging man dazu über, das Bild vom Menschen von den Erkenntnissen der meist auf naturwissenschaftlicher Basis arbeitenden Humanwissenschaften bestimmen zu lassen. Für das deutsche Bildungswesen wurden der Göttinger Pädagoge Heinrich Roth und Wolfgang Brezinka, Konstanz, in diesem Sinne bahnbrechend. Heinrich Roth, der von 1966 bis 1975 im Deutschen Bildungsrat die wichtigste erziehungspolitische Schlüsselstellung der Bundesrepublik innegehabt hat, zieht die empirischen Wissenschaften vom Menschen: Psychologie, Soziologie, Sozialpsychologie, die Verhaltensforschung bis hin zur Kulturanthropologie in die Fragestellung der Pädagogik mit ein. Philosophie und Theologie will er dabei nicht direkt ausgeklammert wissen.

Warum? Auf der einen Seite sieht H. Roth den Menschen nicht nur als »geistiges Kulturwesen«, sondern auch als »geistig-religiöses Wesen«. »Glaube« ist bei ihm »die letzte geistige Deutungskraft, die ein Mensch der Welt gegenüber aufbringt«. Er erkennt den Menschen als ein auf Vergebung angewiesenes Wesen. Ist Glaube »nichts als Geschenk, Gnade, deren man teilhaftig wird oder nicht?« so fragt H. Roth. Bei aller Bedeutung, die er im Großen der Erziehung hier zumißt, erkennt er doch die Unverfügbarkeit des Menschen im Bereich des Glaubens[9]. Auf der anderen Seite wendet H. Roth sich der Verfügbarmachung des Menschen durch die empirischen Wissenschaften voll zu. Hier bekommen für ihn Theologie und Philosophie wiederum eine entscheidende Bedeutung. Beide Wissenschaften hätten nämlich von jeher intensiv über das nachgedacht, was als das Unverfügbare im Menschen angesehen werden müsse. Sie hätten sich immer wieder darüber getäuscht, und an diesen Täuschungen sei die Erziehungswissenschaft interessiert. Heute sei das Unverfügbare im Menschen den empirischen Wissenschaften zur Erforschung bestimmt. Die Ergebnisse müßten verantwortet werden und zwar pädagogisch.

»Philosophie und Theologie können deshalb nicht unterschlagen werden, weil sie, seit sie existieren, im Gegensatz zu den Erfahrungswissenschaften vom Menschen, spezifischer und konzentrierter über das nachgedacht haben, was das Unverfügbare im Menschen heißen kann. Sie haben sich in diesem Punkt immer wieder getäuscht –, und die Pädagogik muß gerade an dieser Täuschung interessiert sein, weil das freigesetzte Verfügbare, das im Zunehmen begriffen ist, verantwortet, und zwar nicht zuletzt pädagogisch verantwortet sein will. Die Pädagogik als

Wissenschaft kann nicht grundsätzlich auf die Wendung verzichten, die alle Wissenschaften vollzogen haben, seit sie sich von der Theologie getrennt und verselbständigt haben. Die Voraussetzung, das Unverfügbare im Menschen sei bekannt, ist, wissenschaftlich gesehen, nicht vorgegeben, sondern zur Erforschung aufgegeben«[9a].

Heinrich Roth spricht im Hinblick auf diese neue Erziehungsauffassung von der »realistischen Wende« in der Pädagogik und gibt dieser die Bezeichnung »Erziehungswissenschaft«. W. Brezinka grenzt – über H. Roth hinausgehend – die Erziehungswissenschaft streng auf das Feld empirischer Forschung ein und hält es für unzulässig, Ergebnisse, wie sie sich z. B. aus der Philosophie und Theologie ergeben, unmittelbar in die Erziehungswissenschaft und damit praktisch in den Erziehungsprozeß mit hineinzunehmen. Ihm geht es darum, mit Hilfe der empirischen Wissenschaften vom Menschen zum Auffinden technologischer Prinzipien für die Erziehungspraxis zu kommen. Insofern kann er die Aufgabe der Erziehungswissenschaft dahingehend beschreiben: »Ihr harter Kern sollte in den Beiträgen zur Lösung der technologischen Probleme gesehen werden«[10]. In diesem Zusammenhang zitiert er den Amerikaner Homans: »Irgendwann muß eine Wissenschaft sich dazu aufraffen, etwas Definitives zu sagen. Wenn es eine Veränderung in X gibt, welcher Art wird dann die Veränderung sein, die sich in Y vollzieht? Sagen Sie mir nicht einfach, daß es irgendeine Veränderung geben wird. Sagen Sie, welche!«[11]

Inzwischen ist die zunehmende Einflußnahme der empirischen Wissenschaften auf die Erziehung des Menschen zum Kennzeichen des deutschen Bildungswesens geworden. In seiner Vorbemerkung »Zur gegenwärtigen Lage« umreißt H.-H. Groothoff im »Erziehungswissenschaftlichen Handbuch« den ganzen Umfang dessen, was sich hinter dieser Einlassung der Bildung auf die empirischen Wissenschaften vom Menschen verbirgt:

»Die höchste Möglichkeit der modernen Wissenschaft besteht darin, ganze Prozesse zu erforschen und reproduzierbar sowie variierbar zu machen. Das gilt – grob gesprochen – gleichermaßen von natürlichen wie von seelischen bzw. gesellschaftlichen Prozessen«[12].

Grundsätzlich hält er diese Entwicklung für zukunftsreich, weist aber einschränkend darauf hin, daß damit über das Ziel und die Zukunft des Menschen nur bedingt etwas ausgesagt sei: »Man beginnt den Weg der Entlastung durch die ›Organisation‹ der gesamten Gesellschaft – zugunsten aller und unter Aufsicht aller – zu gehen. Damit wird zwar in der Tat ein zukunftsreicher neuer Weg beschritten, nur ist damit allenfalls bedingt etwas über das Ziel dieses Weges, über die Zukunft des Menschen ausgemacht«[13].

Rosemarie Nave-Herz kennzeichnet in dem eben genannten Handbuch die gegenwärtige Schule als Instrument zur Steuerung gesellschaftlicher Entwicklung. »Somit wird die Schule nicht mehr nur zum Instrument der Vermittlung und Weitergabe kultureller Techniken und Bildungsinhalte sowie gesellschaftlicher Normen und Verhaltungsstandards, sondern stärker als bisher gleichzeitig zum Instrument ... der Durchsetzung gesellschaftspolitischer Ziele usw., kurz: zum Instrument zur Steuerung der gesellschaftlichen Entwicklung«[14].

Die Verabsolutierung empirischer Wissenschaften in der Erziehung

Das ganze Ausmaß des Einbruches empirischer Wissenschaften in die Erziehung wird dann deutlich, wenn man bedenkt, was als wissenschaftliche Erkenntnis gelten soll und was nicht. Die Rahmenrichtlinien für die Kolleg-Stufe in NW geben darüber sehr deutlich Auskunft. Als wissenschaftliche Erkenntnis gelte das »Objektivierbare«, d. h. das, was objektiv nachweisbar sei. Als wissenschaftliche Erkenntnis gelte das »intersubjektiv« Nachprüfbare, d. h. das, was von jedermann nachgeprüft werden könne, der dazu in der Lage und willens sei. Alles, was in diesem Sinne an Aussagen über die Welt und über den Menschen nicht beweisbar ist, gilt demnach nicht als wissenschaftliche Erkenntnis und hat in der wissenschaftsorientierten Erziehung demzufolge keinen Raum. Eine Kritik an wissenschaftlichen Erkenntnissen könne wiederum grundsätzlich nur vorgetragen werden von der Wissenschaft selbst, d. h. eine Kritik muß ebenfalls empirisch beweisbar sein[15].

Der in der heutigen Erziehung gültige Wissenschaftsbegriff, an dem alle Lehrinhalte gemessen werden und auch die Frage nach dem Menschen selbst beantwortet wird, ist von reiner Weltimmanenz gekennzeichnet, d. h. er ist rein diesseitsbezogen. Daß alles, was unsere sichtbare Welt übergreift, ebenso Wirklichkeit ist, aber anderen Gesetzen der Erkenntnis unterliegt als denen empirischer Nachprüfbarkeit – Gott und seine Offenbarung in dieser Welt – wird unter diesen Voraussetzungen nicht erkannt.

Das Programm für die Kollegstufe NW macht deutlich, welchen Stellenwert man der Wissenschaft einräumt: Die Wissenschaftsorientierung sei danach »dichterischer Intuition und religiöser Offenbarung« eindeutig überlegen. Das Bewußtsein des jungen Menschen solle nicht mehr durch »religiöse Offenbarung indoktriniert« werden und ebenso nicht mehr durch Ableitungen aus weltanschaulichen Sätzen. Das wären z. B. die zehn Gebote. »Die Orientierung an Wissenschaften dient dem Unterricht zunächst als Kriterium: es darf nichts gelehrt werden, was vom Standpunkt der Wissenschaft aus unhaltbar ist, was sich selbst jeder kritischen Rückfrage nach seiner Legitimationsbasis entzieht und als bewußtseinsumgehende Indoktrination den Lernenden zu überwältigen sucht. Das Kriterium verlangt vielmehr den Bezug auf Einsichten, die mit Hilfe hypothesenbildender, ihre Gegenstände auf einen heute lebenden ›Standortbeobachter‹ hin darstellender Wissenschaften gewonnen werden und nicht durch dichterische Intuition, religiöse Offenbarung, Ableitung aus weltanschaulichen Sätzen und ähnlichem«[16].

Es wird der Anspruch erhoben, dieses Prinzip durchgehend von der Vorschulerziehung bis zur Kollegstufe gelten zu lassen. »Das wissenschaftsorientierte Lernen ist auf den verschiedenen Entwicklungsstufen der Lernenden mit unterschiedlichen didaktisch-methodischen Konsequenzen zu berücksichtigen. Denn wenn dieses Prinzip durchgehend von der Vorschulerziehung bis zur Kollegstufe gilt, dann ist klar, daß sich die Bindung allen Unterrichts an die Wissenschaft zunehmend verdichtet«[17].

Mit dieser Denkerziehung auf der Grundlage der Wissenschaft will man erreichen, daß der junge Mensch alles, was ihm begegnet, nach der wissenschaftlichen Beweisbarkeit beurteilt. Darüber hinaus soll der junge Mensch selbst durch die Wissenschaft in den Griff genommen werden: denn die gesamte Wirklichkeitserfahrung des Menschen soll von der Wissenschaft her bestimmt werden.

»Das aber heißt, positiv gesprochen, daß der inhaltliche Bezug zur Wissenschaft ein formales didaktisches Kriterium abwirft in Gestalt einer allgemeinen Denkerziehung. Deren Aufgabe ist es, allen Schülern auf allen Stufen der Ausbildung ein System von Denk- und Handlungsschemata, Kategorien und Bedeutungshierarchien zur Interpretation vorhandener Daten bereitzustellen. Dabei geht es um die Entfaltung einer fundamentalen Denkoperationalität, um die Entwicklung kognitiver Instrumente (handlungsgebundener, anschaulicher und sprachlich-begrifflicher Symbolisierungsmodi), um die Ausbildung flexibler kognitiver Strukturen, welche Produktivität und Kreativität ermöglichen sollen«[18]. Gilt dieser Anspruch der Wissenschaft auf den Menschen nur für Nordrhein-Westfalen? Sicher nicht. Aber in diesem Modell der »Kollegstufe« ist wohl am konsequentesten ausgedrückt, was Wissenschaftsorientierung alles Lernens und Lehrens in der Bundesrepublik zur Folge haben wird.

Kritik an der Wissenschaftsorientierung

Auf die Gefahren, die die dargelegte Wissenschaftsorientierung für die Schule hat, hat vor allem der Paderborner Historiker H. Staudinger immer wieder hingewiesen. Als Mitglied des »Deutschen Institutes für Bildung und Wissen«, Paderborn, hat er nachdrücklich davor gewarnt, die empirischen Forschungsmethoden auf die Lebensbereiche des Menschen zu übertragen. Die Wahl einer Methode könne das Ergebnis der Untersuchung bereits vorwegnehmen. H. Staudinger wählt ein Beispiel aus der Physik der Farbenlehre. Er gesteht dem Naturwissenschaftler zu, daß dieser behaupten könne, das Messen von Wellenlängen, die die Farben hervorbringen, sei wissenschaftlicher als das Wahrnehmen von Farben. Er erhebt aber Protest, wenn dieser behaupte, daß uns nur dank der Eigenart unserer Sinnesorgane Wellen als Farben erschienen, daß also nicht die Farben die Wirklichkeit darstellten, sondern die Wellen. Dem, der dieses behauptet, präsentiert er die Gegenthese: Nur durch Einschalten bestimmter Apparaturen könne man erreichen, daß Farben als Wellenlängen meßbar werden. So weist er darauf hin, daß man der Wirklichkeit nicht gerecht werde durch die Anwendung empirischer Methoden und ihrer Verabsolutierung. Wenn das sogar für den Bereich der Natur gelte, wieviel mehr für den Menschen und seine Erziehung. H. Staudinger kommt zu dem Ergebnis: Die moderne Wissenschaft sieht die Wirklichkeit nur durch die »Brille« ihrer Methode. Bei der Auswahl der Methode spielen bereits subjektive Einstellungen des Forschers eine Rolle und das Ergebnis ist somit »verfärbt«. Es kommt zu einer verengten Sicht des Menschen. Das muß sich nachteilig für den Menschen auswirken[19].

C.v.Weizsäcker hat sich zu dieser Problematik geäußert. »Nun sei es so wie bei einer Fahrt durch die Nacht mit dem Auto. Die Scheinwerfer schneiden aus der Umgebung einen Lichtkegel heraus, in welchem alles überhell und scharf beleuchtet und sichtbar wird. Damit taucht aber die gesamte übrige Umgebung, aus der das beleuchtete Stück herausgeschnitten ist, in die Finsternis unter. Man nimmt sie, geblendet vom eigenen Licht, nun nicht mehr wahr. Darum meint man, verblendet, sie wäre auch nicht vorhanden. Man glaubt nur noch, was man sieht. Die exakte Beobachtung methodischer Abgrenzung führt zu einer schwerwiegenden und folgenreichen Bewußtseinsverengung. Die Abgrenzung wird zur Ausgrenzung«[20].

W. Brezinka, der sich selbst konsequent für die Wissenschaftsorientierung in der Erziehung ausgesprochen hat, weist darauf hin, daß das, was als wissenschaftliche Erkenntnis gelten soll, eine freie Festsetzung des Menschen sei. Es sei nicht absolut vorgegeben, was als wissenschaftliche Erkenntnis zu gelten habe und was nicht. Der Mensch habe es bestimmt. »Dieser Maßstab kann nicht in der Welt der Tatsachen empirisch aufgefunden, sondern nur als freie menschliche Festsetzung eingeführt werden. Es hängt von uns ab, was wir als Erkenntnis gelten lassen wollen«[21].

Da die Grundlage der modernen Wissenschaft eine freie Festsetzung des Menschen ist, ist eine Alternative durchaus möglich. Es muß auch von daher bestritten werden, daß die Ergebnisse dieser sich selbst als absolut verstehenden Wissenschaft der Wirklichkeit dieser Welt und der Wirklichkeit des Menschen entsprechen. Sind sie nicht nur Erfolg bzw. Mißerfolg des Experimentes? Der Wissenschaftler weiß heute mehr denn je zuvor um die letzten Zweifel. Der Nichtwissenschaftler dagegen ist nach wie vor von einer Wissenschaftsgläubigkeit befangen, die an Aberglauben grenzt.

Der Mensch ist mehr – Ebenbild Gottes

Der Christ weiß um die Erkenntnisquelle, die den Menschen grundsätzlich aus der Eindimensionalität der empirischen Wissenschaften mit ihren Ergebnissen heraushebt: um die Erkenntnis Gottes. Diese Erkenntnis wird dem Menschen durch Offenbarung zuteil. Diese göttliche Erkenntnisquelle hat in der neu konzipierten Erziehungswissenschaft keinen Platz mehr. Die Offenbarung trägt keinesfalls nur den Charakter einer religiösen Daseinserhellung oder -überhöhung, mit der man dem Menschen das Leben ertragreicher machen kann, sondern sie ist für das Bildungswesen aus der Sicht des Christen zentral. Der Christ weiß um den Menschen als Geschöpf Gottes und seiner Berufung zur Ebenbildlichkeit. Er weiß, daß grundsätzlich alle Menschen zu der Erkenntnis Gottes und Jesu Christi berufen sind. Diese Erkenntnis hat für ihn den Charakter der absoluten Verbindlichkeit.

Die empirischen Wissenschaften bekommen aber den zur Ebenbildlichkeit Gottes geschaffenen und zurückgerufenen Menschen auf Grund ihrer einseitig, diesseits bestimmten Erkenntnisgrundlage nicht in den Blick. Sie verzerren den Menschen. Beide Erkenntnisquellen sind in ihrem Ursprung und in ihrer Zielrichtung entgegengesetzt. Schließen sie sich nicht geradezu gegenseitig aus? Einerseits der materialistisch-positivistische Wissenschaftsbegriff, der nur das Beweisbare gelten lassen will und Gott ausschließt, andererseits der Anspruch Gottes an den Menschen, der von der Offenbarung Gottes ausgeht und sich der Beweisführung der empirischen Wissenschaften entzieht. Es muß zwischen der Christenheit und der öffentlichen Schule zum Konflikt kommen, wenn diese sich anschickt, den Menschen und alle seine Lebensbereiche unter den Zugriff der »Wissenschaft« zu stellen.

Die wissenschaftsorientierte Schule ist in ihren Grundlagen rein weltimmanent und damit atheistisch, materialistisch konzipiert. Christen können die öffentliche Schule erst dann wieder voll mittragen, wenn die Erziehung von der Verabsolutierung der

Wissenschaft befreit ist, und es zu einer neuen Öffnung in dem Sinne kommt, daß in die Pädagogik Frage und Antwort des Evangeliums voll mit eingehen kann. Das bedeutet für uns, daß Methoden und Ergebnisse der empirischen Wissenschaften und ihre Anwendung auf den Menschen vom Evangelium her verantwortet werden müssen. Es geht darum, für den erzieherischen Bereich grundsätzlich die Position zurückzugewinnen, die in der deutschen Pädagogik seit eh und je wirksam war und als »transzendenter Bezug« verstanden wurde; wenn es sich bei diesem philosophischen Begriff auch nur um ein unbestimmtes Phänomen handelt – u.U. mit dem »unbekannten Gott« im Sinne jener Athener der Apostelgeschichte zu vergleichen – so weiß christliche Erziehung doch um die Erfüllung dieser Unbestimmtheit: um die Menschwerdung Gottes in Jesus Christus, um die totale Rettungsbedürftigkeit des Menschen, seine Heilsbedürftigkeit durch Gottes Wort und Geist.

Der ganze Mensch muß wieder in den Blick kommen, so wie Gott ihn sieht, als sein Geschöpf. Die Erziehung muß wieder in der Verantwortung vor Gott geschehen. Der Erzieher hat seinerseits kein Recht, den jungen Menschen zum Objekt zu degradieren; und dem jungen Menschen muß andererseits der Weg eröffnet werden, seine verschiedenen Lebensbereiche und -bezüge durch Gott ordnen zu lassen.

In der Verabsolutierung des analytisch-empirischen Wissenschaftsbegriffes in Bezug auf alles Lernen bis hin zur Selbsterfahrung des Menschen liegt die entscheidende Konfrontation der Kirche Jesu Christi mit der öffentlichen Schule. Diese Art Wissenschaftsorientierung bedeutet nicht nur für den Christen das Ende der Freiheit im schulischen Bereich. Sie bedeutet im letzten Grunde das Ende der Freiheit für den Menschen überhaupt.

3. Erziehung als Sozialisation in die bürgerliche Gesellschaft

Durch die Wissenschaftsorientierung alles Lehrens und Lernens kamen die Humanwissenschaften – Soziologie, Sozialpsychologie, Verhaltensforschung u.a. – mit ihrem weltimmanenten Wissenschaftsbegriff zur Herrschaft über den Menschen. Diese Wissenschaften beinhalten die Denkrichtung des amerikanischen Pragmatismus, eine philosophische Denkform, die

die Wahrheit einer Auffassung in deren Zweckmäßigkeit und Nützlichkeit (Utilitarismus) sieht. »Wahr ist, was uns am besten führt«[22]. Wahrheit ist nach dieser radikal empirisch ausgerichteten Philosophie nur das, was sich mit der Summe der Erfahrungen in Einklang bringen läßt (Relativismus). Auch ethische Normen werden der empirisch-praktischen Linie des Pragmatismus entsprechend nicht als statisch angesehen, vielmehr seien sie »Instrumente«, die dem Leben in der Gesellschaft dienten und demzufolge stets neu ausgerichtet werden müßten. Von daher sieht man das Wesen und die Bestimmung des Menschen im zweckmäßigen Handeln; Wert und Unwert des Denkens wird danach bemessen[23]. In der Erziehung geht es unter diesem Denkansatz um die Vergesellschaftung des Menschen. Zweckmäßigkeit bedeutet in diesem Fall die Anpassung des jungen Menschen an die bestehende, d. h. in unserem Fall an die bürgerliche Gesellschaft. Die Lernprozesse, die für das Funktionieren des jeweiligen sozialen Systems notwendig sind, nennt man »Sozialisation«. Die Sozialisation dient der Reproduktion und Stabilisierung der bestehenden Ordnung. Sozialisation ist der Prozeß des Hineinwachsens der einzelnen in die Gesellschaft. Dabei versteht man unter dem Prozeß der »Sozialisation« mehr das Hineinwachsen des Menschen in den sozialen Bereich seines Kulturraumes, in die das Leben regelnden Normen und Werte. Das Erlernen der darüber hinausgehenden kulturellen Lebensweisen, die die Gesamtkultur im Nach- und Neuschaffen weitertragen, wird als »Enkulturation« bezeichnet.

Die Bedeutung von Werten und Normen, die Institutionen

Dabei wird keinerlei Ethik als vorgegeben anerkannt; alle Normen und Werte sind relativiert und werden immer nur als durch einen kulturellen Raum bestimmt angesehen. Auch Glaubensaussagen sollen nach dieser Theorie im weitesten Sinne verinnerlichte Vorstellungen sein. Sie seien dazu dienlich, die Werte und Normen, die eine Gesellschaft als besonders wertvoll erachte, zu schützen, indem durch die Religion mit Sanktionen nach dem Tode gedroht werde. »Sittliche Normen werden oft durch eine Religion gerechtfertigt und so mit besonderen Sanktionen ausgestattet (z. B. Bestrafung oder Belohnung nach dem Tode). Sie werden in die Form von Mythen und

Glaubensvorstellungen gekleidet, ritualisiert dargestellt und in moralischem Verhalten repräsentiert«[24]. Danach werden also die zehn Gebote nicht als göttliche Offenbarung angesehen; es soll sich hierbei lediglich um Werte und Normen unseres Kulturkreises handeln, die durch die hier wirksame Religion eingeführt und sanktioniert würden. Zu den sittlichen Normen eines Kulturkreises gehören dessen Tabus: Homosexualität, Inzest und Mord. In einer komplizierten Gesellschaft sind Werte und Normen mit höherem Anspruchscharakter als Gesetz festgelegt.

Die vielfältigen Werte und Normen gruppierten sich um bestimmte Bereiche, die für den Fortbestand dieser Gesellschaft wichtig seien. Derartige Bereiche werden als Institutionen bezeichnet. So wird Ehe und Familie zu einer gesellschaftlichen Institution. Institutionen sind aber auch das Erziehungswesen, die Verwaltung, die Kirche u.a.m. Dabei werden nicht der materielle Apparat, die Gebäude und Einrichtungen, die diese Institutionen tragen, mit dem Begriff »Institution« belegt, sondern die Normen und Werte, die die Institutionen stützen. Grundsätzlich seien alle Werte und Normen dem gesellschaftlichen Wandel unterworfen und durch den Menschen veränderbar. Es gebe keine feste Ordnung, »...der Mensch schafft neue Normen, gibt alte auf oder interpretiert sie auf neue Weise«[25].

Der Vorgang der Sozialisation

Es komme nun darauf an, daß der junge Mensch die Normen und Werte seines kulturellen Raumes so intensiv wie möglich verinnerliche, um so ein vollwertiges Glied einer Gruppe in der Gesellschaft bzw. in der Gesellschaft selbst zu werden. Es wird erklärt, daß die Fundamente der Sozialisation in der frühen Kindheit gelegt werden, in den Beziehungen des Kindes zu seiner Mutter, zum Vater, zu den Geschwistern und Verwandten. Später träten weitere Faktoren hinzu, die die Sozialisation fortführten: die erweiterte Umwelt des Kindes, wie Freundschaft, Nachbarschaft, Schule, Jugendkreis, Kirche u.a.m. Das frühe Lernen des Kindes bezeichnet man als »primäre« Sozialisation. Die sich anschließende »sekundäre« Sozialisation soll die in der primären Sozialisation erworbenen Einstellungs- und Verhaltensweisen nicht mehr grundsätzlich umgestalten, nur noch modifizieren und erweitern können. Dabei werden alle Personen und Institutionen, die sich an der Vergesellschaftung des Kindes beteiligen als »Sozialisationsagenten« bzw. »-agenturen« bezeichnet. So wird die Mutter zur »Agentin« der Vergesellschaftung und die Familie zur entsprechenden »Agentur«. Die primäre Sozialisation vollziehe sich im wesentlichen durch Imitation, Identifikation mit Vorbildern, durch sprachliche Kommunikation, durch Strafe und Belohnung. Dabei solle die Ausbildung des Affektbereiches mehr auf Identifikation beruhen, die Ausbildung der kognitiven Bereiche dagegen mehr auf der Qualität des sprachlichen Umgangs. In der sekundären Sozialisation treten dann organisierte Lernprozesse hinzu. Dieser Vergesellschaftungsprozeß soll den Menschen entstehen lassen, wie er sich gibt, wie er denkt, fühlt und handelt. So geht es der Sozialisationsforschung um die Klärung der Frage nach der »Menschwerdung des Menschen«[26]. Wie wird aus dem Neugeborenen, dem kleinen »Barbaren«, der Mensch, der sinnvoll teilhat an seiner Umwelt? Diese Ausgangsbasis der Sozialisationsforschung formuliert Fend: »Auch in einer modernen Kultur findet jeden Tag eine Invasion von Barbaren statt. Täglich werden Kinder geboren, die noch nicht fähig sind, am Leben der Umgebung teilzuhaben«[27].

4. Der Mensch als Rollenspieler

Den Sozialisationsprozeß kann man von den verschiedensten Wissenschaften her darstellen, die sich mit dem Menschen befassen. Von der Psychologie her, der Psychoanalyse, von der Verhaltensforschung oder von den Vorstellungen der Soziologie her. Alle Wissenschaften untersuchen Bedingungen, unter denen die Vergesellschaftung vor sich geht. Je besser die Bedingungen bekannt sind, je genauer sich Steuerungsmechanismen entwickeln lassen, die diesem Sozialisationsprozeß des Menschen dienen, um so perfekter wird nach den Vorstellungen dieser Wissenschaftler die Sozialisation des Menschen gelingen. W. Brezinka konnte so die Forderung nach technologischen Methoden in der Erziehung aufstellen, bei denen man genau weiß, welches Ergebnis zu erwarten ist, wenn man einen bestimmten Einsatz leistet[28].

Den größten Einfluß auf die Vergesellschaftung des Menschen hat im deutschen Erziehungswesen die Soziologie mit ihrer Kategorie der »Rolle« genommen. Der Begriff Rolle in der Soziologie meint den Komplex der Erwartungen, die die Gesellschaft an eine bestimmte Position (Sohn, Vater, Lehrer, Autofahrer usf.) knüpft. Danach vollziehe sich die Sozialisation als ein Prozeß der Verinnerlichung von Rollenerwartungen. Das Mädchen, das bei der Mutter spezifisch weibliches Rollenverhalten sehe und nachahme, orientiere sich dadurch an der Rolle der Hausfrau und Mutter[29]. Was ist danach der Mensch? Ein »organisches« Wesen bei seiner Geburt. Durch Verinnerlichung von Rollenerwartungen bis in seine Gefühlsbereiche hinein werde er zum sozialen Wesen. Erst durch die Übernahme der Rollenerwartungen im Sozialisationsprozeß komme es zur richtigen Menschwerdung. Selbst das Verhalten des Menschen in seinen Liebesbeziehungen wird unter dem Rollenbegriff vereinnahmt, wenn auch diese Erwartungen in unserer Gesellschaft von selbst erlernt würden. »Andere Rollen, vor allem die stark emotional charakterisierten, wie die Rolle des Liebhabers, des Ehepartners, des Elternteils, werden in unserer Gesellschaft beim einzelnen vorausgesetzt, ohne daß ihm wesentliche institutionell verankerte Lernhilfen gegeben werden«[30]. Es sei hier noch darauf hingewiesen, daß im Zuge der Wissenschaftsorientierung des Denkens dazu übergegangen wird, das Christsein als Rolle zu bezeichnen. »Es gibt meine Rolle als Christ, als Partner Gottes«. Ja, noch mehr, Gott selbst wird hier zur »Grundrolle«[31] des Lebens. Mit der Übertragung der Kategorie Rolle auf den lebendigen und persönlichen, auf den heiligen Gott wird er jedoch durch den Menschen zu einer Verhaltenserwartung aufgelöst, zumindest in der Terminologie.

Jede Position beinhaltet ein Bündel von Erwartungen. So würden z. B. an einen Lehrer (Lehrerrolle) die Erwartungen der Schüler, der Eltern, der Schulbehörde und des Kollegiums herantreten. Jeder Mensch habe außerdem eine Vielzahl von Positionen inne. So ist ein Mann z. B. gleichermaßen Sohn der Eltern, Ehemann, Vater, Angestellter einer Firma, Mitglied einer Partei und einer Kirche. Überall müsse er sich gemäß den Rollenerwartungen verhalten. Je besser der einzelne die Rollenerwartungen kenne, die an ihn gestellt werden, je perfekter er seine Rolle zu erfüllen vermöge, desto sicherer sei sein Auftreten in der Gesellschaft. Der reibungslose Ablauf des Lebens innerhalb der Gesellschaft sei gewährleistet. Jeder Mensch kenne seinen Ort – er ist verortet[32].

Aus den verschiedenen Erwartungen, die aufgrund einer Rolle an den Menschen gestellt werden, ebenso aus den unterschiedlichen Rollen, die ein Mensch innehaben kann, könnten Konflikte erwachsen – »Rollenkonflikte«. Ein derartiger Konflikt sei z. B. gegeben, wenn ein Kind zwischen den Erwartungen der Eltern (Kindesrolle) und denen der Freunde (Freundesrolle) stehe, oder wenn sich beim Lehrer Erwartungen der Eltern, Schüler und Schulbehörde nicht vereinen lassen würden.

Wie versuchen die Vertreter der Rollentheorie den Menschen als Person zu fassen? Fend macht auf amerikanische Sozialisationsforscher aufmerksam, die hierzu folgendes sagen: Die Erwartungen der Gesellschaft bezeichnen sie als »Kulturrollen«. Diese schlügen sich im Menschen nieder als Verhaltensnormen und würden hier »Rollenselbste« genannt. Im Laufe des Lebens – von früher Kindheit an – würden im Menschen eine Vielzahl von »Rollenselbsten« aufgebaut. Auf der Grundlage der verschiedenen »Rollenselbsten« soll nun das »zentrale Selbst« entstehen, das vom Individuum als sein Selbstbild formuliert wird, als sein Ich. Von daher sage der Mensch: »...ich bin ehrgeizig, intelligent, optimistisch usw.«. Die »Rollenselbste« und das »zentrale Selbst« des Menschen werden schon vielfach unter dem Begriff »Selbst« des Menschen zusammengefaßt. Daraus wird deutlich: Der Mensch als Person, als Individuum ist Produkt verschiedener Rollenerwartungen, »Rollenselbsten«; er ist das Produkt der Gesellschaft[33].

Der perfekte Rollenspieler

Der Rollenbegriff selbst entstammt dem Theaterleben der Antike und ist von daher übernommen. Der Schauspieler lernt eine Rolle, einen Text, der von anderen verfaßt worden ist. Auf der Bühne spielt der Schauspieler seine ihm vorgeschriebene Rolle. Der Soziologe R. Dahrendorf macht den Vergleich mit dem Theater deutlich: »Es gehört zu jeder Rolle gleichsam eine Schauspielerrolle, eine Anweisung, wie wir sie auszufüllen haben«[34]. Er warnt aber gleichzeitig davor, die Uneigentlichkeit des Schauspielers auf das Leben in der Gesellschaft zu übertragen.

Nach Auffassung amerikanischer Sozialisationsforscher[35] muß man die Sozialisation eines Menschen dann als gelungen ansehen, wenn er gegenüber den Rollenerwartungen der Gesellschaft drei Bedingungen erfüllt:

1. Ein Mensch hat die Rollenerwartungen (Normen und Werte) der Gesellschaft so verinnerlicht, daß sich seine Bedürfnisse von diesen Erwartungen nicht mehr unterscheiden. Der Mensch ist dann integriert (Integrationstheorem).

2. Der einzelne muß die Erwartungen, die an eine Rolle geknüpft sind, genauso auslegen, wie es die Gesellschaft tut. Seine Auslegung ist mit der Auslegung, wie sie die Gesellschaft vornimmt, identisch (Identitätstheorem).

3. Die Verinnerlichung von Erwartungen der Gesellschaft muß in einer Weise erfüllt sein, daß man mit hinreichender Wahrscheinlichkeit damit rechnen kann, daß diesen Erwartungen auch faktisch entsprochen wird. Der Mensch lebt normenkonform (Konformitätstheorem).

Ein solcher Mensch ist alles durch und für die Gesellschaft. Sein individuelles Sein deckt sich mit dem gesellschaftlichen Sein. Seine Identität ist die Identität der Gesellschaft. Ein solcher Mensch lebt »angepaßt« im wahrsten Sinne des Wortes, er ist total »vergesellschaftet«. Dieses Konzept wurde in den 50er Jahren vor allem durch den amerikanischen Soziologen Talcot Parson und seine Mitarbeiter bekannt. Talcot Parson selbst hält es zwar auch in der Wirklichkeit nicht für realisierbar, es sei dennoch »ein nützliches Instrument der Analyse, weil es den ›Idealfall‹ bezeichne, der die Voraussetzung ungestört ablaufender Interaktionen erkennen lasse«[36].

Kritik aus den Reihen der Soziologen

Der perfekte Rollenspieler, »Homo soziologicus«, d.i. der Mensch, der sich rollengemäß verhält, ist eine Konstruktion[37]. Der Begriff der Rolle soll lediglich dazu dienen, das Beziehungsgeflecht zwischen einzelnem und Gesellschaft zu analysieren. Der Begriff darf nicht auf den Menschen übertragen werden, so daß dieser zum Rollenträger wird und sein Selbstverständnis von daher nimmt. Diese Übertragung geschieht jedoch sowohl von Soziologen als auch von Erziehungswissenschaftlern. Es ist zu fragen, wo hier der Mensch in seiner Einmaligkeit als Person bleibt. Die Soziologen Schlottmann und Rösel sehen den Menschen als Rollenspieler an, weisen ihn als Individuum aber auf die Lücken im Rollensystem hin, die es durch den einzelnen zu entdecken und auszuweiten gelte. Auch sei für die Auslegung der Rolle vielfach ein Ermessungsspielraum für individuelle Abwandlung und verantwortliche Mitgestaltung vorhanden. Es wird auf Muß-, Soll- und Kannerwartungen hingewiesen. Aber entspricht es dem Person-Sein des Menschen, zu seiner Selbstwahrung die »Maschen« im vielfältigen Rollensystem zu finden und auszunutzen?

Der amerikanische Soziologe Merton fragt, ob es sich bei der Kategorie der Rolle nur um ein Instrument der Soziologie zur Klärung und Analyse der Gesellschaft handle oder ob hier tatsächlich ein »soziales Faktum« vorliege. Merton nimmt an, daß dieses Instrument zur gesellschaftlichen Analyse zunächst von der Soziologie gesetzt wurde und daß die Gesellschaft dann ihrerseits begann, ihr Selbstverständnis von dieser Kategorie her zu nehmen[38]. Das aber würde bedeuten, daß durch eine wissenschaftliche Kategorie der Mensch gemacht und dann auch in den Griff genommen wird.

Dahrendorf wendet sich wohl am entschiedensten in seinem »Homo soziologicus« gegen die Übertragung der Rolle auf den Menschen. Er sieht darin eine schwerwiegende Inhumanität. »Der Vorwurf, der sich gegen die Soziologie nach einigen Jahrzehnten rascher Entwicklung erheben läßt, ist, daß sie zwar dem rationalen Verständnis der Tatsache der Gesellschaft um manchen Schritt näher gekommen ist, dabei aber den autonomen, ganzen Menschen und seine Freiheit aus den Augen verloren hat. Indem sie homo soziologicus konstruierte, ist dieser bestimmte Herr Schmidt (Herr Schmidt wurde einige Seiten zuvor als Träger der verschiedenen Rollen vorgestellt: Studienrat, Vater, Parteimitglied; der Verfasser) in seiner Einzelheit und mit seinem Anspruch auf Achtung und Freiheit ihr in den Fingern zerronnen. Die Soziologie hat die Exaktheit ihrer Annahmen mit der Menschlichkeit ihrer Absichten bezahlt und ist zu einer durchaus inhumanen, amoralischen Wissenschaft geworden«[39].

Dahrendorf hat die Problematik um homo soziologicus in ihrer Vielschichtigkeit entfaltet. Seine tiefe Sorge besteht darin, daß sich Soziologen des hypothetischen Charakters von homo soziologicus, ihres künstlichen Menschen, kaum noch bewußt sind und eine Persönlichkeit ohne moralischen Charakter erzeugen. »Wenn sie von der menschlichen Persönlichkeit als einem Aggregat von Rollen sprechen, bedenken sie nicht, daß dies eine Persönlichkeit ohne ... intelligiblen moralischen Charakter ist, ein schreckliches Phantom totalitärer Phantasie«[40].

Dahrendorf macht auf die vielen Studenten aufmerksam, die, wie ihre Lehrer, dieser schlimmen Verwechslung von homo soziologicus und dem autonomen Einzelnen unterliegen. »Wenn schon Soziologen dieser schlimmen Verwechslung von homo soziologicus und dem autonomen Einzelnen erliegen, ist es kaum erstaunlich, daß ihre Studenten und Leser ihnen folgen. Und es ist nur ein Schritt vom entfremdeten Verständnis des Menschen als bloßem, stets bedingtem Rollenspieler zu jener entfremdeten Welt von ›1984‹, in der alles Lieben und Hassen, Träumen und Handeln, alle Individualität, die sich dem Zugriff der Rollen entzieht, zum Verbrechen an der zur Gesellschaft hypostasierten Soziologie wird«[41].

Trotz dieser ernsten Warnung ist im Zuge der Wissenschaftsorientierung der Schule das Instrument der Rolle im Erziehungswesen in Richtlinien und Schulbüchern verschiedenster Fachrichtungen aufgenommen worden. Schüler müssen sich als Rollenträger erfahren. Das Rollenspiel gewinnt in den Schulen der Bundesrepublik eine immer größere Bedeutung. Es findet sich bereits in den untersten Altersstufen. Die Kinder werden von früh auf damit vertraut gemacht, sich im gesellschaftlichen Beziehungsgeflecht als Träger von Rollen, als Rollenspieler zu erfahren und ebenso die Mitmenschen bis hin zu den eigenen Eltern von daher zu sehen. In diesen Rollenspielen vollzieht sich nicht nur Verhaltensänderung bzw. -training; nach jedem Rollenspiel hat sich das Rollenbewußtsein im jungen Menschen über sich und den Mitmenschen vertieft. Man bedenke, wie verunsichernd es auf Kinder wirkt, sich als Kind, als Junge und als Mädchen zu erfahren und dies alles nicht mehr in seiner Existenz zu sein. Das Kind lernt in seiner Mutter den Menschen kennen, der nicht mehr Mutter i s t, sondern der a l s Mutter mehr oder weniger gekonnt die von der Gesellschaft erwartete Mutterrolle spielt. Das reicht von der äußeren Versorgung bis hin zum Trostspenden.

Der Anspruch Gottes an den Menschen bleibt

R. Dahrendorf sah durch die Übertragung der Kategorie Rolle auf den Menschen diesen in seiner Einmaligkeit, in seiner Person, in seiner Würde und Freiheit zerronnen. Die Auseinandersetzung muß hier noch von einer ganz anderen Ebene her geführt werden. Der Mensch – der junge Mensch – wird durch die Kategorie Rolle in seiner Selbsterfahrung und in seinem Selbstverständnis hineingepolt in das grundsätzlich falsche Beziehungsgefüge; die Sozialwissenschaft sieht den Menschen nur noch im Bezug zur Gesellschaft. Damit ist die eigentliche Dimension des Menschen verstellt: der Gottesbezug. Der Mensch, das Ebenbild Gottes, wird zum Abklatsch der Gesellschaft gemacht. »Der Mensch ist alles in und durch die Gesellschaft«; unabhängig davon, um welche Art von Gesellschaft es sich handelt.

Sieht man den Menschen erst als Rollenträger, als Rollenspieler an, so ist es folgerichtig, ihm im Rollenspiel »richtiges« Rollenverhalten einzutrainieren. Der Mensch wird machbar, er wird in höchstem Maße manipulierbar, bis hin zur Einübung einer sog. Selbstrolle, durch die man glaubt, der Person des Menschen den gebührenden Platz gegeben zu haben. Das Tun und Lassen des Menschen wird zum »richtigen« bzw. »falschen« oder »unvollständigen« Rollenverhalten. Der Mensch wird abhängig davon, wie intensiv ihm Verhaltensschemata zur Einübung zur Verfügung gestellt wurden oder nicht. Konsequenterweise lösen sich Schuld und Verantwortung des einzelnen in gesellschaftliche Konstellation auf. Dahrendorf hat das bereits 1958 sehr deutlich gesehen: »Schon finden unsere Gerichte es in zunehmendem Maße schwierig, hinter den erklärenden Gutachten sozialwissenschaftlicher Experten noch eine Schuld des Angeklagten zu ermitteln. Jede, auch die unmenschlichste Bewegung wird für den soziologisch geschulten Journalisten und seine Leser zu einer ›notwendigen‹ Konsequenz angebbarer Ursachen und Konstellationen. Der Punkt ist nicht fern, an dem der aller Indivi-

dualität und aller moralischen Verantwortung bare homo soziologicus in der Perzeption der Menschen und damit für ihr Handeln den freien, integren einzelnen, der der Herr seines Tuns ist,
ganz ersetzt hat«[42].

Die hessischen Rahmenrichtlinien für die Sekundarstufe bringen diesen Zusammenhang unverblümt zum Ausdruck. Sie erklären, daß »persönliche Schuld und persönliches Versagen«
falsches Rollenspiel bzw. zu wenig bekannte Rollenerwartungen
sei. »Es sollen vielmehr zunächst die Voraussetzungen geschaffen
werden (z. B. durch Rollenspiel), von denen aus es den Schülern gelingt, die eigenen Erfahrungen auf einen gesellschaftlichen Bezugsrahmen zu beziehen, d. h. nicht mehr unter Begriffen wie persönliche Schuld, Versagen, Verdienst zu fassen...
Die Distanz zum Gegenstand kann es Schülern erleichtern, die
Frage nach der gesellschaftlichen Bedingtheit individueller
Verhaltensformen emotional zu akzeptieren«[43].

Der atheistische Charakter der Rollentheorie wird hier deutlich
erkennbar. Es ist abzusehen, wann der Punkt erreicht ist, an
dem Schuld vor Gott überhaupt nicht mehr als solche erlebt
wird, da das Gewissen des Menschen durch das neue Rollenbewußtsein immunisiert ist. Es ist außerdem zu beachten, daß die
Rolle mit politischen Intentionen besetzt wird und diese soziologische Kategorie zum Steuerungselement gesellschaftspolitischer Veränderung gemacht werden kann bzw. bereits gemacht
wird. »Schuld« zeigt sich jetzt da, wo gegen die gesellschaftlichen Zielsetzungen, in den jeweiligen Rollen festgelegt, verstoßen wird. Alles menschliche Handeln, das des einzelnen wie das
der Gesellschaft, steht aber unter dem Anspruch Gottes. Was
Schuld ist, ist an seinem Willen entschieden und nicht am Willen
der sich zum Gott erhebenden Gesellschaft. Die objektive
Schuld vor Gott bleibt. In den verschiedenen Bezügen des Lebens hat Gott den Anspruch an uns; nicht an den »Rollenspieler«, sondern an den vor ihm verantwortlichen Menschen. Wir
stehen vor Gott nicht als Vater, als Mutter, wir sind dies alles
vor Gott.

Bei der Rollentheorie handelt es sich um eine »Totaldeutung«
des Menschen, die ihn selbst und sein Verhalten auf die Gesellschaft bezogen hin auslegt. Dem steht der Anspruch Gottes an
den Menschen unversöhnlich gegenüber, der den Menschen auf

ihn ausgerichtet hat. Der Christ, der sich diesem Totalanspruch Gottes ausgeliefert hat, kann sich in seinem Bewußtsein nicht durch Deutungssysteme des Menschen manipulieren lassen. Der Erziehungswissenschaftler J. Speck geht im »Handbuch Pädagogischer Grundbegriffe« auf diese Problematik ein im Zusammenhang mit der Darstellung der Person des Menschen:

»Dieses umfassende Ganze (Person; der Verf.) ist immer wieder in ›Totaldeutungen‹ des Menschen und seines Daseins artikuliert worden: mittels sozialpsychologischer bzw. kulturanthropologischer Kategoriengefüge, die den Menschen und sein Verhalten in der Welt als weitgehend determiniert ansehen durch ein ›kollektives Unbewußtes‹, durch Rollenerwartungen (und damit verbundene Sanktionen und Pressionen seitens der Gesellschaft) u. dgl.; mittels sozioökonomischer bzw. politischer Theorien, die den Menschen ausschließlich als Produkt der Gesellschaft sehen; in theologisch-anthropologischen bzw. religionsanthropologischen Deutungen, die den Menschen als ein von Gott abhängiges und auf Gott ausgerichtetes Wesen deuten. Wenn die ›christliche‹ Anthropologie dabei neben anderen ›Totaldeutungen‹ genannt wird, darf nicht verkannt werden, daß für den Christen von seinem Glauben her der von Gott ergehende geoffenbarte Anspruch eine unvergleichliche Dignität besitzt. Damit sind alle philosophischen, soziologischen oder sozioökonomischen Deutungen des Menschen, die auf der Grundlage bestimmter Theorien beruhen, relativiert. So ist die religiöse Deutung menschlicher Personalität die umfassendste Deutung des Menschen überhaupt; ... sie kann, bei aller Determiniertheit des Menschen als eines geschichtlichen, kulturverbundenen, biologischen, gesellschaftlichen Wesens, ihm die Möglichkeit der freien Entscheidung zuerkennen, ja sie muß ihm diese freie Entscheidung auferlegen, ob er sich in seinem personalen Selbstvollzug verstehen will als ein Wesen, dessen Über-sich-hinaus-Sein bezogen ist auf die absolute Person Gottes«[44].

Überall da, wo der Christ bzw. seine Kinder derartigen Totaldeutungen vom Menschen her unterworfen wird (sozialpsychologischen, kulturanthropologischen, sozioökonomischen bzw. politischen Theorien) muß er sich diesen Ansprüchen gegenüber verweigern. Der Grad der Freiheit unseres Bildungssystems und unserer Freiheit überhaupt läßt sich daran ermessen, inwieweit dem Christen diese Möglichkeiten ohne Repression gewährt werden. Da Gott seinen Anspruch an jeden Menschen richtet, muß diese Freiheit jedem Menschen gelten. Der Mensch ist nicht zum Funktionieren, sondern zum Wählen, Entscheiden, zum Ergreifen berufen. Dies Bild vom Menschen muß bleiben.

Unsere Kritik als Christen richtet sich aber nicht nur gegen die soziologische Kategorie der Rolle, sondern bereits gegen die Vorstellung, Menschwerdung vollziehe sich in einem weltimmanenten Sozialisationsprozeß innerhalb eines kulturellen Raumes. Damit wird nicht der prägende Einfluß einer Familie bzw. eines kulturellen Raumes bestritten. Bestritten wird allerdings, daß das, was der Mensch wird, ja, selbst das, was kulturelle Räume geworden sind, ein rein innerweltliches Phänomen sei. Die Bibel weiß, daß sowohl das Leben des einzelnen wie das ganzer Völker und kultureller Räume unter dem Handeln Gottes steht. Das, was ein Mensch wird, ist entscheidend davon abhängig, wie er sich zur Offenbarung Gottes in Jesus Christus stellt. An dieser Entscheidung ändert sich der Weg des einzelnen, ja der Weg ganzer kultureller Räume, ganzer Völker. Es ist ein Unterschied für das Werden des einzelnen wie für die jeweilige Lage eines Volkes, ob eine Hinwendung zu Jesus Christus stattfindet und Gott das sittliche Handeln des einzelnen wie das großer Gemeinschaften erneuern kann oder ob der einzelne, ein ganzes Volk, diesem Herrn teilnahmslos gegenübersteht oder sich gar gegen ihn entscheidet und damit unter dem Herrschaftsbereich der Finsternis bleibt (Kol. 1, 13). Die Bibel bezeugt Gnadenzeit für den einzelnen wie für ganze kulturelle Räume, sie weiß aber auch um Gericht und Verstockung. Das alles hat tiefe Auswirkungen auf das geistliche, geistige und kulturelle Leben des einzelnen, der Familie und eines Volkes. Die Erweckung und Bekehrung einzelner wie die Tatsache, ob ganze kulturelle Räume in das Kraftfeld des Evangeliums versetzt werden, sind hierfür Beispiel. Als Christen wissen wir um die Macht der Fürbitte für den einzelnen wie für ein Volk und die damit zusammenhängenden wirklichen Veränderungen im Lebensweg des Menschen. Gott wird in Jesus Christus allen zur Entscheidung. Von ihm heißt es: »Wendet euch zu mir und laßt euch retten, aller Welt Enden; denn ich bin Gott, und keiner

mehr« (Jes. 45, 22). Die Zeit der Unwissenheit hat Gott übersehen, »nun aber gebietet er allen Menschen an allen Enden,
Buße zu tun ... er hat einen Tag gesetzt, an welchem er richten
will den Kreis des Erdbodens...« (Apg. 17, 30 f.). Das allerdings bekommt die Sozialisationsforschung nicht in den Blick,
auch nicht die vergleichende Kulturanthropologie. Sie erfassen
nur mit ihren Analysen die Ergebnisse vom Heilshandeln
Gottes am Menschen, von Gnade und Gericht unter den Völkern; ja noch mehr: die Sozialisationsforschung kann auch
diese Ergebnisse nicht einmal in den eigentlichen göttlichen
Zusammenhang einordnen, da sie aufgrund ihres weltimmanenten Wissenschaftsbegriffs für die Wirklichkeit Gottes er-
blindet ist.

Für den Christen ist die Verabsolutierung der Erziehung des
Menschen auf der Grundlage der Wissenschaft daher nicht
nachvollziehbar. Eine neue Öffnung ist nötig.

B. Neomarxistische Emanzipation – vom Indi-
viduum zum Kollektiv

Im Zuge der Wissenschaftsorientierung gelangte eine Theorie
in den Bereich der Pädagogik, die sich gegenüber der bestehenden Gesellschaft und ihren Bestrebungen zur Vergesellschaftung des Menschen als das kritische Organ verstand, die »kritische Theorie« des 1924 gegründeten Frankfurter sozialphilo-
sophischen Institutes, dessen Theorie auch bekannt wurde unter dem Namen »Frankfurter Schule«. Mit dem Begriff »kritische Theorie« erheben die Verfechter, die neomarxistischen
Sozialphilosophen M. Horkheimer (1895–1973), Th. W.
Adorno (1903–1969), H. Marcuse (1898) und J. Habermas
(1929) den Anspruch, die gesellschaftliche Wirklichkeit zu erkennen, sie kritisch zu beurteilen und sie gemäß ihren spätmar-
xistischen Vorstellungen zu verändern, d. h. zu befreien, zu
emanzipieren. In der pädagogischen Literatur findet man nicht
selten die kritische Theorie dahingehend beschrieben, daß sie
»bei der Untersuchung der Sozialisationsprozesse die Frage
nach der individuellen Autonomie (Selbstbestimmung) im Ge-
flecht der sozialen Einflüsse« berücksichtige, »insbesondere
unter dem Druck der gesellschaftlichen Herrschaftsverhältnisse, an deren Veränderung in Richtung auf zunehmende Freiheit

sie vor allem interessiert«[45] sei; nicht ahnend, daß es sich hier um das gesellschaftsrevolutionäre Programm des Neomarxismus handelt.

Die Neue Linke

Die »kritische Theorie« der Neomarxisten gehört mit in den großen Zusammenhang jener Bewegung, die seit 1960 – erstmals in England – unter dem Namen »Neue Linke« bekannt geworden ist. Diese Bewegung sucht eine alternative Gesellschaft zwischen dem sozialen Liberalismus der Sozialdemokratie und dem dogmatischen Marxismus-Leninismus der Kommunistischen Partei. Allen Gruppierungen innerhalb der Neuen Linken ist die Ablehnung der liberalen Wohlstandsgesellschaft und die Anerkennung der Heilslehren des Sozialismus eigen. Der geistige Vater der Bewegung ist vor allem der amerikanische Soziologe C. Wright Milles (1916–1962). Ihren ersten spektakulären Ausdruck fand die Neue Linke um 1960 in den USA in der »Protestbewegung« von Schülern und Studenten. Der Protest richtete sich gegen die liberale Demokratie mit ihrer Überflußgesellschaft und den empfundenen Folgen für den Menschen: Vereinsamung, Entfremdung. In der Bundesrepublik Deutschland machte die Neue Linke in den Studentenunruhen seit 1966 auf sich aufmerksam, vor allem aber in dem revolutionären Jahr 1968. Noch ehe der Begriff »Neue Linke« geprägt wurde, war das Gedankengut dieser Geistesrichtung in der Bundesrepublik wirksam. Es verbarg sich seit 1945 vor allem hinter den Programmen der Schlagworte »Umerziehung des deutschen Volkes« und »Bewältigung der Vergangenheit«. Die Theoretiker der »kritischen Theorie« des Frankfurter Instituts für Sozialforschung nahmen entscheidend Einfluß auf die Entwicklung in Deutschland. Zwischen ihnen und der studentischen Protestbewegung kam es Ende der sechziger Jahre zur historischen Begegnung. Wenn auch nach dieser Zeit das radikale Aufbegehren der Schüler und Studenten abklang, so ist damit nicht ein Abklingen der Bewegung der Neuen Linken verbunden. Im Gegenteil: man begann systematisch in die einzelnen Lebensbereiche unserer Gesellschaft und ihrer Institutionen einzudringen, um diese von innen heraus zu revolutionieren – um das Gedankengut zu verbreiten und gesellschaftsfähig zu machen.

Die neomarxistische Kritik an unserer Gesellschaftsordnung ist im letzten Jahrzehnt vor allem bekannt geworden unter dem Schlagwort »emanzipatorische Bewegung«. Dieser Begriff bedarf zunächst einer kurzen Klärung, ehe auf die Gehalte der kritischen Theorie eingegangen werden kann.

Emanzipation in der Geschichte

Der Begriff »Emanzipation« taucht bereits in der Antike auf. Im römischen Recht bedeutete er die Entlassung eines Rechtsgutes aus der Herrschaft des Eigentümers, z. B. des Sohnes aus der väterlichen Gewalt, des Sklaven aus der Verfügungsmacht des Besitzers. Ende des 18. Jahrhunderts, in der nachrevolutionären Aufklärung, bedeutete Emanzipation die Gleichstellung aller Bürger vor dem Recht. Im Gegensatz zum Gleichheitsprinzip in allen öffentlich rechtlichen Angelegenheiten blieben die Unterschiede innerhalb der Gesellschaft zwischen den Menschen und den verschiedensten Menschengruppen als »privat« bestehen. Die eigentliche revolutionäre Bedeutung bekommt der Emanzipationsbegriff erst bei Karl Marx. Um seinen Begriff von Emanzipation zu verstehen, müssen wir auf seine Sicht vom Menschen zurückgreifen. Marx unterschied zwischen dem Menschen als Gattungswesen und dem Menschen, wie er sich uns hier und jetzt darstellt. Letzterer sei das Ergebnis eines langen geschichtlichen Prozesses. Durch die sich allmählich steigernde Privatisierung der Produktionsmittel und durch die Arbeitsteilung sei es zu tiefgreifenden Unterschieden zwischen den Menschen, zwischen Ausbeutern und Ausgebeuteten, Besitzenden und Besitzlosen gekommen, zur Entfremdung des Menschen von sich selbst. Daraus leitet Marx alle Konflikte zwischen den einzelnen und innerhalb der Gesellschaft ab; angefangen bei Neid und Haß bis hin zu kriegerischen Auseinandersetzungen. Nach Marx könne eine Änderung der Lage der Menschheit nur dann erfolgen, wenn die Ursache der Entfremdung, die Privatisierung der Produktionsmittel, wieder aufgehoben werde und damit gleichzeitig die Entfremdung beendet sei. In einer solchen Gesellschaft wichen die Unterschiede, und der Mensch kehre zu seiner ursprünglichen Form zurück, zum Gattungswesen Mensch. Mit dem Abbau der Entfremdung gehe Hand in Hand die Überführung des privaten Raumes in die Öffentlichkeit, die Trennung zwischen privat und öffentlich sei aufgehoben. Die Aufhebung des Privateigentums an Produktionsmitteln wird bei Marx gleichgesetzt mit Emanzipation, Befreiung des Menschen. Überall aber, das gilt es zu beachten, wo bisher nach der Marxschen Theorie verfahren wurde, führte die »Emanzipation« zu einer Unterdrückung und Herrschaft des Menschen über den Menschen. In allen kommunistischen Staaten ist das der Fall.

Der neue Ansatz des Neomarxismus

Der Neomarxismus nimmt einen anderen Ansatzpunkt. Es geht ihm nicht in erster Linie um eine revolutionäre Abschaffung der bürgerlich-kapitalistischen Gesellschaftsstrukturen. Emanzipation sei nicht gleichzusetzen mit der Entprivatisierung der Produktionsmittel. Zu diesem Ergebnis kamen vor allem die Theoretiker der Frankfurter Schule. Sie standen vor folgender Problematik: Einmal mußten sie sich mit der Unterdrückung des Menschen in den Ländern, in denen der Marxismus Praxis geworden ist, auseinandersetzen, in den kommunistischen Staaten; andererseits wurde ihnen die Zufriedenheit des Bürgers in der kapitalistischen Welt – nach ihrer Interpretation einer Klassengesellschaft – zum Problem, in der jedoch der Wunsch nach Überwindung der Klassen nicht vorhanden ist. Es fehle in der westlichen Welt das Entscheidende: das revolutionäre Potential. Es geht ihnen deshalb darum, den Marxismus umzuformen und ihn auf eine Gesellschaft des Reichtums anwendbar zu machen.

Der Ansatzpunkt zur Veränderung der Gesellschaft kann somit nicht wie bisher in der Revolution der äußeren Strukturen genommen werden, – der Mensch selbst wird zum Adressat kulturrevolutionärer Praxis. Es geht um die Veränderung des Menschen in seiner Persönlichkeitsstruktur, um dann zu veränderten gesellschaftlichen Verhältnissen zu kommen; Kulturrevolution wird zur anthropologischen Revolution, zur Veränderung des Menschen in seinem Bewußtsein. Kulturrevolution wird zu einem Erziehungsprozeß. Es wird offen ausgesprochen, daß die gegenwärtigen gesellschaftlichen Bedingungen verbieten, Revolution im althergebrachten Sinne aufzufassen. Gerade H. Marcuse hebt den »subjektiven Faktor« für die Revolutionierung der Gesellschaft hervor. Die Ursachen der Entfremdung seien zwar ökonomisch-politischer Art, aber nur veränderte Menschen könnten zur neuen Gesellschaft führen: »Diese Ursachen sind ökonomisch-politische, aber da sie selbst die Triebe und Bedürfnisse der Menschen geformt haben, werden keine ökonomischen und politischen Veränderungen dieses historische Kontinuum zum Halten bringen, es sei denn, sie werden von Menschen ausgeführt, die physiologisch und psychologisch fähig sind, die Dinge und sich selbst außerhalb des Zusammenhangs von Gewalt und Ausbeutung zu erfahren«[46].

Und:

»Die gesellschaftliche Determination des Bewußtseins ist bei der totalen kapitalistischen Verwaltung und Introjektion nahezu vollständig und unmittelbar; diese werden jedem direkt eingeimpft. Unter diesen Umständen ist ein radikaler Wandel im Bewußtsein der Anfang, der erste Schritt zur Umwandlung der gesellschaftlichen Zustände: es entsteht ein neues Subjekt. Historisch gesehen, geht wieder die Periode der Aufklärung der materiellen Veränderung voran – eine Periode der Erziehung, aber einer Erziehung, die sich in Praxis umsetzt: in Demonstration, Konfrontation und Rebellion«[47].

Marcuse hebt den »subjektiven Faktor« für die Revolutionierung der Gesellschaft ausdrücklich hervor:

»Dieser Determinismus, eine direkte Folge der Stärke des Systems und der Ausweitung der Opposition impliziert eine Verschiebung des Schwerpunktes auf ›subjektive Faktoren‹: die Entwicklung des Bewußtseins und der Bedürfnisse wird vordringlich«[48].

Über den veränderten Menschen führe der Weg zur Veränderung der Gesellschaft. Dabei geht man grundsätzlich davon aus, daß die wissenschaftlich-technischen und wirtschaftlichen Bedingungen der gegenwärtigen Gesellschaft erhalten bleiben müßten, da diese eine optimale Befriedigung der Bedürfnisse unter einem Minimum an Arbeitseinsatz ermöglichten.

»Eine solche Gesellschaft setzt die Leistungen der bestehenden Gesellschaften auf allen Gebieten voraus, namentlich ihre wissenschaftlichen und technischen Resultate. Entbunden davon, der Ausbeutung zu dienen, könnten sie für die globale Abschaffung von Armut und Elend mobilisiert werden«[49].

Die einzelnen Theoretiker der »kritischen Theorie« setzen im Hinblick auf die Emanzipation verschiedene Akzente. Für Horckheimer bedeutet Emanzipation die Befreiung der bürgerlichen Intelligenz aus den Traditionen der bürgerlichen Kultur. Die Kritik wird zum obersten Prinzip. Adorno gibt der emanzipatorischen Bewegung anarchistische Züge. Bei ihm wird die bisherige Geschichte der Menschheit als die totale Negativität erfahren. Aber auch der einzelne Mensch erscheint ihm in diesem Licht. Er habe die »falsche Gesellschaft« in seinem Gewissen aufgebaut und sich damit ihrer Herrschaft unterworfen. Das Gewissen in der bürgerlichen Gesellschaft ist für Adorno das »Schandmal einer falschen Gesellschaft«. Emanzipation wird bei ihm Befreiung vom Personsein des Menschen, Befreiung von seiner Individualität[50]. Im folgenden soll die Position von Herbert Marcuse ausführlicher dargestellt werden.

1. Die Entwicklung des »neuen Menschen« bei Marcuse

Bei Marcuse (Prof. für Philosophie an der University of California) wird Emanzipation zum Auszug aus der Geschichte; sie führt zum Bruch mit der Vergangenheit und der Gegenwart und ihren falschen Freiheiten, um ein neues Reich der Freiheit aufzubauen:

»Doch ... gilt es, ein Reich der Freiheit zu errichten, das nicht das der Gegenwart ist: eine Befreiung von den Freiheiten der ausbeuterischen Ordnung – eine Befreiung, die dem Aufbau einer freien Gesellschaft vorangehen muß; die einen historischen Bruch mit der Vergangenheit und der Gegenwart erzwingt«[51].

Das falsche Bewußtsein

Der Mensch dieser Gesellschaft stehe jedoch selbst diesem Ziel entgegen. Die Ausbeutung des Menschen durch das Establishment halte unvermindert an und habe eine derart feine Form angenommen, daß sie von den Ausgebeuteten nicht mehr wahrgenommen würde. Der Mensch sei nämlich in seiner Triebstruktur mit dem korporativen Kapitalismus verschmolzen. Der herrschende Kapitalismus habe es fertiggebracht, den Menschen in seiner Bedürfniswelt durch die Fülle der Angebote so an sich zu binden, daß Bedürfnisbefriedigung im Sinne des herrschenden Angebotes ihm zur zweiten Natur geworden sei. Der Mensch könne diese Herrschaft des Kapitalismus gar nicht ablehnen, es sei denn, er lehnte sich selbst und seine Bedürfnisse ab. So seien die Ausgebeuteten, die einst bei Marx die Träger der Revolution waren, jetzt selbst zu Konterrevolutionären geworden.

»Die sogenannte Konsumentenökonomie und die Politik des korporativen Kapitalismus haben eine zweite Natur des Menschen erzeugt, die sie libidinös und aggressiv an die Warenform bindet. Das Bedürfnis, technische Gebrauchsartikel, Apparate, Instrumente und Maschinen zu besitzen, zu konsumieren, zu bedienen und dauernd zu erneuern, Waren, die den Leuten angeboten und aufgedrängt werden, damit sie diese selbst bei Gefahr ihrer eigenen Zerstörung gebrauchen, ist zu einem ›biologischen‹ Bedürfnis im soeben definierten Sinn geworden. Die zweite Natur des Menschen widersetzt sich jeder Veränderung, welche diese Abhängigkeit der Menschen von einem immer dichter mit Handelsartikeln gefüllten Markt sprengte oder vielleicht abschaffte – seine Existenz als Konsument aufhöbe, der sich im Kaufen und Verkaufen selbst konsumiert. Die von diesem System geschaffenen Bedürfnisse sind deshalb so stabilisierende, konservative Bedürfnisse: die Konterrevolution ist in der Triebstruktur verankert«[52].

Diese Bindung des Menschen an das System sei mehr als Anpassung, sie sei Mimesis, d. h. unmittelbare Identifikation. »Das Ergebnis ist nicht Anpassung, sondern Mimesis: eine unmittelbare Identifikation des Individuums mit seiner Gesellschaft und dadurch mit der Gesellschaft als einem Ganzen«[53]. Diese Identifikation sei so intensiv, daß das Bewußtsein des Menschen, im Kapitalismus von sich selbst entfremdet zu sein, geschwunden sei. Marcuse findet vor, daß sich der Mensch im kapitalistischen System nicht in seinem Sinne entfremdet fühlt. Diesen Zustand des Menschen in unserer Gesellschaft akzeptiert Marcuse nicht als eine Lebensmöglichkeit, sondern er unterstellt, daß die Entfremdung hier eine fortgeschrittene Stufe erreicht habe.

»Ich habe soeben darauf verwiesen, daß der Begriff der Entfremdung fraglich zu werden scheint, wenn sich die Individuen mit dem Dasein identifizieren, das ihnen auferlegt wird, und an ihm ihre eigene Entwicklung und Befriedigung haben. Diese Identifikation ist kein Schein, sondern Wirklichkeit. Die Wirklichkeit bildet jedoch eine fortgeschrittene Stufe der Entfremdung aus. Diese ist gänzlich objektiv geworden; das Subjekt, das entfremdet ist, wird seinem entfremdeten Dasein einverleibt. Es gibt nur noch eine Dimension, und sie ist überall und tritt in allen Formen auf. Die Errungenschaften des Fortschritts spotten ebenso ideologischer Anklage wie Rechtfertigung; vor ihrem Tribunal wird das ›falsche Bewußtsein‹ ihrer Rationalität zum wahren Bewußtsein«[54].

Die Begriffe »Herrschaft«, »falsches Bewußtsein« und »Manipulation« werden so zu Kennzeichnungen unserer Gesellschaft und zu Mitteln der Veränderung. »Die Erzeugnisse durchdringen und manipulieren die Menschen; sie befördern ein falsches Bewußtsein, das gegen seine Falschheit immun ist«[55].

Auch wenn der Mensch heute die großen Möglichkeiten habe, seine Bedürfnisse zu befriedigen, so bedeute das für ihn doch keine Freiheit, sondern nach wie vor »Entfremdung«. Auch wenn sich der Mensch alle Errungenschaften leisten könne, seinen Arbeitsplatz frei wählen könne, stehe er doch nach wie vor unter »sozialer Kontrolle«, unter der Herrschaft der Herren. Er sei Sklave.

»Die freie Wahl der Herren schafft die Herren oder die Sklaven nicht ab. Freie Auswahl unter einer breiten Mannigfaltigkeit von Gütern und Dienstleistungen bedeutet keine Freiheit, wenn diese Güter und Dienstleistungen die soziale Kontrolle über ein Leben von Mühe und Angst aufrecht erhalten – das heißt die Entfremdung. Und die spontane Reproduktion aufgenötigter Bedürfnisse durch das Individuum stellt keine Autonomie her. Sie bezeugt nur die Wirksamkeit der Kontrolle«[56].

Ziel: Befriedung des Daseins

Welche Alternative weist Marcuse zu unserer bestehenden Gesellschaft auf? Es geht ihm um eine Gesellschaft, die durch das Stichwort »Befriedung des Daseins« gekennzeichnet ist.

»›Befriedung des Daseins‹ bedeutet, daß sich der Kampf des Menschen mit dem Menschen und der Natur unter Bedingungen entfaltet, worin die miteinander wetteifernden Bedürfnisse, Wünsche und Bestrebungen nicht mehr von hergebrachten Mächten organisiert werden, die an Herrschaft und Knappheit interessiert sind – eine Organisation, welche die zerstörerischen Formen dieses Kampfes verewigt«[57].

In dieser Gesellschaft sollten die Ressourcen so genutzt werden, daß eine optimale Bedürfnisbefriedigung bei einem Minimum an schwerer Arbeit und Elend erreicht werde.

»Dieses Stadium wäre erreicht, wenn die materielle Produktion (einschließlich der notwendigen Dienstleistungen) dermaßen automatisiert wird, daß alle Lebensbedürfnisse befriedigt werden und sich die notwendige Arbeitszeit zu einem Bruchteil der Gesamtzeit verringert. Von diesem Punkt an würde der technische Fortschritt das Reich der Notwendigkeit transzendieren, in dem er als Herrschafts- und Ausbeutungsinstrument diente, was wiederum seine Rationalität eingeschränkt hat; die Technik würde dem freien Spiel der Anlagen im Kampf um die Befriedung von Natur und Gesellschaft unterworfen. Ein solcher Zustand ist in dem Marxschen Begriff der ›Aufhebung der Arbeit‹ ins Auge gefaßt. Der Ausdruck ›Befriedung des Daseins‹ scheint besser geeignet, die geschichtliche Alternative zu einer Welt zu bezeichnen, die … am Rande eines erdumspannenden Krieges fortschreitet«[58].

Diese Gesellschaft sei gekennzeichnet durch die Freiheit von bestehenden Zwängen:

»So würde ökonomische Freiheit, Freiheit von der Wirtschaft bedeuten – von Kontrolle durch ökonomische Kräfte und Verhältnisse; Freiheit vom täglichen Kampf ums Dasein, davon, sich seinen Lebensunterhalt verdienen zu müssen. Politische Freiheit würde die Befreiung der Individuen von der Politik bedeuten, über die sie keine wirksame Kontrolle ausüben. Entsprechend würde geistige Freiheit die Wiederherstellung des individuellen Denkens bedeuten, das jetzt durch Massenkommunikation und -schulung aufgesogen wird, die Abschaffung der ›öffentlichen Meinung‹ mitsamt ihren Herstellern«[59].

Marcuse hält das nicht für eine Utopie. Im Gegenteil, er glaubt, eine solche Welt paradiesischen Zustandes sei möglich: »Befriedung des Daseins« setze allerdings voraus, daß die Bevölkerung in Zukunft abnimmt.

»Ein neuer Lebensstandard, der Befriedung des Daseins angepaßt, setzt auch voraus, daß die künftige Bevölkerung abnimmt. Ist es verständlich, ja vernünftig, daß die industrielle Zivilisation das Hinschlachten von Millionen Menschen im Kriege und die täglichen Opfer all derer als legitim ansieht, denen es an zureichender Pflege und Schutz fehlt, aber ihre moralischen und religiösen Skrupel entdeckt, wenn es sich darum handelt, das Hervorbringen weiteren Lebens in einer Gesellschaft zu vermeiden... Diese moralischen Skrupel sind verständlich und vernünftig, weil eine solche Gesellschaft einer stets zunehmenden Zahl von Kunden und Anhängern bedarf ... Die Erfordernisse profitabler Massenproduktion sind jedoch nicht notwendig mit denen der Menschheit identisch ... Die Anklage, die Stefan George vor einem halben Jahrhundert aussprach, enthält mehr als dichterische Freiheit: ›Schon eure Zahl ist Frevel!‹«[60]

Marcuse entwirft eine Zukunft – im Gegensatz zu Marx. Beide bauen sie auf der Beendigung von Herrschaft auf. Marx ließ aber das Reich der Notwendigkeit, in dem Arbeit getan werden mußte, und das Reich der Freiheit, in dem Muße galt, nebeneinander existieren: wenn auch die Arbeit zunehmend an Dauer abnehmen und die Freiheit mehr Spielraum bekommen sollte. Marx wagte nicht, die Arbeit als Spiel aufzufassen und so das Reich der Freiheit in das Reich der Notwendigkeit einbrechen zu lassen. Marcuse wagt diesen Schritt. Die Arbeit wird zur Lust.

»Die Arbeit ist ursprünglich libidinös ... Der Mensch beginnt zu arbeiten, weil er in der Arbeit – und nicht erst nach der Arbeit – Lust gewinnt: Spiel seiner Fähigkeiten und Erfüllung seiner Lebensbedürfnisse«[61].

Gemeinsam sollten die Menschen die gesellschaftlich notwendige Arbeitszeit planen, und ebenso das, was produziert werden soll. Entscheidend aber sei die »Form« des Produzierten. Hier vollziehe sich der Durchbruch, in dem »Arbeit« zur »Lust« wird. Der Produktionsprozeß werde zu einem Schöpfungsprozeß; die künstlerischen Antriebe des Menschen könnten hier zur Geltung kommen.

»Das befreite Bewußtsein befördert die Entfaltung einer Wissenschaft und Technik, die frei sind, die Möglichkeiten der Dinge und Menschen zum Schutz und Genuß des Lebens im Spiel mit den Möglichkeiten von Form und Materie zur Erreichung dieses Zieles zu entdecken und zu verwirklichen. Die Technik tendiert dann dazu, Kunst zu werden, und diese, die Wirklichkeit zu formen: der Gegensatz zwischen Einbildungskraft und Vernunft, höheren und niederen Vermögen, poetischem und wissenschaftlichem Denken würde ungültig«[62].

Diese neue Gesellschaft hat ein neues Realitätsprinzip. Hier gilt nicht mehr die harte Realität der Arbeit, die die Bändigung der Triebe notwendig macht, hier wird das Lustprinzip zum Realitätsprinzip.

»Ein neues Realitätsprinzip erschiene, unter dem eine neue Sensibilität und eine entsublimierte wissenschaftliche Intelligenz sich zu einem ästhetischen Ethos vereinigten«[63].

Überhaupt werde das Ästhetische zum »Eichmaß« für eine freie Gesellschaft«[64]. Dabei sollten die ästhetischen Werte nicht in Form einer höheren Kultur »monopolisiert« und von der Wirklichkeit abgespalten sein, sie seien entsublimiert und dadurch zwar niedriger, aber für jeden zugänglich. Für Marcuse ist das die neue Zielbestimmung des Sozialismus. »Dies ist die utopische Konzeption des Sozialismus, die das Einbrechen der Freiheit in das Reich der Notwendigkeit ... ins Auge faßt«[65]. Marcuse besteht darauf, »... daß eine sozialistische Gesellschaft leichtfüßig und spielerisch sein kann und sollte«[66]. Hier breche der Haß der Jungen in Gelächter und Gesang aus. Barrikade und Tanzboden, Liebesspiel und Heroismus verquickten sich im Gegensatz zu bisher verwirklichten Formen von Sozialismus. Für das gegenwärtige sozialistische Lager bedeute das: »Miniröcke gegen Apparatschiks, Rock' n' Roll gegen sowjetischen Realismus«[67].

Der Mensch mit neuen Bedürfnissen

Um eine solche Gesellschaft aufbauen zu können, bedürfe es jedoch eines neuen Menschentyps. Der Mensch der gegenwärtigen Gesellschaft sei ja bis in seine Triebstruktur verdorben. Der neue Mensch habe eine andere Sensibilität und ein anderes Bewußtsein.

» ... Menschen, die eine andere Sprache sprechen, andere Aus-
drucksformen haben, anderen Impulsen folgen; Menschen, die
eine Schranke gegen Grausamkeit, Brutalität und Häßlichkeit
aufgerichtet haben«[68].

Indem dieser neue Mensch sich auch in den Produktionsver-
hältnissen verwirkliche, werde er zum Faktor gesellschaftlichen
Wandels.

»Diese (die Produktionsverhältnisse; der Verf.) würden von
Männern und Frauen geformt, die ein gutes Gewissen haben,
menschlich und sinnlich zu sein; die sich nicht mehr ihrer selbst
schämen; denn: ›Was ist das Siegel der erreichten Freiheit? –
Sich nicht mehr vor sich selbst schämen‹«[69].

Menschen mit einer neuen Sensibilität und dem neuen Bewußtsein sprächen eine »neue Sprache«. Nur so könnten sie die
»neuen Werte« ausdrücken. Dabei bezögen sie Bilder, Gesten
und Töne mit in ihr Sprechen ein[70].

Aber wie kommt es zu diesem neuen Menschen, der Marcuse
vorschwebt? Wie kann ein Mensch unverdorben die neue Gesellschaft aufbauen, wo doch jeder gleichzeitig in dieser Gesellschaft aufwächst? Marcuse setzt tatsächlich auf einen Menschen, der bereits a u ß e r h a l b der Gesellschaft steht und von
daher die Qualifikationen besitzt, diese zu erneuern. Wie er
glaubt, diesen Menschen erreichen zu können, dieser Frage
wollen wir jetzt nachgehen. Es geht Marcuse um nichts Geringeres als um eine Änderung der Triebbedürfnisse; sie müssen
durch eine Bewußtseinsveränderung umgepolt werden.

»Hieraus ergibt sich, daß der radikale Wandel, der die bestehende Gesellschaft in eine freie transformieren soll, in eine Dimension der menschlichen Existenz hineinreichen muß, die in
der Marxschen Theorie kaum berücksichtigt wurde – die ›bio-
logische‹ Dimension, in der die vitalen Bedürfnisse und Befriedigungen des Menschen sich geltend machen. Soweit diese Bedürfnisse und Befriedigungen ein Leben in Knechtschaft repro-
duzieren, setzt eine Befreiung Veränderung in dieser Dimension voraus, das heißt: andere Triebbedürfnisse, andere Reaktionen des Körpers wie des Geistes«[71].

50

Es geht jetzt um neue Bedürfnisse:
Das »Nicht-Notwendige« soll, so hofft Marcuse, »ein vitales Bedürfnis« werden[72]. Einer Änderung der Triebbedürfnisse müsse die Frage nach den »wahren« und »falschen« Bedürfnissen vorausgehen. Marcuse geht diesem Gedanken nach. »Falsche« Bedürfnisse seien alle die, die »harte Arbeit, Aggressivität, Elend und Ungerechtigkeit verewigen«[73] – auch wenn sie das Individuum beglücken sollten. Die Beglückung sei nur eine »Euphorie im Unglück«[74]. So kommt Marcuse zur Festlegung von Grundbedürfnissen, auf deren Befriedigung jeder uneingeschränkten Anspruch habe im Rahmen des erreichbaren Kulturniveaus. Es sind die vitalen Bedürfnisse: Nahrung, Kleidung und Wohnung[75]. Sie seien Vorbedingung für die »Verwirklichung aller Bedürfnisse«. Zum Maßstab für wahre Bedürfnisse werden bei Marcuse die optimale Nutzung der Ressourcen, Hilfsquellen, materieller und geistiger Art, die optimale Entwicklung der Menschheit unter Verminderung von harter Arbeit und Armut.

Über wahre und falsche Bedürfnisse entscheiden muß das Individuum letztlich selbst. Aber wie kann das Individuum diese Entscheidung treffen, wo es doch laut Marcuse bis in seine Triebstruktur total manipuliert ist? Der entscheidende Schritt ist, dem Menschen diese Knechtschaft bewußt zu machen. Schon allein die Kenntnis von der Möglichkeit einer neuen, freien Gesellschaft soll im Bewußtsein des Menschen den Boden für die Umwälzung vorbereiten. »... der theoretische Entwurf scheint fatal verfrüht – wäre nicht evident, daß die Kenntnis der transzendierenden Möglichkeiten der Freiheit eine treibende Kraft im Bewußtsein und in der Phantasie werden muß, die den Boden für diese Umwälzung vorbereiten«[76]. »Alle Befreiung hängt vom Bewußtsein der Knechtschaft ab«[77] ... Den Weg zu diesem Ziel des Bewußtseins liefert die »kritische Theorie«.

Aus Marcuses Praxisanweisung

Die »freiwillige Knechtschaft«, unter der der Mensch stehe, könne nur durch »politische Praxis« gebrochen werden. Wie lautet die grundlegende Praxisanweisung, die Marcuse gibt? Die »große Weigerung«[78]. Es geht ihm um eine »methodische Loslösung vom Establishment«, um eine »methodische Weigerung«, mit dem Ziel der radikalen »Umwertung aller Werte«. Es geht ihm um den »Bruch mit dem Wohlvertrauten«. So läßt sich erkennen, daß Marcuses Praxisanweisung die totale Verneinung unseres gesamten bestehenden Gesellschaftssystems mit dem Ziel seiner Beseitigung beinhaltet. Der Bruch mit der bisherigen Gesellschaft bezieht sich dabei auf den ganzen Menschen, auf sein Sehen, Hören, Fühlen und Verstehen der Dinge[79]. »Folglich würde der Bruch mit dem Kontinuum von Aggression und Ausbeutung auch mit der Sinnlichkeit brechen, die auf diese Welt eingestellt ist. Die heutigen Rebellen wollen neue Dinge in einer neuen Weise sehen, hören und fühlen; sie verbinden Befreiung mit dem Auflösen der gewöhnlichen und geregelten Art des Wahrnehmens«[80]. In der »großen Weigerung« ist alle bisherige Identifikation mit der Vergangenheit, die bisher Väter und Söhne miteinander verband, die Identifikation mit den »falschen Vätern« beendet. Die Kette ist zerbrochen, die bisher von Generation zu Generation Väter und Söhne miteinander verband. Durch diesen Bruch seien zwar die »Verbrechen gegen die Menschheit«, die die bisherigen »falschen Väter« begangen hätten, nicht getilgt; aber ein Neuanfang solle möglich sein, »ihre Wiederkehr zu verhüten«. Die Ursache für die »verbrecherische Vergangenheit« allerdings müsse beseitigt werden: die bisherigen ökonomisch-politischen Gegebenheiten, das ist der Kapitalismus und unsere politische Staatsform[81]. »Direkte Aktion« werde zum Mittel, im Kampf um die Abschaffung bürgerlicher Demokratie und ermögliche die Einführung der »Demokratisierung«.

»Unter diesen Umständen werden direkte Aktion und grober Ungehorsam für die Rebellion zum wesentlichen Bestandteil des Übergangs von der indirekten Demokratie des korporativen Kapitalismus zur direkten Demokratie, bei der Wahlen und Repräsentanz nicht mehr als Institutionen der Herrschaft dienen. Gegen diese wird direkte Aktion ein Mittel zur Demokratisierung, zur Veränderung, wenn auch im etablierten System«[82].

Marcuse stellt den Rebellen in Aussicht, daß das bestehende System ihren Kampf als undemokratisch werten wird. Marcuse unterstützt nachdrücklich die Opposition der Neuen Linken gegen die bisherige Verwirklichung westlicher Demokratie und der damit zusammenhängenden Organisation. »Der ›unorthodoxe‹ Charakter dieser Opposition ... erstreckt sich auf die ganze Organisation der bestehenden liberal-parlamentarischen Demokratie. Bei der Neuen Linken hat sich eine nachdrückliche Absage an die traditionellen politischen Praktiken durchgesetzt: an das Netz der Parteien, Komitees und Interessengruppen auf allen Ebenen, an jegliche Arbeit in diesem Netz und mit seinen Methoden. Die ganze Sphäre und Atmosphäre ist mit all ihrer Macht hinfällig geworden; für die Rebellen ist nichts, was irgendeiner dieser Politiker, Volksvertreter oder Kandidaten verkündigt, von irgendwelchem Belang; sie können es nicht ernst nehmen«[83] ...

Über die Erziehung zur »neuen Gesellschaft« – Weg in die Diktatur!

Neben der Anleitung zur »politischen Praxis« sei das Mittel zur Erlangung der Ziele die Erziehung. Sie habe die Aufgabe, das Bewußtsein des jungen Menschen im Sinne der »Großen Weigerung« zu bearbeiten, dem jungen Menschen seine manipulierte Existenz aufzuzeigen, damit es zur Befreiung kommen könne. Erziehung setzt sich dann allerdings, wie bereits belegt wurde, in unmittelbare politische Praxis um: »...Demonstration, Konfrontation und Rebellion«[84]. Ziel der Erziehung ist, die Entfremdung des Kindes von seiner bisherigen Kultur vorzunehmen. Es gehe um die Befreiung von den Bindungen an Normen und Werte der bisherigen Gesellschaft mit dem Ziel, dieses System zu überwinden. »Marcuse strebt ... eine totale ›Erziehungsdiktatur‹ durch die Intellektuellen an, die vorschreibt, was Glück ist, die die Bedürfnisse bestimmt, die befreiende Funktion ausübt, die aber auch dazu autorisiert und in der Lage ist, gegenläufige Tendenzen zu unterdrücken. Diese repressive Herrschaft muß vom Widerstrebenden zwangsläufig erduldet werden. Das Glück des Individuums, das der Vorstellung der Intellektuellen von dem, was der Begriff Glück konkret beinhaltet, nicht entspricht, ist nicht garantiert, sondern ein solches Individuum ist der Liquidation durch die ›befreiende Herrschaft‹ preisgegeben«[85].

2. Die Entwicklung der »neuen Gesellschaft« bei Habermas

Jürgen Habermas (1929) hat die innere Entwicklung der Bundesrepublik in den letzten Jahren mit seiner Theorie entscheidend beeinflußt. Er ist Direktor am »Max-Planck-Institut zur Erforschung der Lebensbedingungen der wissenschaftlich-technischen Welt« in Starnberg bei München. »Politisch folgenreich« ist bei ihm ein beliebter Begriff. Folgenreich wurde seine Theorie in den letzten Jahren für die Formierung des Marxismus, die Politisierung der Studenten mit ihren Anschlußfolgen. Er nahm Einfluß auf die Politologie, Sozialwissenschaft, Theologie sowie die Erziehungswissenschaft, hier vor allem auf die Bestrebung der Politisierung der Erziehung. Die politisch folgenreichen Einflüsse lassen sich direkt nachweisen, sie bilden aber vielfach auch den Hintergrund des Denkens[86]. Auch Habermas sieht unter den gegenwärtigen Bedingungen unserer westlichen Welt keine Möglichkeit der Revolution im hergebrachten Sinne. Die Vorstellungen von Revolution müßten sich grundlegend wandeln. Es gehe darum, Revolution als einen »Bildungsprozeß einer neuen Subjektivität« aufzufassen.

»Denn unter historischen Umständen, die den Gedanken an Revolution verbieten, und die Erwartung lang andauernder Prozesse nahelegen, muß sich auch die Vorstellung von Revolution als einem Bildungsprozeß einer neuen Subjektivität wandeln«[87].

Im folgenden sollen einige wesentliche Bestandteile der Habermas'schen Theorie beschrieben werden, die sich vor allem auf das Bildungswesen ausgewirkt haben.

Emanzipation als Bewußtmachen von Zwängen und Herrschaftsverhältnissen

Bei Habermas bekommt Emanzipation zunächst die Bedeutung, dem Individuum Abhängigkeiten, Zwänge und Herrschaftsverhältnisse ins Bewußtsein zu heben. Dies sei bereits ein Vorgang der Befreiung, da der Mensch nun diese Zwänge als solche durchschaue und sie schon dadurch die Herrschaft über ihn verlieren würden. Gleichzeitig werde das Individuum durch diesen Prozeß der Bewußtmachung befähigt, an der Veränderung der gesellschaftlichen Verhältnisse zu arbeiten. Die Aufgabe, Abhängigkeiten und Zwänge bewußt zu machen, hat die kritische Sozialwissenschaft in Gestalt der »kritischen Theorie« übernommen. Diese übt dabei eine Funktion aus, die der der Psychoanalyse von S. Freud[88] vergleichbar ist. Sie wird jedoch an einer entscheidenden Stelle umfunktioniert. Um die Umfunktionierung der Freudschen Psychoanalyse besser verdeutlichen zu können, soll der Aufbau der Person nach S. Freud hier kurz und vereinfacht dargestellt werden[89]. Freud kam aufgrund seiner Forschungen zu der Theorie, daß sich die menschliche Seelenstruktur in drei Schichten einteilen ließe. Das Fundament bilde das ES. Damit ist der Bereich des Unbewußten, die Triebwelt des Menschen gemeint. Im ES herrschen keine Prinzipien, keine Ethik und Moral. Das ES kennt keine »Wertung, kein Gut und Böse, keine Moral.« Das ES habe dagegen das Bestreben, den Triebbedürfnissen unter Einhaltung des Lustprinzips Befriedigung zu verschaffen. Ein Teil des ES sei ausgestattet mit Organen zur Aufnahme und zum Schutz vor Reizen. Daraus entwickle sich als Abspaltung aus dem ES das ICH des Menschen. Durch die Wahrnehmungs- und Bewußtseinssysteme prüfe und beobachte das ICH die Wirklichkeit, versuche sich über sie klar zu werden und sich dann entweder ihr anzupassen oder sie im eigenen Interesse, im Sinne des ES zu verändern. Ohne die Kontrolle des ICH würde das ES in seinem blinden Streben nach Triebbefriedigung seiner Vernichtung nicht entgehen. Impulse aus dem ES reguliere das ICH durch Erfüllung bzw. Unterdrückung, Aufschub der Befriedigung oder Änderung der Bedürfnisform u. a. m. Während das ES uneingeschränkt durch die Triebe, die auf Gewinnung von Lust im Sinne von Glück zielen, beherrscht werde, müsse das ICH gegenüber dem so gearteten ES des Menschen die Realität des Lebens vertreten und das ES in seine Schranken weisen. So werde das Lustprinzip entthront. Die dritte Instanz der seelischen Struktur sei das ÜBER-ICH. Diese Instanz bilde sich im Laufe der kindlichen Entwicklung. Das ÜBER-ICH werde als Gewissen empfunden und habe den Ursprung seiner Entwicklung in der Beziehung des Kindes zu seinen Eltern. Es vertrete dem ICH gegenüber Normen und Werte sowie das Weltbild. Außerdem seien Einflüsse aus der sozialen und kulturellen Umwelt des Kindes, aus der Gesellschaft, im ÜBER-ICH verinnerlicht. An dieser Stelle können Konflikte auftreten. Im

Konflikt zwischen Gewissen und Triebanspruch komme es dazu, daß Triebansprüche vom Gewissen als »unmoralisch« erkannt und beurteilt würden. Sie würden in das Unbewußte des menschlichen Seelenlebens verdrängt. Da sie aber nicht befriedigt seien, würden sie sich immer wieder zu Wort melden. Zusätzliche Kraft sei nötig, um sie verdrängt zu halten. Diese Kraft werde dem ICH für den Kampf des Lebens entzogen. Auch wenn ein Triebanspruch ganz zum Schweigen gebracht worden sei, finde diese Schwächung des ICH statt. Wenn das ÜBER-ICH stark entwickelt sei, könne es zu vielen solcher Verdrängungen kommen, die seelische Krankheit (Neurose) bliebe nicht aus. Würden Verdrängungen wieder bewußt gemacht, könne der Mensch die Realität, die die Verdrängung folgen ließ, bewußt annehmen. Auf diesem Wege komme es zur Stärkung des ICH. In Krankheitsfällen gehe es darum, den Menschen von Wahnvorstellungen und Wirklichkeitsverlust zu befreien und ihm zu einem normalen Leben zu verhelfen, das die Realität bejahe.

Die Umfunktionierung der Freudschen Psychoanalyse durch den Neomarxismus

An der Beurteilung des Realitätsprinzips setzt nun die neomarxistische Umfunktionierung der Freudschen Psychoanalyse ein. Sie wird von Marcuse, aber auch von Habermas vorgenommen: Das Realitätsprinzip sei relativ. Das gegenwärtige Realitätsprinzip unserer westlichen Welt sei geprägt durch Herrschaft und Zwang als Folge des kapitalistischen Systems. Dadurch komme es neben der Unterdrückung von Trieben, die für den Fortbestand der menschlichen Gattung notwendig seien, zu »zusätzlichen Unterdrückungen«[90], die es bewußt zu machen gelte.

Habermas weist der kritischen Sozialwissenschaft die Aufgabe zu, festzustellen, wann Abhängigkeitsverhältnisse ideologisch festgefroren und abänderbar seien. Sie könnten dann, wenn auch nicht außer Geltung, so doch außer Anwendung gesetzt werden. Die kritischen Sozialwissenschaften sollen sich »...bemühen zu prüfen, wann die theoretischen Aussagen invariante Gesetzmäßigkeiten des sozialen Handelns überhaupt und wann sie ideologisch festgefrorene, im Prinzip aber veränderliche Abhängigkeitsverhältnisse erfassen. Soweit das der

Fall ist, rechnet die Ideologiekritik, ebenso übrigens die Psychoanalyse, damit, daß die Information über Gesetzeszusammenhänge im Bewußtsein des Betroffenen selber einen Vorgang der Reflexion auslöst; dadurch kann die Stufe unreflektierten Bewußtseins, die zu den Ausgangsbedingungen solcher Gesetze gehört, verändert werden. Ein kritisch vermitteltes Gesetzeswissen kann auf diesem Wege das Gesetz selbst durch Reflexion nicht außer Geltung, aber außer Anwendung setzen«[91].

Dabei muß man sich darüber im klaren sein, daß sich Habermas mit Marx auf dem Boden einer materialistischen Geschichtsphilosophie befindet. Von daher muß seine Auffassung über die Bedeutung von Werten und Normen, von Ethik, von Weltanschauung, Religion, ja von Gott überhaupt verstanden werden. Die Beseitigung des Bösen faßt er wie Marx als ein geschichtlich mögliches Werk auf. Es werde möglich durch die weitgehende Befriedigung der Bedürfnisse des Menschen, denn ihre Nichtbefriedigung habe das Böse ursächlich entstehen lassen. Die Befriedigung der Bedürfnisse sei unter den verschiedensten geschichtlichen Bedingungen unterschiedlich möglich gewesen. Not und Armut hätte die Befriedigung der Bedürfnisse eingeschränkt. Weltbilder, geschaffen durch Philosophie, Religion, Kultur und Wissenschaft, in denen Normen und Werte, Ethik, verankert wurden, seien dazu dienlich, nur solche Bedürfnisse als legitim auszugeben, deren Erfüllung möglich sei. Die Weltbilder selbst sind nach Habermas nur Mittel zum Zweck, die Bedürfnisbefriedigung des Menschen entsprechend den gesellschaftlichen Möglichkeiten zu regulieren. Keinesfalls hätten sie die Bedeutung, die sie sich selbst zuschreiben. Habermas sieht zwar die Notwendigkeit weiterer Unterdrückung, aber sie müsse sich nach den ökonomischen Grundvoraussetzungen richten. Die Verhältnisse im organisierten Kapitalismus seien so, daß Bedürfnisbefriedigung und Unterdrückung in keinerlei Verhältnis zu einander stehen würden. Die Unterdrückung solle aufgehoben werden durch eine grundlegende Wert- und Normenkritik und durch Demaskierung der die Werte und Normen legitimierenden Weltbilder[92].

Manifest geführter Klassenkampf

Optimale Bedürfnisbefriedigung bei einem Minimum an Unterdrückung (Arbeit) ist für Habermas nur möglich unter der
Voraussetzung einer klassenlosen Gesellschaft. Aber diese
klassenlose Gesellschaft, wie sie Habermas vorschwebt, tritt
nicht von selbst ein, obwohl – und darin ist er sich mit Marcuse
einig – unsere Gesellschaft sich in einer Phase des Übergangs
befinde. Die klassenlose Gesellschaft lasse sich nur erreichen
über einen manifest geführten Klassenkampf. Daß der Klassenkampf in der Bundesrepublik verdeckt geführt, bzw. nicht
gesehen wird, habe seine Ursache darin, daß die Weltbilder, die
die bestehenden Herrschaftsverhältnisse legitimierten, bei uns
noch weitgehend in Kraft seien. Sie ließen es nicht zu, daß der
Mensch seine Unterdrückung wahrnehme, ja, sie täuschten ihn
im Hinblick auf seine wahren Bedürfnisse und damit auf seinen
wahren Zustand und ließen ihn unter den gegenwärtigen Herr-
schaftsbedingungen noch relativ glücklich sein. Der Sozialphi-
losoph G. Rohrmoser, einer der entschiedensten Kritiker der
»kritischen Theorie«, hat nachgewiesen, daß man bei Habermas drei Phasen für die Revolutionierung unserer Gesellschaft
unterscheiden kann[93]:

Phase der Kritik und der Umdeutung der Überlieferung im
Sinne des Marxismus als Theorie der Geschichte und der Wirklichkeit.

Phase der Erschütterung der Normen und Weltbilder bis zum
Brüchigwerden der Legitimation des bestehenden Systems.

Manifest geführter Klassenkampf als einzige Praxis zur Überwindung des falschen Systems.

Hier sollte sich jeder in der gegenwärtigen Situation die Frage
stellen, in welcher Phase der Revolution wir uns befinden. Die
Umdeutung der Tradition (Werte und Normen; Geschichte) ist
in vollem Gange. Das Brüchigwerden der Institutionen zeichnet sich ab. Lassen sich schon Anzeichen für einen manifest geführten Klassenkampf erkennen?

3. Die Theorie von der »balancierenden Ich-Identität«

Die Identitätsbildung hat bei Habermas für die Gesellschaftsrevolutionierung einen entscheidenden Stellenwert. Dabei
müssen wir zurückgreifen auf das Sozialisationskonzept der
bürgerlichen Soziologen und die damit verbundene Identitätsbildung: die Vergesellschaftung des Menschen in die bürger-
lich-kapitalistische Gesellschaft. Die Voraussetzungen für eine
gelungene Sozialisation in diesem Sinne seien hier noch einmal
wiederholt. Die Sozialisation wird dann als gelungen angesehen, wenn die Bedürfnisse des einzelnen sich mit den Erwartungen der Gesellschaft decken (das Individuum lebt dann integriert); wenn es die Erwartungen der Gesellschaft genauso auslegt, wie es die Gesellschaft tut (es identifiziert sich); wenn es
tatsächlich so handelt, wie die Normen es vorschreiben (es lebt
konform). Wir stellten fest, daß hier die Identität des einzelnen
der Identität der Gesellschaft entspräche. Wir fragten nach der
Person des Menschen. Habermas übt Kritik an der Vergesell-
schaftungstheorie amerikanischer Soziologen und kommt von
daher zu einem neuen Entwurf von Ich-Identität.

Seine Kritik richtet sich nicht gegen die Auffassung, daß der
Mensch Rollenspieler sei, sondern gegen die Aufgabe der Rollentheorie, der totalen Anpassung des Menschen an die bestehende Gesellschaft zu dienen. Einen Menschen, der nach der
oben dargelegten Sozialisationstheorie angepaßt lebt, nennt
Habermas einen »pathologischen Fall«. Indem Habermas die
amerikanische Sozialisationstheorie umkehrt, kommt er zu einem eigenen Sozialisationskonzept. Es muß hier schon zum
Ausdruck gebracht werden, daß sein Weg in die Revolutionierung der Gesellschaft führt und mit der Vergesellschaftung des
Menschen in das Kollektiv endet. Die drei Theoreme von J.
Habermas lauten[94]:

Ein neues Konzept von »Sozialisation«

1. Zwischen den Rollenerwartungen der Gesellschaft und den
Bedürfnissen des einzelnen bestehe k e i n e Übereinstimmung,
die Bedürfnisse des einzelnen werden allenfalls unterdrückt.
Die vollständige Übereinstimmung der Erwartungen der Ge-
sellschaft mit den Bedürfnissen des einzelnen könne nur unter
Zwang aufrechterhalten werden: unter einem Zwang, dessen

Grundlage fehlende Reziprozität sei, d. h. wechselseitig gewährte Befriedigung der Bedürfnisse. Dem Integrationstheorem stellt Habermas so das Repressionstheorem gegenüber. Die nicht gewährte gegenseitige Befriedigung der Bedürfnisse innerhalb einer zwischenmenschlichen Beziehung sei geradezu der Maßstab, an dem man den Grad der Repression messen könne.

2. Habermas macht deutlich, daß die Identifikation des einzelnen mit den Erwartungen der Gesellschaft zur völligen Selbstentfremdung des Individuums führe. Jede Selbstdarstellung des einzelnen, seine Individuierung, sei ausgeschlossen. Zwischen den Auslegungen der Erwartungen durch die Gesellschaft und der Auslegung derselben durch den einzelnen könne keine Übereinstimmung bestehen. Eine Deckung zwischen der Interpretation der Rolle durch die Gesellschaft und deren Interpretation durch das handelnde Individuum sei nur möglich, wenn der einzelne darauf verzichte, sich selbst mit seinen Bedürfnissen einzubringen. In Wirklichkeit bestehe keine Identität zwischen der Rolleninterpretation durch die Gesellschaft und der Rolleninterpretation durch das Individuum, sondern Diskrepanz. So stellt er dem Identifikationstheorem das Diskrepanztheorem gegenüber. Damit handelnde Subjekte innerhalb der zwischenmenschlichen Beziehungen sich als unvertretbare Individuen darstellen können, fordert Habermas für diese Beziehungen den Spielraum einer gebrochenen Intersubjektivität der Verständigung über gemeinsame Normen, das sind nicht zu gute zwischenmenschliche Beziehungen.

3. Habermas stellt fest, daß normenkonformes Verhalten davon abhängig sei, wieweit und auf welche Weise die Erwartungen der Gesellschaft beim einzelnen verinnerlicht seien. Er stellt unterschiedliche Grade der Verinnerlichung heraus. Normenkonformes Verhalten sei nur um den Preis einer zwanghaft automatischen Verhaltenskontrolle möglich. Für das Individuum sei es notwendig, gegenüber den Erwartungen der Gesellschaft Distanz zu erwerben – Rollendistanz. Im Gegensatz zu normenkonformen Verhalten müsse es sich distanzieren können. »Autonomes Rollenspiel setzt beides voraus: die Internalisierung der Rolle ebenso wie eine nachträgliche Distanzierung von ihr«[95].

Mit diesen drei Theoremen macht J. Habermas dem Menschen unserer Gesellschaft deutlich, daß er unter Zwang, Unterdrückung, in Unfreiheit und in Diskrepanz zur Gesellschaft lebe. Er will, daß dem Menschen diese seine Situation in unserer Gesellschaft bewußt werden muß. Er fordert dazu auf, sich von den Erwartungen der Gesellschaft zu distanzieren, d. h. sich abzusetzen, sich zu verweigern. Drei Kategorien des Verhaltens hält Habermas in unserer Gesellschaft für notwendig. Der Mensch, dem diese seine Situation in der Gesellschaft bewußt geworden sei, müsse in der Lage sein, die daraus entstehenden Spannungen zunächst einmal zu ertragen. Er bedürfe der »Frustrationstoleranz«, er müsse der »Rollenambivalenz« (Doppelwertigkeit der Rolle) gewachsen sein. Angesichts dieser neuen Bewußtseinslage soll der Mensch seinerseits nicht mehr wie bisher Übereinstimmung mit der Gesellschaft vorspiegeln, allerdings auch nicht den offenen Rollenkonflikt herbeiführen.

Der Mensch müsse ferner in der Lage sein, die Erwartungen der Gesellschaft und deren Interpretation der Rolle mit seinen eigenen Interpretationen der Rollenerwartungen in ein angemessenes Verhältnis zu bringen. Er dürfe nicht wie bisher die Rollenerklärungen der Gesellschaft als die eigenen übernehmen, allerdings solle er auch nicht die eigene Erklärung überwiegend durchsetzen. Der Handelnde müsse die Zweideutigkeit der Rolle, die Rollenambiguität, ausbalancieren können. Dazu sei für den Menschen eine »flexible Über-Ich Formation«[96] notwendig, d. i. ein bewegliches Gewissen. Um sich in der Gesellschaft autonom verhalten zu können, sei es nötig, verinnerlichte Normen und Werte reflexiv anzuwenden, d. h. nicht mehr im Sinne einer festen Gewissensbindung an Normen und ethische Werte und Prinzipien.

Die Grundqualifikationen »freiheitlichen Handelns« sollen – so Habermas – im Verlauf der Kindheitsentwicklung erworben werden, in der primären Sozialisation. Auf dieser Grundlage könne dann der sekundäre Sozialisationsprozeß aufbauen, indem er die Bedingungen schaffe, durch die diese Qualifikationen verstärkt würden. Das bedeutet für die Erziehung die Anhäufung von Konfliktfällen; denn in der Lösung von Konflikten lassen sich diese Fähigkeiten optimal erwerben. Wenn aber nicht mehr von festen Gewissensbindungen an ethische Normen und Werte ausgegangen werden kann in der Erziehung, dann sind unter den übrigen Voraussetzungen gegenseitigen Agierens die Grundlagen zur permanenten Gesellschaftsrevolution im Subjekt gelegt. Es bedarf dann noch derer, die diese Gesellschaft als Unterdrückungsgesellschaft dem jungen Menschen auslegen, um ihn in der von ihnen gewünschten Richtung in Bewegung zu setzen.

Die neue Identität

Aus diesen Verhaltenskategorien gewinnt Habermas den Entwurf einer neuen Identität. Dabei geht er von einer Theorie des amerikanischen Soziologen Goffmann aus, der die Ich-Identität des Menschen unter zwei Aspekten sieht: unter dem der »personalen Identität« und dem der »sozialen Identität«. Die personale Identität sei die unverwechselbare Biographie des einzelnen, er selbst. Die soziale Identität sei sein Eingebettetsein in das soziale Gefüge. Daß das soziale Gefüge im Hinblick auf das Individuum durch die Erwartungen der Gesellschaft repräsentiert wird, ist selbstverständlich. Für Habermas geht es nun um den Aufbau einer Identität, die zwischen beiden Aspekten, der »personalen« und der »sozialen« Identität zu balancieren versteht. So kommt Habermas zu dem Begriff der »balancierenden Ich-Identität«[97]. Ein Mensch, der in unserer Gesellschaft die beschriebenen Verhaltensqualifikationen besitzt und auslebt, hat balancierende Ich-Identität.

Das Ganze läuft praktisch darauf hinaus, daß das Individuum von seinem Selbst her und von den Erwartungen der Gesellschaft her abwägt, ob es die Erwartungen erfüllen soll, ob es Anstrengungen unternehmen soll, die Erwartungen abzuändern oder ob es die Erwartungen der Gesellschaft ablehnen, verneinen soll. Der einzelne muß einen ständigen Balanceakt zwischen der Erfüllung bzw. Verweigerung – Distanzierung – gegenüber den Erwartungen der Gesellschaft ausführen – ein permanenter Konflikt, der in Abänderung und Verweigerung gipfelt und auf diesem Wege die Gesellschaft verändert.

Habermas wie Marcuse halten für die Veränderung der Gesellschaft die Heranbildung eines gesellschaftsverändernden Subjekts – eines revolutionären Subjekts – für notwendig. Lange
Zeit sah Habermas in den Schülern und Studenten der Protestbewegung in den 60er Jahren das aufkommende Potential zur
Gesellschaftsveränderung. Habermas sah in diesen protestierenden Schülern und Studenten bereits »balancierende
Ich-Identität« verwirklicht. Die bewußte Bildung dieser Identität in der Erziehung bedeutet daher nichts Geringeres als die
Heranbildung eines gesellschaftsrevolutionären Potentials.
Von den Schülern und Studenten der Protestbewegung nimmt
Habermas an, daß sie in Familienverhältnissen groß geworden
sind, die für den Aufbau einer balancierenden Ich-Identität
günstige Voraussetzungen hatten. Auf amerikanische Untersuchungen zurückgreifend beschreibt er ihre Herkunft: Sie waren
statusbegünstigt und vom gesellschaftlichen System unabhängig. Sie waren reich genug, um sich nicht »systemkonform« verhalten zu müssen; die Legitimationsangebote des Herrschafts-
systems waren für sie aus »plausiblen Gründen nicht überzeu-
gend«. Ihre akademischen Leistungen lagen zwar »über dem
Durchschnitt«, aber diese »studentischen Aktivisten« waren
»weniger privatistisch an Berufskarriere und künftiger Familie
ausgerichtet als die übrigen Studenten«, sie ließen ihr Leben
nicht von den »Zwängen des Arbeitsmarktes« bestimmen. Bereits in ihren Familien, in denen sie erzogen worden sind, hatte
»die Überlieferung der bürgerlichen Moral und ihre kleinbür-
gerliche Ableitung ihre Funktion verloren«[98].

»Die von Marcuse und Mitscherlich diagnostizierten Veränderungen der Familienstruktur können daher in bestimmten Bereichen der Mittelschicht andere sozialpsychologische Folgen
haben als die, die durch den ›außengesteuerten‹ Sozialcharakter
repräsentiert sind. Jener Strukturwandel kann hier die repressiven, von der Stellung des autoritären Vaters bestimmten Züge
der bürgerlichen Familie beseitigen, ohne zugleich die positiven
Züge einer auf Individuierung gerichteten Subkultur zu beein-
trächtigen: In diesen Familien wäre die Chance gegeben, die
Grundqualifikationen des Rollenhandelns und damit die Voraussetzungen für eine kumulative Verstärkung der Ich-Identität zu erwerben, ohne daß das Kind durch den für die bürgerli-

che Familie typischen, von Freud analysierten Generationskon-
flikt mit der väterlichen Autorität hindurchgehen und an lei-
stungsfetischisierende Ich-Ideale gebunden bleiben müßte. Das
Protestpotential, das in industriell fortgeschrittenen Gesellschaften unter Schülern und Studenten sich zu bilden beginnt,
findet eine hypothetische Erklärung in solchen identitätsbegün-
stigenden Sozialisationsvorgängen, die sich gesamtgesellschaft-
lich (noch) als dysfunktional erweisen«[99].

Erste Warnungen

Bereits 1973 haben Cl. und R. Willeke im Anschluß an G.
Rohrmoser[100] auf die gesellschaftsrevolutionäre Bedeutung
des Habermas'schen Sozialisationskonzeptes mit seinem Ziel
der balancierenden Ich-Identität hingewiesen. »Der Protest der
Jugend gegen Elternhaus, Schule, Kirche und Staat, aber auch
gegen alle Normen und Werte unserer Gesellschaft entnimmt
gerade diesem Sozialisationskonzept seine theoretische Legitimation, denn nur auf dem Hintergrund dieser Theorie werden
Konflikt und Protest gegen die Gesellschaft zu legitimen Mitteln, ja sogar zur Verpflichtung. Diese Theorie gewinnt damit
für die Praxis entscheidende Bedeutung, insofern die Theorie
selbst die gesellschaftliche Praxis grundstürzend verändert und
sich nicht länger darauf beschränkt, die Praxis nur auf den Begriff zu bringen...«[101].

Angesichts dieser Neudefinition von Ich-Identität als einem
Balanceakt zwischen Erfüllung, Abänderung und Verneinung
von gesellschaftlichen Erwartungen erhebt sich eine entscheidende Frage: Auf welcher Grundlage kommt es zur Erfüllung,
Abänderung und Verneinung von Erwartungen? Welcher
Maßstab liegt der Entscheidung des einzelnen zugrunde? Verneinung von Erwartungen haben sich in der Geschichte unter
z. T. lebensbedrohlichen Verhältnissen abgespielt.

Wenn sich Christen gesellschaftlichen Erwartungen gegenüber
verweigern, so tun sie es aufgrund ihres an die Heilige Schrift
gebundenen Gewissens. Die Grundlage, von der her sich der
Mensch gegenüber den an ihn gestellten Erwartungen verweigert, muß bedacht werden. Bei J. Habermas und dem Marxismus aller Spielarten überhaupt sind die Bedürfnisse die Grundlage. Ethische Grundsätze, Prinzipien, werden nicht als absolut

vorgegeben anerkannt. Im Gegenteil, J. Habermas nennt den Menschen, der sich von ethischen Prinzipien leiten läßt und sich von daher Bedürfnisse nicht erfüllt, als »in Wahrheit unfrei«. »...solange sich das Ich von seiner inneren Natur abschnürt und die Dependenz von Bedürfnissen, die auf angemessene Interpretation noch warten, verleugnet, bleibt die noch so sehr durch Prinzipien geleitete Freiheit gegenüber bestehenden Normensystemen in Wahrheit unfrei«[102].

Hier brechen allerdings für den Einzelnen und für die Gesellschaft schwerwiegende Probleme auf: Es wird eine Person angestrebt, die ihre letzte Basis in der Bedürfniswelt hat; eine Identität wird aufgebaut, die auf optimale Befriedigung der Bedürfnisse ausgerichtet ist. Wenn sich diese neue Identität auch vorübergehend in Diskussion, Abänderung, Rebellion, Protest und Weigerung zeigt, so handelt es sich hier doch nicht um Ich-Stärke, sondern um Ich-Schwäche. Kollektive Bedürfnisfindung, die Vereinnahmung ins Kollektiv ist vorbereitet.

4. Der Diskurs – Bildung der kollektiven Identität

Die Gewinnung von balancierender Ich-Identität geht Hand in Hand mit der Aufdeckung von Zwängen und Unterdrückungen, die durch die emanzipatorische Bewegung vorgenommen wird. Auch die Bedürfnisse werden von daher gezeigt. Keiner soll glauben, er würde hier Selbstbestimmung verwirklichen. Das Individuum wird nämlich »fremdbestimmt« – durch die Emanzipatoren – und realisiert unter balancierender Ich-Identität deren gesellschaftsrevolutionäres Programm. Es hat sich nur ein Herrschaftswechsel des Menschen über den Menschen vollzogen. Aber dieser Herrschaftswechsel – als Befreiung empfunden – schließt einen noch größeren Tribut in sich ein: die Vergesellschaftung in das Kollektiv.

»Wahrheit« muß neu gefunden werden. Dazu entwirft Habermas den Diskurs[103] als eine besondere Art der Gesprächsführung. Die übliche Art und Weise, in der Menschen im Sprechen und Handeln miteinander umgehen, wird als »kommunikatives Handeln« bezeichnet. Hier werden Wünsche, Absichten und Ziele untereinander mitgeteilt, Meinungen und Normen, Erwartungen, Fragen und Antworten werden dabei nicht grundsätzlich in Frage gestellt. Wenn durch einen Gesprächsteilnehmer die Absicht eines der Sprecher hinterfragt oder die Berechtigung seiner Absichten bestritten wird, wird das Gespräch gestört. Entweder gehen die Sprechenden nun auseinander oder sie treten in den Diskurs ein.

Im Diskurs wird keine Norm, keine Ethik, kein sittliches Prinzip als vorgegeben anerkannt. Alles steht zum Problematisieren offen, allen Gegebenheiten gegenüber wird ein grundsätzlicher »Existenzvorbehalt« angemeldet[104]. Das Wesen des Diskurses beinhaltet nur eine Vorentscheidung: die »kooperative Verständigungsbereitschaft«[105]. Das bedeutet für die Teilnehmer, daß jeder bereit sein muß, seine letzten Bindungen an ethische Werte und Normen zugunsten kooperativer Verständigungsbereitschaft aufzugeben. Die Übereinstimmung, der »Konsens«, der im Diskurs erlangt wird, stellt die neue Wahrheit dar.

Ein Konsens, der in einem Diskurs erreicht wird, gilt dann als Wahrheit, wenn er unter den Bedingungen der »idealen Sprechsituation«[106] entstanden ist. Habermas gibt für die ideale Sprechsituation Maßstäbe: Es darf kein äußerer Zwang das Gespräch behindern, Geltung hat das beste Argument. Für alle Teilnehmer gelten gleiche Chancen für die Beteiligung am Diskurs. Durch ein System der Rede und Gegenrede, Frage und Antwort, durch das Aufstellen von Behauptungen, Erklärungen und Rechtfertigungen, die es wiederum zu begründen oder zu widerlegen gilt, kann sich kein Teilnehmer auf die Dauer der Thematisierung und der Kritik der Grundentscheidungen seines Lebens entziehen. Jeder wird jedem transparent und muß zur »ungekränkten Selbstdarstellung« fähig sein. Keiner hat ein Privileg, weder an Erfahrung, Alter, Autorität, jeder muß bereit sein, mit jedem die Verhaltenserwartungen zu tauschen. Über Werte und Normen, über Grundentscheidungen wird solange herrschaftsfrei diskutiert, bis man zu einem Konsens gelangt ist. Alle stimmen zu. Die neue Wahrheit ist angenommen. Diese gefundene Wahrheit lenkt das Verhalten der Teilnehmer.

Da Normen und Werte in Weltbildern verankert sind und sich schwer daraus lösen lassen, nennt Habermas die Weltbilder »Kommunikationssperren« (z. B. biblische Offenbarung; der Verf.). Habermas ist der Auffassung, daß nur die Grundentscheidungen des historischen Materialismus einer letzten Überprüfung im Diskurs standhalten.

Wir gingen von der Frage aus, wo angesichts der Vergesellschaftung des Menschen durch die Sozialisation in die bürgerliche Gesellschaft der Mensch selbst, sein Ich, seine Person bleibt. Habermas antwortet auf dem Hintergrund der Emanzipation mit balancierender Ich-Identität. Nach diesem Programm wurde der Einzelne in die Lage versetzt, alle Normen und Werte, alle gesellschaftlichen Rollenerwartungen, kritisch zu befragen, sich den Erwartungen entweder zu verweigern oder ihnen unter Berücksichtigung optimaler eigener Bedürfnisbefriedigung nachzukommen. Diese Identität brach die Strukturen der bürgerlichen Gesellschaft auf. Bereits in derartige Sprach- und Handlungssituationen ist diskursive Willensbildung mit eingeschlossen. Durch den Diskurs selbst wird die balancierende Ich-Identität aufgehoben und in die kollektive Identität umgewandelt.

Der Diskurs hat grundsätzlich die Aufgabe, alle überlieferten und geltenden Normen und Werte außer Kraft zu setzen und alle Institutionen (Ehe, Familie, Industriebetrieb) bis hin zu unserer Gesellschaft selbst in Frage zu stellen, zu problematisieren.

Neue Werte und Normen als Handlungsgrundlage werden im Konsens gefunden. Jeder Teilnehmer eines Diskurses muß sich aber über folgendes im klaren sein: Der Teilnehmer hat zwar seine Meinung und Auffassung bei der neuen Wahrheitsfindung mit eingebracht. Sie ist ihm nicht aufgezwungen worden. Er hat sich aber gleichzeitig an das Kollektiv ausgeliefert, indem er das von allen akzeptierte neue Sein auch für sich übernimmt. Seine personale Identität ist aufgehoben und in die Gruppenidentität, die Identität des Kollektivs übergegangen. Die einen Diskurs führende Gruppe spiegelt das Kollektiv der angestrebten klassenlosen Gesellschaft bereits jetzt wieder. Der Diskurs wird in den verschiedensten Bildungseinrichtungen der BRD in den unterschiedlichsten Altersstufen hier und heute bereits durchgeführt bzw. werden seine Grundvoraussetzungen erlernt. Noch findet er »kontrafaktisch« statt, d. h. unter gesamtgesellschaftlichen Bedingungen, die noch andere Strukturen (autoritäre) aufweisen als die, die im Diskurs verlangt werden.

Aber in immer mehr Institutionen dringt diese Praxis der neuen Wahrheitsfindung ein. Das Endziel wäre der gesamtgesellschaftliche Konsens über Normen und Werte (Vorhaben, Bedürfnisse, Ziele, Produktion usf.), über Wahrheit. Alle gegenwärtig noch bestehenden Ordnungen und Gesetze wären dann außer Kraft gesetzt, die Trennung von Staat und Gesellschaft wäre aufgehoben. In der Bedingung für den Diskurs, in der idealen Sprechsituation, sieht Habermas, der an künftiger Gesellschaft orientiert ist, die »Bedingungen einer idealen Lebensform« [107].

5. Vom bürgerlichen Rechtsstaat zur Weltgesellschaft

Welch entscheidender Motor für die Gesellschaftsrevolutionierung im Sinne einer sozialistischen Einheitsgesellschaft die balancierende Ich-Identität ist und wie sie ein Übergangsstadium für eine »kollektive Identität« darstellt, das wird deutlich, wenn man die Weiterentwicklung der Identitätsproblematik durch Habermas in den letzten Jahren verfolgt. Nur in diesem Gesamtzusammenhang kann das angesprochene Identitätsproblem gesehen werden. Ja, in der balancierenden Ich-Identität ist das nun folgende bereits im Kern enthalten.

In zwei Veröffentlichungen hat J. Habermas die Identitätsdiskussion weitergeführt. Einmal in seiner Rede, die er 1974 anläßlich der Verleihung des Hegelpreises durch den Gemeinderat der Stadt Stuttgart gehalten hat: »Können komplexe Gesellschaften eine vernünftige Identität aufbauen?« [108] und in seinem Vortrag: »Moralentwicklung und Ich-Identität« anläßlich des 50-jährigen Bestehens des Institutes für Sozialforschung in Frankfurt 1974. Beide Vorträge hat J. Habermas in seinem 1976 erschienen Buch »Zur Rekonstruktion des historischen Materialismus« [109] veröffentlicht. Die in den beiden Vorträgen geäußerten Gedanken über Identität sind für ihn grundlegend zur Rekonstruktion des historischen Materialismus. Rekonstruktion bedeutet für J. Habermas, die Ziele des Marxismus nicht aufzugeben, sondern sie auf besseren Wegen durchzusetzen.

»Restauration würde die Rückkehr zu einem Ausgangszustand bedeuten, der inzwischen korrumpiert worden ist: aber mein Interesse an Marx und Engels ist nicht dogmatisch und auch

nicht historisch-philologisch. Renaissance würde die Erneuerung einer Tradition bedeuten, die inzwischen verschüttet worden ist: das hat der Marxismus nicht nötig. Rekonstruktion bedeutet in unserem Zusammenhang, daß man eine Theorie aus-
einandernimmt, und in neuer Form wieder zusammensetzt, um
das Ziel, das sie sich gesetzt hat, besser zu erreichen: das ist der
normale (ich meine: auch für Marxisten normale) Umgang mit
einer Theorie, deren Anregungspotential aber noch (immer)
nicht ausgeschöpft ist«[110].

Das Ende des bürgerlichen Rechtsstaates

In seinem Referat »Können komplexe Gesellschaften eine vernünftige Identität aufbauen?« geht Habermas von Hegel (Phi-
losoph des deutschen Idealismus, 1770–1831) aus, dessen Gedanken er folgendermaßen darstellt: Hegel sah im souveränen
Verfassungsstaat die Staatsform, mit der sich eine moderne Gesellschaft identifizieren konnte. In einem Verfassungsstaat
konnte sich eine komplexe Gesellschaft als Ganzes repräsentie-
ren und die einzelnen zu einem einheitlichen normativen Bewußtsein in den Staat integriert werden. In der Anerkennung
des objektiven Verfassungsrechtes durch die Vielzahl der Individuen im Staat handele es sich – so erklärt Habermas – auch
um eine kollektive Identität, da die einzelnen gemeinsam orientiert seien am objektiven Recht. Habermas verschweigt allerdings, daß die Anerkennung von objektivem Recht, von Verfassungsrecht durch die einzelnen Individuen gleichzeitig die
Garantie für ihre persönliche, individuelle Freiheit im Rahmen
des anerkannten Verfassungsrechtes beinhaltet. So garantiert
das verfassungsgemäß festgelegte Recht der Gewissensfreiheit
und der Freiheit des Glaubens jedem, nach seinem Gewissen
und Glauben zu leben. Das ursprüngliche Recht der Eltern auf
Erziehung ihrer Kinder, verfassungsmäßig garantiert, verbietet
es der Gesellschaft, sich der Kinder zu bemächtigen und gestattet es der Familie, in Freiheit zu leben. Das objektive Verfassungsrecht in unserem Staat ermöglicht dem einzelnen individuelle und persönliche Freiheit.

Bei Hegel sollten Philosophie, vor allem die Rechtsphilosophie
und die Theologie, dem einzelnen Verfassung und Recht als
vernünftig darstellen und einsichtig machen. Habermas verweist nun auf den bereits bei Hegel vorhandenen geheimen

Atheismus und auf den inzwischen verwirklichten Massenatheismus in der Gesellschaft. Religion stelle keine Hilfe mehr dar, um den einzelnen zur Anerkennung von objektiven Rechtsgehalten zu bewegen. Habermas sieht in unserer Gesellschaft nichts, was an die Stelle des Religionssystems treten könne, um die Anerkennung von objektivem Recht zu verwirklichen. Auch Philosophie und Wissenschaft böten heute keine Hilfe mehr. Das Fehlen derartiger Hilfen scheint ihn jedoch nicht weiter zu beunruhigen. Es geht ihm um etwas ganz anderes: um die Beseitigung des objektiven Rechts, der staatlichen Garantie für individuelle Freiheit, für persönliche Freiheit. Habermas wendet sich gegen das verfaßte Recht, gegen den Rechtsstaat. Er ist der Ansicht, es sei eine Unterstellung, »...daß auch moderne Gesellschaften ihre Einheit noch in Form von Weltbildern konstituieren, die eine gemeinsame Identität inhaltlich festschreiben (Sperrdruck vom Verfasser). Davon können wir nicht mehr ausgehen«[111]. Habermas bestreitet in diesem Zusammenhang die Berechtigung des bürgerlichen Rechtsstaates. Auf Marx verweisend hält er den bürgerlichen Rechtsstaat nicht für einen »wirklichen Staat«, sondern für einen »bloß existierenden.«. Die Klassengesellschaft beschneide seine Souveränität, ebenso die Bindung an den Kapitalismus mit seiner »Ungleichverteilung von Produktionsmitteleigentum«. Auch die verfeinerte Form des Kapitalismus habe heute daran nichts geändert. J. Habermas redet den Bürgern unserer gegenwärtigen Gesellschaft ein, sie könnten als »moderne Gesellschaft« auch ohne »inhaltlich festgeschriebenes« Recht, d. h. ohne eine verfaßte Rechtsordnung einen Staat aufbauen.

Was setzt Habermas an die Stelle von objektivem Recht? »Grundnormen der vernünftigen Rede«[112]; entwickelt für die herrschaftsfreie Kommunikation, für den Diskurs. Diese Grundnormen bezeichnet er als »universalistische Moral«. Alle bisher geltenden sittlichen Prinzipien unserer Gesellschaft sind nicht eigentlich moralisch. Das, was sein soll oder nicht sein soll, darüber wird in einem kontinuierlichen Lernprozeß entschieden und zwar unter den Bedingungen allgemeiner und gleicher Chancen. Hier spricht Habermas jetzt ganz offen von der in diesem Prozeß zu gewinnenden »kollektiven Identität«.

»Eine kollektive Identität können wir heute allenfalls in den formalen Bedingungen verankert sehen, unter denen Identitätsprojektionen erzeugt und verändert werden. Ihre kollektive Identität steht den einzelnen nicht mehr als ein Traditionsinhalt gegenüber, an dem die eigene Identität wie an einem feststehenden Objektiven gebildet werden kann; vielmehr beteiligen sich die Individuen selbst an dem Bildungs- und Willensbildungsprozeß einer gemeinsam erst zu entwerfenden Identität. Die Vernünftigkeit der Identitätsinhalte bemißt sich dann allein an der Struktur dieses Erzeugungsprozesses, d. h. an den formalen Bedingungen des Zustandekommens und der Überprüfung einer flexiblen Identität, in der sich alle Gesellschaftsmitglieder wiedererkennen und reziprok anerkennen, d. h. achten können. Für die jeweils bestimmten Inhalte können Philosophie und Wissenschaften, aber nicht nur sie, eine Anregungsfunktion übernehmen, keine Beglaubigungsfunktion«[113].

»Die neue Identität einer staatenübergreifenden Gesellschaft kann weder auf ein bestimmtes Territorium bezogen, noch auf eine bestimmte Organisation gestützt sein. Die neue Identität kann nicht mehr durch Zugehörigkeiten oder Mitgliedschaften bestimmt sein, die, wenn sie formell geregelt sind, durch Eintritts- und Austrittsbedingungen spezifiziert sind (z. B. Staatszugehörigkeit, Parteizugehörigkeit usw.). Auch die kollektive Identität ist heute nur noch in reflexiver Gestalt denkbar, nämlich so, daß sie im Bewußtsein allgemeiner und gleicher Chancen der Teilnahme an solchen Kommunikationsprozessen begründet ist, in denen Identitätsbildung als kontinuierlicher Lernprozeß stattfindet«[114].

»Die neue Identität einer erst im Entstehen begriffenen Weltgesellschaft kann sich nicht in Weltbildern artikulieren; sie muß zwar, wenn sie die strukturanaloge Ergänzung zu postkonventionellen Ich-Identitäten darstellen soll, die Geltung einer universalistischen Moral unterstellen. Aber diese läßt sich auf Grundnormen der vernünftigen Rede zurückführen; das kommt ohnehin einer kollektiven Identität entgegen, die, wie gesagt, im Bewußtsein der allgemeinen und gleichen Chancen der Teilnehmer an wert- und normbildenden Lernprozessen begründet ist. Eine solche Identität braucht keine fixen Inhalte mehr, um stabil zu sein«[115].

Im Hinblick auf die Inhalte, an denen sich Identität bilden könnte, ist Habermas sehr distanziert. Die gesamte Tradition unseres Abendlandes hat für ihn nur den Wert einer »kritischen Erinnerung«. Philosophie, Wissenschaft und Kunst der Gegenwart dienen der »Anregung«. Auf diesem »inhaltlichen Hintergrund« werden neben Planungsaufgaben die neuen »Lebensformen« in Angriff genommen. In der Diskussion um neue Lebensformen werden bestehende Normen und Werte verschoben. Dabei kann grundsätzlich »alles«[116] zur Disposition stehen; alle überlieferten Werte, Normen und Institutionen, von der Ehe angefangen bis zum Staat; nur eines nicht: die Grundlage der neuen Identität, das »...Bewußtsein der allgemeinen und gleichen Chancen der Teilnahme an wert- und normbildenden Lernprozessen«[117].

Die Praxis der neuen identitätsbildenden Lernprozesse sieht so aus, daß sie zwar den Diskurs zur Grundlage haben, aber nicht immer die »Präzisionsform von Diskursen« annehmen. Die Lernprozesse finden an der »Basis« der Bevölkerung statt. Häufig diffus bleibend, strömen sie von unten »in die Poren der organisationsförmig gewordenen Lebensbereiche ein«. Ihr Charakter ist »subpolitisch«, d. h. »sie laufen unterhalb der Schwelle politischer Entscheidungsprozesse ab: sie nehmen indirekt Einfluß auf das politische System, weil sie den normativen Rahmen der politischen Entscheidungen verändern«[118]. Sie machen sich bemerkbar in der Entdifferenzierung bisher autonomer Lebensbereiche. So können sie zur »Entpathologisierung der Geisteskrankheiten« führen, zur »Entmoralisierung des Verbrechens« und zur »Entstaatlichung der Politik«[119]. Ihre Leistung besteht darin, daß sie die »Interpretationen öffentlich anerkannter Bedürfnisse verändern«[120], Normen und Werte kommunikativ verflüssigen[121]. Um deutlich zu machen, worum es praktisch geht, führt Habermas einige Beispiele aus der Gegenwart an: die aufgebrochene Diskussion um die »Lebensqualität«, »Bürgerinitiativen« und die Tatsache, daß Eltern, Lehrer und Schüler angesichts neuer Lehrpläne durch Kultusministerien in eine wert- und normenbildende Kommunikation eintreten. An dieser Stelle kann dann auch auf die Elternmitbestimmung hingewiesen werden, beispielsweise in der Frage der Schulbücher. Hier ist aber die kritische Anfrage an die einzelnen Kultusministerien zu richten: Was geschieht mit der Minderheit, mit dem e i n e n Elternteil, der aus Gewissensgründen ein Lesebuch oder einen Sexualunterricht ablehnen muß; von der Mehrheit der anderen Eltern gefordert?

Auf dem Wege zu einer neuen Weltgesellschaft

In seinem Vortrag »Moralentwicklung und Ich-Identität« hat Habermas seine »Thesen zur Sozialisation«[122] weiterentwickelt zu einer Theorie der Rollenkompetenz. Dadurch soll die individuelle und gesellschaftliche Emanzipation vorangetrieben werden. Hier wird wiederum deutlich, welche Universalmoral Habermas anstrebt und zwar für eine im Entstehen begriffene Weltgesellschaft. Es kann hier nur noch auf das wesentliche Ergebnis aufmerksam gemacht werden: Moralisches Bewußtsein wäre demnach nicht vorhanden, wenn sich ein Mensch nach ethischen Prinzipien richtet, z. B. wenn er versucht, nach christlichen Prinzipien zu leben oder mehr: wenn er sich im Glauben an den dreieinigen Gott und an die heilige Schrift in seinem Gewissen gebunden weiß. Moralisches Bewußtsein zeigt sich nicht in der Anerkennung einer objektiven Moralordnung durch den einzelnen, sondern in der Fähigkeit, von der Rollenkompetenz Gebrauch zu machen, wenn ein Konflikt zwischen moralisch strittigen Interessen zwischen handelnden Subjekten auftritt. Die betreffenden Subjekte sollen jetzt ihre strittigen Interessen unter dem Gesichtspunkt »vollständiger Reziprozität« ordnen. Wie die vollständige Reziprozität zwischen zwei handelnden Menschen aussieht, gibt Habermas an. Zwei Menschen haben dann ein vollständig reziprokes Verhältnis zu einander, »...wenn beide in vergleichbaren Situationen dasselbe tun oder erwarten dürfen«[123]. Die neue Universalmoral ist dann nicht mehr an christlich-humanistischen Inhalten der abendländischen Tradition orientiert, sie ist dagegen kommunikativ und läßt sich zusammenfassen in dem neuen Gebot: »Jeder sei zu jeder Zeit bereit, mit jedem die Rolle zu tauschen«. Habermas drückt diesen Tatbestand noch mit folgenden Worten aus: »Alter (der andere) darf damit rechnen, daß Ego (ich) seine, Alters-, Verhaltenserwartungen erfülle, weil Ego damit rechnet, daß Alter seine, Egos-, Verhaltenserwartungen ebenfalls erfüllt«[124].

Das ist möglich in herrschaftsfrei geführten Diskursen, in denen keiner Herrschaft beansprucht, in dem keiner den vollständigen

Rollentausch mit dem anderen verweigert, in dem sich jeder statuslos und chancengleich an der Kommunikation beteiligen kann, damit es hier zum Ausgleich zwischen den bestehenden Normen der Gesellschaft und den Bedürfnissen des Individuums kommen kann. Derartige Diskurse, die an der Basis unserer Gesellschaft geführt werden, setzen die Parlamente und die repräsentative Demokratie außer Kraft, da sie willensbildende Kraft haben. Unter diesen Bedingungen wird die Gruppendynamik als Methode gesellschaftsweit gefragt sein[125].

Der Heranwachsende muß deshalb die Erkenntnis gewinnen, daß seine Handlungen nichts weiteres sind als die Entsprechung der an ihn gerichteten Verhaltenserwartungen der Gesellschaft (beispielsweise eine Aufforderung der Eltern) und daß die Geltung dieser Erwartungen, dieser Normen und Werte in Frage gestellt und außer Kraft gesetzt werden können, um in einem Diskurs eine Klärung unter den o. g. Bedingungen herbeizuführen. Der Jugendliche soll dann nur die prinzipiell gerechtfertigten Normen befolgen. Prinzipiell gerechtfertigte Normen sind aber nur solche, die in einem Diskurs als »wahre« Normen allgemeine Anerkennung gefunden haben. Auf diesen Fähigkeiten baut die »vollständige Reziprozität« auf, die Habermas als die universalistische Moral der kommenden Weltgemeinschaft ansieht.

6. Besinnung

Es soll zunächst noch einmal kurz zusammengefaßt werden, auf welche Art und Weise Gesellschaft und Erziehung durch die neomarxistische Emanzipationsbewegung herausgefordert ist. Der Mensch ist für sie ein Bedürfniswesen, zum Sinn seines Lebens wird die optimale Befriedigung seiner Bedürfnisse. Ebenso wird die Identitätsbildung des Menschen in der optimalen Befriedigung der Bedürfnisse gesehen. Dem Menschen werden die Gegebenheiten der gegenwärtigen Gesellschaft und deren historischer Hintergrund in ihrer Gesamtheit als »falsche Gesellschaft« gedeutet, sie werden ihm als Zwänge bewußt gemacht, aus denen es sich zu befreien gelte. So hofft man, dem Menschen das befriedete Dasein zu schaffen. Wenn eine derartige Auffassung über den Menschen, die in der Bedürfniswelt, in der Triebbasis, ihre Wurzel hat, nicht von vorneherein zu

anarchistischen Zuständen führen soll, müssen notwendigerweise Prozesse in Gang gesetzt werden, die diese Entwicklung
zügeln. Neben der Fähigkeit, im Kommunikationsprozeß, in
sprachlichem Handeln, Bedürfnisse optimal durchzusetzen und
dabei die Gesellschaft allmählich zu verändern (zu revolutionieren), muß der Mensch lernen, von der Basis her in kleinen
und größeren Gruppen sich über die Bedürfnispositionen zu einigen und über wahre und falsche Bedürfnisse, letztlich über
wahres und falsches Leben zu entscheiden.

Das Ende der Freiheit

Wenn in Prozessen des Diskurses alles zur Disposition gestellt
werden kann, außer der Universalmoral der vernünftigen
Rede, wenn die Grundnormen der vernünftigen Rede die Moral sind, dann sind alle diejenigen in ihrer Freiheit bedroht, die
eine andere gewissensmäßige Bindung für höher achten als
diese Grundnormen des Diskurses. Alle diejenigen sind in ihrer
Freiheit bedroht, welche die nun aufgenötigten Ergebnisse der
diskursiven Willensbildung auf Grund ihrer andersartigen Gewissensbindung nicht akzeptieren können. Der einzelne soll jedoch an das Kollektiv und die hier stattfindende Willensbildung
ausgeliefert werden, ungeachtet seiner letzten ethischen Bindungen; das Ende persönlicher Freiheit ist gekommen.

Schon außerhalb des Raumes der an Jesus Christus gebundenen
Gemeinde, d. h. also aufgrund der christlich-abendländischen
Tradition, verträgt die Würde des Menschen nicht die Manipu-
lierung des Gewissens durch Unterwerfung unter die Verfah-
rensweise des Diskurses und durch Unterwerfung unter den jeweiligen Konsens der gesellschaftlichen Willens- und Urteilsbildung. Vollends kein an Jesus Christus gebundener Christ
kann die Grundregeln herrschaftsfreier Kommunikation als die
Grundmoral seines Lebens anerkennen, denn er weiß um die
Wahrheit des Wortes Jesu Christi: »Ich bin der Weg, die Wahrheit und das Leben, niemand kommt zum Vater, denn durch
mich« (Joh. 14, 6). Als Christen wissen wir: »Man muß Gott
mehr gehorchen als den Menschen« (Apostelgesch. 5, 29). Wir
wissen, daß sich die Wahrheit nicht in diskussionsorientierter,
in diskursiver Willensbildung im Sinne Habermas' finden läßt,
ja, daß der Mensch nicht nur auf diesem Wege keine Wahrheit
setzen kann, sondern daß bereits diese Haltung des Menschen

der Begegnung mit der Wahrheit Jesu Christi entgegensteht. Als Christen wissen wir, daß die Wahrheit über den Menschen in Jesus Christus uns gegeben ist und daß es darum geht, ihn hörend im Glauben anzunehmen. Über der Gesellschaft und ihrer Willensbildung steht für uns das erste Gebot: »Ich bin der Herr, dein Gott, du sollst keine anderen Götter neben mir haben« (2. Mose 20, 2–3). Dies muß ausdrücklich gesagt werden angesichts einer sich zum Gott erhebenden Gesellschaft.

Die Freiheit in der optimalen Befriedigung der Bedürfnisse aller zu gründen, führt in die Unfreiheit. Um die persönliche Freiheit des einzelnen im Staat und seinen persönlichen Schutz zu bewahren, kann es nur darum gehen, den Freiheitsbegriff nach wie vor in einem dem abendländischen Bewußtsein noch gemeinsamen sittlichen Grundgesetz und von daher in den objektiven Inhalten der Verfassung mit ihren Grundrechten in der Gewaltenteilung und der unabhängigen Rechtsprechung festzumachen. Nur in diesem Zusammenhang von sittlichen Grundnormen und objektivem Verfassungsrecht, Gewaltenteilung und unabhängiger Rechtsprechung ist die persönliche Freiheit des einzelnen im Staat garantiert. Es ist die Staatsform, die aus der bürgerlich – liberalen Bewegung mit ihren Revolutionen und Verfassungskämpfen hervorgegangen ist und die in ihren sittlichen Grundlagen – wenn auch noch so sehr abgeblaßt – wesentlich im Christentum wurzelt.

Sehr deutlich weist Rohrmoser auf die Gefährdung der Freiheit hin, die sich aus dem Konzept emanzipatorischer Bewegung für unsere Gegenwart ergibt. Er weist darauf hin, daß Recht und Freiheit nur in einem Staate möglich sind, in dem Bindung an die objektive sittliche Idee vorliegt. »Freiheit ohne eine geistige, sittliche und geschichtliche Substanz ist ein leeres Wort und kann auch noch die Beseitigung des Inzesttabus legitimieren«[125a]. Gesellschaftspolitisch gesehen kann es Freiheit nur geben, wenn der Wille zur Gerechtigkeit mit aufgenommen ist. Die Gerechtigkeit aber muß »ihren Maßstab in der Konkretheit der sittlichen Idee haben, wie sie ihren Niederschlag und Ausdruck in einer mehrtausendjährigen Geschichte abendländischer Freiheit gefunden hat. Wird diese Geschichte nicht erinnernd aufgenommen und fortgeführt, dann bedeutet Freiheit nichts anderes als die Freisetzung der abstrakt (de facto: animalisch, der Verf.) ungeschichtlichen Bedürfnisnatur des Menschen und es bleibt nur, wie in seiner Rede vor der Katholischen Akademie Bundeskanzler Schmidt in Hamburg ausgeführt hat, die Wahl zwischen Anarchie und totalitärer Kontrolle«[125b].

So müssen die Richtlinien für den Politik-Unterricht des Landes Nordrhein-Westfalen als Gefährdung des Rechtsstaates und damit als Gefährdung der persönlichen Freiheit des einzelnen in Zukunft gesehen werden. Die Richtlinien weisen die Schüler nicht auf die Notwendigkeit der Bindung an die sittliche Idee, an objektives Verfassungsrecht hin. Im Gegenteil: Die Fähigkeit des einzelnen, seine Glücksvorstellungen zu verfolgen, wird zum Ziel des politischen Unterrichts gemacht. In der Qualifikation 7, die man als Kern dieser Zielsetzung ansehen muß, heißt es: »Fähigkeiten, eigene Glücksvorstellungen zu verfolgen, sofern dies nicht zu Lasten anderer geht, und die Bereitschaft, dies auch anderen zuzugestehen und zu ermöglichen« erwerben[125c]. Die Glücksvorstellung des einzelnen und ihre Realisierung wird zum Lernziel des politischen Unterrichts. Eine Grenze findet die Verwirklichung der Glücksvorstellung des einzelnen nur in der Glücksvorstellung des anderen. Auf diesem Hintergrund müssen die übrigen Qualifikationen für den politischen Unterricht gesehen werden. Das revolutionäre Programm in diesem Bundesland wird dahingehend präzisiert: »Fähigkeiten und Bereitschaft, gesellschaftliche und politische Ordnungen einschließlich ihrer Zwänge und Herrschaftsverhältnisse nicht ungeprüft hinzunehmen, sondern Sinn, ihre Zwecke und Notwendigkeiten zu befragen und die ihnen zugrundeliegenden Interessen und Normen und Wertvorstellungen kritisch zu überprüfen«. Dabei widersprechen wir einer solchen Überprüfung und immer neuen Hinterfragung an sich nicht grundsätzlich, sondern den Maßstäben, nach denen sie geschieht und den Konsequenzen selbstherrlicher Änderung, die aus ihr gezogen werden und den letzten Bindungen, der sie entspringt. Dies alles ist hier auf dem Hintergrund des angepeilten Gesamtzieles der Verfolgung eigener und fremder Glücksvorstellungen zu sehen. Die Konsequenzen, die sich daraus ergeben, sind oben deutlich gemacht worden.

Derartige Zielsetzungen im politischen Lernen stimmen mit dem Gesamtziel nordrhein-westfälischer Schulerziehung überein: Emanzipation. Sie haben ihre Wurzeln im Konzept »Kollegstufe NW«, das für alle Schularten Geltung beansprucht. Hier heißt es, daß alle »Vermittlung wissenschaftlicher Erkenntnisse mit dem emanzipatorischen Interesse der Individuen« erfolgen soll (Ratingen 1972, S. 29). Alle Wissenschaftsorientierung wird hier politisiert. Emanzipation wird der Wissenschaftsorientierung vorgeschaltet. Im Prinzip bricht die gleiche Problematik an den hessischen Rahmenrichtlinien für Gesellschaftslehre in der Sekundarstufe I auf. Die Schüler sollen lernen, »daß Sozialisation immer auch Triebunterdrückung einschließt, daß es aber über Umfang und Notwendigkeit dieser Triebunterdrückung unterschiedliche Auffassungen gibt, denen zum Teil verschiedene theoretische Erklärungsmodelle entsprechen«, und sie sollen lernen, »daß eine grundlegende Veränderung gesellschaftlicher Verhältnisse die Veränderung tradierter Inhalte und Formen der Sozialisation einschließt«[125d].

Über politische Überlegungen hinausgehend und dem Versuch, Konsequenzen aufzuzeigen, ist es nötig, die neomarxistische Emanzipationsbewegung vom Evangelium her zu beurteilen. Bereits da, wo in herrschaftsfreier Kommunikation »Wahrheit« gefunden und gesetzt wird, zeigt sich ein religiöser Anspruch: die durch die Gesellschaft gesetzte »Wahrheit« steht der geoffenbarten Wahrheit Gottes entgegen. Die Utopie eines befriedeten Daseins, eine »Welterlösung« vom Menschen her steht der biblischen Botschaft unversöhnlich gegenüber. Das wird bereits deutlich bei H. Marcuse.

Wie wird der Mensch in Wahrheit neu?

Bei Marcuse findet sich in seiner Definition des Menschen als »homo novus«, als »neuer Mensch«, rein äußerlich betrachtet eine verblüffende sprachliche Übereinstimmung mit der Definition des neuen Menschen, die im Neuen Testament gegeben wird. Daß es sich dabei jedoch um etwas völlig Gegensätzliches handelt, das soll hier gezeigt werden. Der »alte« Mensch bei Marcuse ist der, der bis in seine Triebstruktur das Prinzip der Herrschaft der gegenwärtigen Gesellschaft mit allen ihren Folgeerscheinungen internalisiert, d. h. in sich aufgenommen hat. Zum neuen Menschen soll es durch den Bruch mit dem bestehenden System kommen. Der neue Mensch hat die »Kette zerbrochen, welche Väter und Söhne von Generation zu Generation verband.« Er handelt und denkt «frei von dieser Identifikation«. Dieser neue Mensch soll neues Verhalten und neue Bedürfnisse zeigen; zum Schönen, zum Guten, frei von Gewalt. Marcuse hält in diesem Sinne eine neue Menschheit für möglich, weil er die Ursache für die Entstehung und Ausformung des »alten« Menschen in ökonomisch-politischen Verhältnissen sieht, im kapitalistischen System. Die Beseitigung dieses Systems soll den Weg frei machen für eine neue Menschheit, für die »keine Rückkehr in die Vergangenheit mehr möglich ist«. Mit diesem Programm ist der Weg einer pseudoreligiösen Utopie beschritten.

Der »neue Mensch« des Neuen Testamentes ist radikal anders. »Alt« ist hiernach sowohl der Mensch, der in seiner Triebstruktur durch das kapitalistische System geprägt ist, als auch der Mensch, der mit diesem System gebrochen hat; »alt« ist und bleibt der Mensch, der das kapitalistische System überwunden hat, indem er neue Bedürfnisse zum Maßstab erhob, eine neue Sensibilität anstrebt; »alt« sind auch die »Männer und Frauen«, die sich ihrer Schuld nicht schämen, weil sie ihre Schuldgefühle überwunden haben; »alte« Menschen bleiben sie, auch wenn sie sich nicht mehr mit ihren »falschen Vätern« identifizieren, die Auschwitz und Vietnam geduldet haben. Der alte Mensch bleibt in allen Systemen, die sich Menschen erdenken können, bestehen und läßt kein System zur Vollkommenheit gelangen.

Der »neue« Mensch, den die Bibel bezeugt, beruht auf dem Eingriff Gottes, seines Geistes in das Menschenleben. Er wird Realität, wenn dieser alte Mensch in die persönliche Lebensgemeinschaft mit Christus tritt; wenn der gesäte Same des Wortes Gottes, als eines Wortes gänzlich anderer Art als alle anderen Worte, aufgeht. »Ist jemand in Christus, so ist er eine neue Kreatur; das Alte ist vergangen, siehe, es ist alles neu geworden« (2. Kor. 5, 17). Wie ist dies möglich? Dem liegt eine Tat Gottes, des Schöpfers, in dieser geschichtlichen Welt zugrunde. In dieser Tat Gottes ist die Ursache für alles Übel in der Welt, die Sünde, d. h. die Loslösung des Menschen von Gott, überwunden; sie ist es auch in ihren Auswirkungen. »Das tat Gott und sandte seinen Sohn in der Gestalt des sündlichen Fleisches um der Sünde halben und verdammte die Sünde im Fleisch«

(Röm. 8, 3). Die Neuwerdung des Menschen durch Gott ist im Anbruch da, d. h., sie beginnt sich zu verwirklichen beim einzelnen, der Christus im Glauben angenommen hat. Wir haben nicht mit einer neuen Menschheit zu rechnen auf den Wegen, die der Mensch beschreitet, sei es der Marxismus ursprünglicher Prägung oder seine Umformung durch den Neomarxismus. Es sind Irrlichter, um so gefährlicher, weil sie im Gewande sprachlicher Ähnlichkeit das vorwegnehmen wollen, was Gott sich vorbehalten hat zu tun: »Siehe, ich mache alles neu« (Offb. 21, 5). Gefährliche Irrlichter auch deshalb, weil sie dem Menschen unserer Tage ein »befriedetes Dasein« in Glück und Bedürfniserfüllung vorgaukeln. Dem Menschen und seinen gesellschaftlichen Systemen ist nur die Zügelung der zerstörenden Triebkraft des alten Menschen gegeben und aufgetragen. Sie ist nur vom objektiv gegebenen sittlichen Grundgesetz aus möglich, das in der Offenbarung enthüllt, aber auch im Gewissen des abendländischen Menschen wenigstens ansatzweise noch wirksam ist.

Der von Gott geschaffene neue Mensch dagegen wird auch in seiner Triebstruktur, in seiner Bedürfniswelt, erneuert. Dies aber gibt es nur als Frucht, die aus der Verbundenheit mit Jesus Christus im Glauben erwächst. Jesus Christus spricht: »Bleibet in mir und ich in euch. Gleichwie die Rebe kann keine Frucht bringen von selber, sie bleibe denn am Weinstock, also auch ihr nicht, ihr bleibet denn in mir« (Joh. 15, 4). Die Bibel zählt eine Reihe dieser Früchte auf: »Die Frucht aber des Geistes ist Liebe, Freude, Geduld, Freundlichkeit, Gütigkeit, Glaube, Sanftmut, Keuschheit« (Gal. 5, 22).

Versöhnung des Menschen mit sich selbst? Versöhnung mit Gott!

Bei Habermas liegt die Problematik ähnlich wie bei Marcuse. Unter den gleichen Bedingungen wie Marcuse nimmt er für die Gesellschaft einen Zustand an, in dem die Menschen durch optimale Befriedigung ihrer Bedürfnisse mit ihrer Natur versöhnt sind; Versöhnung des Menschen mit sich selbst also durch optimale Bedürfnisbefriedigung und nicht Versöhnung des Menschen mit Gott! Auf diese Frage kann Antwort gesucht werden in dem, was der Apostel Paulus in Bezug auf Gesetz und Evangelium im Brief an die Römer in den Kapiteln 7 und 8 ausgeführt hat. Paulus kennt einen Zustand, in dem der Mensch in einer Weise der Befriedigung seiner Bedürfnisse nachkommt, daß er noch nicht einmal etwas von der Lust weiß. In der Begegnung mit dem Gesetz Gottes kommt der radikale Zwiespalt in sein Leben: die Forderung Gottes, »laß dich nicht gelüsten« und die Forderung der eigenen Triebe. Paulus schüttelt das Gesetz Gottes nicht von sich ab, wie das heute geschieht; er erklärt es nicht als ideologischen Überbau, dazu dienlich, ökonomisch noch nicht zu erfüllende Bedürfnisse zu regulieren (Habermas). Paulus nimmt das Gesetz Gottes ernst. »Das Gesetz ist ja heilig, gerecht und gut« (Röm. 7, 12). Warum konnte Paulus sich so dem Gesetz Gottes gegenüber einstellen? Weil die Begegnung mit dem Gesetz gleichzeitig die Begegnung mit der Realität und Heiligkeit Gottes bedeutete. So ist der Zwiespalt, in dem er lebte, im Grunde entschieden. Es bleibt keine andere Wahl. Er steht auf der Seite Gottes und erlebt das, was in ihm dem Gesetz widerstreitet, als Sünde. »Aber die Sünde erkannte ich nicht, außer durchs Gesetz. Denn ich wußte nichts von der Lust, wo das Gesetz nicht gesagt hätte: ›Laß dich nicht gelüsten!‹ Da nahm aber die Sünde Ursache am Gesetz und erregte in mir allerlei Lust; denn ohne das Gesetz war die Sünde tot. Ich aber lebte weiland ohne Gesetz; da aber das Gebot kam, ward die Sünde wieder lebendig« (Röm. 7, 7–9). Paulus liebt das Gesetz Gottes, weil er Gott liebt. Er steht auf der Seite des Gesetzes, auf der Seite Gottes. Dabei erkennt er gleichzeitig seine Unfähigkeit, das Gesetz zu halten angesichts der Macht der Bedürfnisse, der Begierden in ihm, angesichts der Sünde. »Denn wir wissen, daß das Gesetz geistlich ist; ich aber bin fleischlich, unter die Sünde verkauft. Denn ich weiß nicht, was ich tue. Denn ich tue nicht, was ich will; sondern was ich hasse, tue ich. So ich aber das tue, was ich nicht will, so gebe ich zu, daß das Gesetz gut sei. So tue nun ich dasselbe nicht, sondern die Sünde, die in mir wohnt. Denn ich weiß, daß in mir, das ist in meinem Fleische, wohnt nichts Gutes… So finde ich in mir nun ein Gesetz, der ich will das Gute tun, daß mir das Böse anhangt. Denn ich habe Lust an Gottes Gesetz nach dem inwendigen Menschen. Ich sehe aber ein anderes Gesetz in meinen Gliedern, das da widerstreitet dem Gesetz in meinem Gemüt und nimmt mich gefangen in der Sünde Gesetz, welches ist in meinen Gliedern« (Röm. 7, 14–23). Die Erkenntnis des Unversöhntseins des Menschen mit sich selbst durch die Konfrontation mit dem Gesetz Gottes ist wohl nirgends tiefer empfunden als hier. Jede Rückkehr zu dem alten Leben der Befriedigung der Bedürfnisse, um dadurch zur Versöhnung mit sich zu kommen, ist ausgeschlossen; Gott steht dahinter. So kommt es zu dem tiefsten Aufschrei des durch das Gesetz Gottes in seiner Begierde getroffenen Menschen: »Ich elender Mensch, wer wird mich erlösen von dem Leibe dieses Todes?« (Röm. 7, 24). Dabei ist unter Begierde nicht nur die Sinnlichkeit zu verstehen, sondern vor allem auch das Streben des Menschen nach autonomer Vervollkommnung seines Selbst. Mit der Erkenntnis der Erlösungsbedürftigkeit ist der Augenblick gegeben, wo der Weg der Versöhnung mit Gott durch die Offenbarung des Sohnes Gottes erkannt werden kann.

Die Lösung ist nicht die Versöhnung des Menschen mit sich selbst, es ist die Versöhnung des Menschen mit Gott in Christus: »Ich danke Gott durch Jesum Christum, unseren Herrn!« (Röm. 7, 25). In der Gabe des Heiligen Geistes durch die Christuserkenntnis erfährt er die Befreiung, den Weg zum Leben in der Versöhnung mit Gott. »Denn das Gesetz des Geistes, der da lebendig macht in Christo Jesu, hat mich freigemacht von dem Gesetz der Sünde und des Todes« (Röm. 8, 2).

Das Gesetz vermochte die Befreiung nicht zu bewirken; es verursachte dagegen die Erkenntnis, daß er, Paulus – und wir mit ihm – mit der Befriedigung unserer Bedürfnisse als Weg der Versöhnung im Widerspruch zu Gott stehen. Der Geist Gottes, der Heilige Geist, an Christus gebunden, schafft dagegen das neue, versöhnte Leben mit Gott. »Denn was dem Gesetz unmöglich war, das tat Gott und sandte seinen Sohn in der Gestalt des sündlichen Fleisches« (Röm. 8, 3). Nun beschreibt Paulus die göttliche Neuschöpfung des Menschen: »... denn welche der Geist Gottes treibt, die sind Gottes Kinder. Denn ihr habt nicht einen knechtischen Geist empfangen, daß ihr euch abermals fürchten müßtet; sondern ihr habt einen kindlichen Geist empfangen, durch welchen wir rufen: Abba, lieber Vater! Dieser Geist gibt Zeugnis unserem Geist, daß wir Gottes Kinder sind« (Röm. 8, 14–16). Paulus mahnt mit allem Ernst: »Die aber fleischlich sind (Bedürfnisbefriedigung als Weg der Versöhnung des Menschen mit sich selbst), können Gott nicht gefallen. Ihr aber seid nicht fleischlich, sondern geistlich, wenn Gottes Geist in euch ist. Wer aber Christi Geist nicht hat, der ist nicht sein« (Röm. 8, 8–9). Mit diesem Zeugnis bleibt Paulus auf dem harten Boden der gefallenen Welt stehen. Er erlebt auch als Erlöster und Versöhnter noch in sich gefährliche Triebe, Versuchlichkeit, Unvermögen als das Gesetz der Sünde, das dem Guten, dem Willen Gottes, widersteht und dem sein eigener Wille nicht gewachsen ist, sondern nur Jesus selbst. Dem wirft er sich darum in die Arme und dankt für den Sieg, den Christus erfochten hat, an dem er, Paulus, jetzt schon teilhaben kann und in der neuen Welt in Vollkommenheit teilhaben wird.

Was ist nun mit der Versöhnung des Menschen mit sich selbst, mit seiner Natur, die dem Marxismus vorschwebt? Gücksstreben des einzelnen, Förderung des Glücks aller auf diesem Wege? So schmeichelhaft dies dem natürlichen, naiven Menschen erscheint, so ist es doch Unversöhntheit mit Gott, ist es Sünde, ist es Zielverfehlung des Menschen und führt unausweichlich in die Abhängigkeit vom Widersacher. Es ist als bewußtes Konzept der Erziehung ein deutliches Zeichen des Abfalls von Gott und muß in der Unmenschlichkeit enden. Das beweisen die Länder, in denen atheistische Systeme ungestört die Möglichkeit der Menschenveränderung durch den Menschen wahrnehmen. Die Emanzipation steht dem Evangelium unversöhnlich gegenüber, weil sie die Versöhnung des Menschen mit sich selbst anstrebt.

A. S. Neill, der Verfechter der antiautoritären Erziehung und Verfasser von »Theorie und Praxis der antiautoritären Erziehung – das Beispiel Summerhill« (s. Anmerkung 246) spürt etwas von dem Anspruch Gottes an den Menschen und von der Auseinandersetzung Geist – Fleisch. Neill hat sich konsequent für den Weg des »Fleisches« entschieden. In seinem o. g. Buch, in dem er das Blut Jesu Christi lästert (S. 228) und das in Deutschland 1975 eine Auflage von nahezu einer Million hatte, gibt er die Antwort der emanzipatorischen Bewegung auf die hier angesprochene Problematik wieder: »Die neue Religion wird Gott preisen, indem sie die Menschen glücklich macht. Die neue Religion wird die Antithese von Körper und Geist aufheben. Sie wird anerkennen, daß das Fleisch nicht sündig ist« (S. 227). »Die neue Religion wird sich auf Kenntnisse des eigenen Ichs und seiner Bejahung gründen… Nach der neuen Religion wird der Mensch dann am besten beten, wenn er alles, ob groß oder klein, liebt – an sich selbst!« (S. 231). »In der Bibel heißt es: ›Die Furcht des Herrn ist der Weisheit Anfang!‹ Sie ist viel öfter der Beginn einer psychischen Störung. Denn jede Art von Furcht ist schädlich« (S. 232). Dies sagt Neill in Verkennung dessen, was Furcht Gottes beinhaltet. Er weiß nicht mehr um die wirklichkeitsoffene Paradoxie, die in der Bibel durch die sich scheinbar widersprechenden Sätze ausgedrückt wird: »Ihn sollt ihr heiligen, er sei eure Furcht und er sei euer Schrecken« (Jes. 8, 13) und »Furcht ist nicht in der Liebe, die völlige Liebe treibt die Furcht aus« (1. Joh. 4, 18). Diese nicht auflösbare Paradoxie hat Luther im Katechismus aufgenommen in der Aufforderung: »Wir sollen Gott über alle Dinge fürchten, lieben und vertrauen«.

Mensch und Gesellschaft in der Identitätskrise

Zum Menschen gehört dessen Identität. Von Gott her gesehen – aber dem Menschen nur im Glauben faßlich – ist seine Identität das göttliche Ebenbild. Die Loslösung aus der Verbindung mit Gott hat diese Identität verdunkelt. Im Verlauf dieser Darlegung stand immer wieder die Frage nach des Menschen Identität im Brennpunkt: Identitätsbildung als Identifikation mit sittlichen Prinzipien, mit ethischen Werten, damit der Mensch von daher relativ autonom handeln und entscheiden könne; die Gefahr für den Menschen, seine Identität an die prägenden Mächte der Gesellschaft zu verlieren, Abbild der Gesellschaft zu werden, und zwar der bürgerlichen Gesellschaft; die Deutung dieser Gesellschaft als falsche Gesellschaft durch den Neomarxismus, sein Ziel der balancierenden Ich-Identität, die auf der Grundlage marxistischer Deutung von Herrschaft diese abbaut, um die eigenen Bedürfnisse optimal zu verwirklichen; die balancierende Ich-Identität als eine Identität des Übergangs in das Kollektiv, in dem jeder feste Identitätsaufbau verflüssigt ist, der Mensch ausgeliefert ist an die im Kollektiv in herrschaftsfreier Kommunikation jeweils neu zu entwerfende Identität; die Vereinnahmung des einzelnen in das Kollektiv, eine neue Form der Vergesellschaftung.

Mitten in diese »Identitätssuche« des einzelnen wie der Gesellschaft ist der alte und immer wieder neue Ruf des lebendigen Gottes an den Menschen zu vernehmen, seine ihm von Gott bestimmte Identität in Christus zu ergreifen: die Ebenbildlichkeit, zu der jeder Mensch bestimmt ist. Die beiden Seiten dieser Identität: »Darum ist jemand in Christus, so ist er eine neue Kreatur; das Alte ist vergangen, siehe, es ist alles neu geworden!« (2. Kor. 5, 17) und : »Ich lebe aber; doch nun nicht ich, sondern Christus lebt in mir. Denn was ich jetzt lebe im Fleisch, das lebe ich in dem Glauben des Sohnes Gottes, der mich geliebt hat und sich selbst für mich dargegeben« (Gal. 2, 20). Wir »in« Christus, und Christus »in« uns – das alles ist nicht durch uns selbst erworben, »Gottes Gabe ist es...« (Eph. 2, 8)

Nehmen wir Menschen den Ruf Gottes nicht an, schlagen wir ihn aus, dann verfehlen wir unsere Identität. Kommen wir nicht zurück zu dem einen Herrn, dann werden wir verschlungen von den falschen Herren, die sich uns in unserer Offenheit, in unserer Prägbarkeit bemächtigen. Das ist der Fall bei einer Identität, die sich nach sittlichen Prinzipien und ethischen Werten, nach religiösen Idealen ausrichtet. Das ist der Fall, wenn im Extremfall der Mensch nur noch Erfüllungsorgan gesellschaftlicher Erwartungen ist, »perfekter Rollenspieler«. Das ist der Fall, wenn er glaubt, seine Identität zu erlangen durch optimale Befriedigung seiner Bedürfnisse. Das ist der Fall, wenn durch diskursive Willensbildung jeweils Identität neu entworfen wird und der Mensch sich an das Kollektiv preisgibt.

Finden wir zurück zu dem einen Herrn, so leben wir nicht mehr in der Knechtschaft dieser Welt, welcher Art sie auch sei. Dieser eine Herr führt uns in die Freiheit. Als zu Gott Zurückgefundene stehen wir nicht mehr unter dem Zwang des Gesetzes in einem Leben, ausgerichtet nach sittlichen Prinzipien, sondern leben dieses im lebendigen Glaubensvollzug mit Gott. Wir lieben das Gesetz Gottes. In jedem Fall ist Gottes Gebot die Ordnung für den einzelnen wie für die Gesellschaft.

Hat der Mensch zurückgefunden zu seiner wahren Identität, dann macht er die Erfahrung, daß der lebendige Gott bei ihm ist mitten unter den Mächten, die ihn vergesellschaften wollen. Unter gesellschaftlicher Herrschaft und unter Zwang lebt der zur Identität in Christus zurückgefundene Mensch in der Freiheit der Kinder Gottes. Er kann und muß, wenn es Gottes Wille ist, Erwartungen der Gesellschaft zurückweisen. Er nimmt sie aber auch voll ernst in der Verantwortung vor Gott. Paulus hat sehr deutlich gezeigt, wie er unter den widrigsten Umständen nicht vergesellschaftete, sondern lebte: »... in allen Dingen beweisen wir uns als die Diener Gottes: in großer Geduld, in Trübsalen, in Nöten, in Ängsten, in Schlägen, in Gefängnissen, in Aufruhren, in Arbeit, in Wachen, in Fasten, in Keuschheit, in Erkenntnis, in Langmut, in Freundlichkeit, in dem heiligen Geist, in ungefärbter Liebe, in dem Wort der Wahrheit, in der Kraft Gottes, durch Waffen der Gerechtigkeit zur Rechten und zur Linken, durch Ehre und Schande, durch böse und gute Gerüchte: als die Verführer, und doch wahrhaftig; als die Unbekannten, und doch bekannt; als die Sterbenden, und siehe, wir leben; als die Gezüchtigten, und doch nicht ertötet; als die Traurigen, aber allezeit fröhlich; als die Armen, aber die doch viele reich machen; als die nichts innehaben, und doch alles haben« (2. Kor. 6, 4–10).

Wer seine Identität in Christus gefunden hat, der weiß, daß balancierende Ich-Identität ein Irrweg ist. Identitätsbildung auf der Grundlage der Befriedigung der Bedürfnisse ist der Tod des Menschen und nicht sein Leben. Unsere Bedürfniswelt widerstreitet dem Willen Gottes. Hier wirkt sich in erhöhtem Maße die Bindung des Menschen an die Macht Satans aus. Wer zur Identität in Christus gefunden hat, ist eine neue Kreatur. Seine Bedürfniswelt ist erneuert. Gott erneuert unsere tiefste Bedürfnisstruktur im Sinne eines neuen Wollens, nach seinem Willen zu leben. Paulus stellt die Bedürfnisse des alten Menschen denen des neuen Menschen gegenüber als die Werke des Fleisches und die Früchte des Geistes (Heiliger Geist!): »Denn das Fleisch gelüstet wider den Geist, und der Geist wider das Fleisch; dieselben sind widereinander, daß ihr nicht tut, was ihr wollt. Regiert euch aber der Geist, so seid ihr nicht unter dem Gesetz. Offenbar sind aber die Werke des Fleisches, als da sind: Ehebruch, Hurerei, Unreinigkeit, Unzucht, Abgötterei, Zauberei, Feindschaft, Hader, Neid, Zorn, Zank, Zwietracht, Rotten, Haß, Mord, Saufen, Fressen und dergleichen, von welchen ich euch habe zuvor gesagt und sage noch zuvor, daß, die solches tun, werden das Reich Gottes nicht erben. Die Frucht aber des Geistes ist Liebe, Freude, Friede, Geduld, Freundlichkeit, Gütigkeit, Glaube, Sanftmut, Keuschheit« (Gal. 5, 17–22).

Wer zur Identität in Christus zurückgefunden hat, ist in vollem Sinne »Person«, der ist aus dem Kollektiv herausgeholt, der kann sich auch nicht verkollektivieren lassen. In einer Gesellschaft, die das Kollektiv anstrebt, lebt der Christ allerdings in der Bedrängnis, wenn nicht gar in der Verfolgung: Wehe dem, der sich dem Kollektiv verweigert!

C. Die Übernahme der neomarxistischen Emanzipationstheorie in das Erziehungswesen

Die neomarxistische Emanzipationstheorie fand Eingang in den erzieherischen Bereich; liegt ihr doch gerade das dargelegte erzieherische Anliegen zugrunde. Man geht wohl nicht fehl in der Folgerung, daß eine nur auf Technologie hin angelegte Erziehungswissenschaft ohne ein Prinzip, das die Erkenntnis leitet, keinen langen Bestand haben konnte. Die geisteswissenschaftliche Pädagogik mit ihrem in der Hauptsache an Philosophie und Theologie ausgerichteten Auslegungs- und Auswahlprinzip wurde verdrängt; ihre Stelle nahm die neomarxistische Emanzipationsbewegung ein, vor allem in Gestalt der »kritischen Theorie«. Der Göttinger Erziehungswissenschaftler Klaus Mollenhauer gab 1968 im Anschluß an J. Habermas der Erziehungswissenschaft ihre neue Zielrichtung: Emanzipation. »Für die Erziehungswissenschaft konstitutiv ist das Prinzip, das besagt, daß Erziehung und Bildung ihren Zweck in der Mündigkeit des Subjekts haben; dem korrespondiert, daß das erkenntnisleitende Interesse der Erziehungswissenschaft das Interesse an Emanzipation ist.«[126] Mit dieser Formulierung hält er sich genau an J. Habermas. Aufgabe der emanzipatorischen Erziehungswissenschaft sei es, die Bereiche innerhalb der Gesellschaft aufzudecken, die der Befreiung des Heranwachsenden entgegenstehen. Notwendige Erziehungsprozesse sollen hier sodann in Richtung Emanzipation in Gang gesetzt werden. So kann L. Kerstiens in seiner Darstellung emanzipatorischer Erziehungsmodelle zusammenfassen:

»Habermas' umfassende Theorie einer wissenschaftlichen Selbstreflexion des Menschen und der Gesellschaft, die Emanzipation ist, weil sie eine bewußte Verarbeitung der eingrenzenden, repressiven Gegebenheiten im menschlichen Leben darstellt, wird in spezieller Weise auf die Emanzipation der

Heranwachsenden und die dabei notwendigen Erziehungsprozesse hin ausgelegt.«[127]

Der Göttinger Erziehungswissenschaftler H. Giesecke liefert die Strategie. Er geht davon aus, »… daß die Menschen sich zu jedem Zeitpunkt ihrer Lebensgeschichte in bestimmten Abhängigkeiten befinden, die mit ihren Wünschen und Bedürfnissen in Widerspruch stehen und von denen sie sich daher zu befreien trachten«[128]. Er plädiert innerhalb der Erziehung für äußerst kleine Lernschritte. Die Lernreichweite soll enge Grenzen haben. Ihm ist klar, daß sich der Mensch gegen sprunghafte, plötzlich zugemutete Verhaltensänderungen wappnet und reaktionär antwortet. Soll die gewünschte Entwicklung erreicht werden, müßten Lernziele kontinuierlich in die bisherige Lebensgeschichte des Kindes eingeordnet werden: »… ein Stück Angst vor dem Ungehorsam abbauen, ein Stück an Selbstbewußtsein und Selbstbestimmung dazugewinnen.«[129] Er will zur gegenwärtigen Erziehungswirklichkeit kein Gegenmodell aufbauen, im Gegenteil, er will sein neomarxistisches Veränderungsprogramm sehr geschickt durchsetzen. Es gehe darum, an konkreten Stellen Korrekturen anzubringen. Abhängigkeiten und Zwänge, unter denen der junge Mensch stehe, sollten im Lernprozeß »erlebbar« gemacht werden. Es sei für ihn wichtig, daß »… diese Abhängigkeiten subjektiv als ›Übel‹ erlebt werden bzw. erlebbar gemacht werden können und daraus Motivierungen für die pädagogische und politische Bearbeitung dieses Übels entstehen können«[130]. Unter dieser Einschränkung – daß Abhängigkeiten subjektiv als Übel erlebt werden – wird unter Emanzipation »hier nicht nur der Prozeß der Ablösung aus der Abhängigkeit pädagogischer Zwänge (z. B. Familie) verstanden, sondern aus allen gesellschaftlich verursachten Abhängigkeiten…«[131] Der Lernprozeß solle sich in dem Konflikt zwischen den großen Möglichkeiten der Selbstbestimmung und der bitteren Erfahrung der Abhängigkeit vollziehen. Die Ursache für Konflikte und Widersprüche, die im emanzipatorischen Erziehungsprogramm bewußt würden, dürfte nicht auf innere, psychische Zuständigkeiten abgedrängt werden. Dies wäre der Fall, wenn man Konflikte in der Familie auf persönlichen Mangel oder Schwäche zurückführte. Sie müßten vielmehr auf gesellschaftliche Verursachungen zurückgeführt werden, wo emanzipatorische Pädagogen anzusetzen hätten. »Die

Widersprüche und Konflikte, ... müssen jedoch als gesellschaftlich bedingte und vermittelte interpretiert werden«[132].

Hier muß festgestellt werden, daß unter diesen Denkvoraussetzungen Sünde und Schuld des Menschen als solche nicht objektiv stehenbleiben, sondern auf gesellschaftliche Ursachen zurückgeführt werden. Für H. Gieseke ist das letzte Ziel aller Emanzipation die »Fundamentaldemokratisierung« aller Lebensbereiche. »Der Prozeß der Demokratisierung, von dem hier die Rede ist, spielt sich keineswegs nur auf der obersten staatlichen und gesellschaftlichen Ebene ab. Es geht um ›Fundamentaldemokratisierung‹, also um die Neubestimmung aller menschlichen Verhältnisse.«[133] Ihm schwebt als Ziel die Beseitigung aller Ungleichheiten unter den Menschen vor. Das aber ist das Ende aller individuellen Freiheit. »Der moderne Demokratisierungsprozeß hat zum Ziel, die materielle, politische und kulturelle Ungleichheit unter den Menschen zu beseitigen.«[134] Dabei ist Gieseke nicht nur jede staatliche Herrschaft verdächtig, sondern jede Herrschaft von Menschen über Menschen überhaupt: »Verdächtig ist nicht nur die staatliche Herrschaft, sondern jede Form von Herrschaft von Menschen über Menschen: des Mannes über die Frau, des Vaters über den Sohn, des Lehrers über den Schüler, des Fabrikanten über den Arbeiter usw.«[135]

Hier und da finden sich in Verlautbarungen Ansätze, aus denen hervorgeht, daß die emanzipatorischen Erziehungswissenschaftler sehr wohl um die Problematik wissen, in die Kinder und Jugendliche durch Emanzipation hineingeraten können im Hinblick auf ihre alltägliche Umwelt. Trotzdem reichen die Überlegungen der Emanzipatoren vom Bewußtmachen der von ihnen als Abhängigkeiten erkannten Lebensverhältnisse bis hin zum Entwickeln von Strategien, mit deren Hilfe sich der Schüler aus den Zwängen befreien soll. Dies wird vor allem deutlich im Funk-Kolleg »Erziehungswissenschaft«. Hier tritt der Marburger Erziehungswissenschaftler W. Klafki für bewußtmachende Emanzipation ein. Sein Kollege Rückriem führt dies weiter und betont die Notwendigkeit der Entwicklung von Strategien.

»Für Emanzipation ist zwar eine kritische Theorie notwendig, sofern sie sich als eine Hilfe versteht, vorliegende Zwänge zu durchschauen – Zwänge hier verstanden insbesondere im Sinne von demokratisch nicht legitimierten Herrschaftsverhältnissen. Emanzipation verlangt aber darüber hinaus mehr, nämlich eine Anleitung, diese Herrschaftsverhältnisse durch eigene Praxis abzubauen. Emanzipiert ist m. E. jemand erst dann, wenn er sich als Subjekt seiner eigenen Praxis erweist, d. h. wenn er in der Lage ist, sich von konkreten Zwängen selbst frei zu machen, und wenn er sich davon frei macht. Das Bewußtsein von diesen Zwängen bzw. das Bewußtmachen dieser Zwänge ist zwar eine wichtige Voraussetzung der Emanzipation, genügt aber allein nicht. Kritisches Bewußtsein ohne praktische Konsequenz entspricht sozialgeschichtlich dem frühen Bürgertum. Emanzipation wurde hier nicht wirklich praktiziert, sondern verinnerlicht, etwa im Sinne des Liedes ›Die Gedanken sind frei‹. Das kritische Bewußtsein, das nicht auch zur Praxis fortschreitet, muß gegenüber den nichtveränderten Herrschaftsverhältnissen resignieren. Das aber führt in der Regel zur Unterwerfung. Eine kritische Theorie, die sich auf die Aufklärung des Bewußtseins beschränkt, ohne auch zur gesellschaftsverändernden Praxis anzuleiten, läßt den einzelnen gegenüber den nunmehr erkannten Herrschaftsverhältnissen im Stich. Eine kritische Theorie, deren leitendes Interesse die Emanzipation ist, genügt also erst dann ihrem eigenen Anspruch, wenn sie auch zur gesellschaftsverändernden Praxis anleitet.«[136]

1. Radikal marxistische Positionen

Innerhalb der kritischen Erziehungswissenschaft gibt es noch einen radikalen Flügel, der von den Voraussetzungen des Marxismus-Leninismus ausgeht. Der Hauptvertreter dieser Richtung ist der Darmstädter Erziehungswissenschaftler H.-J. Gamm. Mit Marx ist er sich darin einig, daß Emanzipation erst mit der Abschaffung des Privateigentums erfolge. Er geht davon aus, daß die gegenwärtige Lage in der Bundesrepublik nicht reif sei für eine Revolution im Marxschen Sinne. Es sei daher wichtig, über die Bildungseinrichtungen ein sozialistisches Bewußtsein aufzubauen. Gamm selbst rechnet mit Jahrzehnten, nachdem die Widersprüche des kapitalistischen Systems mit einem im Marxschen Sinne sorgfältig aufgearbeiteten Bewußtsein zusammentreffen.

»Der Aufbau eines sozialistischen Bewußtseins kann und muß über die weitgegliederten Bildungseinrichtungen der Gesellschaft erfolgen… Beim derzeitigen Stand des organisierten und mit allen Machtmitteln ausgestatteten Spätkapitalismus an einen raschen Wechsel der ökonomischen Szenerie in der Bundesrepublik zu denken, ist utopisch. Es dürften vielmehr noch Jahrzehnte vergehen, ehe die Widersprüche des Systems auf ein gesellschaftlich entwickeltes, d. h. politisch und pädagogisch aufbereitetes Bewußtsein treffen, das neue Praxismodalitäten der Massen entwickeln kann.«[137]

Neomarxistische Unterwanderung des Bildungswesens – der Marsch durch die Institutionen

Die genannten Erziehungswissenschaftler sind nur eine kleine Auswahl neomarxistischer Pädagogen. W. Brezinka führt in seinem Buch »Erziehung und Kulturrevolution – Die Pädagogik der neuen Linken« bedeutende Erziehungswissenschaftler, Verlage, Zeitschriften und Lehrerverbände an, die die »Neue Linke« im Erziehungswesen bilden; Stand 1974. Der »Marsch durch die Institutionen«, den die Neue Linke Ende der sechziger Jahre proklamierte, ist Realität geworden. Neomarxisten und Marxisten befinden sich nicht nur in den Hochschulen, sondern auch in Schulbuchverlagen und in den Kultusministerien. H. Schoeck, Professor für Soziologie an der Universität Mainz, schreibt über diese Verzahnung der Neuen Linken mit den Institutionen in der Bundesrepublik in seinem Buch »Schülermanipulation«:

»Es gibt einen gut verankerten, weit verzweigten Apparat der Marxisten im Unterrichtswesen der Bundesrepublik. Viele seiner Träger sind Marxisten-Leninisten, die im Zweifelsfall den Zielen und Auffassungen der DDR und UdSSR beipflichten bzw. entgegenkommen. Dieser Apparat erstreckt sich weit über das hinaus, was während der Diskussion über die sog. Rahmenrichtlinien in die Öffentlichkeit gekommen war. Es gibt, das zeigen ab 1973 veröffentlichte Schulbücher und Lehrerbegleithefte, eine Art von Achse, auf der die Marxisten die Gewichte hin und her schieben, um auszuprobieren, wie weit die Bevölkerung, die Elternschaft im Bildungswesen bereits belastbar geworden ist. Diese Achse verläuft zwischen einigen Kultusministerien, ihren Gutachtern und Beratern, einigen großen Schulbuchverlagen und ihren Lektoraten und Autoren, den Lehrer-fortbildungseinrichtungen einiger Bundesländer hin zu den Lehrerausbildungszentren an mehreren Hochschulen. Die Schlüsselfiguren in diesem Apparat haben ein Gesamtkonzept für den Umbau der Persönlichkeit unserer Kinder ausgearbeitet. Alle Einflüsse, alle Prägungen, alle Gefühlslagen, alle Vorlieben und Abneigungen, die sie aus der eigenen Familie mitbekommen haben, sollen vom ersten Schuljahr an bzw. im Kindergarten und in der Vorschule systematisch verdrängt werden, um das einheitliche »sozialistische Bewußtsein« bei ihnen zu erzeugen. Manche Schulbuchverlage haben bereits ineinander verzahnte bzw. übergreifende Schulbuchwerke entwickelt (für Sachunterricht, Deutsch, Religion, Sozialkunde), die vom ersten bis zum zehnten Schuljahr dieser Manipulation dienen. Unverkennbar, ja teilweise unverfroren zugegeben wird das in den Lehrerheften, die zu den Schulbüchern manchmal kostenlos abgegeben werden, aber nicht für jedermann erhältlich sind. Es gibt schon Erfahrungen, wonach manche Verlage diese Lehrerhefte sogar Lehrern vorzuenthalten suchen, über deren linke Einstellung sie im Zweifel sind.«[138]

In den Schuljahren 1975/76 und 1976/77 wurden aus einer Reihe von neomarxistischen Schulbüchern besonders »harte« Texte herausgenommen. Sie wurden durch »gemäßigte« ersetzt. In der Öffentlichkeit entstand der Eindruck eines Zurückweichens der Neuen Linken. Hierzu H. Schoeck:»Das Konzept, der Plan, die Manipulation sind da. Zuviele ihrer an die Öffentlichkeit gelangten Dokumente stellen das außer jeden Zweifel. Nicht gerechnet hat man offenbar mit der Mündigkeit der Bürger, mit dem Widerstand vieler Eltern und Pädagogen gegen diesen zynisch kalkulierten Übertölpelungsversuch durch die Linke. Deshalb findet z. Zt. eine kosmetische Bereinigung statt. Wie zuerst bei manchen Rahmenrichtlinien oder bei der ersten Ausgabe der »drucksachen« des Lesebuches aus dem Pro-Schule Verlag in Düsseldorf, kommt es jetzt zu »Überarbeitungen«, zum Fallenlassen einiger besonders anstößiger Stellen. Am Plan und am Prinzip ändert das nichts. Verschiedene Fachvertreter und Pädagogen, die solche »Umarbeitungen« mit den ursprünglichen Fassungen verglichen haben, vermuten sogar, daß einige der provozierendsten Texte und Lernziele von vornherein in der Absicht aufgenommen worden waren, ›Opfer-Texte‹ zu haben, die zur Beschwichtigung der öffentlichen Meinung ausgetauscht werden können.«[139]

Über das Verhältnis der Strategie der Neuen Linken zur Öffentlichkeit in der Bundesrepublik schreibt Schoeck weiter:

»Was immer auch von diesen Materialien zurückgezogen oder in zweiter oder dritter Fassung erscheinen wird, der Plan ist damit nicht aufgegeben, die Werkzeuge sind damit nicht unbrauchbar geworden, denn die Personen und ihre Ziele sind geblieben. Könnten die Linken noch einmal von vorne anfangen, würden sie wahrscheinlich vorsichtiger sein. Vielleicht ist es gut gewesen, daß sie im Übermut ihrer Siegesgewißheit soviel so rasch hatten erkennen lassen. Sie haben uns damit einen Raster geliefert, ein Erkennungs- oder Vorwarnsystem, kritische Steinchen zu einem Mosaik. So wird es möglich sein, in den kommenden Jahren die Manipulationsversuche an unseren Kindern zu bemerken, selbst wenn die Anleitungen dazu, die Lehrerhefte, die alten Rahmenrichtlinien, die Gebrauchsanweisungen, nur als Geheimsache von Genossen zu Genossen weitergereicht würden.«[140]

Auf ein weiteres Phänomen in der Öffentlichkeit der Bundesrepublik sei hingewiesen, mit dem die Neue Linke rechnet: das allmähliche Nachlassen des Widerstandes durch die Veränderung des Bewußtseins allgemein.

Die neomarxistische Emanzipationsbewegung fand einen gut vorbereiteten Boden in der Theologie, die auf Grund ihres weltimmanenten Bibel- und Christusverständnisses in Jesus und seinem Heil im wesentlichen ein Programm in Richtung auf ein soziales Engagement sieht. Der Blick für die volle biblische Botschaft ist dadurch verstellt. So konnte die marxistische Ideologie nicht nur in der Kirche Fuß fassen, sondern durchsetzt auch den Religionsunterricht. Hier muß dieser kurze Hinweis genügen.

D. Methoden zur Vergesellschaftung des Menschen

Die emanzipatorische Erziehung bedient sich zur Durchsetzung ihrer Ziele Methoden, die die neue Ich-Identität auf dem Hintergrund des Kollektivs fördern, ja, die bereits zur kollektiven Identität selbst führen. Es handelt sich um das aus der Gruppendynamik stammende Rollenspiel und das gruppendynamische Soziogramm sowie um die Gruppendynamik selbst. Diese drei Methoden sollen hier kurz vorgestellt werden. Dabei muß einschränkend gesagt werden, daß die Gruppendynamik sich nicht ursprünglich aus dem emanzipatorischen Konzept entwickelt hat. Habermas selbst rechnete sie zumindest noch 1974 zu subkulturellen Erscheinungsformen.[141] Die Gruppendynamik kommt aber dem Sozialismus in einer Weise entgegen, die seine Verwirklichung nicht mehr als Utopie erscheinen läßt. So greifen auch immer mehr emanzipatorische Erziehungswissenschaftler auf gruppendynamische Methoden zurück.

1. Das Rollenspiel

Das Rollenspiel erhält in der emanzipatorischen Pädagogik eine entscheidende methodische Bedeutung. Es hat nichts zu tun mit einem Theaterstück, in dem die Kinder Rollen auswendig gelernt haben, um sie darzustellen. Das Rollenspiel hat seinen Ursprung im gruppendynamischen »Psychodrama« Morenos, einem freien Spiel[142], in dem es zur restlosen Selbstdarstellung des einzelnen mit seinen Konflikten und Nöten vor der Gruppe kommt. Das Rollenspiel ist eine Abwandlung des Psychodramas neben anderen. In der Praxis ist eine genaue Abgrenzung zum Psychodrama nicht möglich.[143] Das Rollenspiel kann jederzeit psychodramatische Formen annehmen.

In der emanzipatorischen Pädagogik dient das Rollenspiel einmal der Bildung von balancierender Ich-Identität. Es werden Möglichkeiten und Wege strategischen Handelns erprobt, Verhaltensweisen für den Konfliktfall. So wird eine Konfliktsituation jeweils vorgegeben. Z. B.: »Die Kinder wollen noch nicht ins Bett, Vater schimpft«. Die Kinder übernehmen Vater- bzw. Kinderrolle. Im Rollenspiel werden nun verschiedene Verhaltensweisen gegenüber dem »Vater« erprobt. Auf diese Weise wird ein »neues« Verhalten gegenüber dem eigenen Vater bzw. den Eltern eingeübt, eintrainiert, eine Verhaltensänderung wird erreicht. Gleichzeitg erfolgt durch das Rollenspiel die Vergesellschaftung des Kindes in das Kollektiv, und zwar unter zwei Aspekten. Die Gruppe (Klasse) ist in den Prozeß als Zuschauer einbezogen und kritisiert anschließend das im Spiel an den Tag gelegte Verhalten. Die Gruppe befindet über wahres und falsches Handeln. Es kommt hierbei zu einem weiteren Abbau der Persönlichkeit des einzelnen in Richtung auf die Gruppe. Das Gewissen des einzelnen wird zutiefst verändert, vom andern und von der Gruppe her bestimmt. Das individuelle Gewissen wird abgebaut und allmählich ein Gruppengewissen »Kollektivgewissen« aufgebaut.

Durch den ständigen Rollentausch werden die Kinder gezwungen, die verschiedensten Rollen zu handhaben. Sie lernen vom andern her zu denken, zu fühlen und zu handeln, und dies mit dem eigenen Ich optimal abzustimmen. Wer kann hier noch sein Ich durchhalten? Der Grund für die von Habermas geforderte vollständige Reziprozität wird hier gelegt.

Jeder, dem es um die Wahrung der eigenständigen Persönlichkeit geht, wird die Gefahr erkennen. Für den Christen ist das Rollenspiel unannehmbar. Der Christ kann sich sein Verhalten nicht vom Bezugspunkt des anderen bzw. der Gruppe bestimmen lassen. Sein Bezugspunkt ist die Heilige Schrift und der lebendige Gott, der in der Bibel seinen Willen über unser Handeln geoffenbart hat. Im Gehorsam des Glaubens ergibt sich das Verhalten des Christen als Frucht des Heiligen Geistes. Es heißt: »Daß sich die Kinder im Rollenspiel von verdrängten Angst- und Schuldgefühlen befreien.«[144] Die Probleme, Nöte und Konflikte des Menschen gehören nicht vor die Öffentlichkeit in der Gruppe – sie gehören vor Gott. Schuldgefühle können vielleicht abgebaut werden, damit wird Schuld aber nicht vergeben, Schuld ist eine Realität vor Gott. Der Schüler wird durch das Rollenspiel gegenüber Gottes vergebendem Handeln immun gemacht. Im Rollenspiel soll der junge Mensch sein Handeln als rein gesellschaftsbezogen erkennen, damit er seine eigenen Lebenserfahrungen nicht mehr in Verbindung sieht mit persönlicher Schuld, persönlichem Versagen oder Verdienst.[145]

Moreno weist auf die Bedeutung des Rollenspiels für die Veränderung des Eltern-Kind-Verhältnisses hin: »Rollenwechsel führt zur Verminderung der Abhängigkeiten des Kindes von den Eltern, aber es trägt auch dazu bei, die Fähigkeit des Kindes, die Eltern zu beherrschen, zu erhöhen.«[146] Das Rollenspiel gliedert sich nahtlos ein in die Tendenz, die Konturen einer verantwortlichen Persönlichkeit verschwimmen zu lassen in Richtung auf das Kollektiv. Moreno kann sich in seiner Ablehnung der Einzelpersönlichkeit aber auch gleichzeitig in seiner Blasphemie Gott gegenüber zu dem Satz versteigen: »Wenn Gott wieder in die Welt kommen würde, würde er nicht als Einzelwesen kommen, sondern als Gruppe, als ein Kollektiv.«[147] Das Rollenspiel hält Moreno für den Weg, das Gottessyndrom verschwinden zu lassen: »Ich habe versucht, die Saat einer schöpferischen Revolution zu säen. Es gibt nur einen Weg, das Gottes-Syndrom auszumerzen: das Rollenspiel in der Gruppe.«[148]

2. Das Soziogramm

Beim Soziogramm handelt es sich um eine besondere wissenschaftliche Methode zur Feststellung der sozialen Bezüge innerhalb einer Gruppe (Klasse). Die Methode wurde im Rahmen der Gruppendynamik von Moreno entwickelt. Durch ein besonderes Wahl- und Frageverfahren glaubt man, Beliebtheit oder Isoliertheit der Gruppenmitglieder (Schülergruppe der Klasse) ermitteln zu können. So müssen die Kinder z. B. schriftlich auf die Frage antworten: »Wen würdest du gerne zu deinem Geburtstag einladen, wen nicht?« Auf diese Weise erfährt der Lehrer, welche Mitglieder der Klasse sich gegenseitig Sympathie oder Antipathie entgegenbringen, zwischen welchen Schülern gleichgültige Beziehungen bestehen oder sowohl Zuneigung als auch Abneigung. Die Ermittlungsergebnisse trägt der Lehrer in ein Schaubild (Diagramm) ein und bekommt so einen Überblick über die soziale Beziehungsstruktur der Klasse. Er erkennt Freundschaften, aber auch Ablehnungen, er ermittelt Außenseiter und Sündenböcke. Nachdem die Zusammenhänge erforscht sind, die dieses Bild begründen, kann der Gruppenleiter daran gehen, mit Hilfe anderer Methoden die zerbrochenen Beziehungen zwischen den Gruppenmitgliedern wieder aufzubauen. Er kann zwar u. U. die Leistungsfähigkeit der Gruppe erhöhen, ihm ist aber gleichzeitig ein Machtmittel in die Hand gegeben, so die Gruppe in den Griff zu bekommen und sie ins Kollektiv zu führen.

Oft versuchen Schüler, den Inhalt des Soziogramms zu ermitteln und die Stellung ihrer eigenen Person im sozialen Gefüge der Klassen kennenzulernen. Gelingt dies, so geraten Schüler oft in eine tiefe innere Krise. Neben Unwertgefühlen bei den einen kommt es zu Überlegenheit und Überheblichkeit bei den anderen.

Zum gruppendynamischen Prozeß wird das Soziogramm dann, wenn der Lehrer die Antworten nicht selbst auswertet, sondern öffentlich in der Klasse zur Besprechung freigibt. Ein Beispiel hierfür bietet das Sachkundebuch »Erste Studien«, Band 4, Westermann-Verlag. Im Sachkundebuch ist eine Anschlagtafel abgebildet, in der die Kinder ihre Antipathien und Sympathien, die sie gegeneinander bzw. zueinander hegen, öffentlich angeschrieben haben. Dort kann man lesen: »Ich finde es schrecklich doof, daß Sven so angibt. Er denkt nur an sich selber! Kevin.« Unter einer Karikatur des Jungen ist zu lesen: »Nur ich!«[149] Werden Ergebnisse von Soziogrammen im Zeugnis veröffentlicht, dann ist der Weg in das Kollektiv perfekt. Mir liegt ein Zeugnisformular eines vierten Schuljahrs vor von Kindern, die anschließend eine kooperative Versuchsschule in Nordrhein-Westfalen besuchen sollten. Auf diesem Zeugnis wurde unter der Rubrik »Soziale Beziehungen« die Beliebtheit bzw. Isoliertheit (sprich: Unbeliebtheit) der Schüler festgestellt. Zwischen den beiden Aussagen »Beliebtheit« und »Isoliertheit« waren fünf Kreise eingezeichnet. Aus dem Ankreuzen des Lehrers war zu entnehmen, ob der Schüler innerhalb der Klasse mehr in den Bereich der Beliebtheit oder in den der Isoliertheit tendierte. Dieser Psychoterror verletzt die Würde des Menschen, der einzelne wird an die Gruppe ausgeliefert.

3. Die Gruppendynamik

Eine weitere Methode der Vergesellschaftung des Menschen ist die Gruppendynamik. Sie gehört in den Rahmen einer von Kurt Levin gegründeten Forschungseinrichtung, der Sozialpsychologie. In der Gruppendynamik ging es zunächst darum, die Wechselbeziehungen zu erforschen, die zwischen den Men-

schen einer geschlossenen Gruppe bestehen. Sie sind grundsätzlich nicht statisch, d. h. feststehend, sondern dynamisch,
dauernden Veränderungen unterworfen. Mit der Erforschung
dieser Wechselbeziehungen zwischen den Gruppenmitgliedern
war sofort das Interesse verbunden, die einzelnen Erkenntnisse
in Steuerungsmechanismen umzusetzen, mit deren Hilfe man
das Verhalten der einzelnen Gruppenmitglieder und damit das
Verhalten der Gruppe selbst ändern konnte.

Der einzelne Mensch lebt in Spannungen, Konflikten und Pro-
blemen. Innerhalb der Gruppe verursacht er infolgedessen
ebenfalls Spannungen und Konflikte. Das Zusammenwirken
der Gruppe wird so durch Kommunikationsstörungen und
Konfliktsituationen immer wieder Belastungen ausgesetzt.
Spannungen entstehen ebenso durch unterschiedliche Wert-,
Normen- und Glaubensauffassungen. Für die Vereinzelung des
Menschen in der heutigen Gesellschaft, für seine Isolierung
vom Nächsten bietet sich die Gruppe als Ersatz an. Bereits zu
Anfang des Jahrhunderts hatte J. L. Moreno diese Problematik
erkannt und nach einer therapeutischen Methode gesucht, die
an dieser Stelle dem Menschen Hilfe geben sollte. »Ich habe
immer die Idee gehabt, daß die schicksalsvolle Welt, in der wir
geboren sind, eine Welttherapie braucht – ... und daß ich mit
meiner eigenen Person etwas dazu tun muß, um diese Therapie
zu schaffen und zu verbreiten – ... ich war von Kräften getrie-
ben, die über mein persönliches Wohlergehen hinausziel-
ten.«[150] Moreno glaubt, diese »Welttherapie« in der Gruppendynamik gefunden zu haben.

Man unterscheidet in der Gruppendynamik verbale und non-
verbale Methoden. Für den Leiter einer Gruppe, den Trainer,
stellt sich die Frage, wie er die Gedanken, Meinungen, Reaktionen und Handlungen der Gruppenmitglieder unter Kontrolle, in den Griff bekommen und lenken kann. Der Trainer steu-
ert das Verhalten der Gruppenmitglieder so, daß sich bei diesen
folgende Reaktionen abspielen: Die verhärteten Ich-Struktu-
ren des einzelnen werden aufgebrochen, seine Probleme, Ängste, inneren Widerstände soll er vor der Gruppe aussprechen.
Der einzelne spricht über sich selbst, über die intimsten Bereiche seines Lebens, es kommt zur Selbstdarstellung vor der
Gruppe. Er erfährt andererseits aber auch, wie die Gruppe über

ihn denkt, welche Gefühle und Vorstellungen er bei den anderen hervorruft, Gefühle der Ablehnung, des Hasses beispielsweise. So gewinnt der einzelne ein neues Selbstbild und ist bestrebt, sein Verhalten so zu ändern, daß er von der Gruppe angenommen wird. In Angst und Kampf ringen die Gruppenmitglieder gegenseitig um Anerkennung. Dieses gruppendynamische Geschehen geht zurück auf die Manipulation durch den Trainer, der nunmehr die Gruppenmitglieder untereinander zur Versöhnung führt. Unter seiner Zielangabe entsteht eine neue Solidarität. Der einzelne gewinnt seine Identität neu in der Gruppe und durch die Gruppe.

Stellt der Trainer fest, daß die Gruppenmitglieder untereinander zu starke Hemmungen haben, ihre innersten Probleme auszusprechen oder dem anderen ihre Gefühle über ihn zu eröffnen, z. B. durch Scham-, Scheu- und Taktgefühle, wendet der Trainer non-verbale Methoden an. Sie erfolgen unter dem inzwischen allgemein bekanntgewordenen Motto »See me, feel me, touch me!« (Sieh mich, fühl mich, berühr mich!) Es kommt zu zärtlichen Berührungen des Körpers der Teilnehmer untereinander, zu Tänzen u. a. m. Dadurch werden die Gruppenmitglieder für den eigentlichen Veränderungsprozeß in der Gruppe aufgeschlossen.

Die zahlreichen gruppendynamischen Stufen, die es inzwischen gibt, können hier nicht durchgesprochen werden.[151]

Als Beispiele seien genannt das Sensitivity Training, TZI-Methode (themenzentrierte Interaktion), die Encounter Gruppe. Letztere hat weite Verbreitung gefunden, non-verbale Methoden herrschen in ihr vor.

In der Schrift »Gruppendynamik? Nein!«[152] werden Auswirkungen des gruppendynamischen Trainings beschrieben: Eine neue »Antenne« für den Mitmenschen ist vorhanden, größere Offenheit für Bejahung von sozialen, politischen und theologischen Problemen, Erweiterung der Selbst- und Fremderfahrung. Nach einem gruppendynamischen Experiment ist man nicht mehr derselbe wie vorher. Der Umgang mit allen denen, die nicht die gleiche Erfahrung hinter sich haben, mit dem Ehegatten, den Kindern, den Mitarbeitern verschlechtert sich in der Regel. Es zeigt sich erhöhte Reizbarkeit, Aggressivität, Selbstgerechtigkeit, Selbstbewußtheit. Ursache für derartiges Fehlverhalten wird nun nicht bei sich selbst gesucht oder in dem gruppendynamischen Experiment, sondern im andern, der sich dem gruppendynamischen Experiment noch nicht unterzogen hat bzw. sich von diesen Praktiken distanziert. Innerhalb der Gruppe aber scheinen diese Probleme, die Entfremdung des Menschen vom Menschen aufgehoben. Die Unterschiede zwischen den Menschen sind innerhalb des gruppendynamischen Geschehens beseitigt.

Die Gruppendynamik wird in der emanzipatorischen Pädagogik in zunehmendem Maße begünstigt. Gruppendynamische Prozesse beschleunigen den Abbau der Unterschiede zwischen den Menschen und lassen sich mit politischen Zielsetzungen verbinden. So hat beispielsweise Moreno in einer Vorlesung vor Studenten in den USA über die Bedeutung der Gruppendynamik geäußert: »Der Kommunismus in der Sowjetunion scheiterte, weil die Russen versuchten, ihn von der Spitze (des Staates) nach unten zu organisieren. In den USA muß es anders angepackt werden: Von der Basis aufwärts und in kleinen Zellen.«[153] Zumindest die Parolen der Gleichheit und Brüderlichkeit werden verwirklicht: die Gleichheit zwischen Armen und Reichen, zwischen Führungskraft und Mitarbeiter, zwischen Schüler und Lehrer, zwischen Mann und Frau. Die vollständige Reziprozität, die Habermas als künftige Universalmoral einer sozialistischen Welt angibt, bereit zu sein, zu jeder Zeit mit jedem die Rolle zu tauschen, kommt hier bereits voll zum Tragen. In unzähligen Rollenspielen und gruppendynamischen Sitzungen arbeitet man in der Bundesrepublik bewußt oder unbewußt auf das kulturrevolutionäre Ziel hin. So fließen emanzipatorische Bewegung und gruppendynamische Bewegung in der Gegenwart zu einem Prozeß der Nivellierung zusammen, der die Auflösung des individuellen Selbst zur Folge hat und Gruppen-Ich bzw. das Kollektiv-Ich aufbaut.

II. Aus der Praxis der Grund-schule

Die Unterwanderung des Bildungswesens durch den Neomarxismus reicht vom Vorschulbereich bis zur Hochschule. Die kritische Theorie schlägt sich nieder in der theoretischen Literatur, wird zum erkenntnisleitenden Interesse in den Humanwissenschaften und zeigt sich in der Praxis der Schulbücher in den verschiedensten Fachrichtungen. In dem nun folgenden Teil geht es darum, an Hand von Texten aus Schulbüchern und den dazugehörenden Handreichungen für den Lehrer diese Unterwanderung zu dokumentieren. Es wurden verschiedene Schulbuchreihen auf ihre kulturrevolutionäre Intention hin untersucht und die Ergebnisse wiedergegeben. Dadurch erscheint die angesprochene Problematik sehr massiv und geballt. Um Mißverständnisse auszuräumen, sei deshalb darauf hingewiesen, daß in der Regel die emanzipatorischen Texte in den einzelnen Jahrgängen der Schulbücher eingestreut sind; die Praxisanweisung von H. Giesecke, die »neue« Sicht von Mensch und Gesellschaft in kleinen Lernschritten in das Leben der Kinder einzubauen, kommt hier zum Tragen, damit es nicht zu Gegenreaktionen komme. Einige Schulbuchreihen jedoch sind in ihrer ganzen Grundkonzeption emanzipatorisch angelegt; so z. B. »Sprachprojekte 2« aus dem Westermann-Verlag und das Lesebuchwerk für alle Schularten aus dem Pro-Schule Verlag: »Bunte Lesefolgen« für die Grundschule und »drucksachen« für die weiterführenden Schulen. Es sei noch darauf hingewiesen, daß die vorliegende Dokumentation nicht alle emanzipatorischen Texte aus den untersuchten Schulbüchern aufnehmen konnte.

Es war nötig, zunächst aus dem Grundschulbereich solche Texte auszuwählen, mit deren Hilfe eine tiefgreifende Veränderung in der Persönlichkeitsstruktur des Kindes erreicht wird, um es auf diesem Wege in das neue gewünschte Verhältnis zur gesellschaftlichen Wirklichkeit zu versetzen: eine Veränderung des Bewußtseins gegenüber der Umwelt, angefangen bei den eigenen Eltern bis hin zur Gesellschaft überhaupt, in der es lebt. So wird im folgenden dargelegt, wie im Kind »balancierende

Ich-Identität« entwickelt wird, wobei jeweils auch Einübung in die Qualifikationen zur neuen Willensbildung im Diskurs auftritt. Obwohl sich dabei bereits Gesellschaftsveränderung ereignet, dienen andere Texte aus Schulbüchern unmittelbar als Medium zur Veränderung der Gesellschaft: der Anleitung zu unmittelbarer Aktion, der Solidarisierung, dem Einbau der Wunschwelt des Kindes in den Prozeß der Gesellschaftsveränderung, der Darstellung von Armut und Reichtum in der Welt, um damit Anklage gegen die eigene Gesellschaft zu erheben, der Nivellierung der Sprachunterschiede, dem Abbau der Geschlechterrolle. Es wird darüber hinaus noch andere Aspekte geben, die hier nicht berücksichtigt werden konnten. In einem weiteren Kapitel dieses Buches ist es nötig, verschiedene Lebensbereiche, wie sie Schülern weiterführender Schulen unter kulturrevolutionärem Aspekt gezeigt werden, zu untersuchen. Drei Lebensbereiche sind hier wichtig; für die kulturrevolutionäre Praxis stellen sie außerdem eine zusammengehörende Einheit dar: Ehe und Familie, Arbeitswelt, Sexualität.

A. Die Bildung von »balancierender Ich-Identität« – dargestellt an Texten aus Schulbüchern

Die Bildung von »balancierender Ich-Identität« nach Habermas ist dann gelungen, wenn beim Menschen die Fähigkeit vorhanden ist, eigene Wünsche und Bedürfnisse in die verschiedenen Lebenssituationen einzubringen und sie mit den Erwartungen, die die Gesellschaft oder die jeweilige Gruppe bzw. Einzelperson hat, optimal zu vereinigen. Er muß in der Lage sein, sich kritisch gegenüber allen Normen und Werten, die an ihn herangetragen werden, zu verhalten. Er muß sich von allen Erwartungen distanzieren und jene Reflexion vornehmen können, bei der er sich fragt, inwieweit die Erwartungen der anderen mit den eigenen Bedürfnissen übereinstimmen oder nicht, um dann die Erwartungen der anderen entweder zu bejahen, zu verneinen oder abzuändern. Dabei leistet die kritische Theorie die zusätzliche Aufgabe, dem Menschen die Herrschaftsverhältnisse der Gesellschaft, die Zwänge und Einengungen, die dem Bedürfnis entgegenstehen, aufzuzeigen und gleichzeitig wahre Bedürfnisse aufzuweisen. Die Gewinnung von balancierender Ich-Identität – darauf weist Habermas hin – ist im Erziehungsprozeß zu erreichen dadurch, daß Konflikte des Lebens gehäuft in die erzieherische Arbeit aufgenommen werden. Wer nicht lernt, in diesem Sinne Konflikte zu lösen, erlangt keine Ich-Identität im Sinne von Habermas. Von daher nimmt die gegenwärtige Pädagogik in Theorie und Praxis das Recht, in das Leben der Kinder eine Fülle von Konflikten hineinzutragen: Konflikte mit den Eltern, mit Geschwistern, mit Erwachsenen, Gleichaltrigen, Vorgesetzten, Normen und Werten, letztlich mit allem, was in irgendeiner Weise Autorität verkörpert. Sprach-, Lese- und Sachkundebücher bieten reichhaltiges Konfliktmaterial bereits vom ersten Schuljahr an. Dabei sind die einzelnen Schulbücher unterschiedlich in der Art ihres Ansatzes. Den dargebotenen Konflikten liegt jedoch immer das Ziel der Gewinnung von balancierender Ich-Identität zugrunde.

In der erziehungswissenschaftlichen Literatur bezieht man sich im Hinblick auf die »balancierende Ich-Identiät« entweder unmittelbar auf J. Habermas oder auf seinen Schüler L. Krappmann, Mitglied des Max-Plank-Institutes für Bildungsforschung in Berlin, der die Habermas'sche Deutung von Identität in »Soziologische Dimensionen der Identität«, Stuttgart 1969, für die Erziehung weitergeführt hat. Vielfach bezieht man sich in der erziehungswissenschaftlichen Literatur aber bereits schon auf Sekundärliteratur zu diesem Fragenkomplex.

1. »Sprachprojekte 2« – 2. Schuljahr

Die Problematik soll zunächst an »Sprachprojekte 2« aus dem Westermann-Verlag dargestellt werden. Hier wird deutlich, wie die neue »Persönlichkeitsstruktur« bei den Kindern aufgebaut, dabei gleichzeitig andersartige Persönlichkeitsbildung abgebaut wird. Das Thema des Sprachbuches »Wir kriegen Besuch« dient als Beispiel. Eine Mutter legt Wert auf die häusliche Ordnung, wenn sich Besuch anmeldet. Sie tut das in übertriebener Weise. Vater und Kinder müssen beim Aufräumen helfen. Der ältesten Tochter wird das schließlich zu viel. Sie macht nicht mehr mit und überzeugt ihren jüngeren Bruder von ihrer

Auffassung. Beide widersetzen sich jetzt den Anordnungen der Mutter und handeln entgegengesetzt:

»Als Petra aus der Schule kommt,
ist ihre Mutter im Wohnzimmer
und putzt die Fenster.
›Das hast du doch erst vorige Woche
gemacht!‹ staunt Petra.
›Ja‹, sagt ihre Mutter ungeduldig.
›Aber heute kommen Onkel Hans
und Tante Else zu Besuch.‹
Petra schüttelt den Kopf.

Da kommt ihr Vater herein.
›Ich habe den Keller aufgeräumt‹,
sagt er. ›Heute kommen doch
Onkel Hans und Tante Else zu
Besuch.‹
Petra schüttelt den Kopf.

Sie geht ins Kinderzimmer. Ihr
Bruder Klaus räumt die Spielsachen
auf. ›Was soll denn das?‹ fragt Petra.
›Mutti hat gesagt, ich soll aufräumen‹,
verteidigt sich Klaus.
›Onkel Hans und Tante Else kommen
nämlich zu Besuch.‹
Wie reagiert Petra?
›So ein Quatsch!‹ schreit Petra wütend. Klaus lacht.
›Du hast eigentlich recht‹, sagt er.
›Komm, wir spielen.‹
Petra fragt: ›Verstehst du, warum
immer alles sauber und aufgeräumt sein
muß, wenn Besuch kommt?‹
›Nee!‹ sagt Klaus und schüttet die
Bauklötze wieder aus.«[154]

Aus den Arbeitsanweisungen an die Kinder im Sprachbuch selbst und aus dem Lehrerhandbuch ergeben sich die Lernschritte, die die neue Identität aufbauen.

Die Kinder sollen den Inhalt der Problemgeschichte erzählen. Hierbei wird deutlich, ob das Kind den Sinn der Situation erkannt hat oder nicht. Im Hinblick auf die Sinnerfassung dürfen keine Mißverständnisse entstehen, denn daraus könnten falsche Reaktionen der Schüler in ihrem Verhalten gegenüber anderen eintreten. In einem Spiel erfolgt darum die Überprüfung, ob die Situation erfaßt wurde.

Anschließend wird das Kind unmittelbar auf die eigene Familiensituation hingeführt. Die Frage an die Kinder im Sprachbuch lautet: »Wie ist das bei dir zu Hause, bevor Besuch kommt?« (S. 14) Die dargestellte, erzählte und gespielte Konfliktsituation hat bei den Kindern bereits Beziehungen zur eigenen Familie bewußt gemacht. Die Antwort auf diese Frage fällt dem Lehrer wie eine reife Frucht in die Hand. Auf Grund der geschickten psychologischen Manipulation geben die Kinder – u. U. mit emotionalen Entladungen – die eigene Familiensituation preis. Die Kinder erzählen vor dem Plenum der Klasse das Verhalten der eigenen Eltern. Aber damit nicht genug. Die Kinder werden aufgefordert, das Verhalten der eigenen Eltern vorzuspielen. Dabei werden jetzt wesentliche Ziele erreicht, die für die neue Identitätsbildung notwendig sind. Die Kinder sollen nämlich erfahren, daß es in den verschiedenen Konfliktsituationen unterschiedliches Elternverhalten gibt; sie sollen dabei erkennen, daß die Erwartungen der eigenen Eltern, die sie bisher als einzigartig angesehen haben, eben nicht so einzigartig dastehen. Die Kinder merken, daß andere Eltern in Konflikten u. U. weit großzügiger und liberaler handeln. Gleichzeitig sollen sie feststellen, daß die einzelnen Kinder unterschiedlich auf die Erwartungen ihrer Eltern reagieren. Die einen gehorchen unmittelbar, die andern versuchen, die Anordnung der Eltern zu umgehen, zu widersprechen oder sich offen zu widersetzen. Unterschiedliches Eltern- und Kinderverhalten wird also jetzt bewußt gemacht. In den Handreichungen für den Lehrer heißt es: »Das besprechen der gemeinsamen schwierigkeiten macht zugleich auf verschiedene lösungsmöglichkeiten und verhaltensmuster aufmerksam. Es führt zu erstem vergleichen und zum relativieren der eigenen erfahrungen.«[155] Und: »Die frage: ›wie ist es bei euch…?‹ soll nicht als ein eingriff der schule in den privaten familienbereich mißverstanden werden, was einige eltern vielleicht einwenden könnten, sondern sie dient dazu, kindern verschiedene verhaltensmuster von erwachsenen zugänglich zu machen« (S. 21). Ganz abgesehen davon, daß sich die Schule hier entgegen den Beteuerungen im höchsten Maße in die Privatsphäre einmischt, unternimmt sie hier weit mehr: sie revolutioniert das Eltern-Kind-Verhältnis.

Indem das Kind jetzt die breite Palette unterschiedlicher Verhaltensweisen von Eltern und Kindern kennengelernt hat, sind wesentliche Voraussetzungen für die neue Identitätsbildung erreicht. Bereits verfestigte Normenvorstellungen bei den Kindern werden abgebaut und verflüssigt, das Gewissen des Kindes wird auf diesem Wege für die »Erziehung« neu verfügbar. Die bereits eingesetzte Gewissensbildung wird rückgängig gemacht, und die Grundlagen für eine flexible kollektive »Gewissensbildung« gelegt. Die von J. Habermas für notwendig gehaltene Rollendistanz gegenüber den Erwartungen anderer ist damit erreicht. Die Kinder sind jetzt in der Lage, sich von den Erwartungen der eigenen Eltern zu distanzieren. Sie stehen dem Verhalten und den Erwartungen der Eltern, ja diesen selbst als Person, kritisch gegenüber. Das Kind weiß jetzt, es gibt noch andere Möglichkeiten, wie sich Eltern hier und jetzt verhalten. Euer Verhalten ist nicht unbedingt die einzige Möglichkeit. Das wird im Lehrerband offen dargelegt:

»Erst die kenntnis von verhaltensalternativen, die mitschüler einbringen, gibt die möglichkeit, eine distanz zu festgelegten rollenerwartungen zu gewinnen« (S. 21).

Oder: »Die beschäftigung mit unterschiedlichen sozialen vereinbarungen im außerschulischen bereich gibt den schülern die möglichkeit, bisher unreflektiert (und gelegentlich zähneknirschend) übernommene spielregeln zu hinterfragen...« (S. 31).

Die Kinder haben die verschiedenen Verhaltensmöglichkeiten von Eltern kennengelernt. Sie werden jetzt dahin geführt, die Richtigkeit elterlicher Maßnahmen zu überprüfen. Dabei wird selbstverständlich kein ethischer Maßstab zugrunde gelegt, sondern es wird danach gefragt, ob das elterliche Handeln der Situation angemessen war oder nicht. Die Grundlage ist die sogenannte Situationsethik. So wird z. B. unter dem Thema »Ins Bett müssen«[156] in den Handreichungen vorgeschlagen, die verschiedenen Verhaltensweisen der Eltern an der Tafel festzuhalten, um dadurch besser falsches oder richtiges Elternverhalten beurteilen zu können.

»Letzteres bedeutet eine hilfe, wenn die schüler die nach ihrer meinung ›richtige‹ verhaltensweise der eltern auf dem blatt A3 aufschreiben, um sie dann vor der klasse noch einmal mündlich zu begründen« (S. 25).

Und:

»Die schüler sollen verhaltensmöglichkeiten der eltern in gespräch und rollenspiel kennenlernen, sie besprechen und auf die situationsangemessenheit hin befragen« (S. 24).

Die Fähigkeit, sich von den Erwartungen der Eltern zu distanzieren, sie zu kritisieren und die Situationsangemessenheit ihres Handelns zu überprüfen, stellt jedoch nur die eine Seite des neuen Erziehungsprozesses dar. Die andere Seite besteht im Auffinden von alternativen Kinderreaktionen. Soll das Kind wie bisher gehorchen? Oder soll es bei der Aufforderung der Mutter zum Aufräumen sagen: »So ein Quatsch... Komm, wir spielen!« Grundsätzlich soll das Kind lernen, die eigenen Ansprüche wie die der anderen bei einem Konflikt ins Spiel zu bringen. Die verschiedenen Bedürfnisse soll es abwägen und fragen lernen, inwieweit die Ansprüche auf dem Hintergrund der Bedürfnisse und der gegebenen Situation berechtigt sind oder nicht. Ist eine derartige Reflexion erfolgt, kann nach einer Möglichkeit der Lösung des Konfliktes gesucht werden: Der elterlichen Erwartung wird entsprochen, oder es werden Alternativeinstellungen zum Ausdruck gebracht, Verneinung oder Abänderung. Bei dem Thema »Wir kriegen Besuch!« bestand die häusliche Spielregel bisher darin, daß alle dem Wunsch der Mutter nachkamen. Diese Spielregel wird nun außer Kraft gesetzt und Alternativen entwickelt: »... ›so ein Quatsch!‹ schreit Petra wütend. Klaus lacht. ›Du hast eigentlich recht‹, sagt er. ›Komm, wir spielen‹...« und schüttet die Bauklötze wieder aus. Der Lehrerband weist den Lehrer auf die Notwendigkeit hin, »... alternativeinstellungen und -verhaltensweisen zu entwikkeln« (S. 31). Diese Alternativen werden im Rollenspiel vor der Klasse gespielt. Man geht hierbei sehr gezielt vor. Bildvorlagen im Sprachbuch zeigen ein bestimmtes Elternverhalten. Auf dieses Elternverhalten hin sollen verschiedene Reaktionen ausprobiert werden. »Im rollenspiel werden schüler verschiedene reaktionen auf ein bestimmtes elternverhalten ausprobieren« (S. 21). »Bevor alternativen gespielt werden, sollte erst über diese alternativen im plenum gesprochen werden. Dann übernehmen verschiedene gruppen die aufgabe, je eine alternative zu spielen; sie sprechen sich an ihren gruppentischen darüber ab« (S. 31).

Die Klasse selbst – im weitesten Sinne die Gesellschaft – wird dabei zum Richter über wahres und falsches Verhalten. Der Diskurs von J. Habermas kommt hier bereits zum Tragen. Die Klasse setzt die neue »Ethik.« Die Identität des einzelnen wird durch das Kollektiv gesetzt. Im Umgang mit Autoritäten wirkt sie sich dagegen als balancierende Ich-Identität aus.

An welchem Maßstab werden die Alternativen der Kinder ausgerichtet? Diese Frage stellt sich hier entscheidend. Jeglicher ethische Maßstab unterliegt selbst radikaler Kritik – wie wir gesehen haben. So werden die Kinder eingeübt in einen »strategischen Maßstab.« Sie sollen die Konsequenzen bedenken, die ihre alternativen Reaktionen auf die Anordnungen der Eltern und anderer überhaupt haben können. Die Kinder werden dahin geführt, ihre Reaktionen »auf ihre Wirkung« (S. 21) bei den Eltern hin zu befragen. »Eine bewertung der lösung sollte sich auf das abschätzen der konsequenzen der dargestellten verhaltensweisen beschränken« (S. 21). Um es deutlich auszusprechen: Die Kinder lernen in der Schule ihr Verhalten gegenüber den Eltern auf dem Hintergrund zu reflektieren: Wie weit darf ich gehen?

Wie in der Praxis die Darstellung einer Konfliktsituation zwischen Kindern und Eltern im Rollenspiel aussehen kann, schildert B. Ueberschär[157]. Sie ließ die Kinder aufschreiben, was nach ihrer Meinung in ihrer Umwelt kinderfeindlich sei. Anschließend hat sie dann die am häufigsten genannten kinderfeindlichen Situationen als Konfliktfälle in allgemeiner Form aufgeschrieben und auf Arbeitsblättern an die Kinder verteilt. Die Konfliktsituationen sollten im Rollenspiel durchgeprobt werden. Es handelte sich um folgende Szenen:

»– Die Familie sitzt beim Fernsehen. Das Stück ist sehr spannend. Der Vater verlangt etwas zum Trinken.

– Ein Kind kommt aus der Schule nach Hause. Es gibt ein Essen, das das Kind nicht mag.

– Die Kinder lesen ein spannendes Buch, sitzen vor dem Fernsehgerät oder sind in ein Spiel vertieft. Die Mutter will etwas eingekauft haben.

– Ein Kind spielt mit seinen Freunden (Freundinnen) in seinem Zimmer. Die Mutter kommt dazu und sieht die Unordnung.

– Ein Kind hat beim Spiel im Wohnzimmer eine große Schramme in den Schrank gemacht. Die Mutter (oder der Vater) sieht das.

– Das Kind hat sich für den Nachmittag mit seinem Freund (Freundinnen) zum Schwimmen verabredet. Die Eltern wollen in die Stadt zum Einkaufen gehen und brauchen einen Babysitter für die kleine Schwester« (S. 39).

Aus diesen Konfliktsituationen konnten nun die Kinder nach Wunsch Szenen übernehmen und den eventuellen Fortgang durchspielen. Hier kam die eigene Familiensituation mit zum Tragen. B. Ueberschär schildert den Spielverlauf:

»Im Spiel griffen die Kinder die ›Eltern‹ massiv an, schlugen zurück, schimpften mit ihnen und machten sie lächerlich. Die Kinderrollen waren sehr begehrt, während immer weniger Kinder bereit waren, eine Elternrolle zu übernehmen. Nachdem die Schüler eine geraume Zeit lang gespielt hatten, ohne daß sich bei ihrem Spielen realistische Konfliktlösungen abgezeichnet hätten, versuchte die Lehrerin mit ihnen im Gespräch zu klären, was hier in ihnen selbst vorgegangen war. Die Kinder wurden gefragt, warum ihnen die Darstellung der Kinderrollen solchen Spaß bereitet hatte, und sie antworteten sofort: ›Hier dürfen wir alles tun, was wir zu Hause oft gern tun würden.‹ ›Weil wir hier nicht bestraft werden, macht das so viel Spaß.‹ ›Hier sind wir einmal genauso stark wie unsere Eltern.‹ An diesem Tag war es nicht mehr möglich, die Schüler zu realitätsgerechten Konfliktlösungsstrategien anzuhalten« (S. 21).

Die Lehrerin hat das Thema nach zwei Tagen wieder aufgegriffen. Auch diesmal ohne Erfolg. Nur einer Schülerin sei es gelungen, »fair«, aber »engagiert« gegenüber den »Eltern« zu argumentieren. Dieses neue Verhalten verzeichnete die Lehrerin als einen Erfolg. Die Schülerin selbst war sich aber auch bei dieser »fairen, engagierten« Art und Weise ihrer Argumentation darüber im klaren, daß sie bei ihren wirklichen Eltern mit diesem Verhalten auf keine Gegenliebe stoßen würde (S. 22).

Nur die Häufung von Konfliktsituationen im Erziehungsprozeß und das wiederholte Einüben der neuen Verhaltensweisen in den eben dargelegten Lernschritten könne die Persönlichkeitsstruktur des Kindes so ändern, daß die aufgezeigten Merkmale der neuen Ich-Identität ihm zu eigen würden. Von daher erklärt sich die Häufung der Konfliktsituationen in den einzelnen Schulbüchern. Dabei weisen die Einfälle emanzipatorischer Schulbuchautoren über mögliche Konflikte ein umfangreiches Spektrum auf. Eine Reihe von Beispielen soll dies verdeutlichen.

»Sprachprojekte« 2 bringt im Schülerband eine Fülle von Konfliktfällen, Konflikte zwischen Eltern und Kindern, zwischen Geschwistern und zwischen Kindern und anderen Erwachsenen. Da findet man das Thema »Essen.« Kinder wollen nicht alles aufessen, was auf dem Tisch steht. »Müssen Kinder alles aufessen, was auf dem Teller ist? Kinder werden häufig beim Essen ermahnt. Spielt der Klasse vor, wie es manchmal beim Essen zugeht« (S. 4). So lauten die Anregungen im Text für die Schüler.

Das Thema »Unerwarteter Besuch«. Hier haben die Eltern den Kindern versprochen, am Abend mit ihnen Karten zu spielen. Die Kinder sitzen bereits am Tisch und warten auf die Eltern. »Jetzt wird es gemütlich! Los, beeilt euch, wir wollen anfangen!« rufen sie. Da schellt es und unerwarteter Besuch steht vor der Tür. »Mist, Besuch!« hört man einige der Kinder sagen. »Wie schön, daß Sie uns besuchen!« hört man einen Elternteil rufen. »So Kinder, Schluß jetzt! Marsch ins Bett!« So steht die

Mutter vor ihren Kindern. Eine Bildseite zeigt den Verlauf der Geschichte. Die Kinder werden im Schülerbuch angehalten, ihre eigene Situation zu bedenken. »Wie ist es bei euch? Ist es anders als auf dem vierten Bild? Was könnte Vater auch sagen? Was Mutter? Was könnte der Besuch sagen? Spielt der Klasse eure Geschichte vor! Haben die Gruppen verschiedene Geschichten vorgespielt? Sprecht darüber!« (S. 5)

In einem weiteren Beispiel geht es um das Aufräumen. Zwei Bilder zeigen die Situation. Kinder spielen im Kinderzimmer, und die Mütter kommen herein. Peters Mutter ruft: »Wirklich prima! Was für Einfälle ihr immer habt!« Aber bei Jens und Uwe ist es anders. »Jens und Uwe spielen auch. Da kommt i h r e Mutter in das Zimmer. Sie sagt: ›Müßt ihr denn immer so eine entsetzliche Unordnung machen? Los, aufräumen!‹« Die Kinder werden aufgefordert: »Erzähle, wie es bei dir zu Hause mit dem Aufräumen ist! Spielt es vor!« (S. 13)

In einem anderen Konfliktfall sieht man auf einem Bild spielende Kinder, deren Eltern im Haus arbeiten. Die Mutter kocht und ruft: »Jens, holst du mir schnell noch Eier? Ich brauche sie für's Essen.« Jens: »Keine Zeit!« Der Vater hängt Gardinen auf und ruft: »Ute, kannst du mir bitte 'mal die andere Gardine geben? Sie liegt auf dem Stuhl!« Ute: »Keine Zeit!« Die Kinder werden aufgefordert: »Wie könnte die Geschichte weitergehen? Spielt es den anderen vor. Erzähle den anderen, wie es bei dir zu Hause mit dem Helfen ist. Spielt es den anderen vor« (S. 15).

Unter dem Kapitel »Schimpfwörter« wird schließlich noch ein Konfliktfall geboten, in dem sich ein Kind »klug wehrt.« Bild: Sabine hat in der Küche mit dem Kuchenteig gespielt und ihn auf den Boden fallen lassen. Die Mutter kommt entsetzt herein. Sprechblase: »Sabine, du bist ein Ferkel!!« Nun heißt es: »Aber Sabine schimpft nicht zurück. Sie wehrt sich klug.« Wie wehrt sie sich? Sie antwortet: »Aber Mama, Ferkel sind doch die Kinder von Schweinen!« Der die Seite begleitende Rabe hat dazu ein Gedicht gemacht. »›Ferkel‹, schimpft Mama Sabine. ›Weißt du, was das ist, du Trine?‹ ›Ja‹, sagt die Sabine schlau, ›Ferkel ist das Kind der Sau‹«. Der kleine Rabe: »Na, wie gefällt es euch? Gut, was!« (S. 109)

2. »... damit ich besser lesen kann« 1. Schuljahr

»... damit ich besser lesen kann«, ein Lesewerk aus dem Pro-Schule Verlag für das 1. Schuljahr[158], legt in dieser Altersstufe den Grund für die »Erkenntnis«, daß Junge – und Mädchensein nur Ergebnis der Erziehung sei. Der Vorstellung einer wesensmäßigen Bestimmtheit von Mann und Frau muß nach Auffassung dieser Pädagogen entgegengearbeitet werden. So lassen sich auch hier in der familiären Situation Konflikte konstruieren, in denen alte und neue Auffassung über Junge und Mädchen gegeneinanderstoßen. »Oma Änne« vertritt gegenüber den Kindern die alte Auffassung.

»Jan und Tina sind im Garten.
Jan und Tina rennen mit dem Ball.
Tina fällt, Jan fällt.
Jan weint, Tina weint nicht.
Oma Änne meint:
Jan, ein Junge weint nicht.
Ein Junge ist kein Mädchen.
Tina, deine guten Sachen!
Mädchen rennen und raufen nicht.
Mädchen sind fein und rein« (S. 23).

Zwei kleine Raben deuten den Text und weisen auf die Lösung des Konfliktes und auf die Haltung hin, die die Kinder einnehmen können. Der eine Rabe: »Bla, bla, bla, sagt die Omama; der andere: »Ach, wie bin ich froh, alle Omas sind nicht so« (S. 23).

In den Handreichungen[159] vermerken die Autoren lakonisch: »Die Rolle der Erwachsenen wird bewußt einer fiktiven (deshalb gezeichneten) Großmutter zugeordnet. Die Ubis kommentieren ihre Aussage und stellen fest, daß nicht alle Großmütter so sind. Damit sollen Vorurteile gegenüber älteren Menschen verhindert werden« (S. 57).

Ein weiterer Konfliktfall ist im Schülerbuch unter dem Thema »Die Kinder wollen fernsehen« dargestellt (S. 42f). An diesem

Thema wird sehr deutlich gemacht, wie das neue Eltern-Kind-Verhältnis aussieht. Die Kinder sind eine Gruppe für sich, die u. U. den Eltern entgegenstehen dürfen, schimpfend, protestierend, fordernd, ja, denen sogar zugestanden wird, Gegenmaßnahmen auf elterliche Anordnungen hin zu ergreifen, falls die Maßnahme von den Eltern nicht sachgerecht begründet bzw. abgeändert wird.

»Die Kinder sehen fern:
Ein Mann springt aus dem Fenster.
Er stürzt in die Tiefe.
›Ist er tot?‹ fragt Tilo.
›Sei still, ich verstehe kein Wort!‹ ruft Jutta.
Peng, da ist das Bild weg. Das war Vater.«

Auf dem Bilde sieht man die drei Kinder mit zornigen Gesichtern fotografiert. Die Antwort der Kinder: »Schon wieder stellst du mitten in der Sendung ab!« »Jetzt weiß ich nicht, ob der Mann tot ist!« »Wir stellen dir und Mami nie den Fernseher ab!«

Daraus entwickelt sich folgendes Gespräch zwischen Vater und den Kindern:

»Vater sagt: ›Die Sendung war nicht für Kinder.
Es war mir zu laut.
Ich bin müde von der Arbeit.‹

Jan sagt: ›Papi, wir wollen gern
mit dir und Mami sprechen.
Wir wollen über Sendungen für Kinder sprechen.‹

Vater sagt: ›Ja – später.‹«

Die Handreichungen für den Lehrer gehen auf mehrere Möglichkeiten der Konfliktlösung ein. Die hier gefundene Lösung wird näher erläutert:

»Jan, Tilo und Jutta finden mit ihren Eltern eine andere Lösung: Der Vater schaltet den Kindern eine Sendung ab, und in ihrem Protest dagegen deuten die Kinder sogar an, daß sie den Eltern auch den Fernseher abschalten könnten. Nachdem der Vater aber seine Handlung begründet hat, einigen sie sich darauf, miteinander ein Gespräch über Sendungen für Kinder zu führen« (S. 81f). Wie wird der Konsens des Diskurses ausfallen?

An Lernzielen sollen die Kinder u. a. aus dem Text entnehmen: »Vater schaltet plötzlich den Fernseher aus. Die Kinder sind verärgert und schimpfen – sie fordern ein Gespräch.« Ein weiteres Lernziel ist, die entnommene Information auf die eigene Situation zu Hause zu übertragen (S. 82).

Eine Anregung kann der Lehrer noch übernehmen. Es wird auf die Geschichte »Heute ist Fernsehverbot«, v. Susanne Kilian, »Nein-Buch für Kinder« hingewiesen (S. 83).

»Astrid muß im Kinderzimmer spielen. Mark muß im Kinderzimmer spielen. Stefan auch. Gabi vom ersten Stock ist eben noch dazugekommen.

Alle vier toben und schreien im Kinderzimmer rum. Heute ist Fernsehverbot. Mutter hat verboten, daß das Fernsehen angemacht wird.

Und Mutter geht das Getrampel und Gegröle im Kinderzimmer auf den Wecker! Dieses Getobe! Und sie möchte so gerne in die Stadt gehen. Plötzlich stehen Astrid, Mark, Stefan und Gabi vor ihr.

›Dürfen wir fernsehen? Ja? Bitte!‹

›Nein!‹ sagt die Mutter.

Die Kinder meckern und maulen, aber sie verschwinden brav wieder im Kinderzimmer.

Und Mutter denkt:

Ist auch wirklich nicht gut für die Kinder, immer fernsehen! Nein, ist doch schlecht für die Augen. Kinder kapieren sowieso nur die Hälfte. Nein, sie sollen auch wirklich nicht andauernd den Fernseher anglotzen. Nein. Es gibt wirklich keine Strafe, die Kinder mehr trifft als Fernsehverbot!

Das Schreien und Johlen im Kinderzimmer geht weiter.«

»Und doch wäre die Mutter so gerne auf ein Stündchen allein in die Stadt gegangen, in aller Ruhe, ohne Kinder«, so heißt es weiter im Text.

»Ja, aber wenn die so toben... So kann ich sie wirklich nicht alleine zu Hause lassen. Die Mutter geht zum Kinderzimmer. Sie denkt, als sie die Tür aufmacht: Soll ich, soll ich nicht...?

Da sagen die Kinder schon: ›Och, dürfen wir nicht doch fernsehen? Ein klitzkleines bißchen?‹

›Na ja! Aber das ist heute wirklich nur eine Ausnahme. Weil ich eben mal unbedingt dringend in die Stadt muß. Ich hab' was zu erledigen!‹ Ja, und die Kinder, Astrid, Mark, Stefan und Gabi, sitzen mucksmäuschenstill vor dem Fernseher.

Endlich kann die Mutter beruhigt auf ein Stündchen in die Stadt gehen.«

Auf der Seite daneben: Sprechblase eines Kindes: ›Ist doch super: Juchhei, ein Fernseher macht frei!‹[160]

3. »Wörter, Sätze, Texte«, Band 2

In diesem Buch[161] wird der Konflikt am Silvesterabend in der Familie dargestellt. Die Eltern wollen alleine Silvester feiern und schicken die Kinder ins Bett. Franz beklagt sich darüber in spaßiger Form:

»›Jetzt müßt ihr schlafen bis zum nächsten Jahr!‹ sagt Vater am Silvesterabend. Auf dem Rücken trägt er die Kinder ins Bett. Franz bleibt wach, bis die anderen schlafen. Leise schleicht er sich in die Küche. Aus dem Kühlschrank holt er Butter und Wurst, dazu noch die Milch und ein halbes Brot. Da kommt die Mutter aus dem Zimmer. ›Was machst du? Du willst doch heute nicht noch verreisen?‹ ›Das nehme ich mit ins Bett! Bis nächstes Jahr bekomme ich bestimmt wieder Hunger‹« (S. 47).

Auch hier handelt es sich um einen Konflikt im Sinne der eman-

zipatorischen Pädagogik. Die folgenden Fragen und Arbeitsanweisungen an die Kinder machen das deutlich:

»Geht ihr auch am Silvesterabend früh ins Bett?
Wie feiern die Erwachsenen bis nach Mitternacht?
Franz möchte auch bis Mitternacht aufbleiben.
Aber Mutter ist dagegen.
Was könnte Franz sagen?
Was könnte Mutter antworten?
Vater möchte im alten Jahr keinen Streit mehr.
Er sucht nach einem Ausweg.
Spielt, wie Franz, Mutter und Vater darüber reden!« (S. 47)

4. »Texte und Fragen« 2. Schuljahr

Das neue Lesewerk »Texte und Fragen«[162] sieht die Gewinnung von Ich-Identität erreicht in der Befähigung des Kindes
»zu immer selbständigerem und selbstbestimmtem Handeln«,
so heißt es im Lehrerband[163]. Was verstehen die Verfasser unter Selbständigkeit und selbstbestimmtem Handeln? Es ist ein
Handeln nach Normen, die dem Kinde einsichtig sind. In einem
Kompromiß muß das Kind in der Lage sein, die eigenen Bedürfnisse und die Ansprüche der Gesellschaft möglichst weitgehend in Übereinstimmung zu bringen. Damit das Kind mit
dieser Zielrichtung handeln lernt, muß das Problem des Gehorsams, das nach Meinung der Verfasser »das Verhältnis zwischen Erwachsenen und Kindern belastet«, im Unterricht be-
arbeitet werden. In der Erziehung soll der Bereitschaft zu blin-
dem Gehorsam ebenso entgegengewirkt werden, wie der Tendenz zu »unartikuliertem« Trotz und Aufsässigkeit. Trotz und
Ungehorsam ist also in der Erziehung legitim, nur muß er sich
artikulieren können. Allgemeine Gehorsamsverweigerung liegt
jedoch auch nicht im Interesse der Kinder, »da es sie Konflikten
aussetzen würde, in denen sie als die Schwächeren normalerweise unterliegen müssen – so daß als Folge verstärkte Frustra-
tion und Resignation auftreten könnten.« Selbständiges und
selbstbestimmtes Handeln schließt differenzierte Gehorsamsverweigerung mit ein. Auch hier werden die Fähigkeiten ausge-
bildet, die wir bereits im Zusammenhang mit der Gewinnung
von Ich-Identität kennengelernt haben. Der Schüler soll hier in
die Lage versetzt werden, Anordnungen und Befehle auf ihre

Berechtigung hin zu untersuchen. Maßstab für diese Untersuchung werden die eigenen Bedürfnisse. Die Verfasser dieses Lesewerkes legen Wert darauf, daß die Schüler Anweisungen, die ohne Begründung gegeben werden, nicht einfach trotzig ablehnen, sondern daß sie lernen, so zu argumentieren, daß sie eine Begründung für den Sinn der Anweisung erhalten. Interessenkonflikte müssen erkannt werden, da nur so ein Ausgleich zwischen den eigenen Interessen und den Interessen der Erwachsenen möglich sei. Dieser Ausgleich müsse auf dem Wege der Argumentation erreicht werden. Da, wo das Kind Anweisungen von Erwachsenen als notwendig erkannt habe, und ihm diese einsichtig seien, solle es lernen, sie zu akzeptieren, auch wenn sie den eigenen augenblicklichen Wünschen widersprechen. Wie es sich den nicht einsichtigen Anweisungen gegenüber zu verhalten hat, bleibt offen. Da sich Erwachsene selbst oft nicht den Normen unterwerfen, die sie Kindern gegenüber aufrichten, sollen Kinder lernen, hierzu nicht zu schweigen, sondern ihre Kritik an den Erwachsenen anmelden. Das Verhalten der Erwachsenen sei jedoch zu tolerieren, d. h. zu dulden (S. 81ff).

Im Lesebuch für die Schüler wird die Sequenz »Erwachsene und Kinder« mit einem Text eingeleitet, in dem grundsätzlich jedes autoritäre Verhalten in der Familie angegriffen wird. Die familiäre Lebensform wird als positiv hingestellt, in der die Lebensbereiche »demokratisiert« sind. In dem Text »Tierpfleger Arnold und die Schimpansen« (S. 58ff) wird das Problem Autorität – Gehorsam grundsätzlich aufgegriffen. Der Text soll im Auszug wiedergegeben werden.

»Eine Gruppe Schimpansen in einem zoologischen Garten bekommt einen neuen Tierpfleger, namens Arnold. Der alte Tierpfleger, Herr Nieswand, will seinem Nachfolger bei seiner ersten Begegnung mit den Affen beistehen. Der Junge Till darf mit am Zaun stehen und alles beobachten. Ihm erklärt der alte Nieswand, warum er den neuen Tierpfleger bei seiner ersten Begegnung mit den Affen nicht alleine lassen will: ›Arnold muß doch jetzt ihr Oberaffe werden. Das kann er nur mit dem Gummiknüppel. Sonst haben sie keinen Respekt vor ihm. Aber er will alles mit Liebe erreichen. Na, wir werden es ja sehen!‹

117

Der Tierpfleger Arnold handelt nach seiner Einsicht. Die acht jungen Schimpansen drängen an ihn heran. Jeder will ihn für sich haben. Sie springen ihn an, einer beißt ihm in die Hand, ein anderer ins Ohr. Die Lage spitzt sich immer mehr zu. Arnold reagiert liebevoll und verzichtet auf Strenge. ›Warum sind sie nur so böse?‹ fragte Till. ›Sie sind nicht böse,‹ belehrte ihn Herr Nieswand, ›sie wollen nur genau wissen, ob Arnold wirklich ihr Herr ist.‹

Schließlich wirft ein Affe den jungen Mann zu Boden; die ganze Affenherde fällt über ihn her. Herr Nieswand springt ins Gehege. Ohne zu schlagen fährt er mit dem Knüppel nur kräftig zwischen die tobenden Affen. Zu Arnold gewandt: ›Siehst du, ich bin der Oberaffe! Wenn du mein Nachfolger werden willst, mußt du der Oberaffe werden. Anders kannst du sie nicht pflegen. So sind sie eben!‹ Arnold wird darüber sehr verlegen. ›Vielen Dank,‹ sagt er, ›ich habe wirklich Angst bekommen‹.

Den jungen Till hat das ganze Erlebnis sehr beeindruckt. ›Das muß ich Helmut erzählen!‹ sagte Till zu Herrn Nieswand. Und er lief nach Hause. ›Ich muß euch eine tolle Geschichte erzählen!‹ rief er, und die ganze Familie hörte ihm zu. Als er fertig war, umarmte Beate den Vater und sagte: ›Und du bist unser Oberaffe!‹ Darüber lachten alle.«

Diese Geschichte schien dem Verfasser zur Einführung in die Problematik besonders geeignet. Ein Familienvater, der in bestimmten Konfliktsituationen bei seinen Kindern »dazwischenfährt«, gilt als »Oberaffe.« Im Lesebuch werden vier Konfliktsituationen aus dem Familienbereich aufgegriffen: Kinder streiten sich – wollen nicht essen – wollen nicht ins Bett – toben durch die Wohnung. Autoritäres Verhalten in Konfliktsituationen sollen die Kinder klar erkennen lernen. Deswegen werden sie aufgefordert, in diesen Konfliktsituationen im Rollenspiel einmal den Vater als »Oberaffen« auftreten zu lassen, zum andern als einer, der im Konflikt demokratisches Verhalten an den Tag legt. Indem man das Verhalten der anderen der Lächerlichkeit preisgibt, wird beim Kind die innere Distanz erreicht, die nötig ist, um sich in Konfliktfällen durchzusetzen.

Der Text »Große dürfen alles« von Eva Janikowszky führt die

Kinder über die Distanz hinaus zum kritischen Hinterfragen der Anordnungen von Erwachsenen. Der Text lautet:

»Große dürfen alles.

Alle Kinder wissen, auch die Kleinen, daß es viel lustiger ist, ungezogen und nicht brav zu sein. Die Großen können tun, was sie wollen; die Kinder müssen tun, was die Großen wollen. Die Großen reden dauernd auf die Kinder ein: Zieh deinen Pullover an! Wasch dir die Hände! Kau nicht an den Nägeln! Paß auf den Weg auf! Räum dein Spielzeug weg! Und wenn man nicht brav ist, dann heißt es gleich...«

Die Befehle stehen nun in Sprechblasen einem überdimensionalen Mann zugeordnet, der zwei winzig gemalten Kindern gegenübersteht. »Wie oft soll ich dir noch sagen, daß du dir die Hände waschen mußt! So kannst du dich nicht an den Tisch setzen! Wie oft soll ich dir noch sagen, daß du deinen Pullover anziehen mußt! Willst du dich vielleicht erkälten? Wie oft soll ich dir noch sagen, daß du auf den Weg aufpassen mußt! Gleich wirst du auf die Nase fallen! Wie oft soll ich dir noch sagen, daß du nicht an den Nägeln kauen darfst! Das kann man ja nicht mitansehen! Wie oft soll ich dir noch sagen, daß du dein Spielzeug wegräumen mußt! Soll ich dir immer alles nachräumen?« (S. 61)

Die Kinder werden bereits auf der Lesebuchseite dazu angeleitet, Erwachsene zur Begründung ihrer Anordnungen herauszufordern: »Was verlangen hier die Erwachsenen von Kindern? Begründen sie es richtig? Was wird von Kindern oft ohne Begründung verlangt?« (S. 61)

Dazu der Lehrerband: Aus der Sicht dieser Kinder, mit denen sich die Schüler identifizieren sollen und auch werden, »stellen sich die ›Großen‹ als die Gegner der Kinder dar, deren einziges Ziel es ist, die Kinder durch ständige Befehle zu stören und in ihrem Verhalten zu korrigieren. Die ›Großen‹ sind frei, sie können tun, was sie wollen, die Kinder dagegen sind abhängig, sie können von den ›Großen‹ gezwungen werden.« Der Begriff »Große«, das wird im Lehrerhandbuch positiv hervorgehoben, könne von den Kindern mit eigenen Vorstellungen gefüllt werden. Die näheren Lernziele sind, die Anordnungen im Text zu ordnen und zu beurteilen und das zugrundeliegende Modell des

Erwachsenen-Kind-Verhältnisses zu den eigenen Erfahrungen in Beziehung zu bringen. Das empfohlene Durchspielen der Frage: »Was können wir tun, wenn wir zu Anordnungen keine oder nur eine unzureichende Begründung erhalten?« gibt den Kindern Verhaltensstrategien an die Hand (S. 85).

»Die Befehle zielen alle auf wohlerzogenes, den Vorstellungen der Erwachsenen angepaßtes Verhalten: angemessene Kleidung, Sauberkeit, Ordnung, Selbstdisziplin. Die Begründungen erklären die Anordnungen teils aus der Sorge um das Wohlergehen des Kindes (›willst du dich vielleicht erkälten‹; ›gleich wirst du auf die Nase fallen‹), teils berufen sie sich auf nicht näher erklärte gesellschaftliche Normen (›So kannst du dich nicht ...; das kann man ja nicht ...‹), oder sie artikulieren ohne Umschweife das direkte (verständliche) Interesse der Erwachsenen (›soll ich dir immer alles nachräumen‹)« (S. 85).

Die nächsten beiden Texte zeigen Möglichkeiten der Gehorsamsverweigerung, die jedoch »normalerweise nicht praktikabel« seien, da sie die Kinder »normalerweise in nicht zu bewältigende Situationen« führten. Es sollen »praktikable Lösungen« für den im Text »dargestellten Konflikt« gesucht werden. Lösungsmöglichkeiten sollen an Hand der eigenen Erfahrung erörtert, in ihren möglichen Konsequenzen durchgesprochen und u. U. im Rollenspiel erprobt werden, so lautet der Vorschlag im Lehrerband (S. 86f).

Die beiden Texte »Igor spuckt auf den Boden« und »Igor ist höflich« sind verfaßt von Susanne Kilian.

»Igor legt die Beine auf den Tisch.
›Iiiigor, die Beine vom Tisch!‹ sagt die
Tante.
›Macht Vater auch!‹
Igor nimmt die Beine vom Tisch. Er spuckt
auf den Boden, neben den Schrank.
›Iiiigor, so laß das doch!‹ sagt die Tante.
›Macht Großvater auch!‹
Igor bohrt in der Nase, bis oben hin.

›Igor, jetzt ist aber Schluß!‹ sagt die Tante.
›Machst du auch, warum ich nicht?‹
›Ogottogott!‹ seufzt die Tante.
Igor streckt die Zunge heraus,
ganz lang.
›Aber das mach' nur ich!‹ sagt er stolz« (S. 62).

Dieser Text im Lesebuch wird mit folgender Bemerkung versehen: »Warum gehorcht Igor der Tante nicht? Hat er recht? Was
will die Autorin bei den Kindern erreichen? Was wird von Erwachsenen verboten, ohne daß diese sich selbst daran halten?
Was können Kinder tun, wenn ihnen etwas verboten wird?«
(S. 62)

»Igor sitzt auf dem Hocker. Er hat schrecklichen Hunger.
›Grießbrei! Und Zimt und Zucker drüber!‹ schreit er.
›Sprich leise! Sag bitte!‹ sagt die Mutter.
›Bitte, bitte, bitte, bitte, bitte, bitte, bitte, bitte, bitte, bitte,
bitte, bitte, bitte, bitte, bitte, bitte, bitte, bitte, bitte,
bitte, bitte, bitte, bitte, bitte, bitte, bitte, bitte, bitte!
Das muß für den ganzen Tag reichen!‹ flüstert Igor« (S. 114).

Hier dient Igor als Identifikationsfigur. »Igor, das offensichtlich
selbstbewußte, noch nicht angepaßte Kind, reagiert auf die
Forderung seiner Mutter nach Höflichkeit, indem er ihr in übertriebener Weise nachkommt. Damit zeigt er, daß er im Grunde
nicht gewillt ist, die Forderung zu erfüllen. Für Kinder ist dieser
Text besonders ansprechend, weil in ihm ein Problem dargestellt ist, mit dem sie sich selbst häufig konfrontiert sehen. Igor
verhält sich so, wie sie es gerne täten, ohne es zu wagen (welche
Unterstellung! der Verf.). Er wird damit zu einer Identifikationsfigur, wie z. B. Pippi Langstrumpf. Die Schüler sollen sich
aber nicht nur mit Igor identifizieren, sondern erkennen, daß
Igor durch übertriebenen Gehorsam die Anforderungen seiner
Mutter relativiert, und damit die Anpassung verweigert. Sie sollen sehen, daß die Übertreibung dieses Verhaltens in der Realität problematisch ist, da sie den Erwachsenen herausfordert,
und sie sollen das Verhalten Igors auf seine Ursachen hin zu erklären versuchen« (S. 129). Dieses Zitat wurde den Erläuterungen zu »Igor ist höflich« aus dem Lehrerhandbuch entnommen.

In der Neuauflage »Texte und Fragen« für das 2. Schuljahr[164] wird »Arnold und die Schimpansen« ersetzt durch »Schön schaurig« von Kurt Wölflin. Hier geht es nicht um den »Oberaffen« Nieswand und die Konsequenz der Übertragung auf die eigenen Eltern, sondern es wird eine Familiensituation von Kindern gespielt, wie diese sie im Fernsehen kennengelernt haben. Zuschauende Kinder fragen: »Was spielt ihr denn da? Gefängnis?« Autoritäre Verhaltensweisen in der Familie erscheinen jetzt unter dem Aspekt »Gefängnis«. Selbstverständlich weisen die spielenden Kinder es weit von sich, daß das irgend etwas mit ihrer eigenen Familie zu tun habe. »Das war nur so in der Fernsehfamilie.«

»Ingrid und Klaus sind im Garten. ›Mir ist fad‹, sagt Klaus. ›Mir auch. Spielen wir Vater und Mutter‹, sagt Ingrid. ›Das ist erst recht fad! Wer soll Kind sein?‹ nörgelt Klaus. ›Da kommt der Edi, der spielt mit!‹ sagt Ingrid. ›Edi, du bist das Kind. Klaus ist der Vater, und ich bin die Mutter.‹

›Du, Mutti‹, piepst Edi, ›der Thomas hat gesagt, er kommt nachher...‹ ›Das kannst du mir später erzählen. Jetzt wird gegessen. – Vati, beeil dich, die Suppe wird kalt.‹ ›Na, hör mal, ich werde doch noch die Zeitung lesen dürfen!‹

›Aber nicht beim Essen. – So, fertig. Und jetzt marsch ins Bett mit dir, Edi! Vati und ich gehen jetzt noch fort.‹ «

Auf die verwunderte Frage von Klaus, wohin sie denn gehen wollten, erklärt Ingrid, daß alles nur ein Spiel sei.

» ›Wo ist denn meine Krawatte?‹ schreit Klaus. ›Immer diese Unordnung im Haus!‹

›Paß doch selbst auf deine Sachen auf! Ich habe genug Arbeit mit dem Bengel!‹ schimpft Ingrid.

›Ja, ist denn der noch immer nicht im Bett? Aber wart' nur, dem werde ich Beine machen!‹

Am Gartenzaun steht Thomas und grinst. ›Was spielt ihr denn da? Gefängnis?‹ fragt er. ›Nein, Vater und Mutter‹, erklärt Ingrid. ›Unsere Mutter schimpft aber nicht so wie du‹, sagt Thomas. ›Unsere Eltern sind doch auch nicht so!‹ sagt Ingrid. ›Aber neulich haben sie das im Fernsehen gespielt. Das war so schön schaurig!‹ « (S. 53)

Wie bei »Arnold und die Schimpansen« werden drei häusliche Konfliktsituationen aufgegriffen: »Wenn – die Kinder streiten, – die Kinder nicht essen wollen, – die Kinder nicht ins Bett gehen«. Diese Konfliktsituationen müssen die Kinder darstellen, einmal unter dem Aspekt »Gefängnis«, zum andern unter dem Aspekt, wie sich »richtige Eltern« verhalten. Eltern, die sich demokratisch verhalten, sind selbstverständlich »richtige Eltern«. Solche, die autoritäre Züge aufweisen, werden zwangsläufig zu »nicht richtige Eltern«, ohne daß dieses gesagt wird. »Demokratisierung« ist oberstes Gebot, danach wird »richtig« und »nicht richtig« beurteilt. Ein unglaublicher Maßstab. Die Arbeitsanweisung lautet:

»Wie verhalten sich die Eltern in der Fernseh-familie, wenn

Wie verhalten sich richtige Eltern, wenn

- die Kinder streiten,
- die Kinder nicht essen wollen,
- die Kinder nicht ins Bett gehen?

Spielt diese Szenen! Spielt auch diese Szenen« (S. 53).

»Die Großen dürfen alles« ist in der Neuauflage abgeändert in »Die Großen und die Kleinen« (S. 54). »Igor spukt auf den Boden« ist ausgeschieden, ebenso »Igor ist höflich«.

An die Stelle dieser Texte tritt »Die Geschichte vom gehorsamen Jungen« von Ursula Wölfel (S. 56). Mit dieser übertriebenen Gehorsamsdarstellung wird der Gehorsam als solcher den Kindern lächerlich gemacht und diese Haltung aufgebrochen.

»Ein Junge tat immer, was ihm gesagt wurde. Er bildete sich viel darauf ein, daß er so gehorsam war.

Einmal machte seine Schulklasse eine Wanderung. Einige Kinder wollten bei einer Pferdekoppel stehenbleiben. Auch der gehorsame Junge war dabei.

Die Lehrerin sagte: ›Wir anderen gehen schon ins Dorf. Ihr könnt nachkommen, dann treffen wir uns im Gasthaus. Geht nur geradeaus weiter, und bleibt alle beisammen.‹ Bald hatten die Kinder den Pferden lange genug zugesehen. Sie wollten jetzt ins Dorf gehen.

Der Weg machte natürlich ein paar Biegungen. An einem Wiesenpfad blieb der Junge stehen. ›Wir sollen immer geradeaus gehen,‹ sagte der Junge. ›Ins Kartoffelfeld?‹ fragten die anderen. ›Dort links liegt das Dorf. Wir bleiben auf dem Weg.‹ ›Halt!‹ rief der Junge. ›Wir sollen beisammen bleiben!‹ ›Dann komm doch mit uns!‹ riefen die anderen. ›Aber ihr geht nicht geradeaus!‹ rief der Junge. Erst lief er ihnen nach, geht nicht geradeaus!‹ rief der Junge. Erst lief er ihnen nach, dann rannte er zurück zur Wegbiegung, und wieder hinter den anderen her, und wieder zur Wegbiegung – und hetzte hin und her, bis nach einer halben Stunde die Lehrerin kam und ihn holte. Sie war ärgerlich. Das konnte der gehorsame Junge nicht verstehen.«

5. »Texte und Fragen« 3. Schuljahr

Im 3. Schuljahr wird das Verhältnis Eltern-Kind weiter schwer belastet und aufgebrochen. Laut Lehrerband[165] sollen die Kinder zu einem Verhalten befähigt werden, das die Ansprüche der anderen – es ist die Familie (Eltern, Geschwister) speziell als Bezugsrahmen angegeben – auf ihre Berechtigung untersuchen soll, andererseits sollen sie die Berechtigung ihrer eigenen Interessen befragen lernen. Die eigenen Ansprüche sollen im »Zwischenfeld dieser Ansprüche gefestigt werden«. Die Kinder werden durch die Schule »darin bestärkt«, ihre »eigenen Interessen« zu artikulieren, ja, noch mehr, die Kinder sollen ihre »berechtigten« Interessen gegenüber dem Vater und der Mutter »einfordern« und zwar »selbstbewußt«. Allerdings sollen sie auch »Verständnis für die Bedürfnisse der Erwachsenen sowie für die Normen des gesellschaftlichen Zusammenlebens« entwickeln (S. 110). Bezeichnend ist die Wortwahl: eigene berechtigte Interessen werden bestärkt und sollen selbstbewußt eingefordert werden, für die Eltern entwickelt man Verständnis. Wer beurteilt die Berechtigung von Interessen? Die Klasse, die Schule, die Gesellschaft! Die Familie wird zwangsweise den Zielen der Gesellschaftsreformen ausgeliefert, und zwar über das Kind. Ihre Zerstörung wird vorbereitet. »Sie (die Schüler, der Verf.) sollen ihre berechtigten Ansprüche erkennen und Wege finden, sie durchzusetzen. Sie sollen notwendige Einschränkungen in ihrer Rolle als Kind erkennen und akzeptieren« (S. 110).

Mehrere Texte stehen im Lesebuch »Texte und Fragen«[166] zur Verfügung, mit deren Hilfe man dem Ziel einer gelungenen Ich-Identitätsbildung im neomarxistischen Sinne näherkommt.

Folgende Texte dienen als Beleg. Sie werden jeweils im Anschluß an die Wiedergabe kommentiert: »Immer Ärger mit den Eltern« von Gert Heidenreich; »Mein Haus« von Karlheinz Freynik; »In der Schule, in der Pause, zu Hause...« von Susanne Kilian; »Meine Kindheit« von Astrid Lindgren; »Er schämt sich nicht« von Manfred Hausmann; »Wofür ein Kind streiten soll« von Irmela Brender.

»Die Eltern kommen zu spät nach Hause.

›Aha‹, sagt Moritz, ›da seid ihr ja.‹ Und Anna sagt: ›Wann solltet ihr zu Hause sein?‹ – ›Um drei‹, meint die Mutter. ›Soso‹, sagt Moritz, ›und wie spät ist es jetzt?‹ – ›Vier‹, sagt der Vater und läßt den Kopf hängen. ›Aber die Straßenbahn ist uns weggefahren!‹ ruft die Mutter. ›Ab ins Bett‹, sagt Anna, ›und morgen kein Fernsehen.‹

›Huhuhuhu‹, weint der Vater da, ›wenn ich meinen Peter Alexander nicht sehen darf!‹ Und die Mutter weint: ›Und ich meine Sportschau auch nicht!‹ Aber Anna und Moritz bleiben hart. Sie schicken Vater und Mutter ins Bett. Doch dann sagt Moritz: ›Anna, vielleicht ist die Straßenbahn doch weggefahren?‹ « Daraufhin geht Anna noch einmal zu den »Eltern« ins Zimmer. » ›Seid ihr denn nicht müde, oder warum ist das Licht nicht aus?‹ – ›Wir sind nicht müde‹, antworten die Eltern.

Und dann kommt Moritz dazu und sagt, daß Anna und er das mit der Straßenbahn glauben, auch wenn es geflunkert ist. Da müssen alle lachen.

Klar, daß am nächsten Tag die Mutter ihre Sportschau nicht sehen darf und der Vater seinen Peter Alexander nicht. Aber alle spielen zusammen: Ich seh' im Fernsehen etwas, was du nicht siehst, und das geht so: Der Fernseher bleibt aus, und der Vater spielt den Peter Alexander, und die Mutter spielt Fußball.

Dabei ist es ziemlich spät geworden. Als der Vater und die Mutter sich gewaschen und die Zähne geputzt hatten und endlich im Bett lagen, sagten sie: ›Das war schön heute. Wenn Nichtfernsehendürfen immer schön ist, kommen wir noch oft zu spät‹ « (S. 92).

Die Verfasser zwingen die Kinder zum Rollentausch mit den Eltern. Es heißt auf der Lesebuchseite ergänzend: »Spielt weiter: Die Eltern wollen z. B. ihre Suppe nicht essen…!«

Kinder lehnen sich gegen ihre Eltern auf, »indem sie in spielerischer Weise die Rollen tauschen«. Die Situation ist durch die Gehorsamsforderung »belastet«. Indem bei den »Kindereltern« Besinnung eintritt, wird die Belastung »durch gegenseitiges Verständnis und durch Kompromißbereitschaft entschärft«. Die Verfasser wollen damit ein nachahmenswertes Modell für die Familie darbieten. Bedeutsam dabei ist, daß die die Eltern spielenden Kinder hier nicht eine »sture« Elternrolle einnehmen, sondern sich von Rollenzwängen freimachen und zum Kompromiß kommen (S. 111). Was vollzieht sich darüber hinaus? Die Kindereltern sind die vorbildlichen Erzieher. Die wirklichen Eltern dagegen werden lächerlich gemacht. Die Schüler werden ihre eigenen Eltern jetzt in bestimmten Situationen unter einem anderen Blickwinkel sehen als bisher, nämlich engstirnig, stur, nicht kompromißbereit. Die Schüler dagegen sind es, die lernen, einen für alle erträglichen Kompromiß durchzusetzen. Denn das Lernziel lautet: Die Kinder »sollen lernen, für andere Situationen ähnliche Konfliktlösungen zu finden und durchzuspielen«. Die Mitglieder der Familie sollen dahin gebracht werden, »ihr stures Rollenverhalten aufzugeben und gegenseitiges Verständnis für einander aufzubringen« (S. 111). Die Schule irrt, wenn sie glaubt, auf diesem Wege die Verhältnisse zwischen den Menschen verbessern zu können. In einer Familie, in der jeder seine »berechtigten« Interessen durchzusetzen versucht und diese gegeneinander abwägt, herrschen nicht Liebe und Vertrauen, sondern Berechnung und Distanz.

»Mein Haus
ist nicht irgendein Haus.
Was Besonderes muß es sein,
sonst zieh ich gar nicht erst hinein!
Das ganze Haus soll Stein für Stein
ein riesengroßer Spielplatz sein.
Für die Erwachsenen bau ich dann
'ne kleine Kammer nebenan!«
Das Geländer soll die Treppen ersetzen, die
Badewanne soll das Ausmaß einer Riesenpfanne haben.
»...damit ich auch mal dann und wann
mit einem Nilpferd baden kann.
Und kommt ein Großer mich besuchen,
verlang ich drei Stück Apfelkuchen;
dann muß er sich ordentlich dreckig machen
mit Farbe, Matsch und solchen Sachen,
mit schmutzigen Händen Abendbrot essen,
das Zähneputzen ganz vergessen.
Er darf dann noch Bonanza sehn,
und Punkt 8 muß er schlafen gehn!« (S. 93)

Auch dieser Text zeigt den kindlichen Protest durch Rollentausch. Hier werden die Wunschträume eines Kindes in »grandioser Übertreibung« geschildert. »Die Erwachsenen (sprich Vater und Mutter, der Verf.) kommen dabei nicht gerade gut weg, sie erhalten höchstens ›'ne kleine Kammer‹ und müssen sich kindlichen Normen unterwerfen.« Der Text soll der inneren »Entlastungsfunktion dienen« (S. 112). Die Schüler werden angehalten, Überlegungen anzustellen, warum dieser Junge derartige Wünsche äußert, die ja im Grunde völlig unrealistisch sind. Der Lehrer wird den Schülern deutlich machen, daß die Wunschwelt dieses Kindes mit den Familienverhältnissen zusammenhängt: Das Kind hat wenig Raum zum Spielen, die Eltern beanspruchen den meisten Raum für sich. Das Kind darf bei seinen Eltern nicht tun, was es gerne möchte. Die Erziehungsmethoden der Eltern werden angeprangert, das ständige Ermahnen der Eltern, sich nicht schmutzig zu machen, vor dem Essen die Hände zu waschen, um acht Uhr ins Bett zu gehen usf. Nach der Besprechung des Textes werden die Schüler durch das Lesebuch aufgefordert, ihre eigenen Wünsche zu artikulieren. »Wie würdet ihr ein Wunschhaus einrichten?« Der eigene familiäre Hintergrund wird den Kindern bewußt gemacht und die Schüler, eingeübt in das Entwickeln von Strategien, werden ihre Wünsche im Kompromiß durchzusetzen, einzufordern versuchen. Sie werden mit Hilfe dieses Textes auf ihre häusliche Situation einwirken. Auch hier ist die Methode die gleiche: Die Eltern werden abgewertet, das Seelenleben der Kinder wird vergiftet. Auf diesem Hintergrund sollen die Kinder ihre Wünsche durchsetzen. Gelingt ihnen das in der Praxis zu Hause nicht, – das kann verschiedenste Gründe haben – wird der Riß zu den Eltern größer; Unzufriedenheit wird geschürt.

»In der Schule

still sitzen
nicht schwätzen
nicht zappeln,
keine Briefchen schreiben
nicht unter dem Tisch kramen
ruhig durch die Gänge gehen
aufstellen

In der Pause

nicht rasen
nicht raufen
nicht schreien
nicht johlen

Zu Hause

bei Tisch nicht zappeln
ordentlich essen
Aufgaben machen

still sitzen
nicht zappeln
nicht träumen
nicht schmieren
– dann kann ich spielen«

Die Autorin fährt fort:

»Aber ich darf im Kinderzimmer

nicht rumhampeln
nicht hopsen
nicht raufen
nicht schreien
nicht trampeln
nicht grölen

Auf der Straße darf ich

nicht spielen
nicht rennen
nicht schreien
nicht grölen

Na gut, dann im Hof

Nein, im Hof auch
nicht schreien
nicht zanken
nicht spielen« (S. 94f.).

Dieser Text von Susanne Kilian stellt das Leben in der totalen
Negation dar, indem er alles unter Gebot und Verbot darstellt.
Der Text entspricht in keiner Weise in dieser Negation der
Wirklichkeit, aber hier und da werden die Kinder ihre eigene
Situation wiedererkennen. Nicht nur ihre gegenwärtige Lage
wird ihnen bewußt werden, sondern auch Einschränkungen in
der Zukunft, und das, ob sie wollen oder nicht, denn der Text
umgeht den Verstand, trifft sofort ins Herz. Kein Kind kann
sich vor dem Text und seinen Folgen schützen. Das Kind wird
die Beschränkungen einer beschränkten Welt jetzt schmerzlich
wahrnehmen, unzufrieden sein, wo es vorher mit den Beschränkungen lebte. Mit den vielfältigen Problemen, die der

Text im Leben des Kindes auf die Dauer der Zeit aufwirft, ist das Kind allein gelassen, wenn der Lehrer den Text schon längst vergessen hat. Der Text ist noch nicht zu Ende zitiert. Er hat noch einen boshaften Abschluß:

»Abends,

wenn ich still im Bett liege,
nachts, wenn ich still schlafe,
bin ich meinem Vater recht,
bin ich meiner Mutter recht,
bin ich allen Leuten recht.«

Welche Folgen dieser Abschluß des Gedichts für die Kinder haben wird, kann sich jeder selbst ausmalen.

Die Verbotsliste ist im Lesebuch von einer Bildserie umgeben. Sie zeigt die Wirklichkeit der Kinder entgegengesetzt, als positive Lebenswirklichkeit, die in dieser Weise auch nicht durchgehende Realität ist. Die Kinder werden von der totalen Negation und von der Darstellung einer befriedeten Kinderwelt in die Zange genommen. Das Ziel, die kritische Einstellung zu ihrem Alltag zu wecken und Konflikte zu schaffen, wird so in doppelter Weise erreicht und somit die Verstärkung der Verhaltensweisen im Konflikt: Frustrationen ertragen, Kompromisse finden, Strategien zur Abänderung bzw. Durchsetzung entwickeln (S. 113 Lehrerband).

»Wir wurden als Kinder nur selten ausgeschimpft.« So erinnert sich Astrid Lindgren an ihre Kindheit. »Vermutlich schimpfte unsere Mutter deshalb nicht mit uns, weil wir meistens beim ersten Mal gehorchten, wenn sie uns etwas sagte. Sie war es, die uns erzog. Ich kann mich nicht erinnern, daß sich Samuel August jemals in die Erziehung eingemischt hätte. Ich finde Hannas Art, Kinder zu erziehen, war recht großzügig.

Daß man gehorchen mußte, war selbstverständlich, aber sie verlangte nicht immerzu unnötige und unmögliche Dinge von uns. Sie hat z. B. nicht darauf bestanden, daß wir pünktlich zu

130

den Mahlzeiten erschienen. Kamen wir zu spät, durften wir uns etwas aus der Speisekammer holen und bekamen keine Vorwürfe zu hören.«

Sie machte den Kindern auch keine Vorwürfe, wenn ihre Kleider beim Spielen schmutzig wurden oder zerrissen waren.

»Sie fand wohl, ein Kind habe das Recht, sich im Spiel auszutoben. Sie machte kein Geschrei über Mißgeschicke, für die man nichts konnte. Zum Beispiel damals, als meine kleine Schwester auf den Tisch krabbelte und die Schüssel mit Blutkloßteig über sich leerte. Kein Wort sagte Hanna. Sie nahm nur ihre blutbeschmierte Jüngste, zog ihr saubere Kleider an und bereitete uns ein anderes Essen.

Wir hatten zwar viel Freiheit, aber das bedeutete nicht, daß wir nichts zu tun brauchten. Natürlich mußten wir auch lernen, zu arbeiten. Wir begannen mit 6 Jahren, Rüben zu verziehen und für die Hühner Brennesseln zu rupfen. Als wir älter wurden, halfen wir bei der Ernte, wenn es notwendig war« (S. 96).

Mit diesem Text von A. Lindgren zeigen die Verfasser, wie sie sich geordnete und harmonische Verhältnisse zwischen Eltern und Kindern vorstellen. »Die Beziehungen zwischen Kindern und Erwachsenen sind letztlich in Ordnung.« Hier hätten die Kinder einmal ihre Freiheit. Es herrschten z. B. keine geregelten Tischsitten. Die Kinder seien aber auch nicht »absolut freigestellt«. Gehorsam und Mitarbeit (Rübenverziehen) seien ebenso im Alltag vorhanden. Es sollte den Kindern in diesem Text »ein positives Modell des Zusammenlebens von Erwachsenen und Kindern dargestellt« werden. Indem die Kinder dieses »positive Modell« nun auf ihre eigene Wirklichkeit übertragen und diese daran messen, wird das nächste Lernziel vorbereitet: »sie sollen weitere Beispiele für ein harmonisches Zusammenleben von Erwachsenen und Kindern diskutieren« (S. 114 Lehrerband).

Die Schule entscheidet hier und jetzt, was als harmonisch anzusehen ist und was nicht: Sie setzt jede Familie einer Wertung aus. An Hand des Lindgren-Modells für die Familie gehen die Kinder jetzt »Störungen« im eigenen Familienleben durch. Der Staat greift über diesen Weg in die Familiengestaltung ein; ein ungeheurer Einbruch in die Familie! Das Modell von A. Lindgren in allen Ehren. Es ist ein Beispiel unter vielen anderen, die als harmonisch anzusehen sind. Ich bin meinen Eltern beispielsweise dankbar, daß sie uns zu den Mahlzeiten sammelten, daß sie die Mahlzeit dankbar aus Gottes Hand nahmen und dies durch Gebet und Bibellese zum Ausdruck brachten. Ich bin auch dankbar für die Gespräche und das Zusammensein bei Tisch. Was Freiheit letzten Endes für den einzelnen ist, wo sie beginnt und aufhört, läßt sich nicht im Kollektiv entscheiden. Das gleiche gilt für die Pflicht. Harmonie besteht da, wo Liebe und Vertrauen herrscht. Dort werden auch gerne Pflichten übernommen. Wo optimale Bedürfnisbefriedigung zum Regulator wird und »kleine Strategen« herangebildet werden, ist schon das Fundament für Harmonie zerbrochen.

»Die Mutter beugt sich zum Fenster hinaus und ruft Martin, der im Garten spielt, zum Abendessen. Nach einer guten Weile kommt er, eine kleine Harke hinter sich her schleifend, ins Zimmer. Alle sitzen bereits um den gedeckten Tisch herum.

›Hast du dir die Hände gewaschen?‹ ›Ne.‹ Er geht in die Küche. Die Mutter ruft hinter ihm her, er soll die Harke in den Windfang stellen.

›Du‹, sagt Viola, ›ich glaube, er weint.‹ ›Seid mal still!‹ Richtig, aus der Küche ertönt ein klägliches Geschluchze.«

Als die Mutter hinausgeht, um nach Martin zu sehen, können die anderen das Gespräch zwischen beiden mit anhören.

» ›Was hast du denn, Martin?‹ ›Ich habe mir eine ganz schöne Stadt gebaut auf meinem Sandhaufen. Und gerade, wie ich anfangen wollte, damit zu spielen, da muß ich reinkommen.‹ ›Aber, Junge, das ist doch nicht so schlimm. Du kannst doch morgen den ganzen Tag mit deiner Stadt spielen.‹ ›Aber jetzt nicht.‹

›Sieh mal, ich möchte auch manchmal gern noch etwas tun, ein Buch lesen, Klavier spielen oder so, und dann höre ich doch selbstverständlich auf, wenn's Zeit ist, daß ich das Essen koche.

132

Das muß doch jeder. Christoph und Görge auch. Und Viola auch. Wäre es wohl schön, wenn wir dann alle anfangen wollten zu heulen?‹ ›Nehe.‹

›Findest du denn dein Geheule schön?‹ Martin schluckt die Tränen herunter und sagt: ›Ne.‹ ›Ich auch nicht. Ich finde es sogar ziemlich schlimm, wenn ein Junge wegen so einer Kleinigkeit gleich losheult. Schämst du dich denn wenigstens ein bißchen?‹ ›Ne.‹

Da brechen alle in ein herzhaftes Gelächter aus, und die Mutter muß gleichfalls mitlachen« (S. 96f.).

Manfred Hausmann wollte mit diesem Text keinesfalls einen Beitrag zur »emanzipatorischen Erziehung« leisten. Er schildert hier eine ganz natürliche und nette Kinderreaktion seines Sohnes. Die Verfasser von »Texte und Fragen« machen ihm auch nicht das Kompliment eines Emanzipatoren, denn seine Martin-Geschichten seien »nicht immer frei von unangemessener verklärender Idyllik«. Daß diese dennoch eine Auflage von 600 000 erreicht hätten, setzt sie in Erstaunen. Sie können nicht umhin, festzustellen, daß es »offensichtlich sehr beliebte« Geschichten seien. Aber das nur am Rande. Die Tatsache, daß in dieser Martin-Geschichte der Junge sich entgegen der Erwartung der Mutter nicht schämt zu weinen, veranlaßt die Verfasser, diesen Hausmanntext für ihr emanzipatorisches Interesse zu mißbrauchen. »In der vorliegenden Episode stellt er dar, wie Martin sich nur widerstrebend in die Ordnung der Erwachsenen einfügt: er leistet zwar keinen Widerstand, äußert aber seinen Protest durch (absichtliches?) Weinen...« Und nun interpretieren die Verfasser dieses Weinen des Jungen. »...d. h., er will die von ihm verlangten Zwänge nicht anerkennen. Bei dieser Art von Weigerung bleibt er auch, er schämt sich nicht deswegen – trotz der rollentypischen Erwartungen der Mutter, daß Jungen nicht zu weinen haben.« An Hand der zweckentfremdeten Geschichte sollen die Schüler jetzt den »Protest Martins« beurteilen und »über die Berechtigung von Anpassung und Widerstand an weiteren Beispielen nachdenken lernen«. »Schämst du dich nicht?« »Ne!« – Daran sollen die Schüler »Beispiele aus dem Erfahrungsbereich Familie oder aber auch aus anderen Bereichen finden, z. B. Schule oder Öffentlichkeit«. Die Schüler sollen fragen lernen, wo Anpassung sinnvoll sei, die Verfasser nennen Gemeinschaftsinteressen als Beispiel. Die Schüler sollen aber auch erkennen, wo Anpassung nicht sinnvoll sei, Beispiele seien die berechtigten Ansprüche des einzelnen. »Dabei können berechtigte und unberechtigte Erwartungen und Normen der erziehenden Autoritäten diskutiert werden« (S. 114f. Lehrerband).

»Wofür ein Kind streiten soll

Ein Kind braucht seine Ruhe,
die Kleider und die Schuhe,
die Mahlzeit und den Raum,
Wiese, Luft und Baum.

Ein Kind braucht gute Schulen
und auch mal Schlamm zum Suhlen
und oft ein gutes Wort
und Freunde hier und dort.

Ein Kind braucht sehr viel Freude
und gute Nachbarsleute,
Lust auf den nächsten Tag
und jemand, der es mag.« (S. 97)

Mit diesem Text wird die Unterrichtseinheit abgeschlossen. Hier bündelt sich noch einmal alles das, was bisher zur Sprache kam: Wünsche, die für ein glückliches Leben erfüllt sein müssen, werden ausgedrückt und die Kinder aufgerufen, dafür zu streiten; das soll heißen, an der Umformung der Umwelt mitzuwirken, damit diese Verhältnisse eintreten. Dabei meint »Streit« nach dem Lehrerband nicht »Zank oder Kampf« im herkömmlichen Sinne, sondern »die Ermutigung, ›für etwas‹ zu streiten, bedeutet hier, daß sich das Kind aktiv für etwas einsetzen soll.« Die Verfasser weisen z. B. auf »Platz zur Lebensgestaltung« und »Geborgenheit« hin. Im Lehrerband wird bedauert, daß die Autorin des Gedichtes es »leider« offen läßt, wie die Kinder ihre berechtigten Interessen »von den Erwachsenen (Vater und Mutter, der Verf.) mit Erfolg verlangen können«. Deswegen soll jetzt in diesem wichtigen Punkt der Durchsetzungsstrategien der Lehrer die Initiative entwickeln.

Er führt die Kinder im Gespräch noch einmal dahin, ihre »berechtigten Ansprüche« zu erkennen. Anschließend sollen die Schüler »...darüber nachdenken, wie diese Forderungen durchzusetzen sind.« Um zu einer klaren Strategie zu kommen, wird dem Lehrer folgender methodischer Weg vorgeschlagen: Zunächst soll er die Ansprüche systematisieren lassen. Im Gespräch sollen weitere Ansprüche aufgedeckt und mit in das Spektrum aufgenommen werden, unter dem jetzt die eigene Familiensituation betrachtet wird. Es geht nämlich jetzt folgerichtig darum, daß sich jedes Kind darüber klar wird, inwieweit die Ansprüche »beim einzelnen erfüllt sind«. Es folgen Überlegungen im Klassenverband, wie die Ansprüche bei den Eltern »gegebenenfalls einzufordern wären«. Mehrere Vorschläge werden den Kindern gemacht: Sie sollen an Hand des Lesebuchtextes ein Gespräch mit den Eltern herbeiführen. Ein weiterer Vorschlag: In der Klasse wird eine Resolution an die Eltern verfaßt. Ein letzter Vorschlag: Ein gestelltes Streitgespräch mit den Eltern soll im Rollenspiel simuliert werden und hier Strategien zur Durchsetzung der als berechtigt erkannten Ansprüche entwickelt werden (S. 115).

Auf diesem Wege hofft man, für die Kinder »Geborgenheit« zu erreichen und ein Verhältnis zwischen Kind und Erwachsenen, das man als »in Ordnung« bezeichnen kann. Über eines sind wir uns doch sicher alle im klaren. Hier wird nicht »Liebe und Geborgenheit« erreicht, sondern Mißtrauen, ständiges Hinterfragen, ständiges Reflektieren, ob auch ja die eigenen berechtigten Ansprüche nicht zu kurz gekommen sind und großmütiges Nachgeben im Hinblick auf die erkannten berechtigten Ansprüche der Eltern.

Gerade den Kindern, denen man mehr Geborgenheit und Liebe wünschen möchte, wird der letzte Funke verloren gehen. Hier hört die Liebe, die auch echten Verzicht leisten kann, auf und macht einer revolutionären Familienpraxis Platz. Diese Texte bauen nicht auf, sie zerstören. Die Verfasser rechnen mit Widerstand seitens der Eltern. »Um Mißverständnisse zu vermeiden, ist es günstig, diesen Text vor- oder nachbereitend in einem Elternabend zur Diskussion zu stellen« (S. 115). Die Eltern werden dumm gemacht gegenüber der Zerstörung ihrer eigenen Familie.

Im Anschluß an diese Unterrichtseinheit kann der Lehrer noch folgende Texte verwerten, sie werden ihm empfohlen: »Am Frühstückstisch« von J. Schwenk und »Pelle zieht aus« von A. Lindgren.

»Vater: ›Wo bleibt denn Sabine?‹

Mutter: ›Sabine, aufstehen, es ist Zeit!‹ (Pause) ›Sabine, wo bleibst du denn? Du kommst doch zu spät zur Schule! Hast du nicht gehört?!‹

Sabine: ›Ich komm’ ja.‹ (Murmelt) ›Guten Morgen.‹

Vater: ›Heb die Füße hoch! Dieses Geschlurfe jeden Tag. Kannst du nicht grüßen? Setz dich aufrecht hin!‹

Mutter: ›Hast du dich überhaupt gewaschen?‹

Vater: ›Jeden Morgen das gleiche.‹

Mutter: ›Sitz nicht einfach so da; du mußt doch etwas essen!‹ (Zum Vater) ›Walter, kommst du heute pünktlich zum Essen?‹

Vater: ›Ich denke schon.‹ «

Als Sabine um den Honig bittet, weist die Mutter sie gleich zurecht; aber Sabine widerspricht:

» ›Ich hab’ doch nicht gekleckert.‹

Vater: ›Widersprich nicht immer!‹

Sabine: ›Was ihr bloß immer habt. Der Fleck ist doch von gestern; den hat Vati doch gemacht.‹

Vater: ›Sei jetzt endlich still! Du gehst mir am frühen Morgen schon wieder auf die Nerven! Was soll bloß mal aus dir werden?!‹ (Zur Mutter) ›Sag mal, wieviel Uhr ist es denn?‹

Mutter: ›Viertel nach sieben.‹

Vater: ›Ja, ich muß gehen; tschüs denn.‹

Mutter: ›Ja, tschüs. Sabine, es ist jetzt Zeit. Du mußt auch gehen!‹ « (S. 147).

Ich zitiere aus dem Lehrerband: »Der Dialogtext gibt die allgemeine Gereiztheit einer Familie am Frühstückstisch wieder, wie sie wohl von den meisten Schülern in irgendeiner Weise mehr oder weniger intensiv erfahren wurde. Zu den kleinen alltäglichen Problemen tritt als bestimmendes Moment des Textes die Darstellung eines autoritären Erziehungsstiles hervor. Wenn auch die Befehle, Maßregeln, Vorwürfe und Unterstellungen der Eltern durch die Kürze der Darstellungen gehäuft erscheinen, so kann doch diese ›dichterische Übertreibung‹ die Absicht der Autorin, einen solchen Erziehungsstil kritisch darzustellen, nicht entwerten«. Welches Ziel verfolgen die Verfasser nach allem vorhergegangenen mit dem Text? Es geht darum, »für die dargestellten Beziehungsprobleme Lösungen zu finden«. Textvorlage und Diskussion sollen als Vorlage dienen, um über Tonbandaufnahmen ein Hörspiel herzustellen (S. 157f.).

Der Text »Pelle zieht aus«, von A. Lindgren (S. 148 Lesebuch) kann hier wegen seiner Länge nicht abgedruckt werden. Die Verfasser gehen davon aus, daß bei den Kindern bereits »latente Bedürfnisse« bestehen würden, sich gegen den Erziehungsdruck der Eltern zu wehren. »Pelles Versuch, aber auch die bei einigen Schülern sicher schon vorhandenen Überlegungen, von zu Hause tatsächlich auszureißen, sollten deshalb auf ihre Berechtigung und ihre Konsequenz hin durchdiskutiert werden«: Das Handeln Pelles sei unüberlegte kindliche Flucht. »Er steht den Konflikt nicht durch«, den er mit seinen Eltern hatte. Er zeigte kein richtiges Konfliktverhalten (S. 158 Lehrerhandbuch).

6. »Learten«, Band 2, 3 und 4

Weitere Beispiele emanzipatorischer Erziehung lassen sich dem Text- und Arbeitsbuch »Lesarten«[167] für das zweite, dritte und vierte Schuljahr entnehmen. Bereits in den allgemeinen Hinweisen für den Lehrer in den Handreichungen[168] geben die Verfasser ihr Erziehungsziel an: Emanzipation. Die Texte sollen dazu anregen, daß sich die Kinder im sprechenden Handeln emanzipieren von den sie umgebenden Zwängen (S. 25).

Unter dem Thema »Regeln«, Textbuch 2, wird das emanzipatorische Ziel für das 2. Schuljahr aufgegriffen. Dabei gehen die Verfasser von der Vorstellung aus, daß die Kinder von einer Vielzahl von Regeln umgeben seien, die oft als »harter Zwang« empfunden würden, da sie Verbote und Gebote nach sich zögen. Daher gelte es, den Kindern deutlich zu machen, daß es Regeln gebe, die aus der Sache sich ergeben (Spielregeln oder Regeln im Straßenverkehr) und solche, die die Beziehungen zwischen den Menschen regeln, von diesen gemacht und abänderbar seien. Ziel: »Die Kinder sollen sich des Regelsystems, in dem sie stecken, bewußt werden, und auch an einigen Stellen schon kritisch nach dem Wert gewisser Regeln fragen« (S. 60 Lehrerhandreichung). Neben Spielregeln und Verkehrsregeln werden die Kinder mit dem besonders harten Text konfrontiert, der bereits aus »Texte und Fragen« für das 3. Schuljahr bekannt ist: Mit der Gebots- und Verbotsliste von S. Kilian, »In der Schule, in der Pause, zu Hause ...«. »Hier ist eine Fülle von Material vorhanden, das im Gespräch mit den Kindern, Eltern und Lehrern einer Klärung bedarf. Dabei werden die häuslichen Bedingungen der Kinder zu berücksichtigen sein« (S. 61). Ganz abgesehen von den nachhaltigen Wirkungen, die der Text als solcher auf die Kinder hat, zeigt sich hier der unzulässige Eingriff, den die Schule gegenüber der Familie vornimmt.

Aus dem Arbeitsbuch für das 2. Schuljahr sind folgende Texte entnommen:

»Die Schnurpsenklage« von Michael Ende; »Katharina« von Hans Manz; »Ein schöner Sonntag« von Peter Meiselmann jr.; »Bericht aus der Wochenzeitung ›Glaube und Leben‹ «.

Michael Ende läßt einen »Schnurps« seine Klagen vorbringen:

»Komm ich mal vom Spiel nach Haus,
dreckverklebt Gesicht und Pfoten,
heißt es gleich: ›Wie siehst du aus?‹
Schmutzigmachen ist verboten.

Sind wir auf das Dach geklettert,
spielen dort Weltraumpiloten,

›runter da!‹ wird gleich gewettert.
Auf dem Dach sein ist verboten.

Spiel ich in dem Badewasser
Sturmorkan mit meinen Booten,
heißt's: ›Das Haus wird naß und nasser!‹
Wasserplantschen ist verboten.

Reparier' ich unsre Wecker,
weil sie stillzustehen drohten,
gibt's ein schreckliches Gemecker
Uhr-zerlegen ist verboten.

Mach ich wo ein Feuerlein,
daß es qualmt wie aus zehn Schloten,
heißt's: ›Du bist dafür zu klein!‹
Feuermachen ist verboten.

Spiel ich Fußball mal im Zimmer
auf dem Teppich, auf dem roten,
›Höre auf!‹ – so heißt es immer,
Zimmerfußball ist verboten«.

Die Klagen des Schnurps nehmen noch kein Ende:

»Findet man in meiner Tasche
einen Frosch mal, einen toten,
heißt es gleich: ›Wirf' das zur Asche!‹
Tote Frösche sind verboten.

Wenn ich sing aus voller Kehle,
hoch und tief und ohne Noten,
heißt es gleich: ›Laß das Gegröle!‹
Liedchen singen ist verboten.

Ob man dies macht, oder das macht –
alles falsch! Und überhaupt:
Was von allem, das mir Spaß macht,
ist denn eigentlich erlaubt?« (S. 76f.).

Das Gedicht »Katharina« von Hans Manz soll im Zusammenhang mit der »Schnurpsenklage« besprochen werden:

»Katharina, Katharine
schrieb auf einer Schreibmaschine

nachts um zwölf, als alles schlief,
an die Eltern diesen Brief:

Sagt mir einmal, warum dürfen große Leute Suppe schlürfen?
Warum dürfen sie laut gähnen, warum stochern sie in Zähnen,
weshalb dürfen sie in Ohren mit dem kleinen Finger bohren?
Warum darf ich's aber nicht? Warum habe ich die Pflicht, einem
Musterkind zu gleichen, Fragezeichen.« (S. 78)

Die Verfasser wenden sich im Text des Arbeitsbuches zusätzlich mit gezielten Fragen an die Kinder:

1. Was tut der ›Schnurps‹ gern? Was wird ihm verboten?
2. Geht es auch dir manchmal so wie dem ›Schnurps‹?
3. Müssen die ›Schnurpsenspiele‹ wirklich alle verboten werden?

Zu Katharina:

5. Möchtest du ein »Musterkind« sein? Begründe deine Meinung!
6. Lies noch einmal beide Gedichte und sprich mit deinen Mitschülern über die Frage: Sollen Erwachsene solche Gedichte
   lesen? Wozu? (S. 78f.).

Peter Meiselmann jr. stellt im folgenden einen »schönen Sonntag« dar:

»Jeden Sonntag, wenn es schön ist, fahren wir
(Vater, Mutter, der Hund Schips und ich –
manchmal eine Tante oder auch ein Onkel)
hinaus ins Grüne.
Alle sagen, daß es hier sehr schön ist.
Dann darf ich mit Schips herumlaufen, aber nicht zu weit,
sonst könnte ich mich hinter einem Busch verstecken,
und das wollen die Erwachsenen nicht.
Alle sagen, daß mich dann der Momo holt.
Wenn die Großen vom vielen Reden sehr müde sind,
essen wir noch irgendwo eine Jause und fahren dann

(Vater, Mutter, der Hund Schips und ich –
manchmal eine Tante oder auch ein Onkel) wieder nach Hause.
Alle sagen, daß das ein schöner Sonntag war« (S. 80).

Der Bericht einer Wochenzeitung will zeigen, daß 21 von 31
Kindern einer Schulklasse den Sonntag als »langweilig«,
»blöd« und »doof« ablehnen.

»In einer Gelsenkirchener Volksschule ließ die Lehrerin einen
Aufsatz zu dem Thema schreiben: ›Welcher Tag in der Woche
ist der, den du am wenigsten magst?‹ Dabei stellte sie fest, daß
ihre Sieben- bis Achtjährigen eine tiefe Abneigung vor dem
›blöden Sonntag‹ hatten. 21 von 31 Buben und Mädchen lehn-
ten diesen Tag als ›langweilig‹ und ›doof‹ und ›blöde‹ ab. Die
Kinder begründeten ihre Ansicht damit, daß sie ›feingemacht‹
würden, nie Fußball spielen dürften und am Nachmittag mit der
ganzen Familie im Auto spazierenfahren müßten. ›Sonntags
kann man nichts machen, weil man die besten Sachen anhat‹,
schrieb ein Junge. Ein Mädchen meinte: ›Sonntags muß ich immer in die Kirche. Deswegen mag ich den Sonntag nicht!‹ «
(S. 81).

Das Ziel dieser Texte wird in der Frage deutlich, die am Ende
der Schnurpsenklage gestellt wird: »Was ist denn eigentlich erlaubt?« Laut Lehrerhandreichung sollen die Schüler über den
»Sinn (und Unsinn) von ›verbotenen‹ und ›erlaubten‹ Verhaltensweisen bei Erwachsenen einerseits und Kindern andererseits« nachdenken (S. 50). Das Kind soll zu einer kritischen
Einstellung gegenüber Verboten und Geboten geführt werden.
Es lerne »sinnvolle«, in der Sache begründete, Gebote und Verbote kennen: So könne man auf dem Dach nicht spielen, in dem
Alter noch kein Feuer machen. Anders sei es dagegen mit Verboten, in denen es heißt: Nicht schmutzig machen, Wasserplantschen, Zimmerfußball, Suppe schlürfen, Gähnen ist verboten, Sonntagsautofahren und Kirchegehen ist geboten usw.

Hier lägen Verbote bzw. Gebote vor, die nach Ansicht der Verfasser u.U. unsinnig seien und die es als solche zu durchschauen gelte.

Ohne den Verfassern zu bestreiten, daß viele Verbote auf den ersten Blick fragwürdig erscheinen, muß die Entscheidung doch dem Erwachsenen vorbehalten bleiben und auch von diesem verantwortet werden. Die Schule hat kein Recht, sie als »unsinnig« abzuqualifizieren. Der Siebenjährige kann die Unterscheidung und Entscheidung nicht treffen. Er wird in Zukunft für sich in Anspruch nehmen, elterliche Verbote hinterfragen zu dürfen auf dem Hintergrund: sind sie gerechtfertigt oder nicht. Die Eltern sollen in eine ständige Diskussion über ihre Anordnungen verwickelt werden, bei der der Siebenjährige dann seine Meinung einbringen wird, um so Einfluß auf das Geschehen zu gewinnen. Denn was bedeutet »kommunikatives Handeln« (Sprachhandeln) anders? Bewußt verzichtet das Buch darauf, alternative Handlungsstrategien gegenüber den Eltern einzuüben. Diesen Bereich überlassen die Verfasser der Strategie des Lehrers und dem Geschick des Kindes.

Die folgenden Texte sind für das 3. Schuljahr bestimmt und aus »Lesarten 3« entnommen, einmal aus dem Textbuch, zum andern aus dem Arbeitsbuch.

Textbuch 3 bringt »Tik tak« von Irmela Wendt, die »Bildergeschichte« von Anna Luise Brauckmann und »Mein Rad« von Christine Nöstlinger. Sie stehen im Zusammenhang mit der Unterrichtseinheit »Zeit haben«. Hier wird dieses Thema dazu benutzt, um den Kindern Unterdrückung zu zeigen, Konfliktstoff zu geben. Selbstverständlich sollen die Kinder auch gewisse Freizeitbegrenzungen als berechtigt erkennen. Hierzu die Handreichungen: »Die Verplanung der Zeit durch die verschiedenartigsten Zwänge und Maßregeln, denen Kinder ausgesetzt sind, soll bewußt gemacht werden. Zugleich ist mit diesem Kapitel beabsichtigt, den Schüler erfahren zu lassen, wie gering der ›Freizeit‹-Raum heute vielfach ist und in früheren Zeiten war...« (S. 86).

Die Verfasser empfehlen den Lehrern für die Kinder ein umfangreiches Beobachtungsprogramm im Hinblick auf sich, ihr Verhältnis zu ihren Eltern sowie Erwachsenen überhaupt. Dieser Beobachtungsauftrag wird manche »Freizeitbeschränkung« ans Licht bringen. Jeder Schüler legt natürlich hier seinen eigenen Bedürfnismaßstab an. »Kinderarbeit und Freizeit sollten am einzelnen Text, aber auch im Hinblick auf das ganze Kapitel unter dem Gesichtspunkt Kind-Erwachsener untersucht werden«. – »Beobachtungen der eigenen Lage (Tagesverlauf; Stundenplan – auch jenseits der Schule; Werktag – Sonntag – Ferien) sollten besprochen und auch aufgeschrieben werden. Erwachsene sind ebenso in die Beobachtung einzubeziehen«.

Auf dem Hintergrund dieser als »Zwänge« bewußtgemachten Gegebenheiten soll das Kind nun die Utopie eines eigenen Tageslaufes aufstellen. »Schüler können angeregt werden, einen Tageslauf, wie sie ihn sich wünschen, aufzustellen« (S. 87). Als »Zwänge« bewußtgemachte Gegebenheiten des Lebens einerseits und die Möglichkeit des erhöhten Lustgewinns andererseits werden jetzt die Kinder motivieren, auf dem Wege des Konfliktes an der Veränderung ihrer Lage tätig zu werden.

» ›Alles geht nach der Uhr‹, sagt Frau Ureburegurli. ›Um ein Uhr haben die Kinder gegessen, bis zwei Uhr arbeiten sie an den Schulaufgaben, bis fünf Uhr dürfen sie spielen, um halb sechs essen sie Abendbrot, danach lernt die Großmutter noch mit den Kindern, und von abends sieben bis morgens sieben schlafen sie. Um acht Uhr gehen sie zur Schule, und um zwölf Uhr dreißig sind sie wieder zu Haus‹. ›Ich bin gespannt‹, sagt Frau Lustibustigiero, die Nachbarin, ›wie lang es dauert, bis ihre Kinder nur noch tik tak sagen‹ « (S. 29).

Die Gedanken des Mädchens in einer Zeichnung von Anna-Luise Brauckmann sind aus Sprechblasen zu ersehen. »Gehen dir die Erwachsenen auch so auf den Wecker??« »Frau Meier ist doof. Herr Schulze ist doof. Alle Großen sind doof«.

»Abends, wenn man spielen will, muß man ins Bett. Morgens, wenn man schlafen will, muß man aufstehen. Warum muß man immer tun, was die Erwachsenen wollen??« Der Teddybär: »Komisch, die Großen schlafen gern, aber bleiben auf. Die Kleinen schlafen nicht gern, aber müssen ins Bett« (S. 34f.).

Hierzu die Lehrerhandreichung:

»Die zwei Bilder stellen die Widersprüche zwischen Kinder-wünschen und Anweisungen der Erwachsenen dar. Wie aus dem Originalbild (dessen vollständige Wiedergabe im Schüler-buch das Kultusministerium NW nicht zuließ) hervorgeht, steht die befehlsgewohnte Erwachsenensprache im Gegensatz zu den Gedanken der Kinder (Das Original enthielt auch Erwachse-nenäußerungen...)« (S. 86).

Die Lehrer werden ausdrücklich auf die Quelle verwiesen, de-ren ausführliche Wiedergabe vom Kultusministerium untersagt wurde. Diese Mitteilung jedoch hat das Ministerium in NW durchgehen lassen.

Ein Junge hat Freizeit, ist aber von anderen »gesellschaftlichen Zwängen« eingeengt.

»Ich hab ein Fahrrad bekommen.
Ein rotes Fahrrad
mit einem Rennlenker
und einem Stopplicht.

Aber:

Im Hof kann ich nicht fahren.
Wegen der Wäsche von der Schestak
und weil es so scheppert,
wenn ich über das Kanalgitter sause.

Auf der Straße darf ich nicht.

Wegen der Autos
und wegen dem Wachmann,
weil ich noch nicht zwölf Jahre bin.

Auf dem Gehweg wage ich es nicht.
Wegen der Leute.
Die werden so böse,
wenn man ihnen über die Zehen fährt.

Am Kirchplatz lassen mich die Alten nicht.
Wegen der Tauben.
Weil dort haben sie Maiskörner gestreut
für die Viecher.

Doch jeden Tag,
nach der Aufgabe,
wenn mir langweilig ist,
sagt meine Mutter:
›Na, geh schön radfahren, Junge!‹

Daß ich nicht lache!« (S. 36).

Die folgenden Texte sind der Unterrichtseinheit »Strafen« entnommen. Hier wird den Kindern bewußt gemacht, wie Eltern
strafen. Von daher haben sie jetzt die Möglichkeit, ihre eigenen
Eltern zu beurteilen. Berichte aus Zeitungen sollen die Kinder
sammeln und ihre »Hausordnung« sowie die »Schulordnung«
unter dem Gesichtspunkt »Strafe« untersuchen.

»Die Schüler sollen erkennen, daß sowohl Art und Bestrafung
als auch das Strafmaß problematisch sind und daß derjenige,
der straft, das Ziel der Bestrafung, nämlich Besserung zu erreichen, nicht vergessen darf« (S. 92, Handreichung).

Aufgenommen wurden aus dem Textbuch 3 »Schäm dich, Dieter«, von Susanne Kilian, »Wieviel ist sechs mal sieben?« von
Jan Prochazka und »Wenn's daheim kracht«.

»Ene dene Tintenfaß.
Dieters Bettchen, das ist naß.
Denn er hat nicht aufgeräumt,

und da hat ihm schlecht geträumt.
›Mach das ja nicht wieder!
Schäm dich! Schäm dich, Dieter!‹
Zur Strafe gibt's kein Abendbrot.
Dieter schämt sich halber tot
und macht sein Bettchen wieder naß.
Ene dene Tintenfaß« (S. 84).

»Die Tür zur Küche war halb offen.
›Wieviel ist sechs mal sieben? Dreißig …?‹ fragte in
der Küche Mutters gereizte Stimme.
…
›Seit wann dreißig?‹
Das Geräusch einer Ohrfeige war zu hören.
Und sofort eine flennende Bubenstimme.
›Sechs mal sieben ist …‹
Und langes Schweigen« (S. 85).

»Wenn's daheim kracht, dann wünsche ich mir ein kleines
Schwesterchen. Wenn der Papi wütend ist, dann haut er den
Thomas, und der Thomas haut den Andreas, und Andreas haut
mich, und ich hab' dann keinen Menschen, den ich verprügeln
kann.
Angelika, 6 Jahre« (S. 89)

Der Text »Trotzdem« von Hans Adolf Halbey steht im Arbeitsbuch der Lesarten 3 (S. 58f.).

»Wenn die Mama morgens schreit:
Aufstehn, Kinder, höchste Zeit! –
sagt ein richtig braves Kind:
Die spinnt!

146

Zähneputzen, frische Socken
und zum Frühstück Haferflocken,
Vaters Sprüche: Das macht stark! –
alles Quark!

Wer am Morgen ohne Schimpfen,
Fluchen, Stinken, Naserümpfen
etwa brav zur Schule geht –
der ist blöd.

Lärmen, prügeln, Türen knallen,
allen auf die Nerven fallen,
grunzen, quieken wie ein Schwein –
das ist fein!

Rülpsen, Spucken, Nasebohren,
Nägel kauen, schwarze Ohren,
schlimme Worte jede Masse –
Klasse!

Und wenn Papa abends droht:
Schluß mit Fernsehn, Abendbrot! –
schreit doch jedes Kind im Haus:
Raus!

Trotzdem:
Kinder, schützt eure Eltern!«

Das Gedicht »Trotzdem« wird in Vergleich gesetzt mit dem
»Daumenlutscher« aus H. Hoffmanns Struwelpeter. Unter der
Fragestellung: Was heißt eigentlich »brav sein«? Die Arbeitsanweisung 14 im Arbeitsbuch lautet: »Wenn du erwachsen wä-
rest; würdest du deinem Kind lieber den ›Daumenlutscher‹ vorlesen oder das Gedicht ›Trotzdem‹ oder keinen der beiden Texte? Begründe deine Meinung« (S. 59). »Die Arbeitsanweisung
14 fordert zum Vergleich der beiden Texte auf. In diesem Zusammenhang sei darauf aufmerksam gemacht, daß erfahrungs-
gemäß viele Kinder dieser Altersstufe sich lediglich in Richtung
auf das ›erwartete Verhalten‹ äußern, also den ›Daumenlutscher‹ gut finden.« Diese Haltung ist jedoch nicht im Sinne der
Lesebuch-Autoren. Es heißt weiter: »Hier hilft nur ein natürlich geführtes Unterrichtsgespräch, das angestrebte Ziel zu erreichen: eine kritische und auch selbstkritische Kinderposition

zu beziehen« (S. 75 Lehrerhandreichung). Es muß hier deutlich gesagt werden, daß die Verfasser im Sinn haben, die gegenwärtigen »Erziehungserfolge« an dem Text »Trotzdem« zu überprüfen. Das Erziehungsziel ist erreicht, wenn die Kinder dem Text »Trotzdem« zujubeln.

Die zwei folgenden Texte stammen aus »Lesarten 4«, Textbuch. Es ist ein Kennzeichen der Neuen Linken, die Familie abzuqualifizieren durch die Floskel »Glückliche Familie«. An Hand von kritischen Texten zeigen sie, daß es eine glückliche Familie nicht gibt, und tragen auf diesem Wege des Bewußtmachens neue Konflikte in die Familie hinein. So auch hier. In den Handreichungen heißt es dazu: »Die Beziehungen zwischen Kindern und Eltern sind nicht konfliktlos. Daß eine ›glückliche Buch-Familie‹ kaum der Wirklichkeit entspricht, zeigen die hier abgedruckten Texte, in denen es um das Verhältnis der Kinder zu ihren Eltern geht. Ziel dieses Kapitels ist es, Kindern vor Augen zu führen, wie komplex das Familienleben von den Autoren des Textes gesehen wird. Bei nachdenklichem Umgang sollte den Schülern der Transfer zu Konfliktsituationen in der eigenen Familie nicht schwer fallen. Im Bewußtwerden dürfte die Chance zur Verhaltensänderung gegeben sein« (S. 126).

Der folgende Text »Kindsein ist süß?« von Susanne Kilian hat seelenzerstörende Langzeitwirkung:

»Tu dies! Tu das!
und dieses laß! Beeil dich doch!
Heb' die Füße hoch!
Sitz nicht so krumm!
Mein Gott, bist du dumm!
Stopf's nicht in dich rein!
Laß das Singen sein!
Du kannst dich nur mopsen!
Hör auf zu hopsen!
Du machst mich verrückt!
Nie wird sich gebückt!
Schon wieder ne' vier!

Hol endlich Bier!
Sau dich nicht so ein!
Das schaffst du allein
Mach dich nicht so breit!

Hab' jetzt keine Zeit!
Laß das Geklecker!
Fall mir nicht auf den Wecker!
Mach die Tür leise zu!
Laß mich in Ruh!

Kindsein ist süß?
Kindsein ist mies!« (S. 99)

Der nächste Text ist »Grashüpfers Überstundenlied«
von Friedl Hofbauer.

»Hopp, Hopper, Hopp!
Dein Vater hat ein' Dschob.
Dein Vater ist noch im Büro.
Da ist der Hopper gar nicht froh.
Hopp, Hopper, Hopp!

Nie, Hopper, nie
sitzt du auf seinem Knie.
Wenn Vater heimkommt, ist er müd
und zirpt das Überstundenlied.
Nie, Hopper, nie!

Nie, Hopper, nie
kommt Vater abends früh,
mein Hopper ist schon längst im Bett,
als ob er keinen Vater hätt –
nie, Hopper, nie!

Einst, Hopper, einst
kommt Vater, wenn du weinst,
nimmt dich aufs Knie und ist nicht müd
und zirpt für dich sein schönstes Lied.
Einst, Hopper, einst!

Doch heut, Hopper, heut
heut ist es spät und schneit,
die grüne Wiese ist ganz weiß,
Grashüpfers Liedchen liegt im Eis.
Heut, Hopper, heut!

Heut träum nur, was dich freut... « (S. 102f.).

7. »Bunte Lesefolgen 2« bzw. »Bunte Drucksachen 2«

Die Lesebuchreihe »Bunte Lesefolgen«[169] Band 1 bis 4 bzw.
»Bunte Drucksachen« Band 1 bis 4 sowie »drucksachen« 5–10
für weiterführende Schulen sind konsequent auf neomarxistisch emanzipatorischer Grundlage aufgebaut. Das Lesebuch
will das Kind als »kritisch-aktives Subjekt in Geltung bringen«.
Dazu muß es Fähigkeiten erwerben, die auf drei Ebenen als
Zielangaben in den Handreichungen für Band 3 wiedergegeben
sind.

> »1. Wahrnehmung unverwirklichter, die herrschende Praxis
> in Gesellschaft und Kultur überschreitender Gehalte, d. h.
> also Antizipierung von kollektiven und individuellen Le-
> bensbedingungen, die erst herzustellen wären (Sperr-
> druck vom Verf.);
>
> 2. auf der Basis dieser Kenntnisse und auf der Grundlage hi-
> storischer Analyse: Ideologiekritik bestehender Herr-
> schaftsverhältnisse und der zu ihrer Rechtfertigung angebo-
> tenen Vorstellungen und Interpretationen;
>
> 3. Kenntnis und Bereitschaft zur Anwendung von individuel-
> len und kollektiven Handlungsformen zur Verwirklichung
> antizipierter Lebensbedingungen in einer bestimmten histo-
> rischen und sozialen Situation; d. h. Formulierung von kon-
> kreten Aufgaben und ihre Realisierung in der gesellschaftli-
> chen Praxis« (S. XVII).

Es geht den Autoren um das Ermöglichen neuer Erfahrungen:
»Das Kennenlernen anderer Lebenssituationen als der bisher
erfahrenen und vertrauten;... das Kennenlernen vielfältiger
Handlungsmöglichkeiten, durch die das im eigenen Sozialisationsprozeß erworbene Repertoire vergrößert wird«. Dazu gehören das Kennenlernen »von Strategien kollektiver Emanzi-

pation« ebenso wie »von Möglichkeiten individueller Emanzipation« (S. XIX).

Diese Intentionen der Buchreihe, die sich vor allem in der Auswahl und Zusammenstellung der Texte niederschlägt, können hier im einzelnen nicht ausführlich belegt werden. Einige Beispiele seien herausgegriffen. Die Texte in den Sequenzen (Unterrichtseinheiten) sind in der Regel so zusammengestellt, daß sie einmal eine total negative, d. h. eine von Abhängigkeiten und Zwängen bestimmte Wirklichkeit, zum andern eine positive, eine freie, wünschenswerte Wirklichkeit aufzeigen. Die Texte sind von einer derartigen Tiefenwirkung, die Ratio umgehend, sofort auf den emotionalen Bereich übergreifend, daß sie für die Kinder zu einer doppelten inneren Belastung werden; für ihr Verhältnis zu den Eltern, ihren Mitmenschen und der Gesellschaft überhaupt. Beide Arten von Texten dienen der Emanzipation, der »Befreiung«. Die einen machen Herrschaft und Zwang bewußt und aktivieren Kräfte im Kinde, ihre Lage zu verändern, die anderen geben die Richtung der Veränderung an, wecken Wünsche und Sehnsüchte, die von den Emanzipatoren gesetzt sind.

Aus »Bunte Drucksachen 2« soll dieses Vorgehen gezeigt werden an der Unterrichtseinheit »Ich will dir Zeit verkaufen«. Die ersten Texte zeigen ein total negatives Elternverhalten. Der Text »Ein schöner Sonntag« von P. Meiselmann jr. leitet die Sequenz ein. Dieser Text ist von S. 140 bekannt. Der folgende Text lautet »Sonntag« und ist verfaßt von Karl Foltz:

»Wenn ich mein Sonntagskleid anhabe, darf ich
nicht laufen, nicht springen,
nicht pfeifen, nicht singen,
nicht rennen, nicht flitzen,
nicht frieren, nicht schwitzen,
nichts trinken, nichts essen,
nichts an mich pressen,
mich nicht recken, nicht bücken,
nichts aufheben, pflücken,
nicht klettern, nicht rutschen,
nichts knabbern, nichts lutschen,
nicht eilen, nicht bummeln,

nicht schreien, nicht brummeln,
nicht heulen, nicht lachen,
mich nicht schmutzig machen –
nur: grad' sitzen,
grad' stehen,
spazierengehen und fernsehen und brav sein,
brav sein,
brav sein! Kurzum:
Das Scheiß-Sonntagskleid bringt mich noch um!
Ei – weih,
ei – weih! Wär der stinklangweilige Sonntag nur endlich vorbei!« (S. 27).

Dieser Text bietet ein Beispiel für die Manipulation der Kinder.
Durch einen Bildstreifen über dem Text werden die Kinder bereits konfrontiert mit den Vorstellungen und Wünschen, wie sie
Kinder für den Sonntag hegen: Laufen, Bäumeklettern, mit
Tieren spielen, Eis essen, auf dem Erdboden spielen. Die durch
den Text geweckten Vergleiche zum eigenen Leben sollen jetzt
zur Sprache kommen. »Eigene Erfahrungen beim ›Tragen von
Sonntagssachen‹ verbalisieren und kritisch beurteilen«. Auf der
nächsten Stufe sollen die Kinder zum Ausdruck bringen, wie sie
sich einen schönen Sonntag vorstellen. Als Gesprächsergeb-
nisse sollen die Aussagemomente beider Texte »Ein schöner
Sonntag« und »Sonntag« zusammengefaßt werden: Verbote
der Erwachsenen und einseitige Berücksichtigung der Ansprüche der Eltern bedeutet Langeweile für die Kinder. Der Text
soll so eingeübt werden, daß »schnelles und rhythmisches Sprechen« erlangt wird. Die Tiefenwirkung für das Kind wird damit
perfekt (S. 26f. Lehrerhandbuch).

Der Text »Vati und ich« von Mira Lobe macht deutlich, was das
»Zeit-für-einanderhaben« für die Kinder bedeutet. Es ist ein
Text mit harmonischem Grundton.

»Im Sommer machen wir immer lange Spaziergänge.
Wir gehen in den Wald,
und Vati zeigt mir die verschiedenen Bäume.
Die Birken erkennt man an ihrem silberweißen Stamm.

Die Lärchen an ihren weichen Nadeln.
Wir gehen zum Bach,
und Vati zeigt mir die Blumen am Wasser:
Sumpfdotterblume, Wiesenschaumkraut und Vergißmeinnicht.
Manchmal legen wir uns mitten in eine Wiese
und spielen das ›Frag-mich-was-Spiel‹.
Da darf ich Vati alles fragen, was mir einfällt:
Wieso eine ganz gerade Straßenbahn
eine runde Kurve fahren kann ...
Oder was die Schnecke denkt,
die da den Grashalm hinaufkriecht...
Vati sagt: Schnecken denken überhaupt nicht,
nur Menschen denken.
Ich frage auch, ob es wahr ist,
was Onkel Tassilo erzählt:
daß es Kinder gibt, die immer, immer brav sind ...
›Nein!‹ sagt Vati. ›Die gibt es nicht!‹ « (S. 31).

Es soll noch darauf hingewiesen werden, daß die beiden Texte
»Ein schöner Sonntag« und »Sonntag« in die Neuauflage
»Bunte Lesefolgen 2« nicht aufgenommen sind. Das Lehrerhandbuch zu »Bunte Drucksachen 2« gilt nach wie vor. Außerdem sind die Texte durch vorhandene erste Exemplare und
durch die Lehrerbücherei jedem Lehrer zugänglich, der in dieser Richtung arbeiten will.

8. »Bunte Lesefolgen 3«

Für die Sequenz »Erziehung« in »Bunte Lesefolgen 3« werden
im Lehrerhandbuch die Unterrichtsziele eingehend dargelegt.
Es folgt ein kurzer Auszug. »Jeder Schüler wird fast täglich mit
Konflikten im Bereich der ›Erziehung‹ konfrontiert. ...Span-
nungen ergeben sich aus den verschiedenen Rollen von Eltern
und Kindern. Im Sozialisationsprozeß wird das Kind einerseits
in gesellschaftliche Gruppen integriert und damit an Normen
der Gesellschaft angepaßt, andererseits muß es lernen, sich von
starren Rollenmustern zu lösen, um sich gegenüber gesellschaftlichen Zwängen zur Wehr zu setzen. Daher hat das Kind
das Recht, seine Interessen im Hinblick auf seine Selbstbestimmung zu artikulieren; andererseits sind aber auch die Interessen der Eltern zu berücksichtigen. ...Bevor die Haltung des

Schülers durch Erziehungseinflüsse fixiert ist, sollte er seine eigene Situation innerhalb des Erziehungsraums ›Familie‹ erkennen, sie in elementarer Form reflektieren und auf Autoritäts- und Gehorsamsforderungen in begründeter Form ablehnend oder bejahend reagieren lernen. ...Im Unterricht wird es... immer auch darauf ankommen, unbefragte und unbegründete Erziehungsnormen in Frage zu stellen, dabei geht es... um deren rationale Begründung. ...Eine Auseinandersetzung mit den Texten dieser Sequenz soll dem Schüler die Möglichkeit bieten, seine eigene Situation real einzuschätzen, seine eigenen berechtigten Interessen zu artikulieren, begründete Autoritätsanforderungen der Eltern zu erkennen und unbegründete, starre Gehorsamsanforderungen zurückzuweisen« (S. 17f.).

Für den Unterricht werden in dieser Sequenz mehrere Texte geboten. U. a. »Die Geschichte vom Daumenlutscher«, »Kindsein ist süß?«. Besondere Beachtung wird der Text »Lenka« von Jan Prochazka finden. Im Lehrerband ist seine Bearbeitung besonders eingehend besprochen. Ein Konflikt zwischen Mutter und Tochter: Wie kann er gelöst werden? Es wird die Anregung gegeben, daß die Kinder für diesen Konflikt im Rollenspiel Lösungsmöglichkeiten finden sollen. Die Ziele der Sequenz werden hier von den verschiedensten Seiten angesprochen: begründete und unbegründete Normen, Autorität, Unterdrückung, Strafe, Bedürfnisse, Selbstbestimmung, Trotz, Auflehnung. Die Kinder werden in einen Wirbel gestürzt. Es heißt in dem Lehrerhandbuch »Die dargestellte Problematik können Schüler dieses Alters – wie Unterrichtsversuche gezeigt haben – nachempfinden und auf ihre eigene Situation beziehen.« (S. 20).

Aus dem Text »Lenka« von Jan Prochazka sollen einige Teile zitiert werden:

»Die zwölfjährige Lenka lebt in einem kleinen Dorf, wo es viele Pferde gibt; darunter ist auch Prim, ein gefleckter Hengst. Lenka hat von zu Hause eine Kleiderbürste mitgenommen und bürstet das Fell ihres Freundes Prim.

Lenka ist mit Prims Reinigung so leidenschaftlich beschäftigt, daß sie selbst Kanonendonner überhört hätte. Wie hätte sie daher die Schritte der Mutter auf der Brücke hören können?

Die Mutter kommt über die Wiese und geht zum Hühnerhof. Sie hat keine Ahnung davon, was Lenka macht. Zufällig schaut sie hinüber und bleibt mit offenem Mund wie angewurzelt stehen. Sie sieht Lenka, vor allem aber das neue Kleid, das sie für die Reise nach Prag genäht hat. Auf dieses Kleid war sie so stolz.

›Lenka!‹ schreit sie herzzerreißend auf. Sie ist nahe an einem Herzschlag.

…

Die Katastrophe ist nicht mehr aufzuhalten.

›Was machst du denn da? In diesem Kleid! Schau bloß, wie du aussiehst!‹

Die Mutter kommt mit großen Schritten auf Lenka zu.

›Mutti… Mutti… Ich bitte dich…‹, stammelt Lenka.

Prim springt erschrocken weg und läuft einige Meter weiter.

Lenka versucht zu retten, was zu retten ist; sie will wenigstens die Bürste hinter dem Rücken verstecken. Sie bekommt eine Ohrfeige, die sie hinnimmt als Einleitung zu weiteren.

›Was hast du denn da?‹

›Nichts…‹

›Zeig her, was hast du in der Hand?‹

Das ist ein Befehl. Sie muß ihre Hände zeigen.

›Die gute Bürste!‹

Der Mutter versagen die Knie, und sie verliert zum zweitenmal die Fassung. ›Bürstest du das Pferd etwa mit der guten Bürste!?‹

Sie schnappt nach Luft.

›Was habe ich dir gesagt?‹ schreit sie. ›Du solltest nicht zu dem

Pferd gehen!‹ Jetzt klatschen einige Ohrfeigen. Sie reißt Lenka die Bürste aus der Hand und starrt ungläubig das total verdreckte Kleid an. Schließlich faßt sie sich an den Kopf. ›Na, warte, wenn du nach Hause kommst!‹ ruft sie erregt. ›Du kannst dich auf etwas gefaßt machen!‹ Lenka kann sich das schon denken.

...

Die Mutter wird wütend auf ihn (den Hengst, d. Verf.). Sie bückt sich nach einem Stück Holz und holt aus.

›Mutti!‹ Lenka hängt sich weinend und schreiend an ihren Arm.

›Mutti! Nein... Nein... Mutti! Wirf es nicht! Wirf...‹

›Laß mich los! Du wirst mir noch... erlauben... was ich darf und was ich nicht darf! Hörst du, laß mich sofort los!‹

Lenka hält sie am Handgelenk fest, aber die Mutter hat mehr Kraft als sie. Sie schiebt das Mädchen zur Seite, wirft das Holz und trifft das Pferd in die Seite. Es ist ein dumpfer Schlag. Das Pferd wiehert mit einem unnatürlich hohen Ton auf und springt sofort weg.

›Mutti... Mutti...!‹

Lenka weint ununterbrochen. Es klingt fast nicht mehr wie ein Weinen, sie stöhnt und schreit, und auf einmal sieht sie nicht mehr wie ein Kind aus. Sie wird trotzig. ›Ich... ich will kein Kleid von dir... Ich will es nicht haben. Du kannst es behalten... Ich will es nicht!‹ schreit sie.

Lenka zittert wie im Schüttelfrost. Sie drängt die Mutter von der Koppel weg, und diese fühlt den zitternden, fast erwachsenen Körper.

›Du kannst es behalten! Ich will nichts mehr von dir haben! Nie mehr will ich etwas von dir haben! Hörst du, nie mehr!‹

Viele Mütter auf der Welt würden auf diesen Ausbruch ähnlich reagieren: mit einer Tracht Prügel. Das Mädchen fühlt die Schläge gar nicht.

›Ich werde fortgehen!‹

›Lenka...‹, sagt die Mutter bestürzt. ›Aber Lenka!‹

Lenka reißt sich los. Sie läuft beleidigt weg. In diesem Augenblick haßt sie die Mutter tatsächlich. Niemals vorher hätte sie es für möglich gehalten, daß sie ihre Mutter eines Tages so hassen muß...

›Ich werde weglaufen, und ich komme niemals zurück!‹« (S. 20).

9. »Bunte Drucksachen 4«

»Bunte Drucksachen 4« bringt in der Sequenz »Umwelt« das Gedicht »Was ein Kind gesagt bekommt« von B. Brecht. Es ist in die Neuauflage »Bunte Lesefolgen 4« nicht aufgenommen, aber für den Unterricht weiter zugänglich. Außerdem ist es in »Texte zum Nachdenken«, s. Anm. 170, abgedruckt:

»Der liebe Gott sieht alles.
Man spart für den Fall des Falles.
Die werden nichts, die nichts taugen.
Schmökern ist schlecht für die Augen.
Kohlentragen stärkt die Glieder.
Die schöne Kinderzeit, die kommt nicht wieder.
Man lacht nicht über ein Gebrechen.
Du sollst Erwachsenen nicht widersprechen.
Man greift nicht zuerst in die Schüssel bei Tisch.
Sonntagsspaziergang macht frisch.
Zum Alter ist man ehrerbötig.
Süßigkeiten sind für den Körper nicht nötig.
Kartoffeln sind gesund.
Ein Kind hält den Mund« (S. 35).

10. »Texte zum Nachdenken«

Das folgende Gedicht »Wir fragen Euch« von den Lesebuchmachern zeigt die Grundintention emanzipatorischer Erziehung im Bezug auf Kind und Erwachsene (Eltern) noch einmal deutlich. Entnommen ist es aus »Texte zum Nachdenken«[170]:

»Wir fragen Euch:

157

Müssen Kinder pünktlich sein?
Müssen Kinder leise sein?
Müssen Kinder sauber sein?
Müssen Kinder freundlich sein?
Müssen Kinder dankbar sein?
Müssen Kinder brav sein?
Müssen Kinder hilfsbereit sein?
Müssen Kinder ordentlich sein?
Müssen Kinder den Mund halten?

Wir fragen weiter:

Sollen Erwachsene pünktlich sein?
Sollen Erwachsene leise sein?
Sollen Erwachsene sauber sein?
Sollen Erwachsene freundlich sein?
Sollen Erwachsene dankbar sein?
Sollen Erwachsene brav sein?
Sollen Erwachsene hilfsbereit sein?
Sollen Erwachsene ordentlich sein?
Sollen Erwachsene den Mund halten?« (S. 22f.).

11. Besinnung

Wir haben Texte und Methoden kennengelernt, die das Eltern-Kind-Verhältnis und das Verhältnis von Kindern zu Erwachsenen überhaupt revolutionieren. Dabei wird in den Kindern eine neue Ich-Struktur angelegt, die uns unter der Bezeichnung »balancierende Ich-Identität« bekanntgeworden ist.
Es handelt sich um die Identität, die nach J. Habermas gesell-
schaftsrevolutionierendes Potential abgibt. Diese Ich-Struktur
wird an Inhalten gewonnen, die rücksichtslos Schwächen und
Versagen anderer Menschen bewußt machen, um sie für die
pädagogische Zielsetzung zu nutzen. Welches Ziel der einzelne
Lehrer hiermit auch immer meint erreichen zu können, der
Weg dazu ist gegen den anderen Menschen gerichtet, er ist anti-
human und damit pädagogisch nicht zu verantworten. Der auf-
geführte Text »Wofür ein Kind streiten soll« macht noch einmal
deutlich, welchen Menschen ein derartiger Unterricht produziert. Das Kind erwirbt Strategien, mit deren Hilfe es »Ansprüche« gegenüber den Eltern durchsetzt, festgestellte Mängel in-

nerhalb der Familie kritisieren und überwinden kann. Es wurde vorgeschlagen: Gespräch mit den Eltern; Resolutionen, die in der Klasse erarbeitet wurden; Streitgespräche, im Rollenspiel erprobt. Es gibt u. U. noch wirkungsvollere Mittel, um als »berechtigt« anerkannte Ansprüche zu verwirklichen. Alle Bedürfnisse, sogar Geborgenheit und Umsorgung durch die Eltern werden zu »erstreitbaren« und »einforderbaren« Gütern.

Ein derartiges Verhalten aber zerstört die Familie von innen heraus, widerspricht dem Wesen der Liebe, von dem das Verhältnis zwischen Eltern und Kindern getragen ist und getragen sein soll. Zum Wesen der Liebe gehört das Geben. Für den, der geliebt wird, ist es ein Empfangen. Das ist ein wechselseitiges Verhältnis zwischen Eltern und Kindern. Die Liebe ist innere Nähe und Vertrauen, sie ist kein Verhältnis von Distanz. So wie die Liebe gibt und empfängt, kann sie auch verzichten. Auch der Verzicht gilt für beide Seiten, für Kinder und Eltern. Dabei liegt das Geben verstärkt auf der Seite der Eltern, aber auch das Kind macht bereits zunehmend diese Erfahrung.

Das Wesen der Liebe ist wohl am klarsten im Brief des Paulus an die Korinther ausgedrückt: »Die Liebe ist langmütig, freundlich, sie eifert nicht, sie treibt nicht Mutwillen, sie bläht sich nicht auf, sie stellt sich nicht ungebärdig« (1. Kor. Kap. 13). Der Kern dessen, was Liebe ist, wird innerhalb dieses Kapitels deutlich: »sie suchet nicht das Ihre«. Paulus ergänzt im Kapitel 10.25: »Niemand suche das Seine, sondern ein jeglicher, was des andern ist«. Nicht das Ich mit seinen Bedürfnissen steht im Mittelpunkt, sondern der andere. Die Liebe als Wechselbeziehung beglückt alle. Liebe ist da als Geschenk. Liebe und alle ihre Auswirkungen, wie Geborgenheit, lassen sich nicht »einfordern« und »erstreiten«. Lohn und Gehälter lassen sich erstreiten.

Die neue Erziehung zur Ich-Identität kehrt das Wesen der Liebe in der Familie radikal um. Aber das liegt ganz im Sinne der Neuen Linken: Denn eine Familie, in der Liebe und Geborgenheit herrschen, hemmt die Bildung des revolutionären Subjekts. Das, was bei den Familien an Liebe vorhanden ist – bei aller Unvollkommenheit – wird zusätzlich systematisch zerstört: durch das Bewußtmachen von Konflikten, durch Erzeugung

neuer Konflikte, durch die Entwicklung von Konfliktlösungsstrategien und durch die Behaftung der Kinder mit Vorstellungen über ihre Eltern und andere Erwachsene, die der Verneinung entnommen sind. So erscheint der Vater als »Oberaffe«,
die Familie als »Gefängnis«, das Kindsein als »mies«. Die Zerstörung des Verhältnisses zwischen Eltern und Kind wird hier
als Mittel zum Zweck benutzt, um mit dem Kinde gesellschaftspolitische Ziele zu erreichen.

Die Fixierung des jungen Menschen auf seine optimale Bedürfnisbefriedigung, die Erziehung zur kritischen Distanz in seinem
engsten Lebensbereich, die Vergiftung der Vorstellungswelt
mit negativen Bildern über die Eltern und die eigenen Lebensbedingungen und dazu die Weckung von utopischen Vorstellungen über befriedetes Dasein lassen die Kinder vereinsamen.
Ein Weg tut sich auf: das Kollektiv der Gleichaltrigen, anfällig
für alle gesellschaftsrevolutionären Heilsutopien. Die Folgen
einer solchen Erziehung hat der Lehrer nicht mehr in der Hand.
Sie sind unabsehbar.

Einer, der die Zielsetzung der Neuen Linken außer acht läßt,
könnte bei vordergründiger Betrachtung der Texte und Methoden einwenden: So ist doch die Lage in vielen Familien, die
Texte haben nicht unrecht, die Texte machen vielen Kindern ihr
Unbehagen bewußt, sie können es jetzt verarbeiten und besser
damit fertig werden. Wer die Not in vielen Familien bestreiten
würde, ginge an der Realität vorbei. Wer jedoch so argumentiert, dem muß gesagt werden, daß er auf diesem Weg im Dienst
der sozialistischen Kulturrevolution steht. Echte Nöte, die in
den Familien vorhanden sind, sind immer Einzelnöte dieser besonderen Familie. Sie dürfen nicht einer unterrichtlichen Bearbeitung unterliegen, wie wir sie hier kennengelernt haben.
Durch die Behandlung im Unterricht wird keine echte Hilfe geboten. Man muß sogar verlangen, daß ein Lehrer nur dann erkannte Nöte ansprechen darf, wenn er ihre Lösung auch verantwortlich verfolgen kann. Das aber ist nicht möglich vor dem
Plenum der Klasse, wie das hier geschieht, sondern nur im Ein-
zelgespräch mit dem Kinde bzw. mit den Eltern. Ebenfalls hat
die öffentliche Schule kein Recht, in den natürlichen Ablösungsprozeß zwischen Eltern und Kindern, der das Kind zu immer größerer Selbständigkeit führt, bewußt einzugreifen. Hier

haben wir Eltern unsere Kinder im Vertrauen zunehmend frei-
zugeben.

Auch solche Argumente müssen zurückgewiesen werden, die
vorgeben, mit derartigen Texten und Methoden Kinder in
schwierigen häuslichen Verhältnissen befähigen zu wollen, sich
ihrer Eltern zu erwehren. Es sei daran erinnert: Gott spricht
derartige Eltern auf ihre volle Verantwortung hin an, unabhängig der Verhältnisse, in denen sie leben. Aber ebenso müssen
die Kinder wissen, daß sie ihr Verhalten den Eltern gegenüber
vor Gott verantworten müssen. Sie sind nicht aus dem 4. Gebot
entlassen.

Zwischen uns Christen und der hier entfalteten Zielsetzung in
der öffentlichen Schule gibt es keinen Konsens. Das liegt in der
widergöttlichen Identitätsauffassung und -bildung begründet.
Wir haben von Gott nicht den Auftrag, unsere Kinder zur optimalen Befriedigung ihrer Bedürfnisse zu erziehen unter Revolutionierung der ihnen als Zwänge gedeuteten Lebensverhältnisse; wir haben von Gott den Auftrag, unsere Kinder zu ihm zu
weisen: »... weiset meine Kinder und das Werk meiner Hände
zu mir!« (Jes. 45, 11). Unser Herr sagt: »Lasset die Kindlein
und wehret ihnen nicht, zu mir zu kommen; denn solcher ist das
Himmelreich« (Matth. 19, 14). Die in dem Erziehungsprozeß
eingebaute Persönlichkeitsstruktur ist dagegen gerade das Gegenteil von der Haltung, die nötig ist, um das Reich Gottes zu
empfangen. Hier ist ja gerade auch von uns Erwachsenen gefordert, demütig, vertrauensvoll wie ein Kind zu Gott zu kommen, alles Erstreiten eigener Rechte aufgebend, um die Vergebung der Sünden als Geschenk aus der Hand Jesu Christi anzunehmen. Wir können es nicht zulassen, daß die öffentliche Erziehung in unseren Kindern aller Ordnung und damit auch aller
göttlichen Ordnung gegenüber ein »flexibles« Gewissen aufbaut. Im Gegenteil, wir müssen deutlich machen, daß wir täglich durch die Übertretung der Gebote Gottes objektiv schuldig
werden und der täglichen Vergebung bedürfen, auch nach der
grundsätzlichen Hinwendung unseres Lebens zu Christus. Das
wissen und erfahren auch unsere Kinder.

Das Eltern-Kind-Verhältnis der glaubenden Gemeinde Jesu
Christi ist ein radikal anderes als das, was die Schule versucht
aufzubauen. Deutlich stellt es uns Gottes Wort dar: »Ihr Kin-

der, seid gehorsam euren Eltern in dem Herrn; denn das ist billig. ›Ehre Vater und Mutter‹, das ist das erste Gebot, das Verheißung hat: ›auf daß dir's wohl gehe und du lange lebest auf Erden!‹ Und ihr Väter reizet eure Kinder nicht zum Zorn, sondern ziehet sie auf in der Zucht und Vermahnung zum Herrn« (Eph. 6, 1–4). In diesem dreifachen Beziehungsverhältnis Kind - Eltern - Gott vollzieht sich unsere Erziehung. Dabei geben wir unseren Kindern »gute Gaben«, soweit das in unseren Möglichkeiten steht und vor Gott verantwortet werden kann. Erziehung vor Gott beinhaltet auch unsere Bereitschaft, eigene Fehler, eigene Schuld vor unseren Kindern zuzugeben, sie um Verzeihung zu bitten. Unsere Kinder müssen erfahren und erleben, daß wir als Eltern auf Gottes Vergebung angewiesen sind. So erleben sie mit uns, daß Gottes Vergebung die Beziehungen zwischen den Menschen erneuert.

Wir können es nicht zulassen, daß durch die öffentliche Schule in unseren Kindern Bewußtseinsinhalte und Verhaltensweisen aufgebaut werden, die die Kinder gegen das Gebot Gottes verstoßen lassen. Wir müssen von unseren Kindern derartige Texte und Methoden fernhalten und diese zurückweisen. Wir lehnen die Teilnahme unserer Kinder an derartigem Unterrichtsgeschehen ab.

B. Schulbuchtexte als Medien zur Gesellschaftsveränderung

1. Anleitung zur Aktion im Kollektiv

Durch den geschilderten Erziehungsprozeß wird eine Ich-Struktur im Kinde entwickelt, die wir mit Recht als »revolutionäres« Subjekt im neomarxistischen Sinn bezeichnen können. Alle gewünschten Fähigkeitsmerkmale sind vorhanden: Distanz gegenüber allen Gegebenheiten und Personen, kritisches Hinterfragen derselben; das Fehlen jeglicher vorgegebenen Ethik, das Fehlen jeglicher Bindung an eine letzte Instanz; das Einbringen der eigenen Bedürfnispositionen unter Berücksichtigung evtl. entstehender Konsequenzen; das Abschätzen der Berechtigung der Bedürfnisse anderer. Wie wir sahen, wird diese Umwandlung der kindlichen Person ohne Schwierigkeiten erreicht werden, wenn unsere Kinder einer Schule mit derartigen Zielen, Inhalten und Methoden schutzlos ausgeliefert bleiben.

Diese ins Auge gefaßte Ich-Struktur beinhaltet jedoch noch mehr: das gesellschaftsverändernde Potential. Dieser Aspekt der Gesellschaftsveränderung kommt vor allem im alternativen Handeln zum Ausdruck. Er ist die Folge der Analyse der Umweltverhältnisse. J. Zichmann[171] macht im Bereich der Sachkunde für das »soziale Lernen« darauf aufmerksam, daß dieser Aspekt alternativen Handelns gegenüber der Analyse gesellschaftlicher Verhältnisse nicht vernachlässigt werden dürfe. Die Unterrichtseinheiten dürften das Kind nicht im »Bereich des Analysierens und Konstatierens« stehen lassen (S. 60). Die Kinder müßten gegenüber Erwachsenen in ihrem »Handlungsreservoir« gestärkt werden, natürlich mit der gebotenen Behutsamkeit, um Kinder nicht unnötig häuslichen Konflikten auszusetzen. Es gehe darum, die Kinder zu aktivieren, in angemessener Weise ihren Willen durchzusetzen. Geschehe das nicht durch die Schule, so böte diese dem Kind nicht die Hilfe zur Lebensbewältigung, die es benötige. »Diese Lernziele bieten Hilfe zur Lebensbewältigung für das Kind aber nur dann, wenn Umweltbewältigung nicht in der Analyse stecken bleibt und die Schule den Mut hat, zu Handlungsmöglichkeiten und Handlungsbereitschaften zu verhelfen« (S. 61). Sein Unterrichtsbeispiel ist ein Konflikt um das Fernsehen, in dem Peter lernt, in der Familie eine Regelung durchzusetzen, die es ihm erlaubt, das Fernsehen in den Grenzen, die er auch selbst als angemessen akzeptiert, selbst zu gebrauchen (S. 62f.).

Aber die hier im engsten Rahmen erworbene Fähigkeit, umweltverändernd zu handeln, wird auch in anderen gesellschaftlichen Bereichen wirksam, mit denen das Kind in Berührung kommt. Diese Erziehung ist bewußt auf die Veränderung der erweiterten Umwelt des Kindes durch die Kinder ausgerichtet, ja, sie führt – darauf sei hier schon hingewiesen – zur Infragestellung der Institutionen und unserer Gesellschaft überhaupt.

»Sprachprojekte 2« bietet drei »Meckerkastengeschichten«[172]. Ein Meckerkasten wird eingeführt. »Wir schlagen vor, diesen namen anstelle des üblicheren ›kummer‹kastens zu verwenden, um den akzent von den individuellen mehr auf die sozialen probleme zu setzen, zu deren lösung die schüler sich solidarisieren können. Sie sollen an allem ›herummeckern‹, was ihnen nicht paßt«[173]. Den Verfassern ist dabei klar, daß Wünsche der Kinder sich nicht ins Maßlose steigern dürfen, sie sollen lernen, daß ihre Wünsche in den Gegebenheiten der Umwelt und im Willen anderer auch ihre Grenzen haben. So kann man z..B. dem Wunsch der Kinder, während der Pause nach Belieben in der Klasse bleiben zu dürfen, aus schulorganisatorischen Gründen nicht nachgeben. Aber dennoch werden sich Bereiche finden, die sich abändern lassen. Es muß den Kindern deutlich werden, daß »bei Veränderungsabsichten auch Teilerfolge schon zählen...«. Die Verfasser nennen einen Teilerfolg: »... etwa, wenn die Hausaufgaben zwar nicht abgeschafft, aber deutlich verringert oder differenziert gegeben werden« (S. 47 Lehrerband). Daher lautet eine der Meckerkastengeschichten: »Peter hatte neulich Besuch von einem Freund aus Hamburg. Der hat ihm eine große Neuigkeit erzählt. An seiner Schule kriegen die Kinder fast gar keine Hausaufgaben mehr auf.« – »Peter berichtet das seiner Tischgruppe, und sie schreiben einen Zettel: In Hamburg kriegen sie viel weniger Schularbeiten auf. Wir wollen auch weniger Schularbeiten. Peter, Ralf, Conny, Beate« (S. 32 Schülerbuch).

Aktion wird hier aber noch auf einem erweiterten Hintergrund geprobt und eingeübt. Das Sprachbuch bietet eine Reihe von Projekten an, die in dieser Problematik weiterführen. Es handelt sich um Projekte wie: die Klasse einrichten, Geburtstagsregelung finden, Nachrichten senden, ein Klassentier anschaffen, einen Ausflug vorbereiten. An diesen Projekten lernen die Kinder, soweit das für dieses Alter möglich ist, Selbständigkeit und Selbstbestimmung. Der Lehrer tritt als Autorität weitgehend zurück, obwohl gesehen wird, daß Kinder in diesem Alter ohne die Hilfe des Lehrers noch nicht ganz auskommen (!). Alles ist darauf angelegt, das Einwirken des Lehrers abzubauen. Selbst das Sprachbuch will nicht als »Autorität« verstanden werden, sondern nur als Hilfe, obwohl es den Schüler total manipuliert.

Wie zeigt sich das neue Schülerverhalten? In der Plenumsdiskussion entscheidet die Klasse, wie sie den Klassenraum ausgestalten will, ob sie ein Kleintier anschaffen will oder nicht, ob sie einen Nachrichtensender aufbauen oder einen Ausflug machen will oder nicht. Hier wird auch über das »wie« beraten und entschieden. Ja, selbst bei Rohheitsdelikten der Kinder untereinander – hier dem Meckerkasten anvertraut – hat der einzelne das Recht, sich »um Schutz an die Klasse zu wenden« und nicht wie bisher an den Lehrer. Dies wird extra betont (S. 47 Lehrerband). Wie weit allerdings die Entscheidungsfähigkeit (oder Unfähigkeit, d. Verf.) der Kinder geht, wird deutlich an der Besprechung, warum die Klasse 2 a keinen Ausflug gemacht hat: »der Lehrer hatte keine Lust; die Schüler wollten nicht; sie wußten nicht, was sie wollten; sie konnten sich nicht entscheiden« (S. 60). Selbstverständlich wird den Kindern eine Fülle von Informationsmaterial gegeben, und es werden auch Hilfen genannt, nach denen man sich entscheiden kann. Man beachte die Gesichtspunkte, die die Handreichungen für ein zweites Schuljahr zur Auswahl eines Ausflugszieles geben: »Ist der Weg zu unserem Ausflugziel interessant? Ist der Weg zu lang (zu teuer)? Was kann man dort machen? (Je mehr Aktionsmöglichkeiten, desto besser!)« (S. 62).

Bei der Hinführung der Kinder zu selbstbestimmtem Handeln werden eine Reihe von Fähigkeiten erworben, die für eine derartige neue Kleingesellschaft unerläßlich sind: erfassen, besprechen, argumentieren, debattieren, abstimmen, begründen, Informationsfragen stellen, gezielt und vorbereitet fragen, sich solidarisieren, überzeugen anderer Gruppen auf Grund von Fakten. An weiteren Fernzielen wird angegeben: sprachliche und nichtsprachliche Kommunikation, aufeinander abgestimmtes Handeln, Selbstvertrauen, reflexive Selbstkontrolle, Sensibilisierung für die Bedürfnisse der Mitspieler, Differenzierung der Rollenwahrnehmung (S. 50). Aber hier wird ebenfalls genannt – und dieses Ziel ist in den anderen mit eingeschlossen: Abbau von Hierarchie, d. h. Abbau von Über- und Unterordnung. Das Kollektiv ist komplett, die Grundlagen für den Diskurs sind gelegt. Die propagierte Selbstbestimmung entpuppt sich als Fremdbestimmung durch das Kollektiv. Aus der Ich-Identität wird die Identität des Kollektivs.

In der Klasse wird eine Kleingesellschaft eingeprobt, wie wir sie in der übrigen Gesellschaft mit ihren Strukturen der Über- und Unterordnung bis hinein in die Familie noch nicht haben. Die Kinder stehen in einer Spannung zwischen beiden gesellschaft-

lichen Formen. Die Lebensform der Kleingesellschaft »Klasse«
wird zurückwirken auf die Familie. Wird über die Schule die
bisherige Familienstruktur zerbrochen?

In geschickter Weise wird diese Kleingesellschaft »Klasse«
noch weiter zusammengeschweißt und abgesetzt gegenüber
Erwachsenen, vor allem gegenüber der Familie. Diese Kinder
sind es, die im Konflikt mit den Eltern gelernt haben, u. U. die
Bauklötze wieder auszuschütten und weiterzuspielen. Diese
Kinder haben von dem kleinen Raben die wahre Deutung der
mütterlichen Bemerkung: Sabine sei ein Ferkel gehört: »Ferkel
ist das Kind der Sau.« Diese Kinder lernen jetzt, in der »Schülerkooperation« sich bei ihren Arbeiten gegenseitig zu helfen,
dem Versager und dem Schwächeren beizustehen, eine anzuer-
kennende Fähigkeit; aber den Kindern wird gleichzeitig klargemacht, daß schlechte Leistungen und Schulversagen »in den
meisten Fällen in den Bedingungen des Elternhauses zu suchen
sind«. Ja, es wird den Kindern deutlich gemacht, daß dieses den
Betroffenen »manchmal kaum bewußt« ist, daß sie dieses als
»Schicksal« hinnehmen. »Ein auf Schülerkooperation ausge-
richteter Unterricht muß zunächst einmal das Phänomen der
unterschiedlichen Leistungen den Schülern sichtbar machen,
dann die Gründe dafür reflektieren und schließlich kooperative
Maßnahmen zur Abhilfe entwickeln« (S. 28f.).

2. Anleitung zur Solidarisierung

Die Kooperationsgemeinschaft, die die Kinder gewinnen, führt
über den schulischen Rahmen hinaus in die Gesellschaft: Da ist
ein Hausmeister, der die Kinder nachmittags nicht auf der
Wiese des Grundstücks spielen lassen will, für das er verantwortlich ist. Die Klasse hat sich entschlossen, einen Nachrich-
tendienst einzusetzen, in dem auch außerschulische Probleme
aufgegriffen werden. Im Hinblick auf diesen Hausmeister heißt
nun eine durchgegebene Nachricht: »An alle aus der neuen
Siedlung. Der Hausmeister Seumig ist blöd. Wir sollten uns das
nicht mehr gefallenlassen mit dem Rasenrunterjagen« (S. 55
Schülerbuch).

Dies kleine Kollektiv gewinnt schließlich auch ein neues Verhältnis zum Besitz. Dies geschieht durch regelmäßiges Austau-

schen von Spielsachen (S. 69f.). Dadurch soll das »Ich-befangene Besitzdenken in Richtung auf sozialere Besitzeinstellungen hin« verändert werden (S. 66 Lehrerband). In »Sprachprojekte 2« Lehrerband wird das Gedicht von Volker Ludwig »Meins oder Deins« aus »Bunte Drucksachen 2«, Pro-Schule, als weitere Anregung empfohlen.

»Malle: Gib mir mal dein Fahrrad!
Hupe: Nein! Das ist meins!
Malle: Du brauchst es doch jetzt gar nicht!
Hupe: Trotzdem ist es meins!
Malle: Ich weiß doch, du brauchst es nicht!
Warum gibst du's mir trotzdem nicht?
Hupe: Weil es eben meins ist!
Meins! Meins! Meins!
Malle: Weil es eben seins ist, seins, seins, seins!
Hupe: Meins oder deins?
So geht es alle Tage!
Hupe u.
Malle: Meins oder deins?
Was für 'ne doofe Frage!
Hupe: Was, müssen wir uns keilen?
Malle: Wir könnten doch auch teilen.
Daß jeder immer das bekommt,
Hupe: Was er gerade braucht!
Malle: Darf ich in ihr Haus rein?
Hupe: Nein! Das ist meins!
Malle: Es wohnt doch keiner drinne!
Hupe: Trotzdem ist es meins!
Malle: Wir stör'n doch keinen hier im Haus!
Warum muß ich dann trotzdem raus?
Hupe: Weil es eben meins ist!
Meins! Meins! Meins!
Malle: Weil es eben seins ist, seins, seins, seins!
Hupe: Meins oder deins:
So geht es alle Tage!
Hupe u.
Malle: Meins oder deins:
Was für 'ne doofe Frage —
Malle: Gibste mir dein Fahrrad?
Hupe: Bitte! Ist doch klar!

Malle: Ich brauch' es auch nicht lange!
Hupe: Frag' nicht lang und fahr!
Hupe u.
Malle: Wäre das nicht fabelhaft:
Mein und dein wird abgeschafft!
Dann kriegt jeder immer alles,
wann er's braucht!
Dann kriegt jeder immer alles,
wann er's braucht!
(S. 56f.)

Der Lehrer wird keine Bedenken haben, das Gedicht »Einmaleins« von H. Stempel und M. Riepkens auf der nächsten Seite in
»Bunte Drucksache 2« auch zu bieten:

»Einmaleins ist eins.
Was mein ist, werde deins.
Was dein ist, werde meins.
Zwei mal eins wird eins« (S. 57).

Vor dem endgültigen Tauschen von Spielsachen wird im Lehrerband zu Sprachprojekte 2 gewarnt. An dem Anspruch der
Eltern, hier mitsprechen und mitentscheiden zu wollen, könne
dies scheitern und für das Kind Konflikte schaffen, die es in diesem Alter (7 Jahre) nicht bewältigt (S. 66).

»Texte und Fragen« Band 2 arbeitet darauf hin, die Kinder zu
gemeinschaftlichen Aktionen zu erziehen, wobei allerdings
auch Grenzen und Gefahren der handelnden Gruppe aufgezeigt werden (Gruppenzwang und Beschneidung der Freiheit
des einzelnen). Aber grundsätzlich sollen die Kinder dahin geführt werden, sich zu solidarisieren, um Konflikte im gesellschaftlichen Bereich besser lösen zu können. Es wird vor allem
auf »Konflikte mit Mächtigeren« hingewiesen. »Es gibt Sach-
probleme, aber auch Konflikte im zwischenmenschlichen Bereich, die der einzelne allein nicht bewältigen kann, für die er
die Mithilfe anderer benötigt. Dies können Gemeinschaftsaufgaben sein, bei denen es auf kooperatives Handeln ankommt,
aber auch Konflikte mit Mächtigeren, die solidarisches Han-

deln erfordern. Kooperatives und solidarisches Handeln sind Verhaltensweisen, die insofern für das soziale Lernen bedeutsam sind, als sonst das Kind zum Einzelgänger oder zum konkurrenzorientierten Egoisten zu werden droht«[174].

Die Parabel »Fünf Finger sind eine Faust« vom Kinderbuch-Kollektiv zeigt, wie sich die Verfasser solidarisches Handeln vorstellen.

»An der roten Hand sind fünf Finger:
der Daumen, der Zeigefinger, der Mittelfinger, der Ringfinger und der kleine Finger.

Die können sich überhaupt nicht leiden.

Der Mittelfinger sagt: Der Ringfinger ist eingebildet, der Zeigefinger
will alles besser wissen, und der kleine Finger und der Daumen sind sowieso doof.

Der kleine Finger findet alle anderen Finger zu groß
und den Daumen zu dick.

Der Zeigefinger sagt: Ihr seid mir ja viel zu dumm.

Keiner will mit dem andern was zu tun haben.
Jeder ist sauer und sagt:
Schade, daß ich keinen Freund hab, der genauso ist wie ich.«

Diesen roten Fingern wird eine grüne Hand gegenübergestellt.

»Und dann ist da noch eine grüne Hand.
Die grünen Finger stecken immer unter einer Decke.
Sie sind eine Bande und sagen:
Alle andern müssen machen, was wir wollen.
Immer wenn sie einen Roten alleine kriegen können,
piesacken sie ihn.
Auf dem Daumen trampeln sie rum.
Den langen Mittelfinger ziehen sie noch länger.
Den Ringfinger beschmieren sie mit Teer.
Den kleinen Finger packen sie und schmeißen ihn in die Luft
und lassen ihn fallen.

Jetzt liegt der kleine Finger halb tot auf der Straße.
Da weinen die Roten und sagen:
Warum haben wir ihm nicht geholfen?
Wir sind alle soo eingebildet!

Zum erstenmal kümmern sich alle Roten um den kleinen Finger, und als er gesund ist, gehen alle zusammen zum Spielplatz.

Die Grünen freuen sich schon, daß sie die Roten wieder verhauen können und rennen los.
Da laufen die roten Finger schnell zusammen und – wumms! klatschen die Grünen gegen eine Faust.

Aua! schreien die Grünen und rennen, so schnell sie können, auseinander«[175].

Im Lesebuch wird der Text durch eindrucksvolle Bebilderung der grünen und roten Finger bis hin zur »roten Faust« unterstrichen. Dabei werden die Finger mit Kindern verglichen. Sie sind nur stark, wenn sie sich einig sind, wenn sie sich solidarisieren. Die Kinder dieser Altersstufe haben in diesem Lesebuch den autoritären Vater als »Oberaffen« kennengelernt, die Gehorsamsfrage wurde ihnen in den verschiedenen Texten im neuen Sinne verdeutlicht. Auf diesem Wege wurde ihre neue Identität gebildet. Jetzt erfahren sie in anschaulicher Weise »Einigkeit macht stark«.

Die »rote Faust« ist ein Kampfsymbol, sie ist ein Klassenkampfsymbol. Das Gedicht wurde dem »Kinderkollektiv« entnommen. Von daher ist die kämpferische Absicht schon zu verstehen. Die Verfasser des Lesebuches weisen in den Lehrerhandreichungen die Deutung der Faust als Kampfsymbol jedoch weit von sich und wollen sie als ein Symbol der Freundschaft gesehen wissen. »Die Schlußsituation darf nicht so mißverstanden werden, als ob die roten Finger nun als Faust ›kämpfen‹ wollten, – sie muß vielmehr auf die Ausgangssituation bezogen werden. Dort wird gezeigt, daß die roten Finger so eingebildet sind, daß sie sich vereinzeln und deshalb schutzlos sind. Ihre Niederlagen machen ihnen dies bewußt... Die Faust ist also nicht Kampfsymbol, sondern Symbol des Zusammenhaltens von Freunden, die sich gegenseitig schützen« (S. 41 Lehrerband). Es ist aber doch unbestritten, daß die Faust Symbol der Gewalt ist, – sie wurde in der Vergangenheit und Gegenwart auch immer so verstanden. Die Verfasser wehren sich auch dagegen, daß die »rote« Faust in die Klassenkampftendenz mit hineingezogen wird. »Um einem Interpretationsmißverständnis vorzubeugen: Trotz der ›roten‹ Faust handelt es sich um keinen Tendenztext für den Klassenkampf. Nichts deutet darauf hin; abgesehen davon, daß dies Erwachsenendeutungen wären, die für Schüler irrelevant sein müßten« (S. 41). Allerdings geben die Verfasser verschiedene Deutungsmöglichkeiten der Parabel zu: »Prinzipiell lassen sich freilich für eine Parabel viele Deutungsebenen finden« (S. 41). Sicher werden die Kinder im zweiten Schuljahr noch nicht für den Klassenkampf aufgeschlossen sein. Die Schule bereitet aber hier derartige klassenkämpferische Verhaltensweisen vor. Warum wurde dieser Text bei der Neuauflage der »Texte und Fragen« für das 2. Schuljahr ausgeschieden? Die Herausgeber werden auf erheblichen Widerstand gestoßen sein.

Keine Tendenz zum Klassenkampf! »Bunte Lesefolgen 4« bringt die gleiche Parabel »Fünf Finger sind eine Faust« im vierten Schuljahr. Hier wird die Parabel mitten hineingestellt in die Klassenkampfsituation. Die Sequenz trägt die Überschrift »Abhängigkeiten«.[176] Die Schüler werden ganz offen und unverhohlen bereits als revolutionäres Potential, das zur Veränderung der Gesellschaft dient, hingestellt. Abhängigkeiten, unter denen sie stehen, sollen aufgedeckt und das gemeinschaftliche Handeln, die Solidarisierung als die Möglichkeit hingestellt werden, ungerechtfertigten Abhängigkeiten entgegenzutreten. Wo stehen die Schüler unter Abhängigkeiten? »… im Bereich der Familie, der Schule, des Berufes, der Politik und – für den Deutschunterricht besonders relevant – im Bereich der Sprache… Abhängigkeit läßt sich wohl nie ganz vermeiden, aber sie ist weitgehend in ihren Formen und Bedingungen aufzudecken. Ein Kind ist von den Erwachsenen abhängig, jeder Mensch von seiner sozialen Umwelt. Es muß also darum gehen, Abhängigkeiten dort sichtbar zu machen und abzubauen, wo sie nicht auf das unbedingt notwendige Maß reduziert sind, wo sie als Basis dienen für die Ausübung von unkontrollierter Macht und Herrschaft über andere...«[177] Die Verfasser sind der Meinung, die Kinder müßten sich als die Schwächeren solidarisieren, um sich auf diesem Wege vor der ungerechtfertigten Machtausübung der Erwachsenen zu wehren: »Solidarität der Schwächeren ist eine Möglichkeit, sich gegen ungerechtfertigte Machtausübung zu wehren. In welcher Form die Solidarisierung erfolgt und welche Mittel dabei verwandt werden, muß in einem engen Zusammenhang mit dem jeweiligen Ziel gesehen werden« (S. 153 Lehrerband).

Bei der Auswahl der Texte im Lesebuch »Bunte Lesefolgen 4« gingen die Verfasser nach ihren eigenen Worten sehr vorsichtig vor. Abhängigkeiten aus dem unmittelbaren Leben der Kinder in Familie und Schule aufzudecken, ist ihnen zu riskant. Sie würden dann ja sich solidarisierende Kinder unmittelbar auf Familien einzelner Kinder ansetzen. Deswegen entschieden sie sich für Texte, die zwar die Problematik aufreißen, die aber von der eigenen Familien- oder Schulsituation weiter entfernt sind. »Bei der Auswahl des Textes waren wir uns bewußt, welche Konflikte es für Schüler mit sich bringen kann, Abhängigkeitsverhältnisse direkt in ihrem unmittelbaren Lebensbereich, z. B. in der Familie oder in der Schule, aufzudecken, ohne die konkrete gesellschaftliche und individuelle Situation der Schüler wirklich entscheidend ändern zu können. Von daher erschien es uns sinnvoller, die Folgen von Abhängigkeit und Herrschaft und Verhaltensmöglichkeiten zunächst in etwas entfernter liegenden Bereichen zu thematisieren und an solchen Texten zu zeigen, die von konkreten Situationen abstrahieren...« (S. 154). Von diesen entfernter liegenden Problemtexten soll dann auf das unmittelbare Leben der Schüler übergegangen werden. Dazu ist die Hilfe des Lehrers nötig. »Die Übersetzung in das konkrete Leben der Schüler muß der Lehrer zusammen mit seinen Schülern leisten« (S. 154).

An einer Reihe von Texten werden Abhängigkeiten aufgezeigt, und der Lehrer unternimmt gemeinsam mit den Schülern die Übertragung in die eigene Lebenssituation. Dabei geht es um unbefugte Machtausübung durch Stärkere, die abgebaut werden soll. Das bezieht sich nicht nur auf die Schulsituation, sondern, wie eben zum Ausdruck gebracht wurde, auch auf die Familie, darüber hinaus auf Erwachsene überhaupt. Den Abschluß der Textfolge bildet die Parabel »Fünf Finger sind eine

Faust«. Mit dieser Parabel zum Schluß der Textfolge wollen die Verfasser noch einmal eindringlich darauf hinweisen, daß angesichts der organisierten Gewalt solidarische Aktionen notwendig sind, die sich nicht in neuer Gewalt äußern sollten, aber können. »Absicht dieser Parabel ist aber sicher nicht die Legitimierung der Gewalt, sondern die Begründung für solidarische Aktionen gegenüber organisierter Gewalt, wobei allerdings nicht ausgeschlossen wird, daß sich solidarische Aktionen auch im Kampf äußern können. Diese Frage sollte auch mit den Schülern diskutiert werden« (S. 162).

Es folgen aus »Bunte Lesefolgen 4« aus dem Thema »Abhängigkeiten« die Texte: »Im roten Hinterhaus«, Peter Berger; »Auf einem Markt in Bengalen«, Josef Guggenmos; »Keine Oliven für Don Camale«, Günter Feustel.

Der Text »Im roten Hinterhaus« zeigt folgende Begebenheit: Ein Junge ist froh, daß er am Morgen keine Zeitungen mehr austragen muß, da sein Vater jetzt eine gute Arbeit hat... »Dann kam mein Vater von seiner Arbeitsstelle. ›Schon so früh heute?‹ staunte unsere Mutter, um dann erschrocken auszurufen: ›Was ist los!? Bist du krank, Johannes?!‹ Das Gesicht meines Vaters war grau; seine starken Hände zitterten. ›Der schmierige Haller hat es tatsächlich so weit gebracht, daß sie mich entlassen haben‹, sagte Vater mit rauher Stimme. ›Ach du lieber Gott! Schon wieder ohne Arbeit und kein Geld!‹ Mir gab es augenblicklich einen Stich in der Magengegend. Ich dachte an Salzkartoffeln und mittelgroße Gurken, mit denen wir nun täglich wieder Bekanntschaft machen würden. Jetzt war mir auch klar, weshalb Vater in den letzten Tagen so unleidlich gewesen war. Haller war der neue Kaimeister. Er mußte ein paar Leute loswerden, damit aus seinem Verwandten- und Bekanntenkreis einige Arbeitslose weniger wurden. Nie waren ihm die Krankörbe voll genug, und immer ging ihm das Entladen zu langsam. Er hatte es nur darauf abgesehen, daß der eine oder andere der Arbeiter aufsässig wurde. Damals gab es keine Widerworte, auch wenn sie noch so berechtigt waren. Den Männern, die den schweren Schwefelkies aus den Leibern der

Frachtkähne schaufelten, blieb nichts anderes übrig als eine Faust in der Tasche. Auch Vater versuchte das eine Zeitlang. Bis ihm der Kragen platzte... Die wöchentliche Entladeprämie, die bei allen nach der Anzahl der vollgeschippten Krankörbe bemessen wurde, strich der neue Meister meinem Vater kurzerhand. Er begründete das damit, Vaters Körbe seien nicht vorschriftsmäßig gefüllt gewesen. Jeder Mensch, der meinen Vater kannte, wußte um seinen Fleiß. Mein geduldiger Vater wurde zum tollwütigen Stier. Hätten nicht einige besonnen gebliebene Männer eingegriffen, Meister Haller wäre mit Sicherheit von meinem Ernährer von der zehn Meter hohen Kaimauer in den Rhein befördert worden. Jedenfalls, von der Beendigung meines Zeitungsjungendaseins war keine Rede mehr« (S. 147 f.).

»Auf einem Markt in Bengalen
nahm ein Tiger sich Würstchen vom Stand.
Die aß er, ohne zu zahlen.
Dann ging er fort über Land.

Ja, ist das ein Betragen?
Doch traute sich keiner was sagen.«
(S. 148)

In dem Text »Keine Oliven für Don Camale« muß der Junge Nino Puccettino bei Don Camale, einem Olivenfarmer, Geld verdienen. Es kommt zu einem Konflikt.

»Da springt Nino Puccettino auf. ›Er hat mich fortgejagt, der fette Camale!‹ Maria und Paolo setzen sich zu Antonio. Und nun erzählt Nino Puccettino ihnen genau, was geschehen ist. ›Dieser Kinderschinder!‹ ruft Paolo und wirft einen Stein auf die Straße. ›Gestern hat er mir auch einen Korb nicht bezahlt‹, sagt Maria. ›Und nur, weil eine zerdrückte Olive zwischen den anderen lag.‹ Antonio wird zornig. ›So ist das immer mit diesem dicken Camale. Das muß sich ändern!‹ ›Wie willst du das ändern?‹ fragt Nino Puccettino neugierig. ›Wir machen eine Beratung!‹ Antonio sieht Puccettino ernst an. ›Gleich jetzt in der Mittagspause machen wir die Beratung!‹ Nino Puccettino lacht. ›Was ist das schon – eine Beratung für zerdrückte Oliven.‹ Paolo und Maria gehen zu den Olivenbäumen zurück. Antonio nimmt Nino an der Hand und bringt ihn zu dem alten Brunnen. Viele kleine Olivenpflücker sitzen und liegen um den Brunnen herum. Antonio steigt auf den Brunnenrand. Die Kinder lachen und schwatzen durcheinander. Nino Puccettino hat Hunger. Er knotet sein Taschentuchbündel auf und holt das Brot und die dicke Zwiebel hervor. Antonio sieht Nino Puccettino ärgerlich an. ›Puccettino, in einer Beratung wird nicht gegessen!‹ ruft er streng. ›Was ist das nur für eine eselsdumme Beratung!‹, flüstert Nino. ›Nicht einmal essen darf man, wenn man Hunger hat!‹ ›Wem der dicke Camale einen Korb nicht bezahlt hat, weil Oliven zerdrückt waren, der steht jetzt auf!‹ ruft Antonio. Fast alle Kinder stehen auf – auch Nino Puccettino. Jetzt ist er beinahe stolz, daß auch in seinem Korb angedrückte Oliven waren. Nino Puccettino sieht sich um und nickt Maria zu. ›Setzt euch wieder!‹ ruft Antonio. Paolo bleibt stehen. ›Antonio, jetzt mußt du sagen, daß der fette Camale uns alle betrogen hat!‹ Die Kinder klatschen in die Hände. ›Sei still, Paolo! Ich leite die Beratung!‹ Antonio wächst eine ärgerliche Falte auf der Stirn. ›Hört zu! Der dicke Camale hat Nino Puccettino fortgejagt. Und der Puccettino gehört zu uns!‹ Maria und Paolo klatschen. Nino Puccettino steht auf und sieht die Kinder an. Da sagt Antonio ganz langsam: ›Wir machen das so! Niemand pflückt mehr Oliven für den dicken Camale!‹ Der Fausto springt auf. ›Bist du aber dumm, Antonio. Wenn wir keine Oliven mehr pflücken, bekommen wir keine Lire mehr!‹ Plötzlich reden alle Kinder durcheinander. Einige schimpfen auf Nino Puccettino, weil er den Olivenkorb umgestoßen hat. ›Zum Teufel – es ist doch eine eselsdumme Beratung!‹ flüstert Nino Puccettino und versucht, Antonio vom Brunnenrand zu ziehen. Aber Antonio redet weiter. Die Kinder setzen sich wieder um den Brunnen. Da kommt der Aufseher. Er hält eine kleine Glocke in der Hand. Die Glocke bimmelt. ›An die Arbeit! Die Mittagszeit ist zu Ende!‹ ruft der Aufseher. Antonio, Maria und Paolo bleiben am Brunnenrand sitzen. Einige Kinder greifen nach ihren Körben und stehen auf. Langsam gehen sie zu den Olivenbäumen. ›Kommt zurück, ihr Eselsköpfe!‹ ruft Paolo. ›Nein!‹ schreit Fausto. ›Ich brauche die Lire für ein neues Hemd!‹ Antonio packt Fausto am Kragen. ›Wenn du morgen fortgejagt wirst – oder Maria oder sonstwer von uns – dann bleiben wir auch am Brunnen sitzen. Denn zusammen sind wir stärker als der dicke Camale – und der braucht uns!‹ Fausto streckt Nino Puccettino die Zunge heraus. ›Ich kann dich nicht leiden!‹ schimpft er und kommt zum Brunnenrand zurück. Auch die anderen kommen.«

Ein Kind beginnt zu singen. Die anderen stimmen mit ein. Sie lachen und schwatzen und werden fröhlich.

»Der dicke Padrone Camale kommt mit seinem Eselswagen gefahren. Er schimpft mit dem Aufseher, weil noch keine Oliven gepflückt sind. Da sieht der dicke Padrone Camale die Kinder um den Brunnen sitzen. ›An die Arbeit – ihr Faulpelze!‹ ruft er zornig. Die Kinder ducken sich und bleiben um den Brunnen sitzen. Der dicke Camale entdeckt Nino Puccettino zwischen den anderen. ›Fort mit dir, du Nichtsnutz! Du Anstifter! Du Faulpelz!‹ ruft er. Seine Stimme ist schrill. Antonio steht langsam auf. ›Padrone Camale, wir werden keine Oliven mehr pflücken!‹ Der kleine Fausto stellt sich hinter den großen Antonio und ruft: ›Wenn der Puccettino nicht mehr pflücken darf, pflücken wir auch nicht – punktum!‹ Maria beginnt wieder zu singen. Alle Kinder sitzen und singen mit. Und niemand hört mehr, was der dicke Padrone sagt. Der dicke Padrone Camale ist sehr zornig. Seine Knie zittern. Er steigt vom Eselskarren und geht drohend auf Nino Puccettino zu. Die Kinder hören auf zu singen. Sie springen hoch und stellen sich um Nino Puccettino. Wie eine schützende Mauer stehen die Kinder von Santa Nicola um Nino Puccettino. Da geht der dicke Padrone Camale zu seinem Eselskarren zurück und fährt nach Santa Nicola. Der Aufseher läuft hinterher. Die Kinder sind allein zwischen den Olivenbäumen. Sie beginnen zu spielen und werfen mit kleinen Steinen nach dem Brunnen. Der Aufseher kommt wieder. Seine Lippen sind schmal. ›Geht an die Arbeit! Der da darf mitpflücken!‹ Der Aufseher zeigt auf Nino Puccettino. Die Kinder von Santa Nicola jubeln und klatschen in die Hände. Sie nehmen ihre Körbe und gehen zu den Olivenbäumen. ›War das nun eine eselsdumme Beratung?‹ fragt Antonio. Nino Puccettino schämt sich ein wenig. Er sieht auf seine nackten Zehen. ›Es war eine ziegenkluge Beratung, Antonio!‹ ... « (S. 149 ff.)

Auch andere Schulbücher verweisen die Kinder auf die Solidarisierung gegenüber Erwachsenen. »Einer ist keiner« von Volker Ludwig erscheint in »Lesearten 5« Arbeitsbuch[178] und in »Texte zum Nachdenken« für die Sekundarstufe I[179].

»Einer ist keiner
zwei sind mehr als einer!
Andauernd schubst man uns herum:
Alleinesein ist dumm! Denn:
Einer ist keiner
Zwei sind mehr als einer!
Sind wir aber erst zu dritt
machen auch die andern mit!
Einer ist keiner
Zwei sind mehr als einer!
Noch reden uns die Großen rein
und sagen, was wir soll'n.
Bald werden wir ganz viele sein
und machen, was wir woll'n.
Einer ist keiner
Zwei sind mehr als einer ...«

Das Textbuch »Lesearten 6« bietet den Kindern »Ernster Rat an Kinder« von Josef Ringelnatz[180]:

»Kinder, ihr müßt euch mehr
zutrauen
Ihr laßt euch von Erwachsenen belügen
Und schlagen. – Denkt mal:
5 Kinder genügen, um eine Großmama zu verhauen.«

Aus einer dicken Fünf sieht man ein Kindergesicht mit herausgestreckter Zunge und unter dem Bild steht die Großmutter.

3. Die Wunschwelt des Kindes als Motivation für die Gesellschaftsveränderung

Die Wunschwelt des Kindes wird konsequent aufgefaßt als verstecktes Unbehagen über unbefriedigende gesellschaftliche Verhältnisse, in denen das Kind lebt. Die Bedingtheit der Wünsche, durch Alter und Phantasie, wird der gesellschaftlichen Deutung untergeordnet. So lasse sich aus den Wünschen der Kinder ein Rückschluß ziehen, ob die Eltern einen autoritären oder einen liberalen Erziehungsstil haben, ob die Umwelt kinderfreundlich oder -feindlich ist. Die Kinder werden dazu angeleitet, in der Schule ihre Wünsche auszusprechen. Das Klassengespräch soll helfen, dem Kind die Augen für soziale Mißstände zu öffnen. Je nachdem, ob die sozialen Verhältnisse gerechtfertigt sind oder nicht, wird es dann zur Anpassung oder zu Abänderungsbestrebungen kommen. So wird auch die Wunschwelt in das Aktionsprogramm der Gesellschaftsveränderung mit einbezogen.

»Wünsche von Kindern sind nun nicht einfach entwicklungsbedingt oder naturgegeben, sondern entstehen zum größten Teil als Reaktion auf die jeweiligen Sozialisationsbedingungen und gesellschaftlichen Verflechtungen. Von daher haben Kinder auch ganz unterschiedliche Wünsche und Bedürfnisse, d. h., ein Kind in einer kinderfreundlichen Umwelt wird andere Wünsche artikulieren als ein Kind in einer kinderfeindlichen Umwelt, ein Kind mit liberalen Eltern andere als ein Kind mit autoritären Eltern. Wünsche der Kinder können nicht einfach als Produkt ihrer Phantasie gesehen werden, sondern sie verweisen auf ein – wenn auch oft nicht genau zu definierendes – Unbehagen, auf ein Defizit in ihren Umweltverhältnissen (z. B. emotionale Unsicherheit, ungenügende Wohnverhältnisse, autoritäre Erziehung).«[181]

»Die Artikulation bestimmter Wünsche ist als ein Versuch anzusehen, dieses Defizit auszugleichen und einer befriedigenden Umwelt näher zu kommen … Die Behandlung von Kinderwünschen im Unterricht bedeutet nicht nur Anknüpfen an Schülerinteressen, sondern in der Analyse ihrer Bedingungen und Hintergründe wird der Blick der Schüler für die eigene soziale Situation verschärft, werden sie sich der Möglichkeit bewußt, sich Umweltverhältnissen anzupassen oder sie zu verändern« (S. 49).

Es wird darauf hingewiesen, daß die vorgestellten Texte hinführen sollen zu den individuellen Wünschen der betreffenden Schüler und zu den sozialen Faktoren, die diese Wünsche bedingen würden (S. 49).

Aus dem Lesebuch »Bunte Lesefolgen 4« sollen aus den Texten mit Kinderwünschen zwei herausgegriffen werden. Der Text »Wenn ich groß bin« von Maria Horvath zeigt realisierbare und nicht realisierbare Kinderwünsche. Bewußt werden auch solche Wünsche mit aufgenommen, die Kinder in dieser Altersstufe an sich belächeln. Damit will man Schülern die Scheu nehmen, »auch Wünsche zu nennen, die von anderen möglicherweise belächelt werden, die aber dennoch den eigenen Bedürfnissen entsprechen« (S. 50). Der vorgelegte Text hat also den manipulativen Sinn, die Kinder dafür zu öffnen, mit ihrer eigenen Wunschwelt vor der Klasse ans Licht zu kommen. Die Schüler sollen die im Text vorgelegten Wünsche prüfen und Überlegungen anstellen, welche Ursachen hinter den geäußerten Wünschen stehen können und wie die Umwelt entsprechend geändert werden muß, um den Mangel, den der Wunsch ausdrückt, zu beheben. Die Kinder sollen »... untersuchen, welche Wünsche bei ihrer Realisierung Konflikte mit der Umwelt bringen und wie solche Konflikte gelöst werden können« (S. 51). Damit es nicht zu radikalen Wunschverwirklichungsstrategien kommt, muß die Berechtigung der Wünsche von verschiedenen Seiten – auch von der der Erwachsenen – überprüft werden. Ebenso soll auf die als unrealistisch angesehenen Wünsche eingegangen werden, denn gerade hinter diesen Wünschen könnten sich Sehnsüchte verbergen. Es soll deutlich werden, »welche Sehnsüchte hinter unrealistischen Wünschen stehen können« (S. 51).

Für die Verfasser öffnet bereits die Überschrift des Textes »Wenn ich groß bin« den Weg, um in das Seelenleben der Kinder einzudringen. Die Kinder sollen schon vor dem Lesen des Textes ihre Wünsche im Hinblick auf ihre Zukunft ausdrücken und damit angeregt werden, ein Zukunftsbild aufzubauen, um von daher an der Veränderung der gegenwärtigen gesellschaftlichen Verhältnisse zu arbeiten. Mit Hilfe eines Fragenkatalogs werden die geäußerten Wünsche in dieser Hinsicht untersucht. Die Fragen lauten:

– Wie kommst du gerade zu diesem Wunsch? Oder Frage an die Klasse: Warum spricht er/sie gerade diesen Wunsch aus? (Begründungen für einzelne Wünsche suchen).

– Welche Erfahrungen könnten hinter diesem Wunsch stehen?

(Erkenntnis, daß Wünsche aus Unbehagen an der bestehenden Situation resultieren können).

- Worauf zielt dieser Wunsch? (Reflexion auf bessere Zukunft hin).

- Läßt sich dieser Wunsch verwirklichen? Wenn ja, unter welchen Umständen?

- Welche Personen oder Umstände wären betroffen, wenn dieser Wunsch verwirklicht würde?« (S. 51).

»...das Kind kann sich mit seinen Wünschen auseinandersetzen, erkennen, daß es mit seinen Wünschen nicht alleine steht und daß hinter diesen oft so einfach erscheinenden Wünschen der Drang nach Veränderung der realen Situation steht. Zum andern aber ist zu klären, ob nicht der Autor mit seinem Text einen Appell an die Erwachsenen richten wollte, damit diese die Situation des Kindes erkennen, aufdecken und wenn möglich und nötig verändern« (S. 51).

Maria Horvath hat den folgenden Text entworfen:

»Wenn ich groß bin

...werde ich so klug sein wie eine ganze Schule.
Alles werde ich wissen, einfach alles, und vieles sogar besser.

... werde ich die größte Hosentasche der Welt haben,
in die alles hineinpaßt, was wichtig für mich ist.

... werde ich mir eine Uhr basteln, die so lange stehenbleibt,
wie ich will.
Dann bin ich immer pünktlich.

... brauche ich mich nicht zu waschen, weil die Großen ja nie
schmutzig sind.
Dafür pflanze ich in mein Zahnputzglas eine Bananenpalme
und lasse in der Badewanne ein Schiff
schwimmen, und alle Seife der Welt verkaufe ich.

... werde ich alle Tiere liebhaben und mit nach Hause bringen.
Dann kann ich mich mit ihnen unterhalten,
und sie erzählen mir schöne Geschichten – genau wie im Märchen.

... ziehe ich das an, was ich will. Ich werde immer bunte Hemden tragen,
weil die länger weiß bleiben. Und dann kaufe ich mir eine Hose, die schon so zerrissen ist, daß ein neues Loch nicht mehr auffällt.

... kaufe ich mir rote Gummistiefel und patsche damit durch alle Pfützen, daß
es spritzt, und niemand darf mich schimpfen. In der größten soll mein Nilpferdchen
wohnen, damit es sich wohlfühlt. Und ich leiste ihm dabei Gesellschaft.

... werde ich jede Woche Geburtstag feiern,
alle Kinder einladen und viele, viele Geschenke bekommen. Dann bauen wir eine große Sandburg mit einer Zugbrücke und wohnen darin.
Ich bin General und König und die anderen sind die Soldaten.

... werde ich alle Kinder liebhaben und mit ihnen spielen.
Aus meinem großen Obstgarten können sie stehlen, soviel sie wollen.
Und wenn sie mit dem Fußball ein Fenster einschlagen, schaue ich einfach weg.

... gibt es in meinem Haus lauter Wände und Möbel, die ich mit Farbe beschmieren kann.

... werde ich ein Karussell bauen, das nicht nur rundherum fährt,
sondern mit mir auch Ausflüge machen kann.

... werde ich reisen, reisen, reisen – überallhin, auf die Sonne, den Mond,
und wo es mir am besten gefällt, steige ich aus und bleibe ein bißchen.

... will ich zur Sonne fliegen,
aber nur im Winter, sonst verbrenne ich mich womöglich (S. 47 f.).

Der Text »König Hänschen« von Janusz Korczak soll hier nur in seinen Absichten wiedergegeben werden. Er stellt ein Kinderparlament vor, in dem die Kinder ihre Situation erkennen und diskutieren, ihre Standpunkte vertreten und zur bestehenden Wirklichkeit Alternativen entwickeln. »Durch seine Arbeit (J. Korczak, der Verf.) und durch seine Bücher versuchte er die Welt der Kinder zu verändern, ihnen einen eigenen Spielraum für die Durchsetzung ihrer Wünsche nach Veränderung zu schaffen, und ihnen damit die Hoffnung zu geben, daß Veränderung überhaupt möglich ist. Sein Buch ›König Hänschen I‹ verdeutlicht den Kampf zwischen Erwachsenen und Kindern. In dem Kinderparlament stellt er eine Möglichkeit vor, daß die Kinder ihre Situation und ihre Interessen erkennen und von ihrem Standpunkt her selbständig vertreten, um damit Alternativen zur bestehenden Wirklichkeit zu entwickeln. Dabei werden falsche Wege, negative Erfahrungen und Konflikte keineswegs ausgespart, sondern gerade sie sind Anstoß zu immer weiteren Innovationen. Im ersten Teil des vorliegenden Textausschnittes äußern die Kinder ihre Wünsche nach Veränderung noch sehr pauschal, und ohne konkrete Verwirklichungsmöglichkeiten mitzureflektieren. Im zweiten Teil werden die Ursachen für einige Wünsche erfragt. Nicht Mutwilligkeit, sondern konkrete Erfahrungen lassen die Schüler ihre Interessen artikulieren« (S. 52 Lehrerhandbuch).

Das Ziel des Unterrichts an der Arbeit mit diesem Text besteht darin, das »Kinderparlament als eine Möglichkeit zur demokratischen Durchsetzung von Änderungen zu erkennen,« da die Äußerungen und Wünsche der Kinder berechtigte Forderungen nach Veränderung und nach größerer Selbständigkeit und Selbstbestimmung enthalten (S. 52).

Der Text »Eine friedliche Welt« von Jella Lepmann schließt die Sequenz »Wünsche« ab. Er ist Reaktion auf gesellschaftliche Mißstände und liegt mehr im Bereich realer Änderungswünsche und -möglichkeiten – nach Ansicht der Verfasser!

»Im Gegensatz zu den vorausgegangenen Texten werden hier nur berechtigte Wünsche geäußert, die bei ihrer Erfüllung nicht nur die Rechte anderer nicht einschränken, sondern eine Welt fordern, die für alle wünschenswert ist« (S. 53 Lehrerhandbuch). Dieser Text weckt die Illusionen einer »paradiesischen Welt« (das wird von den Verfassern auch gesehen). Ihre Absicht geht nun dahin, die den Wünschen zugrunde liegenden Mißstände aufzudecken, und die Berechtigung der Wünsche und Möglichkeiten der Verwirklichung zu diskutieren. Die Erfüllung der Wünsche hängt hier nicht vom einzelnen ab, sondern sie bedarf der gemeinsamen Anstrengung, nämlich der Solidarisierung. Die Kinder werden auf Grund dieses Textes unsere Gesellschaft als die »total falsche Gesellschaft« (Adorno!) erkennen, sie werden geöffnet für Verwirklichungsprogramme, mit denen der Sozialismus ihnen eine bessere Zukunft verspricht (Marcuse!). Indem den Kindern derartige utopische Paradieseszustände als realisierbar hingestellt werden, führen die sozialistischen Reformer die Kinder auf ihren revolutionären Weg und binden sie an sich.

»Eine friedliche Welt ohne Kriege
Eine friedliche Welt ohne Hunger und Not
Liebe und Geborgenheit in der Familie
Väter und Mütter, die mit ihnen spielen
Väter und Mütter, die Zeit für sie haben
Väter und Mütter, die lachen und nicht nervös sind
Kein einziges Kind zu sein
Tisch, Stuhl, Bett und Schrank, die ihnen allein gehören
Nicht nur Autofahrten, sondern Spaziergänge
Ein Televisionsprogramm, das richtig auf die Kinder eingestellt ist.
Ein Brett mit Büchern aus aller Welt
Schulen mit Glas, Sonne, Farben und Spielplätzen
Lehrer mit Phantasie und Humor und dem modernen Zeitgeist
Vertrauen und Freiheit
Strafen, die gerecht sind
Diskussionen über ihre Probleme
Freunde und Beschützer
Leben mit Tieren, Bäumen und Blumen
Eine glückliche Kindheit« (S. 52).

Dieser Text »Was ein Kind braucht« von Peter Maiwald ist dem Buch »Texte zum Nachdenken« entnommen. Er hat die gleichen Intentionen wie »Eine friedliche Welt«:

»Wenn ein Kind geboren ist,
braucht es eine Wohnung,
Kleider, eine Spielzeugkist,
Bonbons als Belohnung,
Murmeln und ein eigenes Bett,
einen Kindergarten,
Bücher und ein Schaukelbrett,
Tiere aller Arten,
Wälder, Wiesen, eine Stadt,
Sommer, Regen, Winter,
Flieger, Schiffe und ein Rad,
viele andre Kinder,
einen Mann, der Arbeit hat,
eine kluge Mutter,
Länder, wo es Frieden hat
und auch Brot und Butter.
Wenn ein Kind nichts davon hat,
kann's nicht menschlich werden.
Daß ein Kind das alles hat,
sind wir auf der Erden«[182].

4. Armut und Reichtum in der Welt im Dienst der Anklage gegen die eigene Gesellschaft

Das Thema »Armut und Reichtum« dient dazu, unsere Gesellschaft zu kritisieren, indem Verhältnisse aus unterentwickelten Ländern den Kindern nahegebracht werden. Als Beispiel dient die Unterrichtsthematik »Armut und Reichtum« aus »Bunte Lesefolgen 4«[183]. Die Armut wird auf dem Hintergrund von Reichtum geschildert. Dabei geht es nicht um eine Erziehung zur Hilfsbereitschaft gegenüber den Armen, im Gegenteil: eine derartige Erziehung wird in den Handreichungen zurückgewiesen und als Maßnahme der »besser gestellten Schichten« hingestellt. Indem man die Ursache für die Armut in persönliche Verantwortung lege, blockiere man die Erkenntnis für die wahren Gründe von Armut und Reichtum: Ausbeutung der einen Gruppe durch die andere. Diese »wahren« Gründe müsse der

Unterricht aufdecken und nach Möglichkeiten der Veränderung suchen.

»Kindern besser gestellter Schichten wird oft eine nicht zutreffende Vorstellung über die Ursachen von Armut vermittelt: Armut wird gleichgesetzt mit Faulheit und Untüchtigkeit und gilt damit als selbstverschuldet. Damit wird die Frage nach gesellschaftlichen Bedingungen für Armut von vorneherein abgeblockt. Als angemessene Haltung gegenüber sozial Benachteiligten werden Nachsicht, Mitleid und karitatives Verhalten vermittelt. Diesen Vorstellungen und Haltungen ist gemeinsam, daß Armut und Benachteiligung als privates individuelles Problem gesehen werden, unabhängig von gesellschaftlichen Strukturen und Realitäten... wenn auch der einzelne immer konkret unter seiner Armut zu leiden hat – ... – so muß der einzelne jedoch immer als Mitglied einer gesellschaftlichen Gruppe gesehen werden, die von einer anderen Gruppe ausgebeutet (Entwicklungsländer von Industrienationen, die unteren Schichten von den Feudalkasten, die Abhängigen von den Herrschenden), unterdrückt und von bestimmten Möglichkeiten (...) ausgeschlossen wird. Deshalb darf Armut nicht länger als rein persönliches Schicksal, sondern muß in ihrer Abhängigkeit von gesellschaftlichen Bedingungen gesehen werden. Ursachen und Wirkungen materieller und sozialer Ungleichheit müssen aufgedeckt und Möglichkeiten der Veränderung gesucht werden«[184].

Die Texte sind inhaltlich und in der Reihenfolge ihrer Anordnung so angelegt, daß sie zum Haß gegen die Reichen und ihre Gesellschaft erziehen. Wo aber erst einmal Haß gesät ist, fällt revolutionäres Gedankengut gleich welcher Herkunft auf vorbereiteten Boden. In dem Text »Tagebuch der Armut« (S. 140) von Carolina Maria de Jesus werden die alle vier Jahre neugewählten Politiker (parlamentarische Demokratie, der Verf.) dafür verantwortlich gemacht, daß das dort geschilderte Elend nicht abgeschafft wird.

»Alle vier Jahre wechseln die Politiker und nie lösen sie die Frage des Hungers, der seinen Hauptsitz in den Favelas hat«.

In der Geschichte »Sintajehu« von Ursula Wölfel (S. 136ff.) kann der Zorn gegen die eigene Gesellschaft wachsen. Der kleine Afrikaner Sintajehu verläßt sein von einem Reichen ausgebeutetes Dorf und will in der Stadt Lehrer werden, um dann später die Dorfbewohner zu lehren und dadurch eine Verbesserung ihrer Lage zu erreichen. Über sein Leben in der Stadt heißt es:

»... Dann kam wieder eine Regenzeit und er fand niemanden, der ihn aufnahm. Er schlief im Freien auf der schlammigen Erde. Er bekam Husten und Fieber. Sintajehu war jetzt 15 Jahre alt. Zum ersten Mal hatte er keinen Mut mehr. Er sagte zu den anderen Jungen: ›Meine Arme und Beine sind dünn wie Stöcke, mein Kopf ist leer. Und ich muß noch so viele Jahre lernen! Ehe ich ein Lehrer bin, werde ich gestorben sein. Ich gehe zurück in mein Dorf!‹«

Unter diesem Text sehen die Schüler ein Bild, wie Touristen unserer Gesellschaft mit einem abgemagerten, zerlumpten Negerjungen sprechen. Die beiden im Auto Sitzenden können sich vor Körperfülle kaum rühren, zwei andere, mit Fernglas, Fotoapparat, Sonnenbrille und Touristenkleidung wohl ausgestattete Fremde, sprechen mit dem kleinen Neger.

In der Gegenüberstellung von »Kindergedicht« (S. 142), von Jürgen Spohn und der Darstellung »Über den Hunger« (S. 143) erfahren die Kinder:

»... Den Menschen der reichen Länder geht es immer besser, während es den Ländern immer schlechter geht, in denen der Hunger herrscht.«

Die Kinder sind in ihrem tiefsten Gefühlsleben motiviert gegen ihre Gesellschaft und deren falsche Strukturen.

»Da war ein hübscher, kleiner Neger. Er verkaufte bei Zinho Alteisen. Er war jung und sagte, die Alten müßten Papier sammeln. Eines Tages wollte ich Alteisen verkaufen und hielt mich in der Avenida Bon Jardin auf: die großen Abfallhaufen, wie die Stelle genannt wird. Die Leute von der Straßenreinigung hatten Fleisch in den Abfallhaufen geworfen. Er suchte ein paar Stücke heraus und sagte zu mir: ›Nimm mit, Carolina. Das kann man essen.‹

Er gab mir ein paar Stücke. Um ihm nicht weh zu tun, nahm ich sie an. Ich versuchte, ihn zu überreden, das Fleisch nicht zu essen. Der Junge erklärte jedoch, daß er seit zwei Tagen nichts gegessen habe und briet sich das Fleisch.« Die Autorin erzählt weiter:

»Der Hunger war so groß, daß er nicht darauf warten konnte, bis das Fleisch gebraten war. Er wärmte es und aß. Um das Schauspiel nicht sehen zu müssen, ging ich fort und dachte: ›Tu so, als ob du das nicht gesehen hast. Das kann nicht wahr sein in einem so fruchtbaren Lande wie dem meinigen ...‹ Ich verkaufte bei Zinho das Alteisen und kehrte zu dem Hintergarten Sao Paulos, der Favela, zurück. Am nächsten Tag war der kleine Neger tot.

Er hatte keine Papiere bei sich. Er wurde als Unbekannter begraben. Niemand bemühte sich, seinen Namen zu erfahren. Wer am Rande des Daseins lebt, hat keinen Namen.

... Alle vier Jahre wechseln die Politiker, und nie lösen sie die Frage des Hungers, der seinen Hauptsitz in den Favelas hat« (S. 140).

»Kindergedicht:

Honig, Milch
und Knäckebrot –
manche Kinder
sind in Not

Zucker, Ei
und Früchtequark –
macht nur manche
Kinder stark

Götterspeise
Leibgericht –
kennen
manche Kinder nicht

Wurst und Käse
Vollkornbrot –
manche Kinder
sind schon tot« (S. 142).

»Über den Hunger

Jeden Morgen, wenn wir beim Frühstück sitzen, gibt es ungefähr 125 000 Menschen mehr auf der Erde als am Morgen vorher. Wenn alle diese Menschen zusammenwohnen würden,
würde das eine Stadt wie Regensburg oder Heidelberg ergeben.
Jeden Tag aufs neue muß für eine Stadt mehr Nahrung als gestern herbeigeschafft werden.

Die Zahl der hungerleidenden Menschen vermehrt sich täglich
um 80 000. Für 1,8 Milliarden Menschen ist die Ernährung ein
großes Problem. Einem großen Teil davon mangelt es an jeglicher Nahrung, so daß man von einer richtigen Hungersnot sprechen kann. Alle anderen müssen sich auf so einseitige Weise ernähren, daß Krankheiten unvermeidbar sind. Das durchschnitt-
liche Lebensalter dieser Menschen beträgt 35 Jahre«.

Das Bild des Hungers wird den Kindern noch weiter vor Augen
gemalt:

»Auf der Erde sterben jährlich 25 bis 30 Millionen Menschen
durch den Hunger; ein Mensch in jeder Sekunde. Wenn die 1,8
Milliarden hungernden Menschen an dir in Reihen von je 10
Mann vorüberzögen, würde das sieben Monate lang Tag und
Nacht dauern.

Der Hunger ist ein ›Teufelskreis‹. Denn Menschen, die Hunger leiden, können nicht mehr arbeiten. Wenn aber nicht gearbeitet wird, wird die Not im folgenden Jahr noch größer.
Gleichzeitig stellt man in den Ländern, in denen der Hunger
herrscht, die stärkste Bevölkerungszunahme fest.

Den Menschen der reichen Länder geht es immer besser, während es den Ländern immer schlechter geht, in denen der Hunger herrscht« (S. 143).

Texte und Medien, in denen unsere eigene Gesellschaft durch das Aufweisen der Not in anderen Völkern angegriffen wird, lassen sich in großer Zahl erbringen. Der Soziologe H. Schelsky hat diese Art der Methode zur Gesellschaftsveränderung sehr deutlich analysiert:

»Die in den westlichen Gesellschaften zur Zeit aber gebräuchlichste Methode der Elendpropaganda besteht in der Praxis des ›geborgten Elends‹. Man benutzt die neuen Möglichkeiten weltweiter Information und Kommunikation dazu, das wirkliche Elend außerhalb der eigenen Gesellschaft in diese selbst zu übertragen. Elend, Gewalt und Tod in Vietnam oder Kambodscha, Hunger in Afrika oder Bengalen usw. werden zu Symbolen des ›eigentlichen‹ Zustandes der eigenen Gesellschaft daueraktualisiert; wirkliche oder erfundene Macht- oder Willkürmaßnahmen von Regierungen, die nicht der westeuropäischen Rechtsstaatlichkeit entsprechen – die man im übrigen bekämpft –, werden benutzt, um die Herrschenden des eigenen Staates damit zu identifizieren und zu verketzern, wie man es an den Dauerprotesten gegen Griechenland, Spanien, Portugal, Persien, Brasilien, Israel, Südafrika, Chile usw. erlebt. Die gleichen Erscheinungen in gesinnungsadoptierten Regimen wie der Sowjetunion, der DDR, der Tschechoslowakei, den arabischen Staaten, Uganda oder Kuba usw. oder gar bei den terroristischen Untergrundbewegungen in aller Welt finden keine Aufmerksamkeit oder werden sofort mit Entschuldigungen und Verständnis verharmlost.

Es findet also bei dieser Übertragung des Elends aus fremden Gesellschaften und fernen Ländern in die eigene Gesellschaft sofort eine Auswahl nach dem Maßstab der Heilsverwendung statt: Nur das ›geborgte Elend‹, das geeignet ist, die gesinnungshaft und heilsgläubig bezogenen Fronten in der eigenen Gesellschaft zu stärken, wird propagiert, demonstriert und aktualisiert; es geht ja um Anklage gegen die eigene Wirklichkeit, nicht aber um Hilfe gegen Elend, Not und Tod irgendwo. Alle immer wieder erhobenen Forderungen, doch mit diesen Anklagen gegen Not, Gewalt, Elend, politischen Mord und politische Unterdrückung dann alle diese Erscheinungen in der Welt unter einem objektiven und gleichen Wertmesser zu verurteilen, verkennen, daß diesen Elendspropagandisten gar nicht an der Aufhebung oder praktischen Beschränkung des Elends in den betreffenden Gebieten oder Gesellschaften gelegen ist, und zuallererst an einer realistischen Überlegung, was unter den gegebenen politischen, sozialen und ökonomischen Umständen die größte Möglichkeit des – immer beschränkten – Erfolgs hat, sondern an der Auswertung dieser fremden Notsituation für die eigene Heilslehre und den Herrschaftsanspruch in der eigenen Gesellschaft. Es geht um die Übertragung und Identifizierung der Elendsfronten in die eigene Wirklichkeit, also um die Möglichkeit, heilsherrschaftliche Machtansprüche zu Hause dramatisieren und mit einer Wirklichkeit auffüllen zu können, die aus der eigenen Erfahrung von den Mitgliedern der eigenen Gesellschaft nicht erlebt und bestätigt werden kann. Getragen oder zumindest gestützt wird diese Demonstration des ›geborgten Elends‹ durch eine Publizistik, die täglich in den Fernseh- und Rundfunksendungen bei abstrakt vorgetragenem Abscheu vor aller Gewalt und aller Gewaltpropaganda die Bevölkerung mit schon fast stereotypen Berichten über Gewalt, Elend, Krieg und Mord als den vordringlichen Aktualitäten überschüttet und damit bewußt oder unbewußt den verhältnismäßig hoch gesicherten, rechtsstaatlichen und demokratischen, sozialen und liberalen Zustand des eigenen gesellschaftlichen Zustandes entwertet zugunsten einer protestierenden revolutionären Forderung an alle Welt«[185].

5. Die Nivellierung der Sprache

Die Gossensprache und das Obszöne hat im schulischen Bereich immer weiteren Eingang gefunden. Um schichtspezifische Unterschiede abzubauen, ist es nötig, daß jeder die Sprache des anderen nicht nur kennt, sondern auch bereit ist zu sprechen. Da Schimpfwörter in vielen Familien tabu sind, sollen die Kinder von diesem gesellschaftlichen Zwang befreit und ihr Bedürfnisgrund wieder freigelegt werden. Dieses Vorgehen erhält noch eine psychologische Begründung, die des seelischen Dampfablassens und des seelischen Entrümpelns.

»Sprachprojekte 2«[186] greift für das 2. Schuljahr speziell den Bereich der Schimpfwörter und des Fluchens auf. Von folgender Problemstellung geht man aus (S. 108): »Alle Leute streiten und schimpfen manchmal, Erwachsene genauso wie Kinder. Dabei benutzen sie oft Schimpfwörter.« Im Bild sieht man

Frank und Michael, wie sie sich gegenseitig beschimpfen. In Sprechblasen ist zu lesen: »Spinner, Esel, Idiot, Knallkopp«, sagt Frank zu Michael und dieser zu Frank: »Affe, Dussel, Blödmann«. Für jeden der beiden Jungen sind noch eine Reihe von Sprechblasen frei. Dazu die Verfasser in der Anregung an die Kinder: »Wir haben uns gar nicht getraut, alle Wörter hinzudrucken«. »Vielleicht könnt ihr euch denken, was sie noch gesagt haben. Traut ihr euch, die Wörter hier unten hinzuschreiben?« Die Kinder werden jetzt aus ihrem Fluch- und Schimpfwörterrepertoire die Sprechblasen ausfüllen. Sie werden sich »trauen«. Aber es kann auch durchaus sein, daß einige Kinder Hemmungen haben, da ihre Eltern derartige Schimpfwörter nicht mögen. Ein Blick auf die Welt der Erwachsenen soll die Kinder von diesen Hemmungen befreien, denn die Erwachsenen tun ja gerade das gleiche. Es heißt: »Die Erwachsenen werden leicht böse, wenn Kinder schlimme Wörter gebrauchen. Das ist eigentlich ungerecht. Sie gebrauchen nämlich selber Schimpfwörter. Dadurch haben die Kinder sie gelernt«. An zwei Autofahrern, die sich als »Kamel« und »verdammter Idiot« betiteln, wird dies im Bild gezeigt (S. 109).

In der Handreichung zu diesem Thema geht man davon aus, daß Kinder Schimpfwörter ohne Hemmungen benutzen, wenn sie unter sich sind, nur nicht in Gegenwart von Erwachsenen. Das Ziel des Unterrichts soll es sein, die Bedeutung der Schimpfwörter kennenzulernen, eine Klassifikation der Schimpfwörter vorzunehmen, in solche, die »wehtun« und in solche, »die keinem weh tun« und »schlimme Wörter« ihres Tabucharakters zu entkleiden. »Schimpfwörter sind Teil der Umgangssprache und dienen der affektiven Entlastung des einzelnen. Es ist nötig, daß Kinder diese wichtige Funktion des ›seelischen dampfablassens‹ und ›entrümpelns‹ erkennen, damit sie die Schimpfwörter künftig ohne schlechtes Gewissen verwenden«[187]. Die bisherige »Tabuisierung« der Schimpfwörter durch die Schule sei ein Nachteil für die Kinder gewesen: »Der Lehrer sollte jedoch unbedingt mit den Eltern die hier dargestellten Überlegungen diskutieren, bevor er mit den Schülern darüber spricht, weil er sonst Unverständnis und Verärgerung provozieren könnte«. Es werden mit den Kindern Tafeltexte mit Schimpfwörtern erarbeitet. Dabei werden Eltern, die gegen den Gebrauch von Schimpfwörtern ihrer Kinder sind, der

»Heuchelei« bezichtigt, und es wird dem Lehrer empfohlen, die Schimpfwörterliste nur an der Tafel zu erarbeiten, nicht aber ins Heft übertragen zu lassen. »Mit Rücksicht auf Eltern, die zur Heuchelei neigen, sollte darauf verzichtet werden, den Tafeltext ins Heft zu übertragen. Dies hätte ja auch ohnehin keinerlei kommunikative Funktion, nicht einmal die der rechtschreiblichen Sicherung, denn Schimpfwörter gehören in den sprechsprachlichen Bereich« (S. 82).

Methodisch wird folgender Weg empfohlen: »Partner- oder Einzelarbeit: aufschreiben von Schimpfwörtern. Der Lehrer sollte vorher weder von allzu drastischen Wörtern abraten, noch dazu besonders ermuntern, sondern ganz selbstverständlich auffordern, die bekannten Wörter aufzuschreiben. Allerdings wäre der Hinweis zweckmäßig, daß Beschimpfungen – und damit die ›Qualität‹ der Wörter – meistens an Heftigkeit zunehmen. Dadurch ergibt sich ein breiteres Spektrum und es wird erkennbar, welchen Wörtern die Schüler weniger und welchen sie mehr Brisanz zumessen«. Der nächste Schritt: »Vorlesen der Wörter, am besten schon im Gesprächskreis. Das braucht viel Zeit, weil alle ihre Ausbeute vorzeigen wollen. Zudem geht es, wie auch schon das Aufschreiben, mit allerlei Kicherei und Blödsinn vonstatten. Der Lehrer sollte dies Verhalten als bei einem so affektbesetzten Gegenstand durchaus angemessen tolerieren« (S. 81). Man muß sich nur wundern, mit welchem Zeitaufwand, welcher Liebe und Hingabe die Verfasser diese Unterrichtseinheit durchgeführt haben wollen; denn es geht noch weiter: Im letzten Schritt werden dann die Schimpfwörter sortiert in solche, die den anderen verletzen aufgrund persönlicher Merkmale und in solche, die nicht diskriminieren.

Für beide Gruppen sind Beispiele angegeben:

Schimpfwörter, die weh tun:

»schielauge
hinkefuß
makkaronifresser
heulsuse
brillenschlange
mamasohn
fettwanst

192

Schimpfwörter, die nicht weh tun:

pisser
arschloch
stinkratte
affenarsch
schlappschwanz
wichser
saftsack« (S. 82).

Im Endeffekt läuft das Ganze auf den normalen Gebrauch von Schimpfwörtern hin. »Es ist n i c h t beabsichtigt, daß die Kinder Schimpfwörter lernen und anwenden. Dies ist zwar eine unvermeidliche Nebenwirkung, sie verfliegt jedoch rasch. So sehr die Kinder zunächst die neue Freiheit nutzen und nach Herzenslust fluchen und schimpfen, so schnell erlischt das Interesse daran wieder. Wenn die Wörter nicht mehr tabu sind, werden sie so normal wie alle anderen auch. Hier gilt dasselbe wie für den anderen großen Tabubereich, die Sexualität; beider Wortschatz ist übrigens teilweise identisch« (S. 81).

Nicht alle Verfasser von Schulbüchern machen eine Unterrichtseinheit aus dieser Thematik. Schimpfwörter sind dann oft an verschiedenen Stellen des Buches eingestreut.

6. Verwischung der Wesensmerkmale von Mann und Frau

Der Abbau der »Geschlechterrolle« ist ein weiteres Moment kollektivierender Tendenz. Die Wesenszüge von Mädchen und Junge erscheinen nicht mehr als ihnen ursprünglich zu eigen im Sinne der Schöpfung, »Gott schuf sie als Mann und als Frau«, sondern werden als erworben durch die familiäre Erziehung hingestellt. Der wirkliche Unterschied soll nur biologischer Natur sein. Die andersartige Stellung von Mann und Frau bei abgelegenen Südseestämmen dient als »wissenschaftlicher« Beweis.

Das Kulturministerium von NW bestimmt, daß man sich dieses Themas im politischen Unterricht annehmen solle.

»Nur ein Mädchen«[188] dient als Planungsmaterial. Das Planungsmaterial verweist über diesen Fragenkreis auf die »historisch-materialistischen Thesen« von Friedrich Engels. Sie wer-

193

den für diesen Zusammenhang als »sehr populär« bezeichnet. Engels begründete die Stellung des Mannes und die Einehe in der Wirtschaftsordnung: »Sehr populär sind die … Thesen von Friedrich Engels, der den Zusammenhang von Vorherrschaft des Mannes und Einehe einerseits und den Bedürfnissen einer fortschreitend arbeitsteiligen und auf dem Privateigentum an Produktionsmitteln basierenden Gesellschaft andererseits herausstellte« (S. 24).

Und so trifft man dann die Feststellung: »Das Verhältnis von Mann und Frau und die entsprechenden ehe- und erbrechtlichen Konsequenzen sind wesentlich von den Formen gesellschaftlicher Arbeitsteilung bedingt« (S. 25f.). Wer an der Veränderung der Gesellschaftsordnung Interesse hat, muß demzufolge die Ehe, das Mädchen- und Jungesein, bzw. Mann- und Frausein in Frage stellen.

Dem Mädchen bzw. Jungen soll bewußt gemacht werden, daß sein Mädchen- oder Jungesein das Ergebnis von Fremdbestimmung sei, manipuliert durch Spielzeug, Spiele, Bekleidung und bestimmte elterliche Erwartungen. Diese Erwartungen werden dem Kind als Zwänge dargestellt, aus denen es sich zu befreien gelte. Die Rolle des Mädchens, der Frau scheint besonders revisionsbedürftig zu sein, da sich die Frau in der heutigen Gesellschaft immer noch nicht voll emanzipiert habe. Besonders das Hausfrau- und Muttersein unterliegt der Kritik.

Wie will man vorgehen? Einseitige Rollenerwartungen sollen den Kindern bewußt gemacht werden, sie sollen sich gegenüber diesen Erwartungen kritisch einstellen, sollen ihre neuen Vorstellungen durchsetzen. Man beginnt bereits im ersten Schuljahr; verwiesen sei auf den Rollenkonflikt zwischen Tina, Jan und Oma Änne[189].

In »Sprachprojekte 2«[190] wird das Thema »Wenn Bruder und Schwester sich zanken« aufgenommen. Zank und Streit zwischen Geschwistern haben hier ihre Ursache nicht im Menschenherzen, sondern die geschlechtsspezifische Erziehung in der Familie wird dafür verantwortlich gemacht. »Bruder und Schwester haben aufgrund ihrer unterschiedlichen Erziehung ständig Interessenkonflikte auszutragen. Sie müssen darüber reden und sich einigen. Altersunterschiede machen Differenzen noch größer«[191].

»Max und Bruni sind Bruder und Schwester.
Sie zanken sich oft. Dabei wollen beide
immer recht haben. Weil das aber nicht geht,
zanken sie sich dann noch mehr. Hier könnt
ihr lesen, was die beiden voneinander halten:

Max: Das Schlimmste auf der Welt
sind große Schwestern,
sie spinnen, sie sind zickig,
und lästern,
verschmieren ihr Gesicht
verpetzen dich wie nichts
und halten sich gewöhnlich
für Gräfin Pups persönlich.

Bruni: Das Schlimmste auf der Welt
sind kleine Mäxe,
sie stinken, geben an und
machen Kleckse,
sie brüllen wie am Spieß
und wollen das und dies,
sie können nichts als hauen
und mir den ganzen Tag versauen.

Was hältst du von Max und was hältst du von Bruni? Wer von
beiden hat recht?«

Die Maus und der Rabe kommentieren:

»Das Schlimmste hier im Sprachbuch sind die Raben,
weil sie so eine große Klappe haben.«
»Die Mäuse sind ja auch nicht besser,
die blöden Wurst- und Käsefresser.« (S. 11)

»Bunte Lesefolgen 3«[192] greift das Thema auf: Für das dritte
Schuljahr wird »typisches« Mädchen- und Jungenverhalten an
dem Text »Was kann Hänschen? Was kann Lieschen?« von
Ruth Dirx deutlich gemacht. Die Kinder sollen erkennen, daß

nach traditionellen Vorstellungen Mädchen und Jungen sich rollengerecht verhalten, wenn sie »ruhig, weich, anschmiegsam« bzw. »aggressiv, laut, stark« sind[193].

»Was kann Hänschen?
Kann trampeln und strampeln
und rumpeln und poltern
und purzeln und stolpern
und kegeln und klettern
und Türen zerschmettern.

Was kann Lieschen?
Kann tänzeln und schwänzeln
und hätscheln und tätscheln
und schmeicheln und streicheln
und trillern und trällern
und plappern und schwatzen und naschen wie Spatzen«
(S. 93).

In dem Text »Ja, die Ruth« von Hans Manz wehrt sich ein Mädchen gegen traditionelle Erwartungen an die Geschlechtsrollen, indem sie diese in Frage stellt. Den Kindern soll nach dem Lehrerhandbuch deutlich gemacht werden, »welchen Einschränkungen die persönliche Freiheit durch das Festlegen auf ein bestimmtes Verhalten unterliegt« (S. 70). Eine Reflexion im Hinblick auf eigene Erfahrungen muß erfolgen; u. a. soll folgende Frage behandelt werden: »Wie verhaltet ihr euch gegenüber den Anforderungen der Erwachsenen?« (S. 71)

»Ja, die Ruth
fand den Mut
und sprach zum Vater:
›Sei so gut,
und höre mir in aller Ruh
bitteschön ein Weilchen zu!
Warum redet man mir ein,
Mädchen müßten braver sein,
als die Knaben,
warum haben

196

wir als Frauen
drauf zu schauen,
daß wir uns tipptopp betragen
fromm die Augen niederschlagen,
uns mit Einkauftaschen plagen,
Hosen bügeln oder Kragen,
während sich die Männer raufen,
fesseln mit den Lassoschlaufen,
schreiend um die Wette laufen,
Klingeln für die Räder kaufen?

Vater, sag, wieso, warum?‹
Vater hüstelte verlegen,
rang nach Atem und blieb stumm« (S. 97).

»Wer sagt, daß Mädchen dümmer sind« von Dagmar Dorsten
macht u. a. den Kindern deutlich, wie sich Mädchen gegenüber
den Rollenerwartungen der Erwachsenen erfolgreich zur Wehr
setzen und diese gleichzeitig hinterfragen. Aus dem Dialog zwischen den Mädchen und den Polizisten ergibt sich folgendes
Bild: Die Jungen sollen angeblich die Stärkeren, Klügeren,
Überlegeneren sein, die Anführer. Die Mädchen sind die net-
ten, lieben, kleinen, und »Mädchen sind wohl doof, was?« Sie
wehren sich mit dem Song:

»Wer sagt, daß Mädchen dümmer sind
wer sagt, daß Mädchen immer albern sind
wer sagt, daß Mädchen schüchtern sind
der spinnt, der spinnt, der spinnt!
Wer sagt, die Mädchen trau'n sich nich
wer sagt, sie seien immer weinerlich
und meckerig und zappelig
der hat 'n Stich, 'n Stich, 'n Stich!

Mädchen sind genau – so schlau – wie Jungen
Mädchen sind genau – so frech – und schnell
Mädchen haben so viel Mut wie Jungen
Mädchen haben auch ein dickes Fell

Wer sagt, daß Mädchen schwächer sind

wer sagt, daß Mädchen immer zickig sind
wer sagt, daß Mädchen affig sind
der spinnt, der spinnt, der spinnt!
Wer sagt, die Mädchen fürchten sich
und petzen und sind immer zimperlich
sind also blöd und hinderlich
der hat 'n Stich, 'n Stich, 'n Stich!

Mädchen sind genau – so schlau – wie Jungen
Mädchen sind genau – so frech – und schnell
Mädchen haben so viel Mut wie Jungen
Mädchen haben auch ein dickes Fell« (S. 99).

Der folgende Text »Hausmütterchen« von Arthur Wenzlaff
dient als Kontrolltext. Er ist einem alten Lesebuch entnommen
und zeigt Mädchen- und Mutterverhalten. Wenn die Schüler in
der Lage seien, das Klischee, als das diese Verhaltensweisen bezeichnet werden, selbständig zu entschlüsseln, d. h. abzulehnen, dann hätten sie das Lernziel erfaßt.

»Wenn Mutter verreist für heut oder morgen,
dann muß meine Schwester alles besorgen.
Dann hat die nicht Zeit zum Spielen und Lesen,
muß emsig und flink sein, mit Staubtuch und Besen.

Des Mittags muß sie das Essen bereiten
und dann schnell erled'gen die Schularbeiten.
Drauf spült sie die Tassen und wäscht die Teller.
Jetzt läuft sie zum Boden und jetzt in den Keller.

Sie trägt in die Küche das Holz und die Kohlen.
Dann eilt sie zum Kaufmann, um einzuholen,
daß Papa und Brüderchen ja nichts vermissen,
drum darf sie heute von Ruhe nichts wissen.

Und kommt die Mutter wieder nach Haus
und alles sieht fein und sauber aus,
dann küßt sie das Hausmütterchen stolz und lacht:
›Mein Kind, das hast du mal gut gemacht!‹« (S. 102)

Weit radikaler wird den Schülerinnen und Schülern in höheren Altersstufen ihr Mädchen- bzw. Jungesein in Frage gestellt. In Nordrhein-Westfalen gibt das Planungsmaterial[194] für den politischen Unterricht im 9. Schuljahr Anweisung, daß sich die Schüler – vor allem die Mädchen – im gruppendynamischen Rollenspiel über ihre »Mädchenrolle« erheben, sich distanzieren und sogar den »Rollenwechsel« wagen. »Das rollenspielende Mädchen muß die gewisse Sicherheit, die ihm die Mädchenrolle im Hinblick auf seine persönliche und soziale Identität bietet, zugunsten einer Distanzierung von dieser Rolle aufgeben und einen Rollenwechsel wagen können« (S. 17). Dabei scheut sich die Schule nicht, Identitätskrisen der Schüler in Kauf zu nehmen, deren Auswirkungen sie im Grunde gar nicht überblicken kann. »Dabei treten Verunsicherungen auf, die rational und emotional verarbeitet werden müssen« (S. 17); das ist alles, was der Kultusminister von NW zu den auftretenden Identitätskrisen zu sagen hat.

Aus den umfangreichen Lernzielen sollen nur einige genannt werden:

»10. Die für Mädchen als typisch geltenden Verhaltensweisen erkennen und überprüfen können.

13. Das tradierte Rollenverhalten bzw. das geschlechtsspezifische Rollenverhalten von Mädchen prüfen können.

15. Strategien zur Rollendistanz und – Veränderung erkennen und entwickeln können.

16. Formen abweichenden Rollenverhaltens benennen können« (S. 15).

Das Ganze bleibt nun nicht nur im schulischen Lernfeld, es soll in der Praxis des Lebens verwirklicht werden: das neue Verhalten der Geschlechter:

»17. Bereit sein, die aus abweichendem Rollenverhalten sich ergebenden Konsequenzen auszuhalten. (Langfristig affektives Lernziel)« (S. 15).

Diesen Lernzielen werden umfangreiche Materialien zugrunde gelegt, aus denen die Schüler die unterschiedlichen Erwartungen entnehmen können, die bei uns an Junge und Mädchen

199

bzw. Mann und Frau geknüpft werden. Inwieweit sie selbst in ihrer Auffassung Abbild der gesellschaftlichen Meinung sind, wird ihnen an einem Fragebogen bewußt gemacht, bei dem sie die einzelnen Fragen zustimmend, ablehnend oder neutral beantworten müssen. Hier heißt es u. a.:

»1. Es wäre begrüßenswert, wenn einmal eine Frau Bundeskanzler würde.

2. Für ein Mädchen lohnt sich keine lange, kostspielige Berufsausbildung: es heiratet ja doch.

3. Eine Frau muß zu ihrem Mann aufschauen können; deshalb ist Anschmiegsamkeit besser als Klugheit.

4. Eine verheiratete Frau sollte nur dann berufstätig sein, wenn sie keine Kinder hat.

7. Berufe wie Krankenschwester, Kindergärtnerin, Sozialarbeiterin, Lehrerin entsprechen dem Wesen der Frau mehr als Berufe wie Ingenieure, Physiker, Bürovorsteherin.

9. Der Staat sollte sich bemühen, Ganztagsschulen einzurichten, damit die Mütter arbeiten können.

10. Eine Frau, die keine Kinder haben will, ist keine richtige Frau.

14. Jede Frau hat das Recht, frei darüber zu entscheiden, ob sie ein Kind bekommen will oder nicht.

16. Es ist Sache der Mutter, die Kinder zu erziehen.

17. Höhere Löhne und Gehälter für Männer sind gerecht.

18. Sexuelle Beziehungen außerhalb der Ehe sind einem Mann eher zuzugestehen als einer Frau.

19. Es ist mir gleich, ob ich unter einem männlichen oder weiblichen Vorgesetzten arbeite.

20. Frauen sollten sich in stärkerem Maße zusammenschließen, um ihre Interessen durchzusetzen« (S. 9).

Der Text »Bei ›drei‹ bist du Mutter« mißachtet jegliche Menschenwürde. Er ist entnommen dem »Planungsmaterial für den

200

politischen Unterricht« des »Kultusministers des Landes Nordrhein-Westfalen«:

»Es gießt fürchterlich. An Spielen im Freien ist nicht zu denken. Was fangen Kinder in einer kleinen Wohnung bei solchem Wetter an? Natürlich kommen auch noch Spielkameraden herauf. In der Stube sind eifrige Beratungen: ›Was sollen wir spielen?‹ ›Mensch ärgere dich nicht?‹ ›Ach lieber nicht. Das gibt doch bloß Ärger, und am Ende reißt Ernst dem Dieter wieder Haare aus‹. ›Verkaufen?‹ – ›Ja, gut, Autogeschäft, Tankstelle, Polizei und so. Da kann jeder etwas anderes sein‹. Uwe ist natürlich Autoverkäufer, er hat ja so schöne Modellautos, und außerdem wohnt er hier, da kann er sich als erster aussuchen, was er sein will. Dieter ist Polizist ... Peter wird Tankwart. ... Plötzlich meldet sich Petra: ›Was soll ich denn tun? Eingekauft habe ich schon. Jetzt will ich auch Autos verkaufen!‹ – ›Du kochst Klötzchensuppe und fegst auf‹. – ›Nein‹, antwortet Petra energisch, ›ich will nicht bloß Frau sein und so, ich will auch verkaufen!‹ Da braust Uwe auf. Er fuchtelt mit den Fäusten an Petras Gesicht herum und schreit: ›Wenn du nicht willst, gehst du runter und spielst nicht mehr mit. Bei ›drei‹ bist du Mutter, klar?‹ Petra schaut Uwe ganz verdutzt an. Der fängt an zu zählen: ›Eins – zwei – na, willste nun Mutter sein und Klötzchensuppe kochen? Gleich ist drei – na?‹ Da nickt Petra ergeben, ja, sie will Mutter sein. Friedlich geht das Spiel weiter« (S. 7f.).

7. Besinnung:

»Balancierende Ich-Identität« – so wurde in den bisherigen Darlegungen deutlich, stellt ein Übergangsstadium zur kollektiven Identität dar. Im Zusammentreffen mit den falschen Strukturen dieser Gesellschaft, mit ihren Autoritäten wie Eltern, Lehrern und Nachbarn, überhaupt mit ihren Normen und Werten, wurde deutlich, wie der Schüler auf der Grundlage von balancierender Ich-Identität Strategien zu entwickeln lernte, seine Bedürfnisse optimal durchzusetzen und dabei die Strukturen dieser Gesellschaft zu revolutionieren. Innerhalb der eigenen Gruppe der Klasse, dagegen zeigt sich, wie bereits hier die kollektive Identität verwirklicht wird: die Bestrebungen, die eigenen Angelegenheiten in der Klasse in herrschaftsfreier Kommunikation durch kollektive Willensbildung weitgehend selbst zu regeln; der Abbau der Eigentumsgrenzen, Dein's sei Mein's und Mein's sei Dein's; der Abbau von Sprachunterschieden, im Kollektiv spricht man eine Sprache. Diese kollektivistischen Tendenzen müßten in weiteren Bereichen untersucht werden. So bedürfe es m. E. einer Klärung, inwieweit ein Schüler noch das Recht hat, bewußt Außenseiter zu sein, ohne daß man versucht, ihn »konsensfähig« zu machen.

Was sich hier abspielt, ist ein tiefgehender Umwandlungsprozeß: auf der einen Seite wird das Kind durch erzieherische Einwirkung von den Eltern bewußt abgelöst und damit auch von seiner Familie. An die Stelle eines Eltern-Kind-Verhältnisses, das Nähe und Geborgenheit gibt, tritt Distanz und strategisches Handeln. Das Kind wird herausgenommen aus der hergebrachten Familienstruktur und in einem großangelegten Prozeß einbezogen in die Gruppe der Klasse, in das Kollektiv.

Junge Menschen lassen sich im Kollektiv leicht lenken. Dem Kollektiv können nunmehr Ziele vorgegeben werden, für die es sich »lohnt«, sich zu solidarisieren. Damit tritt jetzt das Kollektiv als gesellschaftsverändernd auf: sei es zunächst im kleineren Bereich, siehe Hausmeister Seumig; sei es gegenüber den eigenen Eltern, wie es aus der Parabel »Fünf Finger sind eine Faust« abgeleitet werden konnte; sei es im Aufweisen der Perspektive, daß unsere ganze Gesellschaft »falsch« sei, der Veränderung bedürfe, wie es die Schüler empfinden, wenn ihnen »Armut und Reichtum in der Welt« gegenüber gehalten werden.

Strategien des Solidarisierens jedoch gehören nicht in die Schule, auch nicht Anregungen dazu. Auf welche Weise man Schüler in dieser Richtung manipulieren kann, zeigen folgende Beispiele: In »Mensch und Gesellschaft« (s. Anm. 220, S. 47; Ausgabe Nordrhein-Westfalen) sieht man auf einer Zeichnung unzählige Kinder dicht an dicht auf einem Kinderspielplatz hinter einem Bretterzaun gedrängt zusammenstehen. Der Spielplatz ist umgeben von einer großen Rasenfläche mit einem Schild: »Betreten des Rasens verboten.« Im Hintergrund haben sich Frauen solidarisiert. Sie demonstrieren für die Beibehaltung des § 218: »§ 218 muß bleiben.« Hier werden ungenügende Spielmöglichkeiten gegen den § 218 ausgespielt. Wie werden diese Schüler reagieren, wenn sie Spielplatzmängel nicht beseitigen können?

In »Sexualität ist mehr«, einem Sexualkundebuch für die Sekundarstufe aus dem Jugenddienst-Verlag, Wuppertal, 1976, sieht man auf S. 92 (Foto) Schüler sich gegen den Berliner Senat auf der Straße solidarisieren, weil dieser einen homosexuellen Lehrer entlassen hat. Die schreienden Schüler der »Otto-Suhr-Schule« tragen Transparente mit der Aufschrift: »Trotz Misere an der Schule, Senat feuert Schwule« und »Denkt bei allen Entschlüssen, daß wir euch morgen wählen müssen!«

Sich abzeichnende Tendenzen zur Kollektivierung, Solidarisierung mit eingeschlossen, müssen abgelehnt werden. Der Mensch ist nicht geschaffen für das Kollektiv. Er ist geschaffen als Ebenbild Gottes. Wenn auch gefallen, so ist er doch zurückgerufen, im Glauben die Gottesebenbildlichkeit in Christus anzunehmen. Der Mensch steht als Person im Sinne des Einzelwesens, des Individuums vor Gott. Von daher führt der Weg in die Gemeinschaft der Menschen miteinander. Den Menschen von der Gruppe her zu sehen, ist ein Weg gegen die Ordnungen Gottes und widerspricht dem Menschen in seiner Bestimmung.

Noch ein Letztes soll hier bedacht werden: Es betrifft den Abbau spezifisch weiblicher und spezifisch männlicher Verhaltensmerkmale. Hier zeichnet sich eine Entwicklung ab, die darauf ausgerichtet ist zu nivellieren. In diesen Zielsetzungen, die wir vielfach im Erziehungswesen feststellen, liegt die tiefangelegte Revolutionierung nicht nur des einzelnen, sondern unserer Gesellschaft, ja unserer Kultur überhaupt. Wer glaubt, ein Junge solle auch Kochen lernen, um die künftige Frau im Haushalt unterstützen zu können, sieht diese Erscheinungen nur sehr oberflächlich. Im Planungsmaterial für den politischen Unterricht in NW wird in dieser Hinsicht eine deutliche Sprache gesprochen. Die Thesen von Friedrich Engels werden aufgegriffen, die Ehe und Familie als Grundpfeiler kapitalistischer Wirtschaftsordnung deuten. Also muß eine Erziehung, die das kapitalistische System »überwinden« will, spezifisch weibliches Verhalten abbauen, um so der Ehe und Familie entgegenzuwirken. Abbau spezifisch weiblicher bzw. männlicher Verhaltensweisen unterstützt den Kampf der Marxisten gegen Ehe und Familie und damit gegen unsere gegenwärtige Gesellschaftsordnung. Diese neue Weise der Selbsterfahrung der Geschlechter ist allerdings nur ein Ausschnitt dieses Kampfes, der seinen

Höhepunkt hat in einer neuen Sexualmoral, die Ehe und Familie zu zerstören zum Ziele hat. Gott schuf den Menschen als Mann und als Frau. Er schuf die Frau als Gehilfin des Mannes, Gehilfin heißt »Gegenüber«, »Ergänzung«. Jede Absicht, die speziellen Wesensmerkmale von Mann und Frau auf ein Niveau zu bringen, widerspricht Gottes Ordnung.

III. Lebensbereiche in Schulbüchern neomarxistisch gedeutet

Zur Strategie des Neomarxismus gehört es, unsere Gesellschaft den Kindern als die »falsche Gesellschaft« in ihren verschiedensten Lebensbereichen bewußt zu machen. In den Lesebüchern findet man demnach eine Fülle von Bereichen dargestellt, die das Bewußtsein der Kinder in diesem Sinne manipulieren. Aus der Fülle des Materials sollen hier noch einige Bereiche dargestellt werden. Ausführlich wollen wir hier auf die Bereiche Familie, Arbeitswelt und Sexualität eingehen. Der Anspruch, den man den Werten und Normen, die diese Bereiche tragen, zubilligt, hat entscheidenden Einfluß auf das gesellschaftliche Sein. Gesellschaftsrevolutionäre Bestrebungen werden demnach vor allem hier ihren Ansatzpunkt nehmen.

Die hier dargebotenen Textbeispiele stehen in den einzelnen Lesebüchern in der Regel im Rahmen einer größeren Unterrichtseinheit mit eigener Zielsetzung. Die Unterrichtsziele laufen darauf hinaus, Zwänge bewußt zu machen, zur Konfliktlösung und zur Veränderung der gesellschaftlichen Gegebenheiten fähig zu machen. Da die Texte aber einen Eigen-»wert« besitzen, werden die Kinder über die Zielsetzungen hinaus tiefgreifend beeinflußt im Sinne einer Abwertung der hier aufgegriffenen Lebensbereiche: Familie und Arbeitswelt. Es ist durchaus möglich, daß derartige Texte vom Lehrer auch dann an die Schüler herangetragen werden, wenn die Lesebücher einwandfrei sind. Möglichkeiten dazu gibt es genügend. Auch wenn diese Texte nur vereinzelt gebracht werden, tun sie ihre Wirkung. Es entsteht im Laufe der Schulzeit ein Wirkungszusammenhang, der die Einstellung zu Familie und Arbeitswelt prägt.

A. Die Familie

Die bürgerliche Ehe und Familie werden als die Institutionen angesehen, die das bestehende kapitalistische System entscheidend stützen. Da, wo Autorität des Vaters deutlich werde, aufopfernde Arbeit und Hingabe der Mutter, würden bei den Kindern Verhaltensweisen reproduziert, die das bestehende System als Existenzgrundlage benötige. Wolfgang Brezinka hat in seinem Buch »Erziehung und Kulturrevolution – die Pädagogik der Neuen Linken« u. a. die Vorstellungen der Neuen Linken über die Familie und die Erziehung der Kinder wiedergegeben: Als »Anhängsel der Produktionssphäre« seien diese Institutionen »ein Ort, an dem sich die fatalen herrschaftskonformen Denk- und Gefühlsgewohnheiten der Menschen und ihre normative Orientierung ständig verfestigen und erneuern«.[195] Durch »zu viel Nähe« suchten die Menschen in Ehe und Familie Glück und Befriedigung, um so den Nöten, die aus Vereinsamung und Vereinzelung am Arbeitsplatz und in der übrigen Gesellschaft entstünden, zu entgehen. Dadurch verstelle die Familie geradezu den Blick für die »wahren« Ursachen für Vereinzelung am Arbeitsplatz: das kapitalistische System. So seien Ehe und Familie die Institutionen, in denen sich die falschen Strukturen unserer Gesellschaft verinnerlicht hätten: Erziehung zu Gehorsam, Ordnung, Unterordnung, Bescheidenheit; aber auch Anlehnungsbedürfnis, Labilität, Bindung an infantile Bedürfnisse bei den Kindern; bei den Eltern Verunsicherung als Folge von Einflüssen aus Massenmedien und Werbung, Desorientiertheit, mangelndes emotionales Interesse. Die Aggressivität der Eltern gegen ihre Kinder werde ausgelöst, weil ihnen verbindliche Handlungsmuster fehlten. »Unter anderem werden die Häufigkeit der Prügelstrafe und die relativ hohe Zahl von Kindesmißhandlungen als Beweis für die Gefährdung der Kinder durch die gesellschaftsbedingte Aggressivität ihrer Eltern herangezogen.« Ein düsteres Bild der Familie entsteht. »Die Gesellschaft unterdrückt die Eltern, die Eltern unterdrücken die Kinder; die Gesellschaft schädigt die Kinder, die Kinder machen ihren Eltern das Leben schwer.«[196]

L. Kerstiens schildert das von der Neuen Linken entworfene Familienbild:

»All die Abhängigkeiten, Prägungen, Tabu-Zwänge, Verengungen, aus denen sich der Mensch um seiner freien Entfaltung willen emanzipieren muß, erscheinen als Ergebnis der vorgegebenen Familienerziehung, die durch den Kindergarten nur noch unterstützt wird. Dabei ist nicht an die Familien gedacht, die durch neurotische Störungen oder sadistische Züge ihre Kinder schikanieren oder quälen; diese sind nur Extremerscheinungen, an denen gewisse Gefährdungen der modernen Kleinfamilie offenbar werden. Gedacht ist vielmehr an die vielen ›guten‹ Familien, in denen die Eltern ihre Kinder lieben, und ihnen nach Kräften Gutes tun wollen.«[197]

Dabei erfährt die christliche Familie besondere Abwertung:

»Die religiöse Fixierung im frühen Kindesalter verstärke all diese Strukturen noch, da Gott als oberste Autorität die Gehorsamsforderung, die Sexualunterdrückung, das Verzichten als heilige Lebensprinzipien garantiert.«[198]

Schwächen und Nöte in der Familie aufgrund der Unzulänglichkeit des Menschen werden zu einem Mosaik zusammengeführt, das irreführt. »Es wird fälschlich der Eindruck erweckt, nahezu alle Familien seien krank, schwach und trübsinnig und es gäbe kaum mehr gesunde, kräftige und fröhliche Familien.«[199]

Die harmonische Familie gilt als »Bilderbuchfamilie«. Aus der Sicht neomarxistischer Gesellschaftsrevolutionäre wird die bürgerliche Familie als Zwangsfamilie dargestellt. Sie sei »völlig verrottet«. »Normale Eltern« seien »liebesunfähige Eltern«, in den meisten Ehen machten sich die Partner das Leben »gegenseitig zur Hölle«.[200]

Brezinka erklärt die revolutionäre Familiendarstellung:

»Die Deutung der Familiensituation muß zur Anklage gegen die ›kapitalistische‹ Gesellschaft herhalten. Der Umsturz dieser Gesellschaft wird als einziges Heilmittel ausgegeben, durch das Eltern und Kinder von den Qualen des Familienlebens für immer erlöst werden könnten.«[201]

Das gleiche gilt für die Ehe.

Texte über Eltern, Familie und Ehe aus Schulbüchern weiterführender Schulen.

Die gesellschaftsrevolutionären Schulbücher (vor allem Lesebücher) enthalten Texte über die Ehe und Familie, über Vater und Mutter, wie sie dem gezeichneten Bild aus der Theorie entsprechen. Gelegentlich eingestreute Positivtexte sind entweder Kontrolltexte, die ein übertriebenes Familienideal darstellen und mit dem nötigen Spott versehen sind, oder sie sind darauf abgestellt, familiäre Gegebenheiten als Mängel den Kindern bewußt zu machen; in ihnen die Voraussetzung zur Änderung der Familiensituation im Sinne der Neuen Linken zu schaffen. So heißt es beispielsweise in dem Lesewerk »Lesearten 7–8« in den Lehrerhandreichungen zu dem Thema »Kinder-Eltern«[202]:

»Mit dieser Einheit soll es den Schülern ermöglicht werden, sich mit der Beziehung Kinder-Eltern aus der Distanz anhand von Fremderfahrungen und durch Wiedererkennen von eigenen Erfahrungen auseinanderzusetzen. Der Schüler kann sich in der Rolle des unterdrückten, ungerecht behandelten oder aber des verständnisvollen Kindes wiedererkennen und lernt so seine eigene Rolle als Kind zu analysieren und zu reflektieren, was ihm in der oft emotionsgeladenen Atmosphäre familiärer Konflikte nicht möglich ist. Die Dekodierung eines schriftlich fixierten Kommunikationsbezugs, der dem Schüler vertraut ist, schafft ihm die Möglichkeit, seine eigene Situation aus der Distanz zu betrachten, die Gründe dafür aufzuhellen, und nicht nur individuelle, sondern auch gesellschaftliche Lösungsmöglichkeiten für die Schwierigkeiten dieser Situation anzustreben.«

Vor allem in höheren Altersstufen werden den Schülern Texte geboten, die Ehe und Familie überhaupt in Frage stellen und in denen als Alternative vielfach die Großfamilie, die Kommune, aufgezeigt wird. Menschen, die durch eine derartige Erziehung, wenn auch vorerst innerlich – aus dem Familienverband gelöst sind, lassen sich für die gesellschaftsrevolutionären Zwecke mißbrauchen, man macht sie hörig, man bestimmt sie fremd. Es ist abzusehen, wo das Heer von psychisch verelendeten jungen Menschen dieser Erziehung landen wird. Die Möglichkeiten stehen offen: Schwermut, Selbstmord, Irrenhaus, Drogenkulturen und Alkohol, revolutionäre Zellen u. a. m.

In den folgenden drei Texten lassen die Autoren Kinder ihre Eltern beobachten. Sie lassen sie bei ihren Eltern Verhaltensweisen sehen, die abstoßend, ekelerregend sind, ja, die Gefühle der Verachtung erzeugen.

Welche Folgen wird das Lesen und Besprechen dieser Texte bei den Schülern in der Klasse haben? Die Schüler werden Ekel und Abscheu empfinden, – wie gewünscht – und diese Gefühle werden sich auf ihre eigenen Eltern übertragen. Durch diese emotional tiefbelastenden Texte werden die Schüler bei ihren eigenen Eltern Entdeckungen machen – ihnen vorher unbewußt –, die Distanz, Ekel, u. U. Verachtung der Eltern hervorrufen; denn in jedem Menschenleben werden vom Verhalten her Schwächen zu finden sein.

Ein Auszug aus »Familie Seiferitz«, Bunte Lesefolgen 3, von Christine Nöstlinger soll hier wiedergegeben werden:

»... Da kam Robis Vater ins Badezimmer: Am Morgen war Robis Vater arm dran. Er war kein Morgenmensch. Er hätte seine komplette Briefmarkensammlung gegen zwei weitere Stunden Schlaf getauscht. Man konnte ihm ansehen, wie er litt, daß ihm jede Bewegung schwerfiel, daß er Mühe hatte, die Augen offenzuhalten, und wie er das Gähnen unterdrückte. Robi dachte: Ausschauen tut der Herr Papa am Morgen wie das Gespenst von einem Gartenzwerg! Der Vater setzte sich auf den Rand der Badewanne und murmelte: ›Guten Morgen, Herr Seiferitz!‹«

Dann rieb er sich die Augen und holte kleine graue Körner und gelbe, klebrige Wurzerln aus den Augenwinkeln. Während er gähnte und ein gelbes Wurzerl zwischen Daumen und Zeigefinger zerrieb, murmelte er: ›Herr Seiferitz, du hast dich heute wieder einmal nicht gewaschen. Gewaschene Kinder glänzen rosig im Gesicht. Du aber hast ein fahlgelbes Gesicht.‹

Robi seufzte und holte die Wascherei nach...«[203]

»drucksachen C 8« bringen als Romanausschnitt »Die Mahlzeit« von Gisela Elsner.

»Mein Vater ist ein guter Esser. Er läßt sich nicht nötigen. Er setzt sich an den Tisch. Er zwängt sich den Serviettenzipfel hinter den Kragen. Er stützt die Handflächen auf den Tisch, rechts und links neben den Teller, rechts und links neben Messer und Gabel. Er hebt das Gesäß ein wenig vom Sitz. Er beugt sich über den Tisch, daß seine Serviette herabhängt auf den leeren Teller, und übersieht so den Inhalt der Schüsseln. Dann senkt er das Gesäß auf den Sitz. Dann greift er zu. Er lädt sich auf mit der Vorlegegabel, mit dem Vorlegelöffel, Gabel für Gabel, Löffel für Löffel, bis er einen großen Haufen auf dem Teller hat. Und während mir meine Mutter auftut, einen Haufen, der im Haufen meines Vaters mehrmals Platz hätte, drückt mein Vater mit der Gabel das Gemüse, die Kartoffeln breit, schneidet mein Vater mit dem Messer das Fleisch zu großen Happen klein und gießt mit dem Soßenlöffel Soße über das Ganze. Und während mir meine Mutter meinen kleineren Haufen breitdrückt, mein Fleisch kleinschneidet zu kleinen Happen und das Ganze mit Soße begießt, fängt mein Vater an zu essen. Sein Bauch berührt die Tischkante. Seine Schenkel klaffen so weit auseinander, daß ein Kopf Platz hätte zwischen ihnen. Seine Beine umschlingen die Stuhlbeine. Er führt vollbeladene Gabeln zum Munde und kaut mit großer Sorgfalt klein, den Blick auf den Mittelscheitel meiner Mutter gerichtet, die sich nun selber auftut, einen Haufen, der in meinem Haufen mehrmals Platz hätte. Mit gesenktem Kopf sitzt sie dem Vater gegenüber. Und während mein Vater noch kaut, hält er die nächste vollbeladene Gabel in Mundeshöhe bereit, die Zinken den Lippen so nah, daß ich fürchte, er könnte sich daran verletzen.

›Lothar‹, sagt meine Mutter in ihr Essen hinein, ›iß jetzt und sieh dem Vater nicht immer beim Essen zu, das verdirbt ihm den Appetit!‹ «

Der Junge sitzt und zählt die Stäbe der Stuhllehnen, kommt aber nicht weiter.

» ›Vater‹, frage ich meinen Vater, den Oberlehrer, weil ich weiß, daß er es weiß, ›welche Zahl kommt nach zehn?‹

›Beim Essen‹, spricht mein Vater beim Essen, ›spricht man nicht.‹

Ich esse weiter, sehe verstohlen einmal nach rechts auf meinen essenden Vater, einmal nach links auf meine essende Mutter, sehe, wie verschieden meine Eltern essen. Mein Vater sitzt mit dem Rücken zum Fenster, zur Sonne. Meine Mutter sitzt mit dem Gesicht der Sonne zu, die Tür im Rücken.

›Vielleicht‹, denke ich, wenn ich sie essen sehe, ›sitzt sie nur der Sonne wegen mit gesenktem Kopf, und wenn sie nicht scheint, sitzt sie weiter so aus Gewohnheit.‹

Sie hält den Kopf so tief über den Teller, daß ihr das Haar ins Essen hineinhängt. Sie legt die Gabel nieder, schiebt das Haar rechts und links des Mittelscheitels hinter das rechte, hinter das linke Ohr, führt hastig einen kleinen Bissen in den Mund, schwemmt ihn unzerkaut mit einem Schluck Wasser aus ihrem Glas hinunter und faltet unter der Tischplatte auf dem Schoß die Hände. Ich weiß nicht, ob sie betet zwischen zwei Bissen. Nach ein paar Gabeln, schon fängt sie an zu würgen, und die Rastpausen ihrer Hände im Schoß werden länger und länger zwischen den kleiner und kleiner werdenden Bissen. Schließlich führt sie die leere Gabel zum Munde, zieht sie heraus, führt sie zum Munde, vielleicht, um den Vater nicht zu verärgern durch regloses Herumsitzen beim Essen.«

Die Beschreibung des Vaters wird fortgesetzt:

»Der ist voller Bewegung über der Tischplatte. Keinen Augenblick läßt er die Finger von den Bestecken. Kauend belädt er die Gabel aufs neue, hebt er sie vollbeladen an die Lippen, und während er sie vor den Lippen bereithält, schiebt er mit dem Messer über den Teller verteilte Speisebrocken zu einem Haufen zusammen. Wenn die Wülste in seinen Backen kleiner werden, wenn sie verschwinden, wenn mein Vater zu Ende gekaut hat, lassen seine Augen ab vom Mittelscheitel meiner Mutter. Mein Vater schaut schielend auf die Gabelladung. Er reißt den Mund weit auf. Ich sehe die Goldzähne rechts und links und oben und unten neben seinen Mundwinkeln. Ich fange an, sie zu zählen. Aber schon bei eins stößt mein Vater mit einem kleinen, zinkenlangen Ruck nach vorn den Mund in die Gabel hinein. Seine Zähne schnappen zusammen über dem Gabelstiel, und langsam zieht er die Zinken zwischen den Zähnen hervor, als müsse er sie abnagen wie von Knochen das Fleisch.

Nichts bewegt sein Gesicht so wie das Essen. Wie sich sein Mund in die Breite zieht, sich rundet, wie sich seine Backen heben und senken, und mit den Backen die Wülste, und mit den Wülsten die Lesebrille, die er auch beim Essen trägt, und unter der Brille die Augen, die sich verengen und weiten, die er beim Kauen auf den Mittelscheitel meiner Mutter richtet. Ich sehe nicht gerne hin und muß doch hinsehen und werde nur langsam fertig mit meinem kleineren Haufen.

Wenn mein Vater den ersten Teller geleert hat, lehnt er sich zurück. Er atmet tief ein und stöhnend aus. Ich sehe, daß die sieben Stäbe der Stuhllehne zu schmal sind für die Breite seines Rückens. Meine Mutter sieht ängstlich in die Schüsseln. – ›Wird es wohl reichen?‹ fragt sie mit zuckenden Lippen, die Hände gefaltet auf dem Schoß.

Mein Vater lädt sich einen zweiten, einen nicht minder großen Haufen auf. Bei der zweiten Hälfte des zweiten Haufens verliert er den Mittelscheitel meiner Mutter aus den Augen. Brocken fallen ihm von der Gabel auf den Teller. Wenn das geschieht, stößt er mit den Füßen gegen die Stuhlbeine, kippt er die ganze Gabelladung auf den Teller zurück.

›Lothar‹, ruft er mir zu, die Gabel und das Messer senkrecht in den Fäusten auf der Tischplatte, ›nimm den Löffel nicht in die linke Hand!‹ Und er ruft: ›Du kleckerst, Lothar!‹ Und er ruft: ›Wie man ißt, so ist man!‹ Wenn er das gerufen hat, fährt er fort zu essen.«

Die Mutter ißt nicht mehr weiter.

»Meine Mutter schiebt den Teller von sich, darauf noch die Hälfte ihres kleinen, ach so kleinen Haufens liegt. Sie rückt ab vom Tisch, der Tür zu, und wartet in ergebener Haltung, die Hände auf dem Schoß gefaltet, den Kopf gesenkt, das Haar ins Gesicht hineinhängend, auf den Ausgang der Mahlzeit. Nur wenn mein Vater beim dritten Haufen, der sich zusammensetzt aus den Resten der Schüsseln, meines Tellers und dem halben Haufen meiner Mutter, anfängt aufzustoßen, zuckt sie zusammen. Ich sehe, daß drei Stäbe ausreichen für die Breite ihres schmalen Rückens.

Nach dem dritten, nach dem letzten Haufen, legt mein Vater die Bestecke gekreuzt auf den Teller. Er reißt die Serviette aus dem Kragen. Er nimmt die Lesebrille von den Ohren. Er wischt sich über das ganze Gesicht. Dann stößt er sich und seinen Stuhl mit den Füßen ab vom Tisch. ›Es hat geschmeckt‹, sagt er.

Meine Mutter hebt den Kopf. Sie sieht zwischen den Haarsträhnen hindurch meinen Vater an. ›Ich kann noch nachholen‹, sagt sie.

›Ich bin kein Vielfraß‹, sagt mein Vater und steht auf.«[204]

1. Nenne Textstellen, aus denen erkennbar wird, daß sich der Junge langweilt.

2. Schreibe das ›Tischgespräch‹ auf und ziehe daraus Rückschlüsse auf das Verhältnis der Personen zueinander.

3. Weise nach, daß durch eine scheinbar wertfreie Beschreibung von Tatsachen deutlich urteilend Stellung genommen wird.

»Lesarten 6« bringt im Textbuch die Geschichte »Wenn…« von Viktor Dragunskij.

»Ich saß am Tisch, saß nur so da, und plötzlich fiel mir etwas ein. Mir fiel ein, wie schön es sein müßte, wenn auf der Welt alles umgekehrt eingerichtet wäre. Also zum Beispiel sollten Kinder die Hauptsache sein, und die Erwachsenen müßten ihnen in allem und allem gehorchen. Überhaupt sollten Kinder wie Erwachsene und Erwachsene wie Kinder sein. Das wäre fabelhaft und sehr, sehr interessant.

Zuerst stellte ich mir vor, wie es Mama wohl gefallen würde, wenn ich herumgehe und sie tun muß, was ich will, ja und Papa auch, dem würde das gefallen! Von Großmama zu reden, lohnt nicht, sie würde sicher tagelang heulen. Ich befehle auf Teufel komm heraus, alle sollen sich im Bösen an mich erinnern! Zum Beispiel, wenn Mama am Tisch sitzt, sage ich zu ihr: ›Was ist denn das für eine Mode: Essen ohne ein Stück Brot dazu? Das ist ja ganz was Neues! Guck in den Spiegel – schau, wie du aussiehst! Wandelndes Gerippe! Iß jetzt, hab ich gesagt!‹

Und mit gesenktem Kopf fängt sie an zu essen. Aber ich lasse nicht locker: ›Schneller! Stopf dir nicht die Backentaschen voll! Träumst du wieder? Mußt du immerzu die Welträtsel lösen? Kau ordentlich! Rutsch nicht auf dem Stuhl herum!«

Dem Vater würde es ähnlich ergehen:

»Und dann käme Papa von der Arbeit. Noch ehe er den Mantel ausgezogen hat, schreie ich ihn an: ›Aha, da bist du ja! Immer muß man auf dich warten! Wasch dir die Hände! Aber gründlich! Verschmier nicht bloß den Dreck. Wenn *du* das Handtuch benutzt hast, ist es nicht mehr zu brauchen. Bürste dreimal und spar die Seife nicht! Los, zeig die Fingernägel! Das ist ja ein Skandal – keine Nägel, Krallen sind das! Wo ist die Schere? Zuck nicht zurück! Ich schneide dir schon nicht ins Fleisch. Ich schneide ganz vorsichtig. Schnief nicht, du bist kein Mädchen. So, fertig! Jetzt komm zum Essen!‹

Papa würde sich artig an den Tisch setzen und leise zu Mama sagen: ›Nun, wie geht's dir?‹

Und sie würde genauso leise antworten: ›Danke, gut!‹

Aber ich sofort: ›Geschwätz bei Tisch? Solange ich esse, sind gefälligst alle stumm und taub! Merkt euch das für euer ganzes Leben. Es ist eine goldene Regel! Papa! Leg sofort die Zeitung weg, du elende Landplage!‹ Und folgsam würden sie bei mir am Tisch sitzen.

Wenn dann Großmutter kommt, kneife ich die Augen zusammen, schlage die Hände über dem Kopf zusammen und keife:

›Papa, Mama! Guckt euch bloß unsere Alte an! Wie sieht sie wieder aus! Die Bluse aufgerissen, den Hut im Nacken! Die Backen feuerrot, der Hals ganz naßgeschwitzt! Großartig, das muß man sagen. Gib's nur zu, du hast wieder Hockey gespielt! Und was ist das für ein scheußlich verdreckter Stock? Wozu bringst du sowas nach Hause? Was? Ein Hockeyschläger? Mir aus den Augen – zur Hintertür!‹

Nun gehe ich im Zimmer hin und her und sage zu den Dreien: ›Nach dem Essen setzt ihr euch an die Schulaufgaben, ich gehe ins Kino.‹ Natürlich bitten und betteln sie sofort: ›Nimm uns mit! Wir möchten auch ins Kino!‹

Aber ich: ›Nichts da! Papperlapapp! Gestern wart ihr auf einer Geburtstagsgesellschaft, Sonntag habe ich euch in den Zirkus mitgenommen. Ihr bleibt zu Hause. Da habt ihr 30 Kopeken für Eis, damit Schluß!‹

Dann bettelt Großmutter: ›Nimm wenigstens mich mit. Jedes Kind kann doch einen Erwachsenen umsonst mit reinnehmen.‹

Aber ich rede mich heraus: ›Dieser Film ist für Leute über siebzig Jahre verboten. Sitz zu Hause, Rumtreiberin!‹

Ich gehe an ihnen vorbei, knalle absichtlich laut mit den Absätzen, als merkte ich gar nicht, daß alle nasse Augen haben. Ich ziehe mich an, drehe und wende mich vor dem Spiegel, summe vor mich hin und quäle sie dadurch noch mehr, ich mache die Wohnungstür auf und sage...

Ich konnte mir nicht mehr ausdenken, was ich sagen wollte, denn meine Mutter, die richtige, lebendige, kam herein und sagte: ›Da sitzt du ja immer noch! Iß jetzt! Schau, wie du aussiehst – wandelndes Gerippe.‹ «[205]

In den Schulbuchtexten werden Eltern lieblos und hart gezeigt. Berichte über Kindesmißhandlungen werden in Schulbücher aufgenommen und es entsteht der Eindruck, daß Eltern in der Regel so sind; auch bei den Schülern wird dieser Eindruck geweckt. Die Schüler werden sich von diesen Texten zwar absetzen können, da es sich hier um pathologische Fälle handelt, aber es werden ihnen gelegentliche Reaktionen ihrer eigenen Eltern ins Bewußtsein kommen, Zweifel an der Liebe ihrer eigenen Eltern wird gesät. Die beiden folgenden Texte sollen als Beispiel dienen: »Sverre will nicht nach Hause« von Olga Wikström und »Schlagen und schweigen« von Hannah Glaser, beide aus »Lesarten 5«, Textbuch. Der dritte Text, »Die Liebe zu mir«, ist getränkt von Bitterkeit und Verachtung. Dem Text ist zu entnehmen, daß Eltern ihre heranwachsenden Kinder nicht lieben können, es sei denn, sie tun »Schwerarbeit«. So wird das Verhältnis der jungen Menschen zu ihren Eltern vergiftet.

»Was sollte er jetzt nur machen! Die Schule war aus. Und nach Hause wollte er nicht. Sverre knallte die Schultasche gegen die Büsche, die den Weg zum Hochhaus säumten.

Eine Frau holte ihn ein. ›Warum machst du das?‹ fragte sie. ›Siehst du nicht, daß die Zweige abbrechen?‹

Sverre antwortete nicht. Für ihn waren es keine Büsche, sondern freche Gören, die ihn ärgerten. Und die beiden Kiefern bei der Teppichstange waren dämliche Tanten. Sie bekamen jedesmal etwas von der Schultasche zu spüren, wenn er an ihnen vorbeiging.

Aber die Birke beim Spielplatz hatte er gern.

Sollte er jetzt die Tasche bei der Birke hinlegen und einfach irgendwohin gehen? Oder sollte er doch lieber die Tasche mitnehmen? Er entschied sich für das letztere. Er wollte nicht hinaufgehen. Mama hatte ihm heute vormittag Prügel versprochen, weil er auf der Baustelle nebenan die neue Hose verschmutzt hatte; er war in einem Ölfleck ausgerutscht. Jetzt bereute er, in der Frühstückspause nach Hause gegangen zu sein (er hatte das Rechenbuch vergessen). Die ganze Zeit in der Schule hatte er die Drohung gespürt. Er konnte kaum an etwas anderes denken. Aber immer war es so, immer mußte er es erfahren, wenn ihm etwas bevorstand, damit er ja gehörig Angst bekam.«

Dieses Mal würde der Vater ihn verprügeln, der packte hart zu.

»Die Eltern benützten beide zum Prügeln den Teppichklop-
fer.

›Keinen Ton, kapiert!‹ zischte Papa, und dann wagte man natürlich nicht zu schreien.

Sverre hatte im Laufe der Zeit gelernt, die Lippen zusammen-
zupressen, aber er bekam Kopfschmerzen davon.

Einmal war eine Frau von der Jugendfürsorge heraufgekom-
men.

›Sie haben es schön sauber und ordentlich hier, Frau Jansson‹,
hatte sie gesagt. Ja, die Wohnung war immer schön sauber, außer wenn Papa seine Kumpels mitbrachte. Mama selbst hielt jeden Winkel blitzblank. Das war auch der Grund, warum Sverre,
Inger und Monika nie in der Wohnung spielen durften. Sie durften zum Essen hereinkommen, dann mußten sie gleich wieder
hinaus.

Einmal hatte Monika im Treppenhaus in die Hose gemacht,
weil Mama die Türe abgeschlossen hatte und sie nirgends hin-
konnte. Dann war sie verdroschen worden!

›Du blamierst mich vor dem ganzen Haus‹, hatte Mama gesagt.

Nein, er wollte nicht hinaufgehen. Papa kam zwar nie vor sechs
Uhr nach Hause, aber nur dasitzen und auf ihn warten, das
konnte doch kein Mensch aushalten.«[206]

»Kindesmißhandlungen in der Bundesrepublik Deutschland

Statistisch werden jährlich etwa 400 Fälle von Kindesmißhand-
lung – darunter laut Angaben des Statistischen Bundesamtes in
Wiesbaden über 100 Fälle mit tödlichem Ausgang – gerichts-
bekannt, wobei es in der Hälfte der Fälle zu keinem Urteil
kommt. Die übrigen erhalten zum großen Teil Bewährung auf
den Vollzug ihrer Haftstrafe. Da jedoch die Dunkelziffer vermutlich bei 95 Prozent liegt, bedeutet das, daß nur fünf Prozent
der Fälle bekannt werden. Erklärt wird diese erschreckend

niedrige Zahl dadurch, daß die Tat im engsten Familienkreis ohne Zeugen ausgeführt wird und das Opfer überwiegend nicht älter als drei Jahre ist.

Geprügelt und mißhandelt werden nicht Kinder, die sich zur Wehr setzen oder zumindest weglaufen können, sondern zumeist hilflose Säuglinge und Kleinkinder, deren Weinen von der Nachbarschaft häufig als ganz normal angesehen wird. Die Ursachen für derartige Aggressionen sind oft relativ unbedeutend: Unreinlichkeit, Trotz, Nahrungsverweigerung, Husten oder Weinen.[207]

»Themen und Texte 8« bringt den Text »Die Liebe zu mir« von Christine Nöstlinger:

»Meine Mutter liebt mich.
Mein Vater liebt mich.
Alle Eltern lieben ihre Kinder.
Von der Geburt bis zum Tode.
Von meiner Geburt bis zu ihrem Tode
– und darüberhinaus.
Ich danke auch recht schön dafür.
Von der Geburt bis zum Tode.
Von meiner Geburt bis zu meinem Tode
– und darüberhinaus.

Nur,
ich erweise mich der Liebe meiner Eltern
nicht würdig.
Meine Hose ist oben zu eng
und unten zu weit.
Meine Haare sind zu lang.
Mein Rekorder zu laut.

Ich habe einen Freund,
der hat schon oft eine Zigarette geraucht.
Und einen anderen Freund,
der schaut wie ein Türke aus.
Außerdem spare ich auf eine Honda.

Für meine Eltern bin ich:
meine Hose und meine Haare,
mein Rekorder und meine Honda.
Ich bin für sie
die Zigarette des einen Freundes
und die Hautfarbe des anderen.

Und weil meine Eltern
eine Honda nicht lieben können,
und weil meine Eltern
meine Haare
nicht lieben können,
und weil meine Eltern einen Türken
nicht lieben können,
fällt es ihnen auch so schwer,
mich zu lieben.

Doch gerade deshalb muß ich doppelt
und dreifach dankbar sein für ihre
Liebe, denn für sie ist die Liebe zu mir
tatsächlich Schwerarbeit.«[208]

Die Familie erfährt in Schulbüchern eine Darstellung, die sie völlig negativ, mit Konfliktstoffen beladen, erscheinen läßt. Familien mit einem harmonischen Grundton gibt es angeblich nicht; im Gegenteil, die Schilderung von harmonischen Familienverhältnissen in Schulbüchern soll dazu dienen, auf diesem Hintergrund die Familie noch fragwürdiger erscheinen zu lassen. Es wird deutlich zum Ausdruck gebracht, daß überkommene Wertvorstellungen »fragwürdig geworden« seien.[209] Deshalb ironisiert man sie in Familientexten. Auf dem Wege des »Madigmachens« aller Verhältnisse – Möglichkeit hat man dazu – kann man in alle Lebensbereiche Konfliktstoffe bringen. Es kommt zu folgendem Verhalten der Kinder: »Die Kinder setzen sich mit dem Verhalten ihrer Eltern auseinander, sie haben Fragen an die Erwachsenen, sie bewerten deren Verhalten, äußern Zustimmung oder Ablehnung, sie äußern ihre Wünsche.«[210] So werden diese Texte zum Anstoß emanzipatorischer Prozesse.

»Bunte Lesefolgen 3«, bringt »Kinderäußerungen«:

»Eine Familie ist ein glückliches Heim.
Rundherum glücklich!
Eine Familie ist eine warme
gemütliche Küche mit dem Duft
guter Dinge.
Der einem in die Nase steigt.
Eine Familie sind vergnügte Kinder
Am Abend in ihren Betten.
Kleine Heiligenscheine um ihre Stirnen;
Das ist eine glückliche Familie.
Terri, 9 Jahre, USA«[211]

»Ich gehe in die Schule mit einem Schlüssel um den Hals, ich gehe in die Kinderbibliothek mit einem Schlüssel um den Hals. Ich sage der Bibliothekarin, daß sie mich um 5 Uhr fortschicken soll, weil ich die Kartoffeln aufstellen muß. Ich schäme mich, daß ich ein Schlüsselkind bin, aber meine Eltern gehen beide zur Arbeit und mein großer Bruder auch. So etwas dürfte nicht sein, aber ich kann mich nicht wehren. Alle sind doch hungrig, wenn sie heimkommen.
Beatrice, 11 Jahre, Belgien«[212]

Der Text »Glückliche Familie« von Ursula Wölfel aus Lesarten 4 Textbuch soll im Auszug wiedergegeben werden:

»In einer Familie gibt es am Samstag oft dicke Luft...«

Ausführlich werden kleine Reibereien geschildert, die in dieser Familie gerade am Samstag gehäuft auftreten:

»Schon haben sie ihren Familienstreit.

Plötzlich fragt der Junge, weshalb es eigentlich bei ihnen so ganz anders zugeht als bei den Familien in den Büchern. Da sind die Väter gütig und die Mütter liebevoll, und die Schwestern sind

auch viel netter. Vor allem giften sich da die Eltern nicht gegenseitig an, gerade wenn man sich auf ein schönes Wochenende
freut.

Erst sagt keiner etwas dazu.

Dann beschließt die Familie, heute einmal zu spielen, sie wären
eine glückliche Buchfamilie.

Das versuchen sie nun. Alle sind nur noch freundlich, verständ-
nisvoll, nachgiebig, hilfsbereit und in allem einig. Sogar fleißig
sind sie alle. Im Nu wird die Wohnung fertig, weil die Mutter
nun auch nicht mehr allzu gründlich sein will.

Doch dann will der Vater mit der ganzen glücklichen Familie in
den Wald wandern,

und die Mutter möchte mit der ganzen glücklichen Familie einen Stadtbummel machen,

und der Junge sähe gern die ganze glückliche Familie gemütlich
im Wohnzimmer sitzen,

und das Mädchen könnte gut auf die ganze glückliche Familie
verzichten. Es möchte zur Rollschuhbahn gehen.

Wahrscheinlich sind sie doch eine ganz normale Familie.

(Wenn man aus dieser Spielidee ein Spiel in der Familie machen
will, kann man natürlich die Eigenschaften und Vorlieben der
eigenen Familienmitglieder ins Spiel bringen.)«[213]

»Texte zum Nachdenken« bringt folgenden Text:

»Familienverhältnisse
oder
Die Familie ist die Keimzelle
eines geordneten Staatswesens.«

»Der Vater ist der Ernährer und Erzieher.
Der Vater ist der Hüter des Hauses.
Der Vater ist der Herr im Haus.
Der Vater ist männlich.
Der Vater tut seine Pflicht.

Die Mutter ist die Gebärerin.
Die Mutter ist dem Vater ein liebendes Weib.
Die Mutter ist den Kindern eine treusorgende Mutter.
Die Mutter ist fraulich.
Die Mutter tut ihre Pflicht.

Die Kinder,
ja, die Kinder sind wohlgeraten.
Die Kinder sind artig und adrett.
Die Kinder sind ganz der Vater und ganz die Mutter.

Die Kinder spielen.
Die Kinder dürfen spielen.
Die Kinder spielen
Krieg.«[214]

Anschließend sind Texte zu dem Themenbereich »Ehe« aufgeführt. Ein Kommentar zu den einzelnen Texten soll hier nicht
gegeben werden. Es soll nur darauf hingewiesen werden, daß
alle Texte aus einem Lesebuch, »drucksachen C 10 neu« entnommen sind. Welche Wirkung diese Textfolge auf die Jugendlichen hat, möge jeder Leser selbst ermessen.[215]

Von Kurt Tucholsky ist »Zeugung« als Text in »drucksachen C
10« aufgenommen:

»Die biochemischen Vorgänge sind bekannt.

Äußerlich sah es so aus, daß das nackte, gardinenlose Fenster
erst hellgrau, dann graublau schien, schließlich wurde der
Himmel weißlich. Die Frau wachte zuerst auf – in einem
schmutzigen Hemd, mit zerzausten, ins Gesicht hängenden
Haaren blickte sie trübe umher. Das Rumpeldurcheinander des
Zimmers sah sie an. Durch die verklebten, zusammengekniffe-
nen Augen erblickte sie: den Herd mit Töpfen und Papier, auf
dem Tisch die leeren zwei Flaschen und eine halbvolle, ihren
Unterrock auf einem Stuhl, seine Sachen über eine Stuhllehne
geworfen, Stiefel, Körbe, Brocken, unabgewaschenes Geschirr,
Zeitungsbogen, einen Hammer. Je weniger die Leute besitzen,
desto voller sind ihre Stuben. Diese hatten nur eine: Küche, Eß-

und Schlafzimmer zugleich. Darin hatten sie gestern das Kind gezeugt.

Daß es ein Sohn werden würde, wußte die Frau noch nicht. Sie sah auf den Mann; der schlief mit halboffnem Mund, schlecht rasiert, schwitzig um die Nase herum. Der Blick weckte ihn. ›Koch Kaffee!‹ sagte er halblaut. Sie wollte zärtlich sein, in der Fortsetzung. Er küßte sie und schob sie, nicht unfreundlich, fort. Sie stand auf. Er sah sie vom Bett aus hantieren und mit den Töpfen klappern, der Vater.«

Es wird weiter beschrieben wie der Mann sich anzieht, in einem Zimmer, das einer »Mordstube« gleicht.

»Die künftige Mutter legte Brotkanten, ein Messer auf eine Tischdecke, setzte zwei Kaffeetöpfe daneben. Er kehrte zurück, und sie aßen. Sie sprachen nicht. Es war nichts zu sagen. Er sah kauend aus dem Fenster. Da lag die Stadt.

Er sah über die Dachschornsteine, ohne sie zu sehen. Weil der Mensch nur hinter sich sehen kann und nicht vor sich, sah er nichts. Zwei Höfe weiter stand ein Pferd, ein junges Tier, das würde ihm in zwei Jahren einen Tritt gegen den Unterleib versetzen, an dem er lange Monate krank liegen würde, arbeitslos und krank. Um die Ecke saß ein Schreiber in einem Büro, der spitzte seinen Bleistift – mit ihm würde die Frau weglaufen, einem jungen, käsig-bleichen Burschen, finnig. Hinten, weit am Horizont, wohnte der Arzt, der auch nichts für ihn tun konnte – und weiter, im Westen, sein Fabrikant, der ihn dann entließ. Vorläufig kaute er noch stumpf vor sich hin. Das, was in der Mutter war, wurde ein Sohn, die weiße Flocke. Er verreckte bei Verdun, an demselben Tage, an dem der General Falkenhayn den Orden Pour le mérite bekam. Die Herren Eltern erhoben sich.« (S. 107f.).

Als nächstes erscheint »Geburtsanzeige« von Hans Magnus Enzensberger:

»wenn dieses bündel auf die welt geworfen wird
die windeln sind noch nicht einmal gesäumt

der pfarrer nimmt das trinkgeld eh ers tauft
doch seine träume sind längst ausgeträumt
es ist verraten und verkauft

wenn es die zange noch am schädel packt
verzehrt der arzt bereits das huhn das es bezahlt
der händler zieht die tratte und es trieft
von tinte und von blut der stempel prahlt
es ist verzettelt und verbrieft

wenn es im süßlichen gestank der klinik plärrt
beziffern die strategen schon den tag
der musterung des mords der scharlatan
drückt seinen daumen unter den vertrag
es ist versichert und vertan

noch wiegt es wenig häßlich rot und zart
wieviel es netto abwirft welcher richtsatz gilt
was man es lehrt und was man ihm verbirgt
die zukunft ist vergriffen und gedrillt
es ist verworfen und verwirkt

wenn es mit krummer hand die luft noch fremd begreift
steht fest was es bezahlt für milch und telefon
der gastarif wenn es im grauen bett erstickt
und für das weib das es dann wäscht der lohn
es ist verbucht verhängt verstrickt

wenn nicht das bündel das da jault und greint
die grube überhäuft den groll vertreibt
was wir ihm zugerichtet kalt zerrauft
mit unerhörter schrift die schiere zeit beschreibt
ist es verraten und verkauft.«

Im Anschluß ist eine übliche Geburtsanzeige abgedruckt:
»WIR FREUEN UNS ÜBER DIE GEBURT UNSERES
SOHNES
FLORIAN, GEB. AM 6. NOVEMBER 1972
BEATE UND DIETRICH BEYER
1 BERLIN 12, MOMMSENSTRASSE 18« (S. 108f.).

In dem Text »Von Frau zu Frau« von Eva Windmöller führt die Autorin mit sich selbst ein Gespräch:

»Zeig mal, du trägst ja einen richtigen Ring? Ich werd verrückt.

Der dünnste, den sie hatten. Wenn ich den anderen drüberziehe, sieht man ihn kaum.

Mußte das sein? Ihr habt doch auch so ganz gut zusammengelebt, warum muß der Staat seinen Stempel dadruntersetzen?

Wieso, durch den Stempel ändert sich ja nichts an unserer Beziehung, es ist wirklich alles genau wie vorher.

Das sagt jeder. Wir sprechen uns wieder. Aber wenn sich wirklich nichts ändert durch diese Institutionalisierung – warum dann überhaupt heiraten?

Weil es auf die Dauer einfacher ist.

Wieso einfacher, das versteh ich nicht. Du bist emanzipiert, hast deinen Job, du hast sowieso immer gemacht, was du willst. Was deine Familie sagt, ist dir egal.

Ja, aber im täglichen Leben ist es doch oft sehr lästig, wenn man nicht verheiratet ist. Das fängt schon bei der Wohnungssuche an, die Maklerin fragt, ob sie uns als Ehepaar eintragen soll oder wie. Überhaupt die Unterschriften, ich kann kein Einschreiben annehmen...

...dafür gibt es eine Postvollmacht.

Und bei der Bank...

...da gibt es eine Bankvollmacht.

Ja, trotzdem, es sind so viele Dinge; die Hausmeisterin fragt, warum sind da zwei Namensschilder an der Tür? Die Zugehfrau spricht dich mit dem Namen des Mannes an, sollst du sie da verbessern? Und auch im Laden, der eine sagt so, der andere so.

Auf den Namen kann man sich doch einigen.

Wie, ich soll mich für den Briefträger und den Hausmeister Frau

Sowieso nennen und bin es gar nicht? Das ist ja noch verlogener.

Finde ich nicht. Das wäre ja nur eine Scheinkonvention, wenn's unbedingt sein muß, aber du machst ja in richtiger Konvention, du gehst aufs Standesamt.

Das hat doch mit Konvention nichts zu tun. Du mißt diesem Stempel viel zuviel Bedeutung bei, das ist nämlich dein Fehler. Für uns ist das nur eine Erleichterung, zum Beispiel im Hotel...

...als ob da noch irgend jemand fragt!

Doch, in Holland wollten sie uns kein Doppelzimmer geben.

Da hast du aber Glück gehabt.«

Die Argumente in dem Scheingespräch werden weiter vorgetragen.

»*Nein, es ist trotzdem unpraktisch, meine Post und meine Anrufe werden nicht angenommen, weil ich unter anderem Namen eingetragen bin, wie soll man die Spesen abrechnen, und dann zu Hause. Es rufen ... zig Menschen beruflich an, da muß ich immer sagen: Nein, ich bin zwar nicht seine Frau, aber Sie können es mir genausogut ausrichten, nein, seine Sekretärin bin ich auch nicht. Ich hasse diese Erklärungen, die man wildfremden Leuten immer abgeben muß. Ja, wer soll ich denn eigentlich sein? Seine Bekannte, seine Freundin? Ich kenne einen, der fragt bei Einladungen immer, ob er seine Lebensgefährtin mitbringen darf, das finde ich ganz idiotisch. Da ist ›meine Frau‹ noch das Neutralste.*

Also, du hast der Leute wegen geheiratet.

Nein, natürlich nicht nur wegen der Leute.

Wer hatte überhaupt die Idee, du oder er?

Ich weiß nicht, beide. Zuerst ich, dann er. Das ist doch auch egal.

So, meinst du. Wärst du sauer gewesen, wenn er dich nicht geheiratet hätte?

Was heißt: er mich geheiratet. Wir haben geheiratet. Natürlich wird in jeder Verbindung der eine Partner stutzig, wenn der andere sich partout nicht binden will. Dann stimmt eben etwas nicht bei den beiden.

Aha. Ist es nicht vielleicht so, daß du das Gefühl hast: Wenn wir verheiratet sind, läuft er nicht so schnell weg?

Ach, weglaufen kann er immer. Natürlich, wenn man liebt, will man besitzen. Das ist ein Urinstinkt. Die Tiere beißen ihre Rivalen auch weg.

Nur während der Paarungszeit, hinterher ist es ihnen relativ egal, bis auf die paar monogamen Gattungen, die wir immer so gern als Musterbeispiel anführen. Ich würde überhaupt etwas vorsichtiger sein mit den Instinkten. Du kannst mir nicht erzählen, daß es ein Urtrieb ist, zum Standesamt zu laufen.

Ich weiß, ich weiß. Du findest es bürgerlich und überholt und all das, aber das stimmt ja längst nicht mehr. Die Beatles heiraten, und die sind ja nicht gerade bürgerlich, und die Hippies und die Linken, selbst die Großfamilien funktionieren nicht ohne Paarbildung. Bitte, vielleicht wollen sie das gerade – sich in aller Öffentlichkeit zu jemandem bekennen und sagen, hier, mit dem will ich leben. Du tust immer so, als ob man sich gegenseitig Fesseln anlegt. Man kann sich auch wieder scheiden lassen.

Das ist das dümmste Argument. Dann braucht man wirklich gar nicht erst zu heiraten.

Doch. Gerade. In unserer Gesellschaft ist es nun mal üblich, daß die Leute heiraten. Es ist besser für die Kinder, wenn die Eltern verheiratet sind. Das kannst du rückständig nennen, aber warum soll ausgerechnet ich auf die Barrikaden steigen und nicht heiraten, wenn alle das tun. Erstens ist das nicht mal besonders mutig, und zweitens könnte man diese Energien woanders besser einsetzen.

Habt ihr Karten verschickt?

Du lieber Gott, nein. Wir sind morgens zum Standesamt mit den Trauzeugen, haben schön gegessen und nachmittags wieder gearbeitet wie sonst.

Als wenn nichts wäre, selbstverständlich! Ha! Darauf hab ich jetzt gewartet! Das machen ja nun *alle aus Protest,* das ist die neue Masche. Bloß keine bürgerliche Familienfeier. *Wir* heiraten heimlich, ganz nebenbei. Ich kann dir gar nicht sagen, wie oft ich das schon gehört habe. Es gibt Brautleute, die gehen im Faschingsaufzug zum Standesamt, damit jeder sieht, das ist *nur ein großer Spaß,* sonst nichts. Aber heiraten tun sie doch. Mal ehrlich: *Warum habt ihr nun eigentlich geheiratet?*

Ach laß mich doch in Ruhe.

P.S. Dieses Gespräch führte die Autorin mit sich selbst.

Aus: Tagesspiegel 7903/1971

1.1. Welche Gründe führt die Autorin dafür an, daß sie geheiratet hat?
1.2. Kannst du mögliche weitere Gründe ergänzen? Welche Gründe verschweigt die Autorin?
2. Wodurch wird die Emanzipation der Frau in der Ehe gefährdet? Zähle die Nachteile auf, die einer Frau durch die Heirat entstehen können!
3. Ist eine Emanzipation der Frau nur außerhalb oder auch in der Ehe möglich? Begründe deine Antwort! (S. 91f.).

Aus »Berliner Ehen« von Alfred Döblin sollen einige Auszüge wiedergegeben werden.

»Die Ehe ist eine sehr interessante Erscheinung, besonders für den, der draußen steht. Es ist gut, die Ehen unlöslich zu machen, damit man nicht auf den Einfall kommt, noch eine zweite zu schließen. Man soll das aber nicht allgemein sagen; es gibt auch Ehen, die beiden Partnern in Krieg und Frieden Spaß machen. Ich habe bemerkt: viele hören nicht gern von der Ehe sprechen:...«

Im folgenden nun einige »Proben«:

»Ein Handlungsangestellter. Mitte Dreißig, ruhig, ernst, reist viel. Sie – nett, rundlich, etwas liebebedürftig, zwei Mädchen. Der Mann hängt sehr an der Frau, ist gelegentlichen Spaziergängen zur Linken nicht abgeneigt. Als er wieder eine längere Zeit in Berlin ist, bemerkt er, daß seine Frau sehr auf Geselligkeit aus ist, besonders in seinen Ruderklub eingeführt werden will. Dort ist sie und der Mann bald mit einem älteren Herrn sehr liiert. Der wird überraschend schnell von der Frau eingeladen, man duzt sich zu dritt. Ostern macht der Mann wieder eine Reise. Nachher ist die Frau verändert, erregt, weinerlich. Es treffen anonyme Briefe ein, sonderbare telefonische Anfragen an den Mann. Zuletzt nach einem Weinausbruch erklärt sich die Frau. Sie hätte jenen Herrn schon lange gekannt: hätte ihn in den Ruderklub gebracht; es sei reine Freundschaft gewesen. Dann Ostern habe sie sich über den lieblosen Abschied des Mannes geärgert. Der Herr sei zudringlich geworden. Sie hätte sich nachher entsetzlich geschämt. Hätte schon mit einer Freundin darüber gesprochen, die muß weiter davon geredet haben. Sie selbst könne es nicht bei sich behalten. Darauf ist der Mann erst wütend und fällt mit gemeinen Ausdrücken über die Frau her. Dann geht er auf die Jagd nach dem Herrn, der sich ihm zwei Tage entzieht, dann nur in Begleitung eines handfesten Freundes spaziert und die Schmähungen des Mannes ruhig einsteckt. Zuletzt verzeiht der Mann der Frau; beide treten in Opposition zu dem erbärmlichen älteren Herrn. Der Mann kommt aber schwer über die Angelegenheit hinweg. Er wird verschlossener, finsterer, quält die Frau oft, hängt aber sichtlich noch enger mit ihr zusammen als vorher. Sie spielte ›krank‹ in der gefährlichen Zeit; tut es noch. Die Affäre ihres Ehebruches hat damit geendet, daß die Ehe sehr gefestigt ist und daß die Frau die Vorhand bekommen hat.«

Eine weitere Geschichte folgt:

»Eine ganz leise Geschichte. Hier ist nichts passiert. Es sind, soweit sich sehen läßt, nicht einmal schlimme Gedanken vorgekommen. Wieder der arbeitsame, ernste Mann. Er hat keinen Sinn für Vergnügungen, nur für Schachspiel und Zigarettenrauchen. Wenn er tagsüber nicht zu Hause ist, muß er, seit Jahren, genau wissen, was die Frau stündlich tut. Ruft oft bei ihr an. Er ist gut zu ihr, liebt sie, behütet und bewacht sie. Debatten über den ›Mann‹ und die ›Frau‹, über ›Ehe‹, Theaterstücke dieser Art sind ihm unsympathisch. Sie, sehr zart, gebildet, hat im Laufe der Ehe alles von sich abgeschlossen. Sie haben nur einen sehr kleinen Bekanntenkreis. Es sind fast alle Bewegungen und Gedanken in dieser kleinen, kinderlosen Ehe stereotypisiert, sakrosankt[1]. Sie liest viel, ist mokant[2] geworden, kleidet sich überaus elegant. Die Frau legt außerordentlichen Wert auf Garderobe, ist aber unauffällig. Hat sich vollkommen in Bücher und elegante Toiletten verkrochen. Es ist eine Freude, mit ihr zu sprechen. Sie achtet sehr auf ihren Körper, pudert sich, zieht die Lippen rot und sitzt mit ihren braunen, glänzenden Augen sehr fein und abweisend, fast feindlich scheu da. – Diese ist ein ›Opfer‹ des Mannes, man sieht es. Sie genießt ihr Leben noch in Surrogaten[3] und hinter dem Vorhang.

Zwei Kämpfer. Er robust. Keine Kinder. Er selbständiger Handwerker. Meister, Ende dreißig; sie Mitte dreißig. Die Ehe war nach kurzer, friedlicher Ouvertüre hart wie bis jetzt. Er ist kurz angebunden, oft grob; sie ist eben seine Frau. Sie gibt von Beginn an nicht nach, verachtet den Mann, ekelt sich zuletzt fast vor ihm. Sie lehnt wochenlang jedes Gespräch mit ihm ab. Er ist gemütlich, hat die Frau gern, trinkt öfter, ist eifersüchtig. Sie ist aber nur verbittert, hat niemals Blicke für einen anderen, nach außerhalb; er hat sie ökonomisch[4] kirre gemacht. Sie will immer weg, aber da ist auch die Wohnungsnot; und ihre Möbel will sie ihm nicht lassen. So leben sie weiter, schlagen sich, schließen wieder Frieden.«

Im folgenden das Bild eines Paares, das sich aus Liebe geheiratet hatte:

»Im Krieg hat er in sich Schauspielertalente entdeckt. Die Ehe paßte ihm von dem Augenblick an ›prinzipiell‹ nicht mehr; sie war sozusagen nicht mehr standesgemäß. Er equipierte[5] sich mit Liebschaften. An einer kleinen Bühne bekommt er ein kleines Engagement. Die Frau hatte ihn im Beginn der Ehe in der Tasche. Jetzt, nach seiner Emanzipation, erklärt er strahlend: er fühle sich frei, sei wirklich Mann, Herr. Es hat ihn nämlich eine andere in der Tasche. Die geht bald in denselben Haushalt ein. Die Ehefrau wohnt in einem Zimmer, der Ehemann und die Standarte seiner Freiheit im anderen. Die Ehefrau kämpft um eine Wohnung. Die Frau, die den Mann noch liebt, drängt ihn, die zweite zu heiraten. Er aber erklärt, er fühle sich völlig selbständig, lege von sich aus nicht den geringsten Wert auf die Ehe, werde höchstens heiraten, wenn die Standarte darauf bestehe. Die Frau ist, als sie endlich ausziehen kann, gebrochen.

Sie hat sich schon vorher selbst ernähren müssen, da das Geld des Mannes von der anderen beschlagnahmt ist.

Drei Proben, vier Proben. Wenn's beliebt, mehr: ich habe einen Sack voll davon. Ich bin dafür, Kurse mit Übungen auszuführen über die Zustände in der Ehe, eine Art strategischen Unterricht. Abhalten muß den Kurs ein sehr begossener Pudel. Er kann ganz leise sprechen: denn helfen tut der Kurs doch nicht.

[1] *sakrosankt:* heilig, unverletzlich
[2] *mokant:* spöttisch, überheblich
[3] *Surrogat:* Ersatz, Behelf
[4] *ökonomisch:* wirtschaftlich
[5] *equipieren:* ausrüsten, ausstatten (S. 93f.).

»Arthur und Al auf Freiersfüßen« von James Thurbet zeigt zwei Biber, die sich gemeinsam um die Gunst eines Biberweibchens bemühen.

»Die junge Dame wollte von Al nichts wissen, weil er ein Leichtfuß und ein Taugenichts war. Er hatte in seinem Leben noch kein Stückchen Holz benagt, denn er zog es vor, zu essen, zu schlafen, in den Flüssen herumzuschwimmen und ›Haschmich‹ mit den Bibermädchen zu spielen. Arthur dagegen, der ältere Biber, hatte seit der Zeit, da er seine ersten Zähne bekam, immer nur gearbeitet und nie irgend etwas mit irgendwem gespielt.

Als der junge Biber das Biberweibchen bat, ihn zu heiraten, sagte sie, das komme nicht in Frage, es sei denn, er bringe es zu etwas. Sie wies ihn darauf hin, daß Arthur schon zweiunddreißig Dämme gebaut habe und zur Zeit an drei weiteren arbeite, während er, Al, bisher noch nicht einmal an ein Brotbrett oder ein Nudelholz herangegangen sei. Al war sehr traurig, erklärte aber, er denke nicht daran zu arbeiten, nur weil eine Frau es von ihm verlange. Als sie ihm daraufhin ihre schwesterliche Liebe anbot, erwiderte er, daß er bereits siebzehn Schwestern habe, deren Liebe ihm vollauf genüge. So nahm er denn sein gewohntes Leben wieder auf: Er aß, schlief, schwamm in den Flüssen herum und spielte mit den Bibermädchen ›Ich sehe was, was du nicht siehst.‹ Das Biberweibchen heiratete eines Tages Arthur – in der Mittagspause, denn er konnte seine Arbeit nicht länger als eine Stunde im Stich lassen. Sie bekamen sieben Kinder, und Arthur arbeitete so hart für den Unterhalt seiner Familie, daß er sich die Zähne bis zum Gaumen abwetzte. Bald war er nur noch ein Schatten seiner selbst, und er starb, ohne je in seinem Leben Urlaub genommen zu haben.

Der junge Biber fuhr fort, zu essen, zu schlafen, in den Flüssen herumzuschwimmen und mit den Bibermädchen ›Blindekuh‹ zu spielen. Er brachte es nie zu etwas, aber er lebte herrlich und in Freuden und wurde steinalt.

Moral: Es ist besser, zu faulenzen und zu verzichten, als überhaupt nicht zu faulenzen.« (S. 96).

Kann man die Ehe als Institution überhaupt abschaffen? Hier die Gedanken von Gabriel Laub in dem Text »Versöhnung mit der Ehe«:

»Ich hege gewisse Zweifel, ob man die Ehe als Institution so schnell abschaffen wird. Man kann hunderttausendmal den alten Aphorismus wiederholen, daß ›die Ehe aus zwei Sklavenhaltern und zwei Sklaven und doch nur aus zwei Menschen besteht‹ – es hilft nichts. Solange man für die Kinder keine besseren Erziehungsanstalten entwickelt hat als die Familie; solange auch Männer Kinder lieben und sie nicht selbst gebären können, kann man sich kaum von dem Joch der Ehe befreien.

Übrigens, versuchte man, die Ehe als Institution zu liquidieren, wäre ich persönlich dagegen. Ich bin nach der Scheidung zu dem Schluß gekommen, daß mich diese Institution als solche überhaupt nicht stört. Im Gegenteil, ich bin bereit, ihr viele gute Wirkungen zuzugestehen. Zum Beispiel, nur der Institution der Ehe ist es zu verdanken, daß es noch Sekretärinnen gibt: Wie viele Mädchen möchten schon Sekretärinnen werden, bestünde nicht die Möglichkeit, den Chef oder mindestens einen Bürokollegen zu heiraten?

Auch für die Volksausbildung ist die Institution der Ehe von großer Bedeutung: Viele Mädchen wären nicht studieren gegangen, hätten sie nicht den Wunsch, einen gebildeten Mann zu angeln, und einige Männer könnten nicht ohne materielle Unterstützung der Frauen, von denen sie als Ehekandidaten ausgewählt wurden, mit ihrem Studium fertig werden.

Gäbe es keine Ehe, gäbe es auch keine fremden Ehefrauen. Und eine gut verheiratete, mit ihrer Ehe zufriedene Frau ist doch die beste Geliebte. Die Ehe hat also auch gute Seiten. Vielleicht wäre es erforderlich, früh zu heiraten – wenn man jung ist, entscheidet man sich sowieso für diesen Schritt viel leichter – dann kann man so mit fünfundvierzig schon erwachsene, selbständige Kinder haben, die Ehe auflösen und einige Jahre die Freiheit genießen.

Es bietet sich aber eine noch radikalere Lösung: In der letzten Zeit wurden in den USA und in Holland einige gleichgeschlechtliche Ehen offiziell geschlossen. Könnte man gesetzlich durchsetzen, daß in der Zukunft nur solche Ehen zugelassen sind, würde ein alter Traum verwirklicht – alle Frauen könnten verheiratet sein, alle Männer ledig bleiben.

Mit der Zeit werden wahrscheinlich die künftigen Kämpfer für die heterosexuelle Ehe eine revolutionäre Underground-Bewegung bilden und durch Demonstrationen, Terroraktionen und politische Machtkämpfe die Legalisierung der traditionellen Ehe des 19. Jahrhunderts wieder durchsetzen. Das ist auch ein Grund, weshalb ich gegen die Abschaffung der Ehe bin (S. 98).

»Über das Gruppenwohnen« von Helmut Kentler

»Je nach Art des Gruppenzusammenschlusses kann man verschiedene Typen von Wohngruppen unterscheiden: So entsteht durch gemeinsame Haushaltsführung und Kindererziehung mehrerer Kleinfamilien eine Familienkorporation[1] oder Kleinfamiliengruppe; mehrere verheiratete oder unverheiratete Paare, auch nicht fest gebundene Einzelne können eine Wohngemeinschaft oder ein Wohnkollektiv bilden; ist eine Wohngruppe nicht in Paarbeziehungen unterteilt, bestehen zwischen allen Mitgliedern ähnliche intensive, im Intimitätsgrad nicht unterschiedene Beziehungen, dann handelt es sich meist um eine Kommune. Der Alltag in diesen Wohngruppen, ihr Lebensstil, die von ihnen vertretenen Ansichten und Ideologien mögen höchst unterschiedlich sein – ihnen allen gemeinsam ist zunächst einmal, daß sie für sich die Vorteile auswerten können, die das Zusammenleben in einer Gruppe bietet.

Isolierte Zweierbeziehungen – sie machen den Kern der Kleinfamilie aus – haben die Tendenz zu verkümmern: Die Partner gleichen sich einander an, die emotionale und intellektuelle Gespanntheit läßt nach, es fällt schwer, neue Reize einzuführen und sich mit Neuem auseinanderzusetzen, was Veränderung provoziert, schließlich hat man sich nichts mehr zu sagen. Demgegenüber bedeutet Gruppenleben stets Zusammensein unterschiedlicher Charaktere, Summation[2] verschiedener Fähigkeiten, Vermehrung des Ideenreservoirs und der sozialen Beziehungen. Auch hier kann der Reiz des Neuen, kann die ›Gruppendynamik[3]‹ nachlassen – die Gruppe kann sich aber stets regenerieren[4] durch Wechsel der Mitglieder, durch Aufnahme neuer Mitglieder.

Der größte Vorteil des Gruppenwohnens besteht darin, daß die Last der Hausarbeit und der Kindererziehung auf mehrere Menschen verteilt werden kann. Reihum – wechselnd von Tag zu Tag oder jeweils eine Woche lang – haben zwei Mitglieder ›Hausdienst‹: Sie kaufen ein, kochen, besorgen die täglich anfallende Hausarbeit, während die andern freigestellt sind, um ihren Interessen oder den Gemeinschaftsaufgaben der Gruppe nachzugehen. Auch die Versorgung der älteren Kinder kann abwechselnd von einem oder mehreren Gruppenmitgliedern konzentriert wahrgenommen werden.

Indem jeweils zwei Mitglieder zur Bewältigung bestimmter Aufgaben zusammengespannt werden, kann die Kommunikationsstruktur[5] der Gruppe beeinflußt werden: Gemeinsame Arbeit schweißt zusammen, vermehrt die Kontakte, entdeckt Vorzüge und Nachteile des einen und des anderen. Die Beziehungen, die durch Zusammenarbeit entstehen, brauchen mit den intimen Paarbeziehungen nicht übereinstimmen, sie können sogar ein Gegengewicht bilden und ein Abkapseln der Paare verhindern.«

Kentler weist weiter darauf hin, daß in einer Wohngruppe die geschlechtsspezifische Arbeitsteilung aufgegeben werden kann.

»In der Wohngruppe gibt es keine ›Frauen-‹ und keine ›Männerarbeit‹. Die Gruppe achtet streng darauf, daß jeder – unabhängig von seinem Geschlecht – alles tut: Bügeln, Knöpfeannähen, Stopfen besorgt jeder für sich – in der Hausarbeit, bei der Kinderversorgung übernehmen die Männer dieselben Aufgaben wie die Frauen.

Es zeigt sich allerdings, besonders in der Anfangszeit einer Wohngruppe, wie stark jeder einzelne seine Geschlechtsrolle verinnerlicht hat, wie schwer es fällt, sich von ihr zu befreien. Die Frauen neigen dazu, als erste vom Tisch aufzuspringen, wenn Essen nachgeholt werden muß, sie sehen herumliegenden Dreck eher als die Männer, sie können mit kleinen Kindern besser umgehen – die Männer hingegen drücken sich gern, wenigstens vor der ›unmännlichsten‹ Hausarbeit, sie lassen sich vielleicht zum Abtrocknen herab, überlassen aber das Spülen den Frauen. In diesen Schwierigkeiten wirkt sich hilfreich aus, daß in der Wohngruppe eine Solidarisierungsmöglichkeit mit der Gruppe des eigenen Geschlechts besteht, neben der Paargliederung, die durch intime Beziehungen zu den geschlechtsgleichen bestimmt ist. Die Untergruppe des eigenen Geschlechts gibt Rückhalt, sie hilft, Probleme, die mit der eigenen Geschlechtsrolle zusammenhängen oder die gegenüber dem anderen Geschlecht bestehen, zu artikulieren und Lösungsmöglichkeiten vorzubereiten.«

Es wird weiter auf die Möglichkeit der Gründung einer gleichgeschlechtlichen, z. B. der »Weiberkommune« hingewiesen.

»Daß solche Zusammenschlüsse durchaus den gewünschten Erfolg haben können, wird einem klar, wenn man bedenkt, daß die Emanzipation der Frau fast immer an der Unemanzipiertheit des Mannes scheitert. Solange der Mann sich unsicher fühlt und mit Angst reagiert, wenn seine Partnerin nicht etwas kleiner, etwas jünger, etwas dümmer ist als er, müssen die Frauen die Unterlegene spielen, wenn sie auf Beziehungen zum anderen Geschlecht nicht verzichten wollen.

Die Wohngruppe ermöglicht der Frau, ernsthaft und dauernd einem Beruf nachzugehen, auch dann, wenn sie kleine Kinder hat. Sind die Wohngruppenmitglieder freiberuflich tätig, oder haben sie gemeinsam einen eigenen Betrieb (einen Verlag, ein Architekturbüro usw.), läßt sich die Kinderversorgung besonders leicht regeln: Für einige Zeit scheidet jeweils ein Elternpaar aus dem Berufsleben aus, es wird von den anderen Gruppenmitgliedern mitversorgt und kümmert sich um die Kinder. Häufig ist diese Lösung auch dann möglich, wenn abhängige Arbeitsverhältnisse bestehen. In der Zeit, da die Erwerbstätigkeit ruht, kann eine intensive Fortbildung betrieben werden, so daß die Rückkehr ins Berufsleben häufig auf einer höheren Qualifikationsstufe[6] gelingt. Als weitere Möglichkeiten, das Problem der Kinderversorgung zu lösen, bieten sich an: die Aufnahme von Personen, deren Beruf die Kindererziehung ist; Zusammenwohnen mit jungen Leuten, die ihre Zeit weitgehend selbständig einteilen können, weil sie noch in der Ausbildung stehen. Sobald die Kinder zur Schule gehen, kann ihre Betreuung von allen Wohngruppenmitgliedern nach einem ähnlichen Reihumverfahren wahrgenommen werden wie die Versorgung des Haushalts.

[1] *Korporation:* Vereinigung, Verbindung
[2] *Summation:* Zusammenrechnung
[3] *Gruppendynamik:* Bewegungen, Spannungen, Prozesse innerhalb einer Gruppe
[4] *regenerieren:* erneuern, auffrischen
[5] *Kommunikation:* Verständigung, Mitteilung
[6] *Qualifikation:* Befähigung, Eignung

1. Welche Vorteile des Wohnens in Gruppen zählt der Autor auf? Welche kannst du ergänzen?
2. Welche Nachteile des Gruppenwohnens siehst du?
3. Wärst du bereit oder interessiert, in einer Wohngemeinschaft zu leben? Begründe deine Stellungnahme!« (S. 104ff.).

B. Die Arbeitswelt

Die relative Zufriedenheit der Arbeiterschaft im kapitalistischen System war eines der Probleme, mit dem sich die neomarxistische Theorie auseinandersetzen mußte. Sie erklärte diese Zufriedenheit der Arbeiterschaft mit der Bindung ihrer Triebstruktur an das kapitalistische System. Nach Marx muß die Arbeiterschaft für den Kapitalisten Ware herstellen, wird dafür entlohnt, muß nun wiederum die Waren, die sie zu ihrer eigenen Verwirklichung benötigt, auf dem Markt nach den Erfordernissen des gewinnbringenden Austausches kaufen. Damit stütze sie die weitere Existenz des Kapitals. Der Markt sei immer einer von Ausbeutung und Herrschaft gewesen. Die Klassenstruktur der Gesellschaft sei durch ihn sichergestellt. Die Zufriedenheit werde gesteigert durch die Erweiterung des Angebotes und die Befriedigung der letztlich durch Manipulation geweckten Bedürfnisse. Das Klassenbewußtsein, ja, das Bewußtsein der Klassenkampfsituation sei geschwunden. Das Eigenheim, das Auto, das Grundstück, das Fernsehgerät, der Urlaub mit seinen Möglichkeiten, kurz, die Waren verdeckten wie mit einem Schleier die Anwesenheit und Wirksamkeit des Klasseninteresses. Daß das alles unter dem Preis von härtester Arbeit, Unterdrückung, Knechtschaft und Entfremdung vor sich gehe, sei dem Arbeiter nicht mehr bewußt.

Ziel emanzipatorischer Pädagogik ist es nun, das Klassenbewußtsein neu aufzubauen. Die Pädagogik soll die Arbeiterklasse wieder neu »bilden« und ihr vor Augen stellen, daß sie die Unterprivilegierten seien. Die Auffassung, Arbeitgeber und Arbeitnehmer seien Sozialpartner, wie sie bei uns in der Bundesrepublik lange Zeit gegolten hat, soll aufgehoben werden zugunsten der Klassenkampftheorie.[216] Als pädagogische Zielvorstellung wird so ein befriedetes Dasein ins Auge gefaßt, in dem die Beziehungen des Menschen zur Arbeit sich grundsätzlich gewandelt haben.

»Arbeit und technische Entwicklung sollen von den Arbeitern selbst verwaltet werden. ›Nicht der Mensch soll der Arbeit unterworfen sein, sondern umgekehrt die Arbeit dem Menschen.‹ Die Arbeitsverhältnisse, die die Entfaltung der Persönlichkeit hemmen, müssen abgeschafft werden.«[217] Ebenso sollen Ziel und Zweck der Arbeit neu bestimmt werden. »Nicht die Gesellschaft soll sich nach den Bedingungen der Arbeitsprozesse richten und durch Konsum für die Verzichte entschädigt werden, sondern der Produktionsprozeß soll der Humanisierung aller gesellschaftlichen Lebensbedingungen dienen... Befriedigung der Bedürfnisse, die nicht an Konsum gebunden sind: eine neue Ästhetik der Stadt und Stadtlandschaft, ein neues Lebensmilieu, das die Entwicklung der menschlichen Fähigkeiten anregt und fördert, statt sie zu entwerten.«[218] In seiner kritischen Auseinandersetzung mit der neuen Schule »Schülermanipulation« zeigt H. Schoeck treffend, welche Grundstimmung dieser »neuen Gesellschaft« zugrunde liegt: »Die einzige zumutbare Gesellschaft, so soll es der Schüler auffassen, ist eine, worin niemand arbeiten muß, wenn es ihm nicht ungetrübt Spaß macht, und schon gar nicht für andere. Die Schüler sollen das Gefühl bekommen, in einer Gesellschaft aufzuwachsen, wo fast jede für sie in Frage kommende Arbeit nur ein Fluch ist.«[219]

Texte über die Arbeitswelt aus Schulbüchern weiterführender Schulen.

In den folgenden Texten wird gezeigt, wie sich das Bild von der Arbeitswelt den Schülern in ihren Lernmaterialien darstellt. Die Texte zeigen die Manipulation der Schüler in mehrfacher Hinsicht: Eine Kluft zwischen Arbeitgebern und Arbeitnehmern wird aufgerissen. Die Arbeitswelt wird als Stätte der Entfremdung bewußt gemacht. Das Bedürfnis nach Veränderung der Arbeitsmoral wird geweckt. Überlegungen über die Möglichkeiten einer neuen Handhabung von Produktionsmitteln wird in Gang gesetzt.

Die Inhalte der Texte richten sich einmal gegen die Unternehmer persönlich, sowie gegen Herrschaft allgemein. Ein »Feindbild« wird aufgebaut: der Unternehmer.

In »Mensch und Gesellschaft« wird aus der Antrittsrede des ehemaligen Bundespräsidenten G. Heinemann zitiert: »Es geht um den Dialog und um Durchsichtigkeit der Geschehnisse und der Entscheidungen...«[220] Ist überhaupt ein Dialog noch möglich in Anbetracht permanenter Verhetzung? Im gleichen Zusammenhang findet sich unter dem Thema »Warum manche Menschen über andere bestimmen können« folgendes: Unter einem großen, breiten Brett sieht man fast zerdrückte und in sich eingesunkene Lehrlinge. Auf der breiten Brettplatte tanzt der Betriebsbesitzer und schreit erzürnt mit weit aufgerissenem Mund: »Das hier ist mein Haus (mein Betrieb) und hier bestimme ich, was gemacht wird« (S. 83). Anschließend hält ein Vater seinem Sohn eine »Standpauke«: »Wenn du dich nicht in unsere Gesellschaftsordnung einfügst, dann wird es mit dir einmal ein ganz schlimmes Ende nehmen. Das laß dir von mir gesagt sein! Was stellst du dir eigentlich unter unserer Gesellschaftsordnung vor? Sag mir das! Die Regierung hat uns was zu sagen, die bestimmt, wie alles läuft. Der Betrieb hat dir was zu sagen. Dein Meister, wohlgemerkt, merk dir das, der hat auch dir was zu sagen! Und nicht aufmucken im Betrieb! Die Bundeswehr läuft auch über deinem, über dein, in deinem Leben weiter mit. Da wirst du auch mal reinkommen, und das wird dir auch mal ganz gut tun. Aber scheinbar willst du das alles gar nicht wahr haben, was hier läuft. Hier zu Hause, mit deinen 17 Jahren, steckst du deine Füße bei mir untern Tisch. Und ich bestimme hier, was gemacht wird, und nicht du! Das merk dir mal!« (S. 84)

Von Hannes Stütz stammt das folgende Gedicht »Dick und Doof in der Fabrik«. Es ist in »Lesarten 10« abgedruckt.

»In München steht nicht nur ein Hofbräuhaus,
da stehen auch viele Fabriken.
Da gehen vieltausend Leute rein –
Mensch muß das ein Vergnügen sein,
sonst würden die doch nicht so drücken.
Und abends kommen sie wieder raus
aus den vielen Fabriken.
Und alle sehn so fröhlich aus –
Himmel, das ist ein Freudenhaus,
da muß ich mich aber schicken.
Am nächsten Morgen fing ich an
in einer der vielen Fabriken.
Früh schlug der Wecker wie verrückt –
Mensch, hab ich vielleicht aufgeblickt,
mit ausgesprochenem Entzücken.
Und als ich dann Halle Zwo A betrat,
im blauen Modellkleid von Schießer,

da standen sie an einem langen Band,
trieben es heiter und mit Verstand –
das waren vielleicht Genießer.
Punkt zwölf Uhr ertönte ein Tuteton –
Die Unterbrechung war bitter.
Zum Trost gab's die Kantinenspeis
Pampe Uschi mit Patnareis –
im Lokus war Freudengewitter.
Am Nachmittag hat einer nur zum Spaß
das Fließband schneller gemacht.
Krawuttke mit dem Hinkebein
sammelte sechszehn Finger ein –
Mensch, ham wir gelacht.«

Diese Art und Weise der Darbietung soll die jungen Menschen
für die entscheidenden Inhalte öffnen.

»Um viertel vor vier ist der Schmidhuber Franz
an seiner Maschine verreckt.
Die Rosa aus der Halle Neun
stolperte in ein Ölbad rein –
die Orgie war perfekt.
Die nächsten Tage war Feierschicht
zwecks schlechter Absatzlage.
Wir sind zwar ein Privatbetrieb,
doch der Alte ist wirklich lieb –
die Pleiten dürfen wir tragen.
Drum als ich am Freitag den Lohn bekam,
beschwerte ich mich beim Alten:
He, Alter, bist Du ganz verrückt?
Die Arbeit hat mich so beglückt,
Du kannst Dein Geld behalten.
Im Gegenteil find ich es angebracht,
wenn ich dafür bezahle.
Denn Du trägst ja das Risiko,
ich steh nur rum in Halle Zwo –
Du siehst ja, wie ich strahle.
Der Alte sah mich wie den Erzengel an,
dann rief er auf seinen zwei Knien:

Du hast den neuen Kurs kapiert,
der mich aus der Krise führt.
Die Partnerschaft wird blühen.
Und seither spielen wir Dick und Doof,
und manchmal blinde Kuh.
Er spielt den Dicken,
ich spiele die Kuh,
er braucht aber noch ein paar Dumme dazu –
ich hoffe, das bist nicht Du.«[221]

Wer ist Arbeitgeber, wer ist Arbeitnehmer? Im folgenden Text gibt Helga M. Novak die Antwort: »Dem das Gefrierhaus gehört, der nimmt meine Arbeit. Er nimmt sie mir ab. Ich, da mir nichts gehört, gebe ihm meine Arbeit. Er ist der Arbeitnehmer. Der Arbeit ge be r bin ich. Arbeitnehmer und Arbeitgeber – an seinem lodengrünen Tisch begegnen wir uns mit vertauschten Namen und taxieren uns.«[222]

Wie wird die Arbeitswelt dargestellt? Im Mittelpunkt steht der Mensch, der durch die Arbeit sich selbst entfremdet ist. Seine relative Zufriedenheit, die er empfindet, soll bloßgestellt und damit als Selbsttäuschung entlarvt werden. Von daher wird auch unsere Freiheit als fragwürdig angesehen.

Das Fließband wird als entscheidend für den Arbeitsprozeß dargestellt. H. Schoeck weist darauf hin, daß Eltern ihre Kinder über die Bedeutungslosigkeit des Fließbandes innerhalb der gesamten Arbeitswelt aufklären sollten. »Von je 100 Berufstätigen in der Bevölkerung ist überhaupt nur einer an einem Fließband beschäftigt... Wie können sie (die Lehrer) so tun, als ob unsere ganze Arbeitswelt geprägt sei von einem Arbeitsplatz, den nur 1% der Erwerbstätigen einnimmt...«[223]

In »Lesarten 10« Textbuch[224] wird den jungen Menschen die Fließbandarbeit vor Augen gestellt: Das Gedicht »Fließband« von Mathias Schreiber und der Text »Acht Stunden ohne

Kopf« von Dieter Vogt sollen hier wiedergegeben werden;
ebenso »Angestellt« von Bernd Bergen.

»Ich stehe am Fließband
wo es hinläuft
weiß der Teufel
ob die Schrauben, die ich drehe
für Wasserhähne
oder Daumen sind, Pausen
gibt es nicht, nur flatternde
Finger, die greifen nach Schrauben
und Leere, zerreißen
die Stunden zu Lohn.
Ich stehe am Fließband
und schweiße die Teile
zu Röhren zusammen
in die ich dann gucke
ich schweiße die Röhren
wer weiß wohin ich schweiße
die Sehnsucht ins Eisen ich schweiße
am Fließband die Bänder nehmen
den Atem mir weg
das Fließband das zieht mich
das zieht mich noch aus
dann fließ ich auf Bändern
dann nimmt mich das Fließband
und gießt mich ich fließe
dann aus« (S. 24 f.).

Ein Journalist will die Arbeit am Fließband kennenlernen.
Nach ein paar Stunden des Anlernens beherrscht er die nötigen
Fertigkeiten und ist stolz auf seine Arbeit. Aber: »... der Stolz
ist kurz und lang der Arbeitstag, will sagen: nach diesem Höhepunkt wiederholt sich alles unendlich oft, ich sitze in der hell ge-
tünchten Montagehalle, die von geschäftiger Ereignislosigkeit
widerhallt, ich stochere in meinen Maschinen herum wie in einem kaltgewordenen Essen, und die Entdeckung einer losen
Schraube ist das einzige Erfolgserlebnis, denn lose Schrauben

sind mein Feld, sie rechtfertigen meinen Arbeitsplatz, und ich kann mir vorstellen, wie einem Straßenbahnkontrolleur zumute ist, der den ganzen Tag kontrolliert, ohne einen Schwarzfahrer zu erwischen, doch ich darf meine Gedanken nicht länger Straßenbahn fahren lassen, zumal ich eben eine Schraube überdreht habe, abgebrochen, der Vorarbeiter greift ein, holt die havarierte Maschine vom Band und stellt eine andere in die Lücke, eine Ersatzmaschine vom gleichen Entwicklungsstand, kein Grund zur Aufregung, die Arbeit geht nahtlos weiter, alles hantiert, fingert, schraubt, dreht, montiert, justiert eilig und eifrig, nichts geschieht, gesprochen wird wenig.

Nur zwei Italienerinnen kichern.

Sie kichern einander Geschichten aus ihrem Leben zu, das nachmittags um 15.45 Uhr beginnt, wenn das Berufsleben ausgeläutet wird, wenn die Hände sinken, die schläfrig gewordenen Lider aufgehen, wenn Arbeitskräfte sich in Menschen verwandeln, Kopf oben, aber ich rede abermals von Köpfen, während noch die Hände gefragt sind, fliegende, flatternde, werktätige Hände, deren Bewegungen gezählt, berechnet, mit der Stoppuhr verfolgt und bewertet wurden, Hände für 6,42 Mark Stundenlohn, Hände wie meine, die inzwischen bei der Achtuhrfünfundvierzigmaschine angesetzt haben, aber sogleich absetzen, als die Glocke klingt. Frühstückspause, eine unbezahlte Viertelstunde zum Kaffee- und Luftholen, Entspannung bis um neun, dann wieder zwei Stunden Schraubenmutternkontrolle, und noch einmal zehn Minuten Rast vor der längsten Etappe des Tages, die 25 Maschinen lang dauert; ein hartes Stück Tag, da mir die Zeit knapp wird, während ich gleichzeitig wünsche, sie möchte schneller vergehen, und ehe noch meine rechte Hand ihren Schwung verliert, hält sie einen Teller in ihren Fingern, fängt einen Schlag Kartoffeln auf, Fleisch und Soße, trägt den Teller durch die volle Kantine zum freien Eckplatz, bewegt Messer und Löffel, speist mich behende wie am Fließband ab. Die anderen löffeln mit großer Geschwindigkeit ihr Essen.

Sie erlöffeln sich die Zeit für einen Spaziergang im Fabrikhof, wo die Sonne scheint, wo man Muße spielt, wo man den schnurrbärtigen Sizilianer wiedertrifft, der zu einer Zigarette einlädt und von seinem Frankfurter Zimmer erzählt, sechs Quadratmeter groß, hundertzwanzig Mark teuer, der von seiner lieben Wucherwirtin erzählt und meint, man gewöhnt sich an alles, an die neue Heimat, an das Band, wohin wir zurück-kehren müssen, denn die Dreizehnuhrfünfzigmaschine geht auf die Sekunde ab und setzt ihren langen Marsch durch das Spalier der Hände fort, läßt sich von fünfzig Frauen und Männern nacheinander bemuttern und beschrauben, vervollständigen und perfektionieren, ohne daß sie sich unter dem tausendfa-chen Eingriff sichtbar verändert, denn das Fließband, wo jeder sein Teilchen beiträgt, ist nur ein Teil des Entstehungsprozes-ses, der auf viele Bänder verteilt ist, aber die liegen außerhalb unseres Horizonts, ein Stockwerk höher, ein Stockwerk tiefer, wer weiß, wer interessiert sich schon dafür, wer denkt über so etwas nach, jetzt, da der Feierabend von links näherrückt, da ich noch drei Maschinen abzufertigen habe, Blasen an der rech-ten Hand, der noch die Hornhaut fehlt, die Hornhaut, die man nach zehntausend Schrauben und Muttern weiß Gott noch nicht erwarten kann, die sich erst bildet, wenn auch der stillgelegte Kopf etwas davon angesetzt hat, aber freilich: ein Journalist, der den industriellen Werktag nur aus zweiter Hand kennt, von Marx und von Chaplin, der sich ans Fließband verirrt, um zu er-leben, wie es ihm tut, der hat den unbeschreiblichen Vorteil, daß er der Hornhaut entgehen, seine Blasen ausheilen, an seine fertige Schreibmaschine zurückkehren und jederzeit einen Punkt machen kann.« (S. 25 ff.).

Im folgenden Text »Angestellt« von Bernd Bergen berichtet ein Angestellter einer Werbeagentur über seine Arbeit in der Firma; über seinen Tagesablauf, über die Wochen und Jahre. »Die Arbeit geht rund, leicht, und die Stimmung ist gut. Ich ma-che eine Arbeit, wie sie Tausende tun und wie sie jeder tun kann. Ich bin tätig in einem Ganzen, über das ich ungefähr orientiert bin und dessen Richtung ich etwa kenne. Ich tue, was vorbestimmt ist, fest abgegrenzt und was getan werden muß. Dafür bezahlt man mich. Mein Arbeitsfeld stellt einen Teilbe-reich dar, der durch das unübersichtliche Anwachsen des Gan-zen irgendwann notwendig wurde. Ich bin vom Ganzen nicht abgetrennt und nicht allzu eng mit ihm verbunden. Ich arbeite vor allem an der Wirklichkeit des in sich bestehenden Teils.

Es wird nicht viel verlangt. Meine Zuständigkeit erstreckt sich auf das Funktionieren des Produktionsablaufes in meinem Bereich. Was ich leiste, geht im Zusammenspiel der einzelnen Abteilungen auf und in termingerechter Auslieferung der Produkte des Hauses. Ich bringe eigentlich nichts hervor. Ich koordiniere, sorge für rechtzeitiges Fertigwerden und weise die Kosten aus. Ich bin Sachbearbeiter einer Sache, die inhaltlich nach Belieben anders sein könnte. Nur der äußere Ablauf betrifft mich.

Es ist eine einfache, fast anspruchslose Beschäftigung. Ich muß nicht denken und nicht entscheiden. Die Probleme und Schwierigkeiten sind quantitativer Natur, und ich löse sie mit dem Tarifplan, mit der Rechenmaschine, per Telefon oder zu Fuß.«

Die Arbeit macht den Angestellten benommen.

»Siebeneinhalb Stunden am Tag und siebenunddreißigeinhalb wöchentlich bin ich bezogen auf das speziell zu Erledigende. Es steht fest, was zu tun ist, und daß es getan werden muß. Die wesentlichen Kräfte sind außer Betrieb. Als Person bin ich nicht in Anspruch genommen. Ich bin eigentlich unterbeschäftigt, was sich lähmend auswirkt, als Benebelung und Benommenheit. Es ist anstrengend, den ganzen Tag nichts zu denken. Die eigentliche Bezugslosigkeit bringt einen Mangel an Wirklichkeit mit sich, der während des Tages wächst. Ich bin hingehalten und leergelassen und doch vollgefüllt von kleinen Gewichten. Ein Absinken des allgemeinen Interesses ist die Folge, ein langsames Aufweichen der Person.

Vor dem Mittagessen bin ich okkupiert von den Arbeitsbezügen. Ich bestehe aus Zahlen, Daten und bin mir selbst egal. Trotzdem fühle ich mich nicht eigentlich schlecht. Ein verträglicher Umgangston belebt das Geschehen. Es gibt Zeit für Gespräche und für Belanglosigkeiten. Der eigentliche Leerlauf der Person macht sich gar nicht dringend bemerkbar. Er ist vertuscht vom Klima des Hauses, von müheloser Geschäftigkeit.«...

»Um zwei gehe ich nicht ungern in die Firma zurück. Kein unmittelbarer Zwang wartet, kein schlimmer Druck empfängt mich. Ich kann mir die Arbeit einrichten, niemand beargwöhnt mich.

Ich trinke Kaffee und lese die Zeitung oder stehe einen Augenblick auf dem Balkon. Meist liegt mir nichts deutlich im Sinn. Ich bin etwas müde. Ich sehe die Häuser an oder nehme an einem Baum den Frühling zur Kenntnis. Ich empfinde nicht einfach und stark. Ich wende mich zur Arbeit zurück, ich nehme die Fäden wieder auf. Es ist nicht unangenehm. Es ist eine Arbeit, auf die ich angesetzt bin und die mir, wie jedem hier, eigentlich gleichgültig ist.

Innerhalb meiner Grenzen habe ich sogar Bewegungsfreiheit. Ich kann Dinge auf später verschieben und eine Stunde oder auch lange Zeit wenig tun. Ich lese Zeitschriften oder gehe in andere Abteilungen und unterhalte mich. Es gibt keine sachfremden Zwänge, keine autoritäre Struktur. Oft knallen grundlos die Korken; ein kleiner Umtrunk während der Arbeitszeit.

Wenn es die Arbeit erlaubt, gehe ich sogar aus dem Haus. Ich gehe zum Beispiel zur Bank, um mein Geld abzuholen. Ich gehe hin, eingehüllt in eine träge Gewißheit, fülle den Zettel aus, und der Kassierer gibt mir das Geld. Mit angehobenem Gefühl schlendere ich zurück durch die Einkaufszentren.«

Alle Annehmlichkeiten, die das Leben bietet, sind da:

»Jeden Monat ist Geld auf der Bank. Ich bin ordentlich gekleidet, trage ein neues Hemd, eine passende Krawatte und fast neue Schuhe. Ich bewohne ein kleines Appartement und fahre ein durchschnittliches Auto. Ich bin zusätzlich versichert; falls ich den Fuß breche, werde ich zweiter Klasse liegen. Es kann gar nichts passieren. Ich bin aufgehoben mitten in einem gepolsterten Leben. Es ist ein sauberes, sozialisiertes Leben mit siebenunddreißigeinhalb Arbeitsstunden, zusätzlichen sozialen Leistungen, drei Wochen Urlaub und einer Lebensversicherung. Es geht nicht hoch hinauf, nicht tief hinab. Es ist angenehm, auf jeden Fall erträglich. Ich gehe durch die Geschäftszentren und habe fast das Gefühl, einen ordentlichen Platz im Leben zu haben.

Der Tag läuft, die Woche ist angefangen. Ich denke an Media-

pläne, Anzeigenformate, Druckunterlagen, Kostenvoranschlä-
ge . . . «

. . . »Doch immer wieder bekomme ich Luft genug, zu mir zu
kommen und mir zu sagen: Siehst du, es geht. Es geht über Wochen und Monate. Es kann über Jahre gehen. Das Leben läuft.
Es herrscht diese angenehme Erträglichkeit. Ich bin ange-
spannt, aber nicht ausgelastet und bin abends müde, vom eigentlichen Nichtstun verbraucht. Sogar Erfolg stellt sich ein,
Gehaltserhöhungen stehen in Aussicht. Der Abteilungsleiter
nickt. Die Kollegen sind freundlich. Von überallher kommt
Antwort.

Ältere Kollegen, die an anderen Orten wie ich Arbeiten tun, die
es überall gibt und die jeder tun kann, sind etwas grau im Gesicht. Sie tragen ihre Aktentasche an weißen Händen und gehen
abends um fünf nach Hause. Sie tragen die Verantwortung für
ihren Teilbereich und hängen auf dem Nachhauseweg noch in-
haltslos in den Arbeitsbezügen. Hinter ihren Stirnen geht nicht
viel vor. Über die Jahre hin hat sie die Arbeit auf die kleine
Höhe ihrer täglichen Wichtigkeiten gebracht. Sie spielen Skat
oder kegeln, wenn sie nach Hause kommen.«

Ihre Energien sind verbraucht.

»Sie lachen gern über Kleinigkeiten. Sie brauchen das Fernsehen abends, das sie weiterbeschäftigt. Sie fühlen sich eigentlich
wohl.

Sie sind der Typ, der die Welt überschwemmt, der die Welt
trägt, der in mühelos-mühsamer Kleinarbeit an der Verwirklichung der Gedanken schafft, die andere hatten. Von der Enge
ihrer Arbeit sind sie geprägt. Sie tragen die Welt, wie Back-
steine ein Haus, aber sie haben nicht Raum genug, sich auf sich
selbst zu besinnen. Wenn sie nach Hause kommen, brauchen sie
Kriminalromane, das Fernsehen oder die Kneipe. Sie reden von
der Welt, die sie tragen, wie Fremde, die nur Vermutungen hegen. Sie kommen nicht mehr auf den Gedanken, daß sie einge-
fangen sind und hingehalten gerade von der Erträglichkeit dieses Lebens.

Um halb sechs ist die Arbeit zu Ende und die Freizeit beginnt.
Ich räume den Schreibtisch auf, nehme die Aktentasche und

fahre im Aufzug nach unten. Ich vergesse Mediapläne, Anzeigenschlüsse, Korrekturen, Texter, Grafiker. Ich trete in das Gebrüll des Geschäftsverkehrs und nehme meine Richtung nach Hause. Ich weiß nicht recht, wie mir zumute ist. Ich bin auf Zerstreuung aus oder auf sehr leichte Beschäftigung. Den Mut, mich deutlich auf anderes zu besinnen, das wichtiger wäre als Leichtigkeit, habe ich nicht mehr. Ich habe gearbeitet; meine Müdigkeit sagt mir, daß ich im Recht bin, daß ich Entspannung verdiene. ›Alles geht seinen richtigen Gang.‹ Und morgen ist wieder ein Tag« (S. 32 ff.).

In den nachfolgenden Texten geht es um die Suche nach einer neuen Arbeitsmoral. Die Texte wecken einerseits Wünsche, schaffen anderseits Unzufriedenheit mit der gegenwärtigen Realität und motivieren so die Schüler an der Veränderung unserer gegenwärtigen Wirtschafts- und Gesellschaftsordnung.

»Lesarten 10« Textbuch bringt die »Anekdote zur Senkung der Arbeitsmoral« von Heinrich Böll.

»In einem Hafen an einer westlichen Küste Europas liegt ein ärmlich gekleideter Mann in seinem Fischerboot und döst. Ein schick angezogener Tourist legt eben einen neuen Farbfilm in seinen Fotoapparat, um das idyllische Bild zu fotografieren: blauer Himmel, grüne See mit friedlichen, schneeweißen Wellenkämmen, schwarzes Boot, rote Fischermütze. Klick. Noch einmal: klick, und da aller guten Dinge drei sind, und sicher sicher ist, ein drittes Mal: klick. Das spröde, fast feindselige Geräusch weckt den dösenden Fischer.«

In dieser Verlegenheit beginnt der Tourist ein Gespräch.

»›Sie werden heute einen guten Fang machen.‹

Kopfschütteln des Fischers. ›Aber man hat mir gesagt, daß das Wetter günstig ist.‹ Kopfnicken des Fischers.

›Sie werden also nicht ausfahren?‹

Kopfschütteln des Fischers, steigende Nervosität des Touristen.

Gewiß liegt ihm das Wohl des ärmlich gekleideten Menschen am Herzen, nagt an ihm die Trauer über die verpaßte Gelegenheit.

›Oh? Sie fühlen sich nicht wohl?‹

Endlich geht der Fischer von der Zeichensprache zum wahrhaft gesprochenen Wort über.

›Ich fühle mich großartig‹, sagt er. ›Ich habe mich nie besser gefühlt.‹

Er steht auf, reckt sich, als wollte er demonstrieren, wie athletisch er gebaut ist.

›Ich fühle mich phantastisch.‹

Der Gesichtsausdruck des Touristen wird immer unglücklicher, er kann die Frage nicht mehr unterdrücken, die ihm sozusagen das Herz zu sprengen droht:

›Aber warum fahren Sie dann nicht aus?‹

Die Antwort kommt prompt und knapp.

›Weil ich heute morgen schon ausgefahren bin.‹

›War der Fang gut?‹

›Er war so gut, daß ich nicht noch einmal ausfahren brauche, ich habe vier Hummern in meinen Körben gehabt, fast zwei Dutzend Makrelen gefangen...‹

Der Fischer, endlich erwacht, taut jetzt auf und klopft dem Touristen beruhigend auf die Schultern. Dessen besorgter Gesichtsausdruck erscheint ihm als ein Ausdruck zwar unangebrachter, doch rührender Kümmernis.

›Ich habe sogar für morgen und übermorgen genug‹, sagte er, um des Fremden Seele zu erleichtern. ›Rauchen Sie eine von meinen?‹

›Ja, danke.‹

Zigaretten werden in Münder gesteckt, ein fünftes Klick, der Fremde setzt sich kopfschüttelnd auf den Bootsrand.«

Mit Nachdruck legt der Fremde nun seine Gedanken dar:

»›Ich will mich ja nicht in ihre persönlichen Angelegenheiten mischen‹, sagt er, ›aber stellen Sie sich mal vor, Sie führen heute ein zweites, ein drittes, vielleicht sogar ein viertes Mal aus, und Sie würden drei, vier, fünf, vielleicht gar zehn Dutzend Makrelen fangen... stellen Sie sich das mal vor.‹

Der Fischer nickt.

›Sie würden‹, fährt der Tourist fort, ›nicht nur heute, sondern morgen, übermorgen, ja, an jedem günstigen Tag zwei-, dreimal, vielleicht viermal ausfahren – wissen Sie, was geschehen würde?‹

Der Fischer schüttelt den Kopf.

›Sie würden sich in spätestens einem Jahr einen Motor kaufen können, in zwei Jahren ein zweites Boot, in drei oder vier Jahren könnten Sie vielleicht einen kleinen Kutter haben, mit zwei Booten oder dem Kutter würden Sie natürlich mehr fangen – eines Tages würden Sie zwei Kutter haben, Sie würden...‹, die Begeisterung verschlägt ihm für ein paar Augenblicke die Stimme, ›Sie würden ein Kühlhaus bauen, vielleicht eine Räucherei, später eine Marinadenfabrik, mit einem eigenen Hubschrauber rundfliegen, die Fischschwärme ausmachen und ihren Kuttern per Funk Anweisung geben, Sie könnten die Lachsrechte erwerben, ein Fischrestaurant eröffnen, den Hummer ohne Zwischenhändler direkt nach Paris exportieren – und dann...‹ – wieder verschlägt die Begeisterung dem Fremden die Sprache. Kopfschüttelnd, im tiefsten Herzen betrübt, seiner Urlaubsfreude schon fast verlustig, blickt er auf die friedlich hereinrollende Flut, in der die ungefangenen Fische munter springen. ›Und dann‹, sagt er, aber wieder verschlägt ihm die Erregung die Sprache.

Der Fischer klopft ihm auf den Rücken, wie einem Kind, das sich verschluckt hat. ›Was dann?‹ fragte er leise.

›Dann‹, sagt der Fremde mit stiller Begeisterung, ›dann könnten Sie beruhigt hier im Hafen sitzen, in der Sonne dösen – und auf das herrliche Meer blicken.‹

›Aber das tu ich ja schon jetzt‹, sagt der Fischer, ›ich sitze beruhigt am Hafen und döse, nur Ihr Klicken hat mich dabei gestört.‹ Tatsächlich zog der solcherlei belehrte Tourist nachdenklich von dannen, denn früher hatte er auch einmal geglaubt, er arbeite, um eines Tages einmal nicht mehr arbeiten zu müssen, und es blieb keine Spur von Mitleid mit dem ärmlich gekleideten Fischer in ihm zurück, nur ein wenig Neid.«[225]

Wie gestaltet sich die Freizeit in unserer Gesellschaft? In »Freizeitprotokoll« von H. Peuckmann aus Lesarten 7 Textbuch wird von einem Angestellten berichtet[226]:

»Acht Stunden Bürokram liegen hinter ihm, acht Stunden Abhängigkeit, die sein Freund Albert ›Fremdbestimmung‹ nennt, aber der ist ja auch ein Linker.

Für heute liegt das weit hinter ihm, jetzt hat die Freizeit begonnen, und dafür hat Volker noch eine ganze Reihe anderer Umschreibungen wie: ›Mein wahres Ich‹, oder: ›Endlich mal selbst sein‹, oder: ›Endlich tun und lassen können, was man selber will.‹

Ja, in der Freizeit, meint Volker, ist alles ganz anders.

Der Weg nach Hause dauert mit dem Wagen so zwanzig Minuten, unterwegs schaut er noch bei Erika in der Eckkneipe vorbei, kurz zwei Cola, bißchen Geld für die Musikbox und zwischendurch geflippert, das macht er so zwei- bis dreimal die Woche. Kurz vor sechs ist er zu Hause. Volker wohnt noch bei seinen Eltern, solange er nicht verheiratet ist, soll das auch so bleiben.

Beim aufgewärmten Essen blättert er wie stets in der Zeitung, zuerst den Sportteil, dann die Unterhaltung, wenn Zeit bleibt, zuletzt noch kurz den politischen Teil, alles schön der Reihe nach.«

In seinem Zimmer hört er anschließend Musik und raucht.

»So gegen halb acht kommt Birgit vorbei, die kennt er schon ein Jahr. Sie erzählen sich ein bißchen von Arbeitskollegen, von Freunden, Birgit hat mal wieder Knatsch zu Hause. Gegen acht beschließen sie, noch kurz im ›Oldtimer‹ vorbeizuschauen, da kennt Volker den Discjockey, und außerdem sind fast immer Bekannte da. Eine Viertelstunde später ist der ›Oldtimer‹ erreicht, denn Volker fährt gern ziemlich schnittig, und sein VW gibt auch einiges her, schließlich hat er so manchen Samstag am Motor herumgetüftelt. Im nächsten Jahr soll der VW übrigens verkauft werden und ein schnellerer Wagen folgen. Volker hat dafür schon einiges gespart.

Es folgen zwei Stunden mit belanglosen Gesprächen, Musik, ein bißchen Tanzen, aber nicht viel. Seit Birgit ihren Führerschein hat, darf er mal ein Bier mehr trinken.

Auf dem Heimweg sind die beiden noch eine knappe Stunde allein und, na ja, schließlich sind sie schon fast verlobt.

Für die Abende, an denen Birgit mal nicht kommt, hat Volker einen Fernseher, so ein tragbares Gerät, nicht besonders teuer, oder er besucht einfach Albert, mit dem er sonntags in der Reservemannschaft Handball spielt. Früher, als Volker Birgit noch nicht kannte, sind die beiden oft zusammen gewesen, haben manche Sause gemeinsam gemacht, heute hat sich das ein bißchen gelockert. –

Kurz nach elf streckt Volker seine Beine im Bett aus und starrt noch eine Zeitlang zur Decke.

Sechs Stunden Freizeit liegen hinter ihm und dafür hat Volker noch eine ganze Reihe anderer Umschreibungen wie: ›Mein wahres Ich‹, oder: ›Endlich man selbst sein‹, oder: ›Endlich tun und lassen können, was man selber will.‹

Hinter ihm liegen sechs Stunden Freizeit, davon fünfzig Minuten Autofahrt, knappe Stunde Schallplattenmusik in seiner Bude, heute fast zweieinhalb Stunden Kneipe und Diskothek, weil Birgit kam, sonst hätte er den Krimi im Fernsehen erleben können. Kostenpunkt mit Cola, Bier, Benzin und so weiter alles in allem mehr als fünfzehn Mark.

Wenn Volker kurz nach elf seine Beine im Bett ausstreckt und an die Decke starrt, könnten ihm noch andere Umschreibungen für Freizeit einfallen wie:

›Konsumzeit‹,

›tun und lassen, was anderen Profit schafft,‹

›auch jetzt nicht man selbst sein,‹

›Fremdbestimmung auch in der Freizeit‹, würde Albert sagen, aber ich fürchte, Volker ist längst eingeschlafen« (S. 38 ff.).

Mit den beiden folgenden Texten versucht man darzustellen, daß die Wirtschaftsordnung der Bundesrepublik dem Freiheitsbegriff der Verfassung entgegensteht. Aber gerade das Privateigentum an den Produktionsmitteln gehört mit zu den Garantien der persönlichen Freiheit des einzelnen gegenüber dem Zwang durch das Kollektiv.

Aus »Texte zum Nachdenken« ist der Text »Im Betrieb« von Kurt Küther hier wiedergegeben.

»Ich ziehe die Gesellschaftsjacke aus,
streife den Betriebsrock über,
bin nicht mehr Ehemann und Vater.
Hinter der Stempeluhr
gilt ein anderes Gesetz.

Doch ich erinnere mich:
Grundgesetz, Artikel eins:
›Die Würde des Menschen ist unantastbar.‹

Das ist hier die Frage.«[227]

Die Gruppe »Floh de Cologne« besingt unsere Freiheit wie folgt (aus »Texte zum Nachdenken«):

»Das was man bei uns hier Freiheit nennt
das hat man nur nach Feierabend
das hat man in der Nacht dann wenn man pennt
das hat man in der Kneipe Freitagabend

Das was man bei uns hier Freiheit nennt

das hast du nur nach Feierabend
das hast du wenn du deine Frau mal anbrüllst
das hast du wenn du deine Kinder mal schlägst
das hast du wenn du deinen Kummer ersäufst
und dann auf allen Vieren nach Hause läufst

Das was man bei uns hier Freiheit nennt
das kannst du in der Zeitung lesen
wenn da ein Rentner nicht mehr weiter wußte
weil er zum Ersten aus der Wohnung mußte
wenn ein Familienvater Amok rennt
weil er das Ende seiner Schulden nicht kennt

Das was man bei uns hier Freiheit nennt
das sieht doch manchmal recht verzweifelt aus
wenn da ein Zögling aus dem Heim ausbricht
und seine Eltern öffnen ihm nicht
wenn eine Mutter ihren Säugling erdrosselt
weil sie das Schreien nicht ertragen kann
wenn da ein Lehrling vom Chef das Auto knackt
wenn da ein Vater im Suff die Möbel zerhackt

Das was man bei uns hier Freiheit nennt
das ist doch ziemlich schizophren
diese Freiheit die macht dich verrückt
die gibt's in Scheiben aber niemals am Stück
das halbe Leben machst du Lohnarbeit
die andere Hälfte bist du Mensch auf Zeit
die eine Hälfte wirst du als Abtreter benützt
die andere Hälfte ist deine Würde geschützt
die eine Hälfte sollst du die Knochen hinhalten
die andere Hälfte deine Persönlichkeit entfalten
die eine Hälfte bist du Untertan
und in der Freizeit darfst du König spielen

Das was laut Verfassung Freiheit ist
gehört bei uns den Herren gewöhnlich
denn die kennen die Gesetzgebung persönlich
die sind die Freien der freien Marktwirtschaft
wir sind ihr Stimmvieh und ihre Schaffenskraft.«
(aus: »Lucky Streik«)[228].

Auf dem Hintergrund der bisherigen Texte über die Arbeits-
welt bricht die Kernproblematik auf: Die Frage nach der Ver-
waltung der Produktionsmittel bzw. nach der Neuverteilung des
Eigentums. In Klassen, in denen die Vorarbeit im dargestellten
Sinne geleistet wurde, werden die gesellschaftsrevolutionären
Zielsetzungen zum Zuge kommen.

Im folgenden Text von Liselotte Rauner geht es um die Frage
der Mitbestimmung. Er ist dem Buch »Texte zum Nachdenken« entnommen.

»Wenn eine Frau dasselbe leistet wie ein Mann
weil sie es will, weil sie es muß und weil sie's kann
der gleiche Lohn wird ihr trotzdem nicht garantiert
hätten wir Mitbestimmung, wär das nicht passiert.

Wenn mancher Lehrling seine Prüfung nicht bestand,
sein Meister bleibt als Lehrherr immer anerkannt.
Der nutzt ihn weiter aus, weil er ja nichts riskiert,
hätten wir Mitbestimmung, wär das nicht passiert.

Und wenn der Angestellte Überstunden macht,
an die Vergütung hat die Firma nicht gedacht.
Er schweigt aus Angst, daß er den Arbeitsplatz verliert.
Hätten wir Mitbestimmung, wär das nicht passiert.

Es klagt ja auch der Unternehmer unentwegt,
daß die Verantwortung er alleine trägt,
nehmt sie ihm ab – wenn ihr euch solidarisiert,
dann wird die Mitbestimmung eingeführt.«[229]

»Lesarten 10«, Textbuch bringt das Gedicht »Artisten« von
Kurt Küther.

»Bei uns in der Fabrik
da gibt es einen
der steht ganz oben
Bei uns in der Fabrik
da gibt es einige
die stehen in der Mitte

254

Bei uns in der Fabrik
da gibt es viele
die stehen ganz unten
Der Obere
steht auf den Köpfen
der Mittleren
Die Mittleren
stemmen sich auf die Schultern
der Unteren
Die Unteren
müssen auf ihren
eigenen Füßen stehen
Wer will ihnen verwehren
zu bestimmen
wer auf ihren Schultern
zu stehen hat?«[230]

In dem folgenden Auszug aus: »Die Mutter« von Bertolt
Brecht erhält Pelagea Wlassowa ihre »erste Lektion in Ökono-
mie.« Ebenso werden die Kinder eine Lektion erhalten.

»(Pelagea Wlassowa fragt nach dem Inhalt des Flugblattes, das
sie in der Fabrik verteilt hat, um ihren Sohn Pawel zu schützen.)

IWAN: Sehen Sie, in dem Flugblatt stand, daß wir Arbeiter es
uns nicht gefallen lassen sollen, wenn Herr Suchlinow nach seinem Belieben die Löhne kürzt, die er uns zahlt.

PELAGEA WLASSOWA: Unsinn, was wollt ihr denn dagegen machen? Warum soll Herr Suchlinow nicht nach seinem
Belieben die Löhne kürzen können, die er euch zahlt? Gehört
ihm seine Fabrik oder gehört sie ihm nicht?

PAWEL: Sie gehört ihm.

PELAGEA WLASSOWA: So. Der Tisch zum Beispiel gehört
mir. Jetzt frage ich euch: kann ich mit diesem Tisch machen, was
ich will?

ANDREJ: Ja, Frau Wlassowa. Mit diesem Tisch können Sie machen, was Sie wollen.

PELAGEA WLASSOWA: So. Kann ich ihn zum Beispiel auch kurz und klein schlagen, wenn ich will?

ANTON: Ja, diesen Tisch können Sie kurz und klein schlagen, wenn Sie wollen.

PELAGEA WLASSOWA: Aha! Kann also Herr Suchlinow mit seiner Fabrik, die ihm gehört, wie mir mein Tisch, machen, was er will?

PAWEL: Nein

PELAGEA WLASSOWA: Wieso nicht?

PAWEL: Weil er zu seiner Fabrik uns Arbeiter braucht.

PELAGEA WLASSOWA: Wenn er aber sagt, er braucht euch jetzt nicht?

IWAN: Sehen Sie, Frau Wlassowa, das müssen Sie sich jetzt so vorstellen: er kann uns einmal brauchen und einmal nicht brauchen.

ANTON: Richtig.

IWAN: Wenn er uns braucht, müssen wir da sein, und wenn er uns nicht braucht, dann sind wir eben auch da. Wo sollen wir hin? Und das weiß er. Er braucht uns nicht immer, aber wir brauchen ihn immer. Damit rechnet er. Der Herr Suchlinow hat doch da seine Maschinen stehen. Das ist aber unser Handwerkszeug. Wir haben sonst keines. Wir haben keinen Webstuhl mehr und keine Drehbank, sondern wir benützen eben die Maschinen des Herrn Suchlinow. Seine Fabrik gehört ihm, aber wenn er sie zumacht, nimmt er uns damit unser Handwerkszeug weg.

PELAGEA WLASSOWA: Weil ihm euer Handwerkszeug gehört wie mir mein Tisch.

ANTON: Ja, aber finden Sie, daß das richtig ist, daß ihm unser Handwerkszeug gehört?

PELAGEA WLASSOWA: (laut) Nein! Aber ob ich es richtig

finde oder ob ich es nicht richtig finde, deswegen gehört es ihm doch. Es kann ja jemand auch nicht richtig finden, daß mir mein Tisch gehört.«

Andrej will nun deutlich machen, daß ein Unterschied darin besteht, ob mir ein Tisch gehört oder eine Fabrik.

MASCHA: Ein Tisch kann Ihnen natürlich gehören, ein Stuhl auch. Das schadet doch niemand. Wenn Sie ihn auf den Dachboden stellen, was soll das schon schaden? Aber wenn Ihnen eine Fabrik gehört, dann können Sie damit vielen hundert Menschen schaden.

IWAN: Denn Sie haben in Ihrem Besitz ihr Handwerkszeug und können damit die Menschen ausnützen.

PELAGEA WLASSOWA: Ja, also er kann uns ausnützen. Tut doch nicht, als wenn ich das noch nicht gemerkt hätte in vierzig Jahren. Nur eines habe ich nicht bemerkt, nämlich daß man dagegen etwas hätte machen können.

ANTON: Frau Wlassowa, wir sind also jetzt, was das Eigentum des Herrn Suchlinow betrifft, so weit, daß seine Fabrik ein ganz anderes Eigentum ist als zum Beispiel Ihr Tisch. Er kann sein Eigentum dazu benützen, um uns auszunützen.

IWAN: Und sein Eigentum hat noch etwas Eigentümliches an sich: ohne daß er uns damit ausnützt, ist es für ihn überhaupt nichts wert. Nur solange es unser Handwerkszeug ist, ist es für ihn viel wert. Wenn es nicht mehr unser Produktionsmittel ist, ist es ein Haufen altes Eisen. Er ist also auch auf uns angewiesen mit seinem Eigentum.

PELAGEA WLASSOWA: Gut, aber wie wollt ihr ihm das beweisen, daß er auf euch angewiesen ist?

ANDREJ: Sehen Sie, wenn er, Pawel Wlassow, hinaufgeht zum Herrn Suchlinow und sagt: Herr Suchlinow, ohne mich ist Ihre Fabrik ein Haufen altes Eisen, und Sie können mir also meinen Lohn nicht abbauen, wie es Ihnen beliebt, dann lacht der Herr Suchlinow und schmeißt den Wlassow hinaus. Aber wenn alle Wlassows in Twer, achthundert Wlassows, dastehen und das gleiche sagen, dann lacht Herr Suchlinow nicht mehr.

PELAGEA WLASSOWA: Und das ist euer Streik?

PAWEL: Ja, das ist unser Streik.

PELAGEA WLASSOWA: Und das stand im Flugblatt?

PAWEL: Ja, das stand in dem Flugblatt.«[231]

»Lernfeld Gesellschaft«[232], stellt die »soziale Marktwirtschaft« in der Bundesrepublik im Vergleich zur sozialistischen Eigentumsordnung in der DDR zur Diskussion. Aufgrund welcher Fakten sollen die Kinder ihr Urteil finden? In der Bundesrepublik besitzen 1,7% aller Haushalte über 70% des Betriebs- und Kapitalvermögens, während in der DDR 40% Produktion (Zahlenangabe von 1949/50) in der Hand des Volkes liegen. Die Handreichungen dazu: »Am Schluß der Unterrichtseinheit wird unweigerlich die Entscheidungsfrage stehen: Wofür bist du nun, für die Eigentumsordnung der BRD oder für die der DDR? Auch wenn sie nicht ausgesprochen werden sollte, so liegt sie in der Luft. Pauschale Bekenntnisse dürfen nicht als Antwort in Frage kommen. Der Sinn der Unterrichtseinheit liegt vielmehr darin, kritische Urteilsfähigkeit und abgewogene begründete Meinungsbildung zu ermöglichen. Dabei stellt sich das Problem, ob das Bekenntnis zu einer freiheitlich demokratischen Grundordnung glaubwürdig ist, wenn die ökonomische Basis politischer Macht in Form privater Verfügungsgewalt über ein Milliardenvermögen an Produktionsmitteln nicht infrage gestellt werden darf. Daß diese Problemstellung nicht mehr als Sakrileg empfunden wird, verrät die breite Diskussion über die Mitbestimmung.«[233]

C. Die Sexualität

Die Sexualität des Menschen wird in besonderer Weise von der Neuen Linken zum Hebel der Gesellschaftsveränderung benutzt. Familie, Arbeitswelt und Sexualität sieht die linke Pädagogik in einem Zusammenhang: die in der Familie unterdrückte Sexualität erzeuge sich angepaßt verhaltende Menschen, diese wiederum würden im Arbeitsprozeß unserer kapitalistischen Wirtschaftsordnung benötigt. Eine freizügige Sexualmoral breche dieses ineinandergreifende Gefüge auf. Diese Aussage läßt sich in Theorie und Praxis der Neuen Linken nachweisen. Dazu ist es außerdem erforderlich, den »liberalen« Standpunkt in der Sexualerziehung mit in die Untersuchung einzubeziehen und damit gleichzeitig einen gerafften Einblick in die Entwicklung der Sexualerziehung im letzten Jahrzehnt zu geben.

1. Von der behütenden Sexualerziehung zur Liberalisierung

In der Bundesrepublik wurde gegen Ende der 60er Jahre die bis dahin geltende »behütende« Sexualerziehung aufgegeben zugunsten einer »Liberalisierung«. Noch in den 50er Jahren konnte sich die Pädagogik an der bewahrenden Sexualerziehung ausrichten, wie sie Foerster sah. Er sah für die Jugend in einem hochentwickelten Schamgefühl einen weit besseren Schutz, als ihn eine kollektive Aufklärung je geben könne. »Es besteht für mich nicht der geringste Zweifel, daß ein hoch entwickeltes Schamgefühl ein weit größerer Schutz für die Jugend ist als die beste Aufklärung.«[234] Foerster wußte um »die große Gefahr aller direkten Belehrung: die kollektive Aufmerksamkeit zu sehr auf das betreffende Gebiet zu lenken.[235]

Diese Auffassung wurde in den 60er Jahren durch liberale Pädagogen als »negative Geschlechtserziehung« abgewertet. Sie bezeichneten dagegen die liberalistische Auffassung als »positive Geschlechtserziehung«.[236] Der Schule müsse es darum gehen, daß der junge Mensch zu einer »Dispositionsverbesserung«[237] im Hinblick auf seine Sexualität gelange, eine Auffassung, die sich u. a. zwangsläufig aus dem unserer Bildungsreform zugrunde liegenden Menschenbild ergibt, nichts im Menschen entfalte sich von selbst, es sei denn, man setze es einer entsprechend stimulierten Umwelt aus. Der Pädagoge H. Scarbath stellte der Sexualerziehung die Aufgabe, den jungen Menschen einmal über die wichtigsten Fakten zu informieren. Ferner solle der junge Mensch neben anthropologischen Befunden über die Sexualität vor allem auch mit der Geschichte des Sexualverhaltens und der Sexualnormen unseres Kulturkreises in einen »inneren Kontakt«[238] treten, um so zum wahren und vollen Menschen zu werden. In der Erziehung sollen außerdem die

Voraussetzungen geschaffen sein dafür, daß der junge Mensch seine Geschlechtlichkeit »situationsgerecht« und »human« erleben könne. Im Umgang mit der eigenen Geschlechtlichkeit soll er sich selbständig orientieren und soll selbständig entscheiden lernen. Im Gegensatz zu Unterdrückung und Dressur solle der junge Mensch dahin geführt werden, »eine gelöste, unbefangene Einstellung ... zu sexuellen Fragen und zu seiner eigenen Geschlechtlichkeit«[239] zu gewinnen. Scarbath sieht die unterschiedlichen weltanschaulichen Auffassungen über den Sexualbereich. Er hält einen gemeinsamen Bestand ethischer Zielsetzungen der europäischen Gesellschaft für wünschenswert. Diesen glaubt er für eine Geschlechtserziehung in dem Beitrag des Amerikaners A. Comfort (1964) gefunden zu haben, den dieser in seinem Buch »Der aufgeklärte Eros – Plädoyer für eine menschenfreundliche Sexualmoral«[240] gegeben hat. Die »goldene Regel« geschlechtlicher Gesittung bei Comfort lautet:

»Die zwei wichtigsten Gebote hätten ... zu lauten: ›Du sollst die Gefühle eines Menschen nicht rücksichtslos ausnutzen und ihn mutwillig enttäuschenden Erfahrungen aussetzen‹ und ›Du sollst unter keinen Umständen fahrlässig die Zeugung eines unerwünschten Kindes riskieren‹. Diese Gebote gelten sowohl im Rahmen der Ehe als auch außerhalb.«[241]

Hinter dieses Minimum geschlechtlicher Gesittung dürfe die Geschlechtserziehung in ihren Zielsetzungen nicht zurückfallen. Dieses Plädoyer Comforts für eine »menschenfreundliche Sexualmoral« beinhaltet audrücklich den vorehelichen Geschlechtsverkehr, fordert aber eine personale Bindung, die die Ausbeutung des Partners ausschließt, und die Verantwortung gegenüber dem Kinde. »Sofern eine Übereinkunft aller Gruppen unserer Gesellschaft über einen gemeinsamen Minimalbestand von Sexualnormen überhaupt möglich ist, so wäre dieser wahrscheinlich in der Richtung der genannten Hinweise zu suchen.« So hofft Scarbath[242].

Von daher ist die Zielvorstellung abgeleitet, jungen Menschen zur »Bewältigung« ihrer Sexualität verhelfen zu wollen oder einen Beitrag zur »Humanisierung« der Sexualität zu leisten. Als Begründung für die Sexualerziehung fehlt selbstverständlich auch nicht der Hinweis, »Aufklärung«, die im Elternhaus mangele, ersetzen zu wollen und der Aufklärung durch »die Straße« und bestimmter Presseerzeugnisse entgegenwirken zu müssen.

2. Liberale Sexerziehung als Wegbereiter für die Neue Linke

Neben diesem liberalen Ansatz hat der kulturrevolutionäre Ansatz der Neuen Linken im Bereich der sexualpädagogischen Theorie und Praxis immer weiter an Boden gewonnen. Die Neue Linke greift auf W. Reich (1897–1957) zurück. Reich war Psychoanalytiker und anfangs ein Mitarbeiter Freud's. Er versuchte, die Freudsche Psychoanalyse mit dem Marxismus zu vereinen, wurde jedoch 1934 aus der KP ausgeschlossen und ebenso aus der »Internationalen Psychoanalytischen Bewegung«. W. Reich sieht den Menschen erst dann als ganzen Menschen an, wenn er von der bürgerlichen Zwangsmoral befreit sei und seine Triebe voll ausleben könne. Die Triebe kämen auch ohne Moral und Vernunft in harmonische Ordnung, wenn sie optimal befriedigt würden. »Wer befriedigt lebt, vergewaltigt nicht und braucht keine Moral dagegen.«[243] Er fordert die Aufhebung der Sexualhemmungen, setzt Trieb vor Vernunft oder einem anderen gesellschaftlichen Ordnungssystem. Reich lehnte die Ehe und die Familie ab, weil in ihnen Sexualverzicht geleistet werden müsse. Sie sind für ihn Zwangsinstitutionen. Durch eine Revolution der Sexualität hofft er – der Marxist – das kapitalistische System zu zerstören. Er plädierte bereits damals (in den zwanziger Jahren) für eine Legalisierung der Abtreibung und für die Aufhebung der Gesetze gegen Homosexualität.[244]

H. Marcuse hat für unsere Zeit die Diskussion um diese marxistische Position wieder aufgenommen in »Eros und Kultur«[245]. Auf beide Quellen geht die sexualpädagogische Auffassung der Neuen Linken zurück, wenn sie feststellt, daß die sexuelle Unterdrückung der Kinder und Jugendlichen und eine Gesellschaft mit autoritären Strukturen zusammenhänge. Sexuelle Unterdrückung führe zu Hörigkeit und Selbstunterwerfung. So fordert der Engländer A.S. Neill, der Vertreter der antiautoritären Erziehung, in »Theorie und Praxis der antiautoritären Erziehung. Das Beispiel Summerhill«: »Hebt die Unterdrückung der Sexualität auf, und die Jugend wird für die Obrigkeit verloren sein.«[246] Der emanzipatorische Sexualpädagoge H. Kentler (1928), Professor an der Technischen Hochschule in Hannover, »...schreibt der ›repressiven Sexualerziehung‹ politische Auswirkungen zu. Sie veranlasse den Menschen, so bedenkliche Fähigkeiten wie Selbstbeherrschung, Verzichtenkönnen und Aufopferungsbereitschaft zu lernen, ›die weit über den Sexualbereich hinaus Bedeutung gewinnen‹«[247]:

»Einem Menschen, der gelernt hat, auf seine sexuellen Bedürfnisse zu verzichten, kommt gar nicht mehr in den Sinn, daß er im Beruf ein Bedürfnis nach Mitbestimmung seiner Arbeitsbedingungen und Selbstorganisation seiner Arbeit anmelden könnte, daß ›Gesellschaft‹ kein Schicksal sein müßte, von dem er abhängt, daß Politik nicht über seinen Kopf hinweg zu geschehen braucht. Während er sich seine Sexualität untertan machte, wurde er zum Untertan der herrschenden Gesellschaftsverhältnisse.«[248]

Sexuelle Unterdrückung wird bei Kentler zur »Anpassung an die herrschende Gesellschaftsordnung«.[249] Erzieher, die seine »Freiheiten« nicht teilen, bezeichnet er als »Büttel der bestehenden Gesellschaft«[250]. Zwischen Sexualität, Familie und Arbeitswelt sieht die linke Pädagogik einen Zusammenhang, wie schon erwähnt; da, wo der junge Mensch in der Familie von früh auf seine Sexualität nicht ausleben könne, werde in ihm eine Persönlichkeitsstruktur aufgebaut, wie sie der Arbeitsprozeß des kapitalistischen Systems benötige. »Sexualverdrängung und Internalisierung sozialer Verhaltensmuster in der Familie disponieren das Individuum zu entfremdeter Arbeit.«[251] Da, wo man den Jugendlichen seine Sexualität auch in der Familie ausleben lasse, würde er sich dem unterdrückenden Arbeitsprozeß nicht anpassen. Somit bräche das System zusammen. »Ohne entfremdete Arbeit würde das ökonomische, auf Produktionsmaximierung ausgerichtete System der Warenproduktion zusammenbrechen.«[252] So tritt Kentler für eine konsequente »Kultivierung« der kindlichen Sexualität ein. Kinderlieben kämen in ihrer Intensität dem Liebesvermögen der Erwachsenen gleich. »Notwendige Voraussetzung ist allerdings ein Erziehungsklima, das solche oft stark sexuell getönten Freundschaften zuläßt«. – »Die Kindersexualität zu bejahen, heißt, ihr einen Stellenwert zu geben und sie in die Gesamtkultur zu integrieren, denn erst dann können die Kinder ihre sexuellen Bedürfnisse und Befriedigungsformen kultivieren...«

Das Ganze passe allerdings nicht in unsere Leistungsgesellschaft. »Eine Gesellschaft, deren höchster Wert das Leistungsprinzip ist, kann Kinder immer nur als schwächlich ... behandeln, weil sie die verlangten Leistungen nun einmal noch nicht erbringen können. Auch eine Sexualkultur kann sich in einer solchen Gesellschaft nicht entwickeln. ›Lustfreundliche‹ Werte, an deren Realisierung Kinder mitwirken können, sind Vorbedingungen dafür, daß eine sexualfreundliche Kultur entstehen kann, in die auch Kinder integriert sind ... Kinder müssen von den Erwachsenen als gleichberechtigte Partner ernstgenommen werden, und sie brauchen einen Raum zunehmender Unabhängigkeit und Selbständigkeit, in dem sie in gegenseitiger Rücksichtnahme und Achtung ihre sexuellen Bedürfnisse selbst regeln können.«[253] Dieses Zitat entstammt dem Vorwort zu dem Sexualkundebuch »Zeig mal«[254]. Dieses Buch richtet sich an die Kinder des Vorschulbereiches.

Wenn auch die Ziele der liberal-humanen Sexualerziehung andere sind als die der emanzipatorischen Sexualerziehung, so muß man für die Praxis doch auf folgendes aufmerksam machen: Wie auch die Absichten der Pädagogen sind, keiner kann die Folgen seines Unterrichts im einzelnen abschätzen und übersehen. Die Verantwortung für die von ihm hoch stimulierten Schüler kann er nicht tragen. In einem entscheidenden Punkt ist die liberal-humane Auffassung geradezu Wegbereiterin der Kulturrevolution: im Abbau der Scham, in der Hinwendung zu Scham-losigkeit. Alle Schüler werden vor einander entblößt. Keiner kann sich in das ihm zustehende Recht einer eigenen Intimsphäre zurückziehen. Keiner kann sich schützen. Hemmungen werden abgebaut. Denn beide Auffassungen machen die offene Darlegung der Sexualität vor dem Kollektiv der Klasse notwendig. Damit aber ist ein entscheidendes Ziel linker Pädagogik erreicht: Mit dem Zerbruch eines festen kindlichen Gewissensaufbaus, der sich in diesem Bereich wesentlich in der Scham zeigt, wird das heranwachsende Kind verfügbar gemacht für die Veränderung anderer Werte und Normen, ja für Gesellschaftsveränderung überhaupt.

Welche Bedeutung der Abbau der Scham für die gesellschaftsrevolutionäre Pädagogik der Neuen Linken hat, das hat H. Schoeck treffend herausgearbeitet: »Die meisten Menschen, gleichgültig in welcher Kultur sie aufgewachsen sind, besitzen ein Minimum an Schamempfinden im sexuellen Bereich. Ganz sicher ist das bei den meisten Kindern der Fall, die linke Manipulatoren zur Zeit in der Bundesrepublik in die Hände bekommen. Sie klagen sogar darüber. Gerade weil mit einem Mindestmaß an vorhandenem Schamgefühl gerechnet werden kann, bietet die Enteignung der Scham durch den Sexualkundeunterricht für die Linke einen Hebel zur Gesellschaftsveränderung. Indem sie Jungen und Mädchen gemeinsam zwingt, sich dieser Scham zu entledigen, reißt sie das Bewußtsein der Kinder auf für jede andere Art von brutaler Veränderung im Bereich bisheriger moralischer Normen und Übereinkünfte. Indem die aus der frühen Kindheit in die Schulzeit mitgebrachte Fähigkeit zur Scham in der gemischten Schülergruppe abgetötet wird, verliert der Mensch die Fähigkeit zur Scheu vor allem, was anderen als Halt ihrer Menschenwürde dient. Der linke Sexualkundeunterricht prägt die Bewußtseinseinstellung: dem Kollektiv ist nichts heilig, alles ist öffentlich verfügbar. Damit zerstört man den Schülern bewußt jede Chance, dem Erotischen privat und persönlich einen Reiz abzugewinnen, sich von ihm verzaubern zu lassen … Was die Information so zerstörerisch macht, ist die Gleichzeitigkeit ihrer Aufnahme in der gemischten Klasse: Jeder Junge und jedes Mädchen weiß, daß der andere diese Bilder, Vorstellungen, Worte, Handlungen jetzt und gerade jetzt im Kopf hat. Das in dieser Lage Ungesagte wird zum Gift. Heinz Kohut, ein bedeutender Psychoanalytiker aus Wien, in den USA tätig, hat kürzlich betont, wie leicht sich die Grenze ›von der Offenheit einer glückhaften sexuellen Freiheit‹ hin zum ›Häßlich-Obszönen‹ überschreitet, wenn die Intimsphäre in die Öffentlichkeit gezerrt wird: ›Die Gegenwart eines Dritten oder gar mehrerer anderer führt entweder zu einer Verflachung der Gefühle oder zu deren Primitivisierung – aus einer Liebesbeziehung wird eine sexuelle Orgie, aus einer analytischen Situation ein gespannter Zustand von erregten Trieben, die zur Aktivität drängen.«[255]

Der scharfe Angriff Kentlers gegen eine Erziehung zur Scham und sein Eintreten für die Scham-losigkeit ist daher nicht zu verwundern. Hinter der Erziehung zur Scham sieht er zunächst das Bestreben der Erwachsenen, den jungen Menschen gegenüber Gleichaltrigen zu vereinsamen, um ihn auf diese Weise der Erwachsenenautorität selbst zu unterwerfen.

»Indem die Heranwachsenden lernen, sich vor anderen zu schämen, sollen nicht nur sexuelle Beziehungen, sondern überhaupt jegliche Kommunikationsmöglichkeiten, die mit Sexualität zu tun haben, und seien es rein verbale, unterbunden werden. Die Heranwachsenden sollen sexuell einsam sein, damit sie der Autorität der Erwachsenen unterworfen bleiben und nicht etwa ihre sexuelle Entwicklung im Zusammensein mit Gleichaltrigen in eigene Regie übernehmen.«[256]

Abbau der Scham dagegen fördert die Ablösung von Eltern und Familie und führt ein in die gleichaltrige Gruppe mit ihrem sexuellen Gruppenverhalten.

»Die Bedeutung der Kommunikationssperren, die durch die Schamerziehung aufgebaut werden, unterschätzt man erst dann nicht mehr, wenn man sich klargemacht hat, welche Rolle die Kommunikation mit Gleichaltrigen spielt. Die Gleichaltrigengruppe fördert nicht nur die Ablösung von Eltern und Familie, sie stellt auch die jeweils altersgemäßen Techniken bereit, um Erlebnisse, Erfahrungen und Informationen so zu verarbeiten, daß sie für die eigene Lebenspraxis ausgewertet und handlungsrelevant werden können. Es ist nicht übertrieben, wenn man feststellt: Nur was in der Gleichaltrigen-Gruppe besprochen wird, gewinnt Bedeutung für die Heranwachsenden, kann umgesetzt werden in ihr Leben. Solange diese Kommunikation durch Schamschranken verhindert wird, kann die rein verbale Sexualaufklärung sich relativ fortschrittlich gerieren, ohne die Zielsetzung repressiver Sexualerziehung zu gefährden.«[257]

So wird Schamlosigkeit zur Grundvoraussetzung, um mit Gleichaltrigen sexuelle Erfüllung zu finden:

»Aber nicht nur damit sexuelle Themen in den Beziehungen zu Gleichaltrigen verbal kommuniziert werden können, ist emanzipierende Sexualerziehung ein Gegner der Schamerziehung. Emanzipierende Sexualerziehung ist nun einmal nur zu praktizieren, wenn sie den Heranwachsenden in jeder Altersstufe ein Recht auf sexuelle Befriedigung zugesteht. Die den Heranwachsenden entsprechenden Sexualpartner sind aber die Gleichaltrigen. Schamlosigkeit ist die Voraussetzung dafür, daß libidinöse Besetzungen der Erwachsenen (beispielsweise der Eltern) konfliktlos aufgegeben, auf Gleichaltrige übertragen werden und in sexuellen Beziehungen Erfüllung finden können.«[258]

Emanzipatorische Sexualerziehung ist schließlich gegen die Scham gerichtet, da diese die bestehende Gesellschaftsordnung mit garantiert über die Erhaltung von Ehe und Familie:

»Weniger deutlich ist, daß die Schamerziehung der Reproduktion einer ganz bestimmten Gesellschaftsordnung dient,... Hier begegnen wir dem Kern, nämlich dem eigentlichen Zweck der Schamerziehung: Sie scheidet das Bewußtsein des Menschen von seinen sexuellen Bedürfnissen, macht Leib, Sinnlichkeit, sexuelle Lust zu etwas Fremdem, Anderem, dem fortan nur noch mittelbar, in einer Person, die dauerhaft geliebt wird, begegnet werden darf, und das heißt eben: nicht mehr als sinnlichem Leib, sondern in einer vornehmlich geistig-seelischen Beziehung. Die Schamerziehung hat letztlich zur Folge, daß nur heterosexuelle Beziehungen, und auch diese nur unter den Bedingungen der Ehe mit gutem Gewissen möglich sind. Damit aber wird offenbar, daß die Scham eine ganz entscheidende Garantie dafür ist, daß die bestehende Gesellschaftsordnung durch charakterliche und moralische Erziehung fest in den Menschen verankert bleibt. Schamerziehung, Unterdrückung der sexuellen Bedürfnisse, Sublimierung (im Sinne einer Unterordnung unter die bestehenden Herrschaftsverhältnisse) bedingen einander.«[259]

Die Ziele Kentlers sind nur ein Beispiel für emanzipatorische Sexualerziehung. Aus dem Bereich der Religionspädagogik nimmt z. B. der Theologe und Religionspädagoge Gert Otto, Mainz, eine vergleichbare Stellung ein. In seinem »Handbuch des Religionsunterrichtes«[260] gibt er religionspädagogische Zielvorstellungen für die Sexualerziehung an. Hier heißt es u. a., »nach den konkreten gesellschaftlichen Bedingungen von Sexualität und Herrschaft zu fragen; gesellschaftliche Verformungen sexueller Bedürfnisse zu erkennen und ihre Bedingungen zu reflektieren; die Tugend der Tapferkeit von Verzichten und Gehorchen in Frage zu stellen; Mechanismen, die einer freieren und lustvolleren Befriedigung sexueller Bedürfnisse entgegenstehen, zu sehen, zu benennen und an ihrer Veränderung zu arbeiten«[261] Da Sexualität in der Schule noch nicht praktiziert werden könne, er läßt es offen, ob es dazu einmal kommt und sieht darin zunächst die Grenzen der Sexualerziehung, soll das unter den gegenwärtigen Bedingungen optimal zu Ermöglichende versucht werden zu erreichen: Sexualität als »auf lustvolle Befriedigung hinzielende Triebkraft« auslegen, »das Streben nach Lust und Glück unterstützen und die Hindernisse sehen und benennen lehren sowie die Phantasie zur Suche nach Möglichkeiten ihrer Überwindung stimulieren«[262]. Seine praktischen Hinweise lauten u. a.: Sexualität als soziales Phänomen zu sehen: »Zärtlichkeit; Lernen von Lust; Lernen anderen Lust zu bereiten«[263] oder für den Grundschulbereich: »Einübung von Formen des Sensitivity-Trainings (Partnerspiele, Anfassen, Tanzen, Beobachten).«[264]

M. Goldstein (1927) bringt in seinem »Lexikon der Sexualität« die Hoffnung zum Ausdruck, daß sich in Zukunft die Formen sexueller Begegnung auch für Eheleute in Richtung auf Gruppensex freier gestalten werden:

»Unter bestimmten Bedingungen, die gemeinsam verabredet sind, werden jeweils neue sexuelle Partnerbeziehungen gewählt. Daran können Ehepaare wie Ledige beteiligt sein.

Gruppensex gab es zu allen Zeiten. Heute wird er nur offener ausgeübt, Partner werden oft per Zeitungsinserat gesucht. Gruppensex wird zu einer strafbaren Handlung, wenn jemand Erregung öffentlichen Ärgernisses oder wegen Kuppelei Anzeige erstattet. Der Gruppensex gehört zu den von der Gesellschaft abgelehnten Erscheinungen und ist eine Folge der strengen Forderung nach Monogamie.

Der Wunsch nach Geschlechtsverkehr in Gemeinschaft und nach Partnerwechsel war immer in der Phantasie lebendig. Nicht in allen Kulturen mußten sich zwei Partner zur sexuellen Betätigung zurückziehen. In der Heimlichkeit des Zurückziehens liegt wahrscheinlich ein Rest des Gefühls, irgendetwas Unerlaubtes verheimlichen zu müssen. Es wäre verständlich, wenn in Zukunft die Formen sexueller Betätigung offener würden und nicht unbedingt die Bindung an nur einen Partner forderten.«[265]

M. Goldstein ist seit 1967 als Arzt Mitarbeiter an der »Evangelischen Beratungsstelle für Erziehungs-, Ehe- und Lebensfragen« in Düsseldorf, d. h. er ist freier Mitarbeiter in der Rheinischen Kirche. Als »Dr. Korff« und »Dr. J. Sommer« gibt er unserer Jugend regelmäßig in der Zeitschrift »bravo« Auskunft auf ihre Fragen. Sein »Lexikon der Sexualität« wird von der »Bundeszentrale für gesundheitliche Aufklärung« ausdrücklich für den Sexualkundeunterricht in der Schule empfohlen.[266]

3. Der Kampf um letzte Tabus: Inzest und Sodomonie

Wird durch diese Auffassung von Dr. Goldstein die Bindung der Sexualität in der Ehe an den e i n e n Partner aufgebrochen und das Bewußtsein im jungen Menschen dafür vorbereitet, sexuelle Beziehungen außerhalb der Ehe und in Gruppen als legitim zu empfinden, so sind ebenfalls bereits Bestrebungen zu erkennen, die das Bewußtsein des jungen Menschen in der Weise manipulieren, innerhalb der Familie die sexuellen Begegnungen nicht nur zwischen den Eltern als legitim anzuerkennen, sondern auch zwischen Eltern und Kindern und zwischen den Kindern untereinander. Das bedeutet, das Bewußtsein des Heranwachsenden in Richtung auf Aufhebung der Inzestschranke zu bearbeiten. Diesen Schritt nehmen die Verfasser von »soziale kommunikation« in einer sexualkundlichen Unterrichtsreihe für den Deutschunterricht vor. Hier wird die Familie als eine Sexualgemeinschaft aller gedeutet; die Verfasser gehen davon aus, » . . . daß Sexualgemeinschaft nicht nur die Beziehungen zwischen Vater und Mutter erfaßt, sondern auch die Beziehungen zwischen Eltern und Kindern und zwischen den Kindern einschließt«[267]. In einer Tabelle wird die Familie, in der Inzesttabu herrscht, unter »verdinglichte Beziehungen« eingestuft. Man spricht von der »Monopolisierung sexueller

Betätigung durch Erwachsene« und spricht von »Bisexuellen Beziehungen«. Das Lernziel besteht nun darin, die »Familie als Sexualgemeinschaft zu erkennen«. Im einzelnen heißt das: »Rigide Geschlechtsrollenverteilung in Frage stellen, Verdinglichung der sexuellen Beziehungen erkennen, Information über den kulturspezifischen Charakter der Sexualtabus« erlangen. Schließlich geht es darum, »Vorschläge formulieren, wie sexuelle Beziehungen den Bedürfnissen des einzelnen und der Gemeinschaft gerechter werden (Aufhebung der rigiden Rollenverteilung und der verdinglichten Beziehungen).«[268]

Diese Auffassung erfährt jedoch Widerspruch aus den eigenen Reihen. So ist für Kentler beispielsweise die Inzestschranke die Schranke, die zwischen Eltern und Kindern bestehen bleiben muß, um einerseits die Ehe der Eltern nicht zu gefährden, andererseits die Kinder nicht an die Familie zu binden, sondern ihnen zur Selbständigkeit zu verhelfen.

»Der Inzest – eine sexuelle Beziehung zwischen nächsten Verwandten – wird von uns abgelehnt. Das geschieht spontan und rein gefühlsmäßig; aber es gibt auch ganz vernünftige Gründe für unsere Reaktion. ... Erschüttert werden kann die Ehe der Eltern aber nicht nur durch Seitensprünge und ehebrecherische Verhältnisse mit außenstehenden Erwachsenen – auch Kinder sind nicht ohne sexuelle Reize, und so könnte der Junge dem Vater, das Mädchen der Mutter zum Konkurrenten werden, wenn das Inzestverbot nicht von allen beachtet würde. Aber nicht nur für den ehelichen Zusammenhalt der Eltern ist das Inzestverbot wichtig, es ist ebenso bedeutsam für das Selbständigwerden der Kinder. Das Inzestverbot bevorrechtigt nämlich die Eltern: Sie sind die einzigen Familienmitglieder, die miteinander sexuelle Beziehungen haben dürfen. Die Kinder hingegen müssen sich außerhalb ihrer Familie Sexualpartner suchen, und damit ist vorgezeichnet, daß sie sich von ihrer Familie lösen, daß sie unabhängig und selbständig werden müssen. Es ist also durchaus sinnvoll, daß es für die meisten Eltern eine Grenze gibt, über die hinaus ihre Beziehungen zum Kind nicht sexualisiert werden dürfen. Fraglich ist jedoch, wo diese Grenze liegen soll.«[269]

Die Grenze soll so spät wie möglich aufgerichtet werden. So müsse es den Kindern erlaubt sein, die Geschlechtsteile der Eltern anzufassen – Vaters Glied – da sie nur erkennen können, was sie »handgreiflich erkennen«[270]. Das Verhältnis der Eltern zu ihren Kindern im Hinblick auf Sexualität soll so gestaltet sein, daß die Kinder »glücklich und stolz das Ereignis melden: ›Ich hatte meinen ersten Samenerguß! – ›Ich habe meine erste Regel!‹« Bei Kentler nimmt dieses Ereignis bereits kultische Formen an. Er schreibt:

»An diesem Tage (oder am folgenden Tag) feiern wir unser Familienfest. Der Junge, das Mädchen bekommt seine Lieblingsspeise. Wir trinken die erste Flasche Wein zusammen. Wenn wir es uns leisten können, schenken wir etwas, das schon lange gewünscht wurde … Der Phantasie ist bei der Gestaltung unseres Familienfestes keine Grenze gesetzt. Der Tag soll noch lange und gern erinnert werden. Nur eines möchte ich noch hervorheben: Selbstverständlich feiern alle Geschwister mit, ganz gleich, ob sie älter oder jünger sind.«[271]

Die Aufhebung des Tabus der Sodomie wird angestrebt. Angedeutet wird die Aufhebung dieses Tabus durch das Theaterkollektiv »rote Grütze« in: »darüber spricht man nicht!!« Die Schauspieler halten hier folgendes Zwiegespräch:

»…sich anfassen ist dufte und sich streicheln. Wer streichelt mir mal den Bauch? … Ich habe einen Kater, der legt sich manchmal auf meinen Bauch und dabei schnurrt er, das ist vielleicht ein Gefühl! … Du bist der Kater und ich der Bauch! Schnurr mal! … Jeder Bauch liebt, wenn man ihn streichelt…«.

In dem verbreiteten Sexualkundebuch »Sexualinformation für Jugendliche«, von B. H. Clässon, Frankfurt 1976, 7. Auflage, 88.–97. Tausend, wird geschlechtlicher Umgang des Menschen mit Tieren als völlig erlaubt hingestellt: »Mißhandelt man das Tier nicht, ist die Befriedigung des Geschlechtstriebes auf diese Weise erlaubt« (S. 141). Von der »Bundeszentrale für gesundheitliche Aufklärung«, Köln, wird dieses Buch für die Sexualerziehung in der Schule empfohlen und als »Diskussionsbeitrag« für geeignet erklärt. Die »sexuelle Emanzipation« sei in diesem

Buch »bis zu ihren vorläufigen Grenzen« geführt; man beachte: »vorläufige Grenzen«! Mit der das Buch beherrschenden Aufforderung an die Heranwachsenden zum Geschlechtsverkehr sei eine »neue Norm gesetzt« (S. Anm. 266; S. 59).

Man bedenke die Folgen für Gefährdete oder Betroffene, die sich aus der Definition der Sodomie ergeben, die Klaus Verch gibt (s. Anm. 287):

»Mit Sodomie oder Zoophilie bezeichnet man die geschlechtliche Betätigung eines Menschen mit einem Tier. Ein Mann oder eine Frau benutzen nicht nur die Sexualorgane des Tieres, um mit ihm Geschlechtsverkehr zu betreiben, sondern sie empfinden oft auch eine besondere gefühlsmäßige Zuneigung für das Tier (echter Ersatz für einen Sexualpartner). Häufig empfindet auch das Tier dabei eine geschlechtliche Erregung und ist dem betreffenden Menschen sehr zugetan« (S. 13–2).

4. »Freiräume« für erotische Kommunikation in der Schule?

Der marxistische Erziehungswissenschaftler H.-J. Gamm weist der Schule als wichtigste sozialpädagogische Aufgabe »das Lernen der Liebe« zu. Auf diesem Wege hofft er, daß der »kardinale Sozialbezug« zwischen den Partnern hergestellt werde. Seine Auffassung begründet er mit Ergebnissen, die die vergleichende Verhaltensforschung aus dem Tierreich gewonnen hat. Im Tierreich spiele die Geschlechterpolarität eine große Rolle, sie zeige sich beispielsweise im »Imponiergehabe«. Die Erkenntnis dieser Wissenschaft überträgt Gamm auf den Menschen und seine Erziehung. Es müsse Aufgabe der Schule sein, »...eine Sensibilität zwischen den Partnern aufbauen zu helfen ... den Schüler vital anzusprechen.« Die Schule könne dieser Aufgabe nur dann gerecht werden, wenn sie »Freiräume« schaffe, in denen die Schüler ungestört erotische Beziehungen praktizieren könnten:

»Für den Schulbau bedeutet diese Einsicht, Räume zu schaffen, in denen die Schüler beider Geschlechter unkontrolliert verweilen können und die Möglichkeit erotischer Kommunikation besitzen. Das historische Problem des ›freien Raumes im Jugendleben‹... wäre auf die emazipatorische Situation umzudenken. Da die Formen der Zärtlichkeit und erotischer Kontakte heute von den Jugendlichen notwendig außerhalb der Schule vollzogen werden, da sie solche Betätigungen verhindert, wäre zu fragen, was eigentlich dagegen spricht, diese Praktiken in die Schule hineinzuverlegen.«[272]

5. Uneinigkeit bei den Marxisten: Totale Sexualfreiheit behindert den politischen Kampf

Die linke Pädagogik ist sich in der Beurteilung der Sexualität als strategisches Mittel zur Überwindung der falschen Gesellschaft nicht ganz einig. W. Brezinka weist darauf hin, daß es unter schärfer beobachtenden linken Gesellschaftskritikern einige gebe, die sexuelle Freizügigkeit als ein gefährliches »Herrschaftsinstrument« des Kapitalismus betrachten. Durch subtile Manipulation werde der Mensch »im Gewande totaler Sexualfreiheit« an das gegenwärtige System erst recht gebunden. Dadurch könnten die Charakterstrukturen nicht entstehen, die für den politischen Kampf notwendig seien.[273] Aus diesem Grunde lehnt z. B. M. Ewers in dem Arbeitsbericht des Institutes für die Pädagogik der Naturwissenschaften an der Universität Kiel die freizügige Sexualmoral der Gegenwart ab. Für ihn arrangiert sich jeder, der innerhalb der kapitalistischen Gesellschaft für eine repressionsfreie Erziehung auftritt, mit dem bestehenden System, da dieses System die neuen Freiheiten für sich auszunutzen verstehe. Die Voraussetzungen für eine echte sexuelle Befreiung seien dagegen an die Befreiung des Proletariats gebunden. Ja, im Erziehungssystem sei geradezu Unterdrückung geboten, da dadurch das für den »Widerstand nötige Substrat« entstehe. »Dagegen führt das Gerede vom repressionsfreien Erziehen im Kapitalismus nur zum faktischen Arrangement mit ihm. Langfristig ist die sexuelle Befreiung nämlich erst nach der Befreiung des Proletariats möglich. Ewers fordert eine »antikapitalistische«[274] Sexualerziehung. Darunter versteht er die genaue Umkehrung der übrigen emanzipatorischen Auffassung: Er versteht darunter eine »gegen den herrschenden Trend repressiver Entsublimierung gerichtete« Sexualerziehung.

6. Schüler fordern sexuelle Freiheit

In den Jahren, in denen sich in Theorie und Praxis eine neue Zielsetzung für die Sexualerziehung anbahnte, fand die emanzipatorische Bewegung in der Bundesrepublik ihren offenkundigsten Niederschlag in einer neuen Auffassung zur Sexualität überhaupt. Die Pornographie wurde teilweise freigegeben und drang in weite Teile unserer Gesellschaft ein. Was gestern noch schockierend wirkte, wurde heute bereits als selbstverständlich angesehen. Die sittliche Krise des einzelnen wie der Gesellschaft wurde daran offenbar. Durch die großangelegte sexuelle »Fremdbestimmung« über die verschiedensten Medien wurden viele in ihrem Gewissen immunisiert und der Widerstand gegenüber kommender, tiefgreifenderer Veränderung – wie die Aushöhlung des § 218 – aufgelöst. Der Heranwachsende wurde durch die öffentliche Zurschaustellung des gesamten Sexualbereiches durch Massenmedien und Jugendlektüre in ein Klima versetzt, das ihm Reinbleiben und Reifen erschwerte, wenn nicht gar unmöglich machte.

Die Protestwelle der sechziger Jahre unter Schülern und Studenten forderte von der Basis der Schüler her eine neue Sexualerziehung. Am 11. 12. 1967 startete die Schülerzeitung »Bienenkorb-Gazette« des Frankfurter Mädchengymnasiums »Bettina-Schule« eine Fragebogenaktion zum Thema Sexualaufklärung in der Schule. Die Aktion wurde auf ein Jungengymnasium ausgedehnt. Hier wurden erstmals mit Genehmigung der Schulleitung Fragen gestellt: »... wünschst Du Dir Intimverkehr? Möchtest Du mehr erfahren über Formen des Intimverkehrs? Würdest Du Deinen Eltern von gehabtem Intimverkehr erzählen? Ja/Nein; Würdest Du die Antibabypille benutzen, wenn sie ohne Schwierigkeiten vom Arzt zu haben wäre?« Oder: »Hattest Du schon intime sexuelle Erfahrungen? Ja/Nein; Wenn nicht, dann aus welchen Gründen? a) Angst vor den Eltern, b) Schamgefühl, ... Hätten sie etwas dagegen, falls sie es wüßten? Ja/Nein – Mit welcher Begründung?«[275] Die Schülerinnen und Schüler dieser Schulen forderten einen neuen Sexualkundeunterricht. Er zielte auf die Ermöglichung sexueller Erfahrungen hin. Eine nächste Nummer der »Bienenkorb-Gazette« brachte 15 Sexthemen. Hier wurden die Forderungen konkret. »Nachdem wir körperliche Liebe grundsätzlich bejahen, taucht die Frage auf, was wir tun können, damit unsere Gefühle nicht durch Angst oder Sorge beeinträchtigt werden? Antwort: Die Pille genießen…!?« Aus dem behördlichen Antwortschreiben ist zu entnehmen, daß die Darstellung der »Onanie als selbstverständliches Mittel zum Ausgleich nervöser Spannungen« gefordert wurde und die Freigabe der Pille für 13jährige Mädchen. Angesichts dieser Forderungen fanden Gegenargumente der Schulleitung wohl kein Gehör mehr: Der Hinweis auf den Wert der Enthaltsamkeit als Vorbereitung und als Grundlage einer Sublimierung, der bedeutende menschliche Leistungen zu verdanken sind. Bereits am 30. 11. 1967 – 9 Monate nach der Fragebogenaktion – kam vom hessischen Kultusministerium ein Erlaß. »Er entsprach g e n a u (Sperrdruck vom Verf.) den Forderungen der Schülerinnen von der Bettina-Schule.«[276]

Am 31. 12. 1967 hielt Günther Amendt, Mitglied der revolutionären Studentenbewegung, in Baden-Baden vor ca. 600 Schülern ein Referat »Sexualaufklärung in der Schule«. An diesem Silvesternachmittag sprachen außerdem Peter Brandt und Rudi Dutschke. Das Referat zog weite Kreise, traf damals aber noch auf Widerstand. Hier brachte Amendt deutlich zum Ausdruck, worum es in der neuen Sexualaufklärung in der Schule zu gehen habe: »Sexualaufklärung, von der wir im folgenden sprechen wollen, hat praktische Absicht. Sie soll nicht verhindern, sie soll ermuntern. Sie ist gemeint als das, was unbehinderte Sexualität beinhaltet, nämlich als die Möglichkeit, Lust zu gewinnen.«[277] Amendt verstand seinen Vortrag als eine Zielangabe, in welchen Bahnen sich Sexualität zu bewegen habe. »Sexualaufklärung in der geforderten praktischen Absicht wird sich deshalb sehr wesentlich darauf zu konzentrieren haben, über die Möglichkeit der Empfängnisverhütung zu informieren, vor allem über die Beschaffung und Anwendung von Verhütungsmitteln.«[278] Der Schlußsatz seines Referats lautet: »Nun treibt's mal schön!«[279] Amendt brachte in seinem Referat noch einmal deutlich zum Ausdruck, worum es der Protestbewegung im Bereich der Sexualerziehung geht; die »sexuelle Befreiung« soll dem Nichtfunktionieren der bestehenden Gesellschaft dienen:

»Ihre Interessen, Schülerinnen und Schüler, sind mit Recht dort, wo sich ihr Körper anmeldet, nämlich bei ihrem Unterleib, um es verkürzt auszudrücken ... solchermaßen Aufgeklärte werden nicht mehr funktionieren im Interesse derer, die über sie verfügen wollen. Mit solchen Jugendlichen ist fürwahr kein Staat zu machen, jedenfalls nicht dieser.«[280]

7. Aus der Praxis sexualkundlicher Literatur für die Schule

Aus der Fülle der sexualkundlichen Literatur seien hier einige Bücher beispielhaft herausgegriffen. Bei der Auswahl dienten die beiden Hauptansätze der Sexualerziehung als leitender Gesichtspunkt: der liberale und der kulturrevolutionäre Ansatz. Das beide Ansätze sich in der Praxis vielfach vermischen, ist verständlich. Die Beispiele sind vor allem dem Fach Biologie entnommen. Keine Berücksichtigung fanden Inhalte zur Sexualerziehung aus anderen Fächern. An den bisherigen theoretischen Ausführungen und diesen Beispielen lassen sich andere Bücher für die Sexualerziehung beurteilen. Da die Sexualerziehung in der Bundesrepublik durch die Aufführungen des Theaterkollektivs »rote Grütze« beeinflußt wird, wurden auch die diesen Aufführungen zugrundeliegenden Intentionen gebracht.

Jeder Lehrer, der Sexualerziehung erteilt, wird seinen Unterricht rechtfertigen unter Berufung auf »wissenschaftliche Erkenntnisse«, er wird ihn rechtfertigen als Hilfe zur »Bewältigung« der Sexualität, als Weg zur »Humanisierung«, als Hilfe zur »Selbstfindung« und »Selbstverwirklichung«, als Hilfe zur Eingliederung in das Kulturganze u. a. m. Derartige Rechtfertigungen können aber über die Hintergründe der Sexualerziehung nicht mehr hinwegtäuschen.

Das Biologiebuch von Lange, Strauß, Dobers, Band 1[281], führt im sexualkundlichen Beiheft in »behutsamer« Weise Schülerinnen und Schüler des 6. Schuljahres an die »Geschlechtlichkeit des Menschen« heran. Die Verfasser weisen zwar auf das natürliche Schamgefühl hin, das bei allen Menschen anzutreffen ist, sie fordern dazu auf, dieses Schamgefühl zu achten, zeigen aber den Zwölfjährigen zwei Buntfotos, auf denen ein nackter Junge und nacktes Mädchen dieser Altersstufe zu sehen ist. Das Mädchen hat dabei seine Hände hinter dem Kopf zusammengelegt, neigt sich etwas nach hinten, wobei die langen Haare über die Schultern und den Rücken fallen (S. 7). Vom

Jungen heißt es über die Reifungsjahre im Text: »... in den Reifungsjahren wächst auch das Glied. Es wird häufig steif und richtet sich auf. Bei diesem Vorgang strömt viel Blut in die Muskeln des Gliedes ein ... Die Gliedsteife kann beim Anblick eines Mädchens, das dem Jungen gefällt oder durch bewußte Berührung erfolgen ... Der Junge braucht sich der Gliedsteife nicht zu schämen, denn, wie wir später erfahren werden, ist sie eine Voraussetzung für die Fortpflanzung« (S. 8).

Auf der gegenüberliegenden Seite (9) wird jetzt allen Schülerinnen und Schülern zugemutet, in feiner Federzeichnung sehr deutlich und übersichtlich die Geschlechtsteile einer mit gespreizten Beinen auf dem Rücken liegenden Frau zu betrachten und sich die einzelnen Benennungen einzuprägen. Hier ist jetzt jeder vor jedem entblößt. Der Junge vor dem Mädchen, das Mädchen vor dem Jungen. Kein Schüler kann sich in die ihm zustehende Intimsphäre zurückziehen. Keiner kann sich schützen. Die Scham ist abgebaut. Die jungen Menschen stehen in der Pubertät. Für viele wird es eine Herausforderung zum vorehelichen Geschlechtsverkehr sein; es heißt weiter: »Junge Menschen begegnen sich am gemeinsamen Arbeitsplatz, in der Schule, auf der Urlaubsreise, beim Tanz und bei vielen anderen Gelegenheiten. Jungen und Mädchen lernen sich dabei kennen. Oftmals verspüren sie eine Zuneigung zueinander und haben sich gern. Um sich näher kennenzulernen, unternehmen sie viele Dinge nun gemeinsam. Dabei entdecken sie beim Partner besondere Eigenschaften, die sie schätzen und lieben. Vielfach werden solche Freundschaften wieder gelöst« (S. 10).

Es fragt sich, welche Bedeutung der nun folgende »sittliche« Anhang für die Schüler noch hat:

»Wollen junge Menschen aber ein Leben lang zusammenbleiben, so schließen sie gewöhnlich eine Ehe und bilden ein Ehepaar. Wünschen sie sich ein Kind, um eine Familie zu gründen, so muß der Mann den Samen in den Körper der Frau übertragen. Er führt das versteifte Glied in die Scheide der Frau ein und bewegt es hin und her. Dieser Geschlechtsverkehr macht beide Partner glücklich. Mann und Frau erweisen sich auch im Geschlechtsverkehr ihre gegenseitige Liebe. Dieser erfolgt daher nicht nur zur Zeugung eines Kindes« (S. 10).

Das Biologiebuch »Biologie 5/6«, von E. W. Bauer[282], stellt die männlichen und weiblichen Geschlechtsorgane für die zehn- bis elfjährigen Kinder in Text und Bild eingehend dar. Im anschließenden Kapitel »Erwachsenwerden ist nicht einfach« (S. 63f.) werden die Probleme der Pubertät geschildert und auf die Gefahren des Rauschgiftes aufmerksam gemacht. Dann heißt es:

»Manche Mädchen beginnen einen Jungen besonders anziehend zu finden. Den Jungen geht es mit den Mädchen ebenso. Zuneigung wird jetzt oft von einer spürbaren Erregung begleitet. Solche Gefühle der Zuneigung und Liebe werden zunehmend wichtiger« (S. 65). In dem anschließenden Kapitel »Mann und Frau vereinigen sich« (S. 65) wird nun ausführlich der Geschlechtsverkehr geschildert.

»Ein Mann und eine Frau lieben sich. Sie streicheln und küssen sich und schmiegen sich eng aneinander. Das Verlangen, mit dem Partner eins zu sein, kann so stark werden, daß es zu einer geschlechtlichen Vereinigung kommt. Man nennt dies auch Geschlechtsakt oder Beischlaf. Der Mann schiebt sein steifes Glied in die Scheide der Frau. Durch rhythmische Bewegungen werden die Geschlechtsorgane dabei gereizt. Bei beiden stellt sich ein Gefühl großer Lust ein, auf dessen Höhepunkt beim Mann der Samenerguß erfolgt. Danach liegen sie noch eine Weile zärtlich, glücklich und entspannt beieinander.«

Vorbereitet wird diese »Sexualerziehung« durch ausführliche Darstellung und Bebilderung der Paarung bei den Tieren. Über die Frösche heißt es auf S. 19: »Auf dem Wege zum Tümpel wird das Krötenweibchen von einem kleineren Männchen entdeckt. Das Männchen folgt dem Weibchen und klettert bei der ersten Gelegenheit auf dessen Rücken. Es klammert sich mit den Vorderbeinen fest und läßt sich huckepack zum Tümpel tragen.« Von den Hühnern: »Die Spermazellen für die Befruchtung muß der Hahn leisten. Er umkreist die Henne mit steifen Schritten, gesenktem Kopf und entfalteten Flügeln. Sobald sich die Henne duckt, steigt er auf, hält sich an den Nackenfedern fest und preßt seine Kloake auf die Kloake der Henne. Dabei gibt er eine Portion Spermaflüssigkeit ab. Diesen Vorgang nennt man Begattung« (S. 22f.). Ein beigefügtes Bild zeigt die Begattung bei den Hühnern.

»biologie 5/6«, von A. Gerhardt, J. Dircksen und P. Höner[283], bringt ebenso für die Schüler der genannten Altersstufe ausführlich die Geschlechtsorgane von Mann und Frau in Bild und Text. In einem Teilprofil ist die Begattung beim Menschen (S. 100) eindrücklich dargestellt. Auf S. 106 sehen die Schülerinnen und Schüler die Begattung bei Haushuhn in Profilzeichnung mit Beschreibung, auf Seite 108 den gleichen Vorgang in Profilzeichnung und Text beim Grasfrosch und schließlich auf S. 112 wenden sich die Verfasser den Kohlweißlingen zu.

Einen Höhepunkt in der Parallelisierung der Geschlechtlichkeit des Menschen mit den Tieren bildet die Neuauflage von Garms, Lebendige Welt, Biologie 1[284]. Die menschliche Begattung wird in einer großen Profilzeichnung geboten. Nach der Beschreibung des menschlichen Sexualtriebes (S. 154), der Selbstbefriedigung, des Pettings (S. 155) folgt auf S. 156 das Thema »Paarung bei Tieren«. Neben der Textbeschreibung sieht man hier Buntfotos der Paarung folgender Tiere: Kondore, Schmetterlinge, Rhesusaffen, Libellen, Frösche, Kröten, Käfer, Giraffen, Schildkröten und Schnecken.

Alle Bilder über die Parallelsetzung der Geschlechtlichkeit des Menschen mit der der Tiere oktroyieren dem jungen Menschen ein falsches Menschenbild auf. Sie stellen ihn, den zur Ebenbildlichkeit Gottes geschaffenen und gerufenen Menschen mit den Tieren, mit dem Vieh, auf eine Stufe. Bei den jungen Menschen wird darüber hinaus durch derartige Assoziationen zunehmend die Liebe zertreten und verflacht.

In »Sexualität und Gesellschaft«[285] für die Sekundarstufe I (Materialien für die Schüler) sehen die Kinder in Profilzeichnung ein entkleidetes Paar im Geschlechtsverkehr. Die Frau hat die Arme und Beine um den Mann gelegt. Das erregte Glied des Mannes ist deutlich in der Scheide der Frau im Profil zu sehen. Angesichts dieser drastischen Darstellung für die Zwölfjährigen kann sich der Text jetzt »wissenschaftlich« zurückhalten: »Wenn beim Geschlechtsverkehr der Mann sein Glied in die Scheide der Frau einführt und es zum Orgasmus kommt, wird die Samenflüssigkeit aus dem Glied ausgestoßen und gelangt in die Scheide der Frau« (S. 32). In den folgenden 11 weiteren Zeilen wird, unterstützt von vier Bildern die weitere Entwicklung der befruchteten Eizelle in aller Kürze aufgezeigt. Die anschließenden zwei Seiten schildern dagegen in aller Breite die Möglichkeiten der Schwangerschaftsverhütung und problematisieren die Abtreibung. Schüler und Schülerinnen werden eingehend mit der Kalendermethode, der Unterbrechung des Geschlechtsverkehrs und der Gummischutzmethode vertraut gemacht. Eingehend wird die Unterbrechung des Geschlechtsverkehrs geschildert, ausführlich wird über den Gummischutz abgehandelt und diese Methode als »billig und sicher« (S. 39) hingestellt. In einer folgenden Aufgabenstellung müssen die Schülerinnen und Schüler eine Tabelle über die Zuverlässigkeit von Verhütungsmitteln ausfüllen.

Der Schwangerschaftsabbruch wird den Kindern nicht mehr als »Tötung« ungeborenen Lebens, als Mord, dargestellt, sondern das Bewußtsein der Schulkinder wird ummanipuliert, indem einfach vom »Entfernen« des Fötus gesprochen wird (S. 41). Nun wird der § 218 in seiner alten Fassung mit der Aussage konfrontiert, daß die Frauen, die viel Geld haben, die Abtreibung in einem anderen Land mit weniger strengen Gesetzen vornehmen lassen, Frauen mit weniger Geld dagegen auf Kurpfuscher angewiesen sind.

»Trotz des Verbotes lassen viele Frauen abtreiben. Wenn sie genug Geld haben, können sie in ein Land fahren, in dem die Abtreibung erlaubt ist, und dort zu einem Arzt gehen. Sie können sich auch in der Bundesrepublik einen Arzt suchen, der trotz Verbot abtreibt. Meistens nehmen diese Ärzte aber sehr viel Geld dafür. Frauen, die weniger Geld haben, bleibt meistens nichts anderes übrig, als zu Leuten zu gehen, die ohne medizinische Ausbildung Abtreibung vornehmen. Solche Abtreibungen sind lebensgefährlich« (S. 41).

Eine Kurzgeschichte motiviert die Kinder zu drei Fragen. Die Kurzgeschichte lautet:

»Jetzt bin ich im siebten Monat. Hab' mich bemüht. Erst ganz normal. Da bin ich von einem Arzt zum andern und hab' gefleht, sie sollten mir das wegmachen (das wegmachen!; der Verf.). Ich hab' doch schon drei. Und im Lager leb' ich. Und nur ein Raum. Offiziell wollt' ich's haben. Auf den Behörden. Da sagten sie: Nein, das ist gegen das Gesetz. Dann hatte ich eine Adresse, der wollte glatt tausend Mark. Da hab' ich einen Nervenzusammenbruch gekriegt« (S. 41).

Die Fragen:

»Aus welchen Gründen will die Frau kein Kind? Sind ihre Gründe verständlich?

Was wäre, wenn die Frau wohlhabend wäre?

Versuche noch andere Gründe zu finden, aus denen eine Frau in die Lage kommen kann, abtreiben zu wollen« (S. 41).

Abschließend wird auf die freizügige Haltung in anderen Ländern hingewiesen: England, Polen, Dänemark, DDR, Finnland.

Die Kurzgeschichte hätte genausogut für die Beibehaltung des § 218 benutzt werden können. Sie hätte dazu dienen können, die Haltung der Behörden in der Hilfeleistung für eine bessere Wohn- und Lebensmöglichkeit für die Frau zu kritisieren. Es hätte gefragt werden können, warum heute Menschen keine Tragkraft mehr haben, mit Schwierigkeiten fertig zu werden und sich zur Tötung ihres eigenen Kindes hinreißen lassen: die Gottesferne als Ursache der letzten Krise des Menschen.

Die Neuausgabe »Lebendige Welt«[286] behandelt ausführlich die »Begattung und Befruchtung«, die geschlechtliche Vereinigung des Menschen. Auch wird in aller Deutlichkeit die geschlechtliche Vereinigung eines Paares im Profil gezeigt. Die Geschlechtsteile sind dabei durch Umrahmung hervorgehoben. Über das Paar heißt es:

»Liebende Paare fühlen sich zueinander hingezogen und sind zärtlich zueinander. In der geschlechtlichen Vereinigung, dem

280

Geschlechtsverkehr (...), findet die Liebe und Zärtlichkeit ihren höchsten körperlichen und seelischen Ausdruck. Dabei spielt der Geschlechtstrieb (...) eine große Rolle. Mann und Frau werden durch ihn sehr stark erregt (sexuelle Erregung) und fühlen sich besonders stark zueinander hingezogen; sie haben den Wunsch, sich zu umarmen, zu küssen und ihren Körper zu liebkosen.

Bei sexueller Erregung richtet sich der sonst schlaffe Penis auf (...), wird hart und steif, und kann in die Scheide eingeführt werden, deren Eingang mit den Schamlippen und dem Kitzler bei der sexuellen Erregung stark anschwellen kann. Durch Absonderung von Schleim aus Schleimdrüsen im Scheideneingang wird dieser gleitend. Nach Reizung des Penis bei reibenden Bewegungen in der Scheide erfolgt der Höhepunkt in der geschlechtlichen Vereinigung, den man Orgasmus nennt. Er führt beim Mann zum Samenerguß (...). Der Orgasmus löst sowohl beim Mann als auch bei der Frau ein außerordentlich starkes Gefühl des Wohlbefindens aus, das beim Mann sehr rasch, bei der Frau viel langsamer abklingt« (S. 142).

In den Handreichungen für den Lehrer sind noch weiterführende Lernziele angegeben. Ein »Einstellungsziel« lautet: »Eigene sexuelle Bedürfnisse bejahen und mit zu ihrer Verwirklichung helfen (z. B. Verlangen nach Zärtlichkeit)«. Die Lernziele zum Thema »Sexualorgane des Mannes« lauten u. a.: »Erkennen und Bewußtwerden der sexuellen Erregung des eigenen Körpers (Lusterleben); Bejahen sozialer Äußerungsformen von Kinder- und Jugendsexualität (z. B. kindliche sexuelle Spiele, sexuelle Experimente in der Pubertät) ... Die Vorgänge der ›Erektion‹ und der ›Pollution‹ erläutern können«. In den »Didaktischen Begründungen für den Lehrer« heißt es: »... Kein Unterrichtsthema wird jedoch von den Schülern sowie auch vom Lehrer so stark emotional-affektiv beeinflußt wie die Sexualerziehung«. Der Lehrer solle daher in seinen Schülern den ganzen Menschen anzusprechen und »ihre seelischen Spannungen zu erkunden« versuchen und auf sie eingehen. Dabei soll der Geschlechtstrieb als ein »ständiger Quell der Freude, der Lust und der Liebe hingestellt werden, der beim Menschen nicht mit der Fortpflanzung verwechselt werden darf, dies sei ein »weitverbreiteter Irrtum« (Siehe S. 138).

Eine breite Wirkung im norddeutschen Raum hat der Sexualpädagoge Klaus Verch. Aus seiner »Lehrmappe Sexualerziehung«[287] sollen hier Beispiele angegeben werden, die seine
Auffassung widerspiegeln. Die Mappe ist für Eltern als Lose-
blattsammlung erschienen, die Schulausgabe als Plastikringhef-
ter.

Die Onanie bzw. Masturbation wird von ihm voll in das Leben
des Menschen integriert. Diese Praktiken seien als »... erste
sexuelle Erfahrungen notwendig, um die eigenen sexuellen
Empfindungen kennenzulernen« (S. 8–2). Ebenso erkennt
Verch die Masturbation bei Verheirateten an als Hilfe zur
»Entspannung in einer Konfliktsituation«, sie sei ferner im gegebenen Fall »Rücksichtnahme auf den Partner« (S. 8–2).
»Aus dem bisher Gesagten ergibt sich, daß man gegen Masturbation nichts unternehmen, sondern jeder sein für ihn zutref-
fendes Maß finden sollte« (S. 8–3). Er tritt voll für den Geschlechtsverkehr junger Menschen vor der Ehe ein, wenn sie
sich lieben. »Als Kriterium für die Aufnahme geschlechtlicher
Beziehungen vor der Ehe (d. h. die Überlegung, ob man Geschlechtsverkehr mit dem Partner beginnen soll) sollten für einen jungen Menschen folgende Punkte eine Rolle spielen: 1.
Habe ich den Partner gern genug (liebe ich ihn), um eine so
starke Gefühlsbindung einzugehen? 2. Empfindet der Partner
dasselbe wie ich oder fordere ich etwas, was er gar nicht geben
kann oder zu geben vermag? 3. Kann ich die Verantwortung für
mein Handeln und für das des Partners mit allen Konsequenzen
übernehmen? Wenn man dazu ja sagen kann, sollte die Liebe
zweier junger Menschen, die der egoistischen Zeit der Pubertät
entwachsen sind, auch ihre Erfüllung im Geschlechtsverkehr
finden. Manche erfahren diese Liebe schon mit 16 Jahren« (S.
8–6). Dabei ist es für Verch selbstverständlich, daß junge Leute
das elterliche Schlafzimmer benutzen dürfen. Ein Störfaktor
wäre es, wenn dadurch bei jungen Menschen ein »schlechtes
Gewissen« entstünde. Dies müsse vermieden werden, womit er
die Eltern anspricht (S. 8–5). Er tritt dafür ein, daß junge Mädchen das Hymen vor der geschlechtlichen Begegnung selbst zerstören, »damit es diese nicht belastet« (S. 8–7).

Verch anerkennt voll die Abtreibung ungeborenen Lebens. Für
ihn beginnt die Schwangerschaft erst am 12. Tage nach der Be-

282

fruchtung, dem Zeitpunkt der Nidation (Einnistung) der Eizelle in die Gebärmutter. Alles, was sich vorher ereignet, die Befruchtung der Eizelle, die ersten Zellteilungen hätten mit der Schwangerschaft und menschlichem Leben nichts gemein. »Viele sind der Meinung, daß das Leben eines Menschen mit der Verschmelzung von Ei und Samenzelle beginnt. Alle Eingriffe danach würden das Leben abtöten, sie seien praktisch einem Mord gleichzusetzen und deshalb unsittlich. Dagegen ist zu sagen, daß unmittelbar nach der Befruchtung lediglich ein Teilungsprozeß in Gang gesetzt wird, der einen Zellklumpen schafft. Dieser kann nicht nach menschlichen Maßstäben gemessen werden« (S. 12–4).

Welche Auffassung vertritt Verch zur Abtreibung nach der Einnistung der Eizelle in die Gebärmutter? »Erst zu diesem Zeitpunkt entsteht eine enge Verbindung zwischen Mutter und Keim, der danach menschliche Formen annimmt und eine Existenzberechtigung besitzt. Deshalb beginnt mit der Schwangerschaft das Leben eines Kindes. Der Staat spricht nach der Einnistung vom Keimling als einer ›Leibesfrucht‹, die er als Rechtsgut schützt. Das ist richtig. Gleichzeitig sollte jedoch überlegt werden, welche Folgen für eine betroffene Person schwerwiegender sind: der aus bestimmten wohlüberlegten Gründen vorgenommene Schwangerschaftsabbruch? oder das unerwünschte Kind, nur weil es bereits in Millimeter-Größe Existenzberechtigung hat? Wenn nach gründlicher Abwägung eine Indikation aus sozialen, ethischen oder eugenischen (natürlich auch aus medizinischen) Gründen angebracht ist, muß eine Frau ohne weiteres über ihr eigenes Leben und der davon abhängigen Umwelt (Familie) selbst bestimmen und das Ungeborene in den ersten drei Schwangerschaftsmonaten entfernen lassen können« (S. 12–4).

Zu einer solchen Maßnahme sollte man es aber durch den richtigen Gebrauch von Verhütungsmitteln erst gar nicht kommen lassen. Als mögliche Verhütungsmaßnahme gibt Verch u. a. die Sterilisation an, sie könne »ohne Schwierigkeiten vorgenommen werden« (S. 12–4).

Klaus Verch war als Sexualpädagoge am Hamburger Institut für Lehrerbildung tätig. Seit 1975 ist er Leiter der »Erwachsenenbildung des Diakonischen Werkes der nordelbischen Kirche in Rendsburg«.

Eine weite Verbreitung für die Sexualerziehung hat das Unterrichtswerk »Junge, Mädchen, Mann und Frau«, von Brauer, Kapitzke, Mehl und Wrage.[288] Band 1 richtet sich an die acht- bis zwölfjährigen Schüler. Die Kinder dieser Altersstufe werden auf 25 Bildern, in Hautfarbe gemalt, mit den Geschlechtsorganen von Mann und Frau konfrontiert. Hinzu kommen 10 Abbildungen nackter Menschen und eine Bildfolge über die Geburt. Auf Seite 82 wird den Schülerinnen und Schülern die untere Körperhälfte eines Mannes mit dem erregten Glied in Hautfarbe gemalt dargestellt. Im Text werden die Kinder darauf hingewiesen, daß die Berührung des Gliedes in diesem Zustand »angenehme Gefühle auslöst«. Der nachfolgende Text schildert eingehend die Onanie: »Diese Erfahrung machen alle Jungen. Sie freuen sich an dem lustvollen Erlebnis und können diesen Vorgang, wenn sie allein sind, bewußt wiederholen. Dabei kommt es dann eines Tages auch zum Samenerguß. Unmittelbar vor dem Samenerguß steigert sich das angenehme, lustvolle Erleben und erreicht zusammen mit dem Erguß seinen Höhepunkt« (S. 82f). Auf Seite 93 werden die Kinder auf den gleichen Vorgang beim Mädchen hingewiesen.

Die Verfasser gehen grundsätzlich davon aus, daß Mädchen Geschlechtsverkehr haben (S. 94). Um Vater und Mutter sein zu können, braucht man jedoch bestimmte menschliche und wirtschaftliche Voraussetzungen.

Zu größter sexueller Freizügigkeit, eingebettet in eine Liebesgemeinschaft und unter Rücksichtnahme auf den Partner, werden die Schülerinnen und Schüler durch Band 2 herausgefordert, der sich an die 12–16jährigen Kinder wendet. Dies wird eingeleitet durch eine eingehende Beschreibung des miteinander Bekannt- und Vertrautwerdens(S. 53).

»Junge und Mädchen, die aber darüber hinauskommen wollen, weil sie immer stärker den Wunsch haben, dem anderen auch körperlich nahe zu sein, werden es verstehen, sich von den anderen zu lösen und sie oder ihn allein zu treffen. Beide empfinden es angenehm, wenn sie sich berühren und der andere nicht zurückzuckt ... Das Gesprächsthema ist völlig unwichtig. Beide haben es gern, gestreichelt zu werden. Jeder von ihnen fühlt sich wohl, wenn der andere ihm behutsam durch das Haar fährt. Durch einen Kuß oder eine Umarmung können sie sich ihre Zuneigung zeigen« (S. 53).

Eine derartige nähere Bekanntschaft kann u. U. zu »intimer Begegnung« führen: »Der Wunsch nach größerer körperlicher Nähe zu dem vertrauten Partner umschließt auch den Wunsch nach sexueller Berührung und Geschlechtsverkehr. Schon im ersten zärtlichen Streicheln ist dieser Wunsch unbewußt enthalten. Dabei werden erogene Zonen berührt und gereizt« (S. 54).

Auf die erogenen Zonen bei Mann und Frau wurde auf Seite 37 in einer bildlichen Darstellung ausführlich hingewiesen. Eingehend wird jetzt auf Necking und Petting eingegangen bis zum Orgasmus ohne Geschlechtsverkehr. Ich muß mir die Wiedergabe hier versagen. Die Schilderung reicht bis zu oralen sexuellen Äußerungen. Die Darstellung wird abgeschlossen durch eine ausführliche Beschreibung des Geschlechtsverkehrs. Eine Profilzeichnung verdeutlicht diesen bildlich. Abschließend werden die 12- bis 16jährigen auf die Gefahren der Zeugung eines Kindes hingewiesen und die Notwendigkeit der Benutzung empfängnisverhütender Mittel.

»Jeder Geschlechtsverkehr, auch der erste, kann zur Zeugung eines Kindes führen. Darum ist es unerläßlich, daß die Partner Mittel und Methoden der Empfängnisregelung kennen und anwenden. Auf keinen Fall sollten sie riskieren, ein Kind zu zeugen, das sie nicht haben wollen« (S. 57).

Auf Seite 91f. werden die Schüler eingehend mit der Empfängnisverhütung und der Familienplanung vertraut gemacht. Hier sehen sie das Foto eines Mannes, der sich ein Kondom über sein erregtes Glied zieht (S. 92). Überhaupt zeichnet sich Band 2 durch eine geschickte Bebilderung aus, durch die Heranwachsende in der von den Verfassern gewünschten Richtung regelrecht herausgefordert werden. Auf Seite 20 sehen die Schüler das Buntfoto einer weiblichen Scheide. Hier liegt eine Frau mit

gespreizten Beinen auf dem Rücken. Seite 34 zeigt das Buntfoto eines nichterregten männlichen Gliedes, daneben ist das
Buntfoto eines erregten männliches Gliedes zu sehen.

Das ist der »harte Kern« eines sexualkundlichen Werkes, das
selbstverständlich nicht versäumt, auf die »Liebesfähigkeit«
hinzuweisen, die nicht schon darin besteht, »starke Zuneigung«
zu verspüren, mit dem sie den »auserwählten Partner« be-
drängt, sondern die vor allem darin besteht, »... daß gerade die
Beachtung der Wünsche und Gefühle des Partners die wichtigste Voraussetzung ist, damit der Partner aus freiem Willen die
Zuneigung erwidern oder ablehnen kann« (S. 57f). »Liebesfähigkeit setzt die Kraft zur eigenen Hingabe voraus, daß heißt,
sich dem anderen anzuvertrauen, zuzuwenden, mitzuteilen,
ihm nahe zu sein.« Allerdings: Diese Zuneigung dürfe nicht so
stark werden, daß der Betreffende sagt: »Ich kann ohne dich
nicht leben.« Warum nicht? »... dann besteht die Gefahr, daß
er sich anpaßt, sich selbst aufgibt und abhängig wird. Deshalb ist
es ebenso notwendig, sich selbst zu behaupten, die eigenen Interessen wahrzunehmen und zu vertreten« (S. 58). Nach welchem Grundsatz sollen liebende Paare leben? »Ich kann ohne
dich leben, und mit dir zu leben ist schöner« (S. 58).

Wie steht es um die Frage der Normen bei den Verfassern dieses »Sexualkundewerkes«?

»Wir leben in einer demokratischen Gesellschaft, in der einer
auf den anderen angewiesen ist. Um miteinander auszukom-
men, haben Menschen Vereinbarungen getroffen, die das Zusammenleben erträglich machen. Solche Vereinbarungen —
Normen genannt – können und dürfen nicht starr sein. Sie müssen der freien Entfaltung des einzelnen ebenso Raum geben,
wie sich an den gesellschaftlichen Gegebenheiten ausrichten.
Nur so wird in einem Staat fortschrittliche Veränderung möglich« (S. 58).

Im Hinblick auf die Geschlechtlichkeit gilt in erster Linie die
Rücksichtnahme auf den Partner, da hier ja nicht nur der einzelne, sondern auch ein anderer Mensch mitbetroffen ist.

»Jede Bindung verlangt, daß wir nicht nur für das Ich, sondern
genauso für das Du Verantwortung übernehmen. Diese Verantwortung ist nicht so zu trennen von der Achtung vor der ei-

genen Persönlichkeit und vor der des anderen. Keiner sollte den anderen dadurch herabsetzen, daß er ihn nur zur Befriedigung der eigenen Wünsche gebraucht. Sich über Ängste des Partners hinwegzusetzen und ihn durch Tricks herumzukriegen suchen, ist nicht nur unfair, sondern entwürdigt den Partner« (S. 58).

Es wird jetzt ganz deutlich, daß die Verfasser sich nicht mehr an die sittliche Grundordnung gebunden wissen, die wir als Christen im Hinblick auf voreheliches Geschlechtsverkehr anerkennen. Sie haben eine »andere« Sittlichkeit für die Voraussetzungen des Geschlechtsverkehrs, die enge partnerschaftliche Beziehung, wie sie A. Comfort in seiner »Goldenen Regel« aufgestellt hat.

»Die gegenseitige Hingabe im Geschlechtsverkehr kann immer wieder ein Höhepunkt in den Beziehungen zwischen den Partnern sein. Er wird es um so mehr, je besser sie sich kennen und erkennen« (S. 59). Eine Beziehung, die auf Dauer angelegt ist, lasse diese Hingabe im Geschlechtsverkehr wachsen:

»Eine solche Bereitschaft wächst, wenn die Beziehungen auf Dauer angelegt ist« (S. 59).

Flüchtige Begegnungen lassen die Bereitschaft zur Hingabe nicht entstehen.

Die sittliche Norm der Verfasser besteht weiter darin, daß keiner seine Bedürfnisse, »wenn es ihn gerade danach drängt«, befriedigen kann. »In jedem Fall ist es nötig, die eigenen Wünsche an der Wirklichkeit zu prüfen, sie gegebenenfalls zurückzustellen oder aufzugeben, wenn sie im Augenblick nicht zu verwirklichen sind« (S. 59). Grundsätzlich bezweifeln sie, daß eine Sublimierung sexueller Wünsche durch ein Hobby, durch Sport oder durch geistige Beschäftigung möglich sei. »Aber es liegt ein Mißverständnis vor, wenn von einer ›heilsamen‹ Gegenwirkung zum Beispiel durch Sport oder geistige Beschäftigung auf die Sexualität gesprochen wird« (S. 59). Das läuft darauf hinaus, den Jugendlichen dahingehend zu erziehen, die Befriedigung sexueller Wünsche mit dem Partner, mit dem er in engerer Beziehung steht, abzustimmen.

Wie ist die »sittliche« Einstellung der Verfasser zum sexuellen

Erleben in Gruppen? »Mancher ist aufgrund seiner Erziehung unfähig, einen aufregenden Flirt mit einem Partner anderen Geschlechts in Gruppen zu beginnen ... Andere flirten sehr heftig in Gruppen, können aber, wenn sie mit dem umworbenen Partner allein sind, nicht zärtlich sein ... Einige Gruppen unserer Gesellschaft protestieren mit betonter Gruppensexualität gegen die herrschende Auffassung, daß sexuelle Handlungen nur innerhalb der Ehe erlaubt sind. Wieder andere scheinen i n n e r l i c h f r e i zu sein, ihre Erlebnisse zusammen mit ihrem Ehepartner durch sexuelle Handlungen in Gruppen zu e r w e i - t e r n« (Sperrdruck vom Verf). Auf der Basis der Erfahrung kommen sie zu dem Ergebnis: »Eine vertiefte Partnerschaft scheint im Gruppensex nicht möglich zu sein« (S. 127). Eine letzte, sittliche, von Gott gegebene Ordnung ist hier nicht anerkannt. Diese »Sittlichkeit«, diese »Ethik« ist eine andere als die des Christen.

Für den Vorschulbereich findet das von der »Bundeszentrale für gesundheitliche Aufklärung«, Köln, den Schulen in der BR empfohlene Buch »Zeig Mal!« Verbreitung[289]. Das Buch zeigt fünf- bis sechsjährige Kinder in realen sexuellen Situationen. Der Verfasser, Will Mc Bride hat die Kinder in diesen Situationen fotografiert; Situationen, in die Kinder hineinmanipuliert wurden. »Mit viel Mühe und unter großen Schwierigkeiten gelang es, die Kinder so zu fotografieren, daß ihre natürliche Haltung zum Ausdruck kommt. Wir danken den Kindern und Eltern für ihre Hilfe bei der Gestaltung der Fotos.« (Aus dem Vorwort von Helga Fleischhauer-Haardt und Will McBride). Das Begleitwort von H. Kentler über die Kultivierung der Kindersexualität wurde bereits wiedergegeben.[290]

Auf folgende Seiten soll hingewiesen werden:

62/65 zeigen ein erregtes Glied eines Kindes, auf dem ein Tuch hängt. Text: »Wenn mein Penis steif ist, habe ich ein ganz tolles Gefühl. Wirklich?«

64/65 zeigen zwei Buben, welche ihre Glieder zueinander halten, um die Länge zu vergleichen. Text: »Ich vergleiche meinen

Penis mit dem meines Freundes. Ich möchte wissen, wann ich da unten Haare bekomme wie mein Papa.«

68/69 zeigen, wie ein Bub an seinem erregten Glied spielt. Text: »... wenn mein Penis so groß ist wie der von meinem Vater, das möchte ich wissen.«

76/77 zeigen zwei nackte Kinder, Bub und Mädchen. Text: »Wenn ich deine Brust anfasse, wird mein Penis ganz steif.«

80/81 zeigen zwei nackte Kinder, ein Bub und ein Mädchen liegen nebeneinander, das Mädchen spielt am Penis des Knaben. Text: »Es macht Spaß, deinen Zipfel anzufassen.« Bub: »Mir macht das auch Spaß.«

92/93 und 94/95 zeigen Großaufnahme von weiblichen Genitalien und Darstellung einer Masturbation in Großaufnahme. Text: »Meine ältere Schwester, die hat mir erzählt, daß sie sich manchmal zwischen den Schamlippen an ihrem Kitzler reibt und dabei an schöne Sachen denkt. Und dann kriegt sie einen Orgasmus... Das ist schön.«

100/101 zeigen Onanie in Großaufnahme, Text: »Mein Bruder reibt manchmal ganz schnell an seinem Penis, dann kommt Samen heraus.«

102/103 Großaufnahme Scheide. Text: »Einmal habe ich zugeschaut, wie er mit seiner Freundin Liebe gemacht hat.«

110/111 zeigt Penis – Großaufnahme –, den eine Frauenhand umfaßt. Text: »Und dann hat sie seinen Penis genommen...«

114/115 Frau lutscht an einem Penis. Text: »... seinen Penis geküßt.«

118/119 zeigen koidierendes Paar. Text: »... sie umarmen sich und schmiegen sich aneinander, wenn ich erwachsen bin, mache ich es auch.«

120/121 zeigt Geschlechtsverkehr in Großaufnahme, halb eingeführtes Glied. Text: »Alles paßt prima zusammen.«

128/129 zeigt Hodensack über der Scheide. Text: »Jetzt ist er ganz tief drin und sein Same fließt in ihre Scheide.«

Zu dem Buch nimmt Dr. med. Goldstein als freier Mitarbeiter der Rheinischen Kirche Stellung: (auf dem Außendeckel des Buches) »Zeig mal! stimmt mit dem überein, was ich studiert habe, um Arzt, Erziehungs- und Eheberater und Psychotherapeut zu werden. Sein bemerkenswerter Vorzug ist, daß es nicht auf verbale Schrift und rein beschreibender Information beschränkt bleibt. Ich weiß, daß seine Form, deren literarische, pädagogische und ästhetische Art ich bewundere, nötig ist, um Menschen Hilfen zu geben. Ich meine die Menschen, die weiterkommen wollen mit der menschlichen Sexualität, sowohl ihrer eigenen als auch der ihrer Kinder – um liebevoller und ungezwungener miteinander umgehen zu können.«

Bereits Anfang 1974 war das Aufklärungsbuch »Zeig mal« Gegenstand eines Ermittlungsverfahrens der Staatsanwaltschaft Wuppertal. Das Verfahren wurde mit der Begründung eingestellt, es handle sich hier nicht um aufreißerisch aufgemachte Pornographie.

Ende 1974 beantragte der Minister für Kultur, Bildung und Sport des Saarlandes bei der Bundesprüfstelle für jugendgefährdende Schriften in Bonn Bad-Godesberg, das Buch »Zeig mal» in die Liste der jugendgefährdenden Schriften aufzunehmen. Der Antrag wurde abgelehnt. Dabei stützte man sich auf Gutachten zweier Professoren der Universität Hamburg: H. Scarbath und G. Otto. H. Sarbath stellte lediglich jugendgefährdende Aspekte fest, G. Otto hielt das Buch dagegen nicht für jugendgefährdend.

Die bekannte evangelische Zeitschrift »Lutherische Monatshefte« brachte im November 1975 eine Buchbesprechung von »Zeig mal!«. Unter dem Thema »Bewältigung der Sexualität« wurde hier in Theorie und Praxis das Buch voll für Eltern und Kinder empfohlen (S. 447): »Das Bilderbuch für Kinder und Eltern ›Zeig mal!‹ ist auf der Grundlage einer begleitenden Sexualerziehung entstanden.

Fleischhauer-Haardt und McBride weisen deutlich darauf hin, daß es nicht schon seine Funktion erfüllt hat, wenn es einmal von Kindern betrachtet und mit Eltern durchgesprochen wurde. Denn zu ›einer guten Aufklärung gehört vielmehr das immer wiederkehrende Gespräch mit den Eltern, das dem Kinde hilft, seine Fragen und Probleme zur Sexualität zu äußern und zu verarbeiten.‹ In einem Vorwort gibt Kentler einen Überblick über die Geschichte der Sexualität und zeigt den Einstellungswandel. Der Band ist in erster Linie Bildband, die Kommentare zu den Bildern sind spontane Äußerungen der Kinder aus den Bildern. Jedes Bild ist von hervorragender Qualität; sie sind einwandfrei, daß sie in ihrer Ästhetik fast steril wirken. Man vermißt ein wenig Körpergeruch. Bei Aussagen über die Bilder muß man vorsichtig sein: Reißt man sie aus dem Zusammenhang, so kann das zu Mißverständnissen führen. Daher soll es genügen, darauf hinzuweisen, daß die Bilder die Liebe und Zärtlichkeit ausdrücken, die die Verfasser im Vorwort Kindern und Eltern wünschen. Wolfgang Knobel.«

Seit Ende 1977 ist das Buch wieder Gegenstand eines Ermittlungsverfahrens gegen die Verfasser bei der Staatsanwaltschaft Wuppertal. Nachdem dieses zurückgewiesen wurde, erfolgte Beschwerde beim Generalstaatsanwalt Düsseldorf. Er hielt die Beschwerde, in der es um »Verbreitung pornographischer Schriften« ging, für nicht begründet. (Düsseldorf, 7. Juli 1978; Zs. 781/78.) Der Kampf gegen das Buch wurde erneut aufgenommen von der »Vereinigung europäischer Bürgerinitiativen zum Schutz der Menschenwürde«, (Bayrisch-Gmain).

Ein Projekt emanzipatorischer Sexualerziehung soll hier vorgestellt werden: »Betrifft: Sexualität«,[291] von Figge, P. Goede, K. Gottwald, N. Henke, I. Henke, J. Henke, R. Müller und J. Schniebel. Das Projekt ist als Arbeitsmittel für Schule, Jugendarbeit und Elternbildung gedacht. Es wurde 1977 herausgegeben vom »Norddeutschen Rundfunk« in Verbindung und mit Unterstützung der »Bundeszentrale für gesundheitliche Aufklärung«, Köln. Diese Bundeszentrale ist ein Ableger des Ministeriums für Jugend, Gesundheit und Familie. Die Bundeszentrale hat das Sexualprojekt mit einer halben Million Mark aus Steuergeldern unterstützt und ließ darüber hinaus 250 000 Werbeprospekte drucken, die im Laufe des Jahres 1977 über das Land verteilt werden sollten. »Betrifft: Sexualität« wendet sich an die Sekundarstufe I. Zu den einzelnen Themenbereichen können von den Landesbildstellen Filme entliehen werden. Diese Meldung brachte »Die Zeit«, Nr. 22 am 20. Mai 1977.

Sieben Themenbereiche werden behandelt: »Freundschaft und Liebe«, »Empfängnisverhütung«, »Jugendsexualität und Familie«, »Männlich/Weiblich«, »Sexualität in der Schule«, »Sexualität in der Öffentlichkeit«, »Sexualität und Sprache« und »Informationen für Eltern«. Die einzelnen Themen werden auf 72 Seiten in Kleinzeitungsformat abgehandelt.

Auf die Intentionen der ersten drei Themenbereiche soll hier eingegangen werden. Das Thema »Freundschaft und Liebe« umfaßt die Beziehungen zwischen Jungen und Mädchen (heterosexuelle Beziehungen) und die Beziehungen gleichgeschlechtlicher (homosexuelle bzw. lesbische Beziehungen). Im Mittelpunkt steht das, was Spaß macht. Sexualität ist Lustgewinn, Spaß. Auf diesem Hintergrund werden die Institutionen unserer Gesellschaft: Familie, Schule, Kirche, Justiz, ja die Gesellschaft als solche, die Leistungsgesellschaft angegriffen mit ihren Normen und Werten. Sie werden als diejenigen angeklagt, die durch ihre feinen Mechanismen tiefgreifenden Einfluß auf den jungen Menschen nähmen, um in ihnen Hemmungen aufzubauen, die ihnen Sexualität als Spaß und Genuß verdürben. Aber: Man kann sich sein Verhalten ändern lassen. Die Verfasser bedienen sich in der Regel der Vulgärsprache.

»Gefühle zeigen können, vor sexuellen Wünschen Angst haben, leicht gekränkt sein – das haben wir meist in unseren Familien gelernt. Das bedeutet aber auch, daß wir solche Dinge wieder umlernen können, wenn wir es für nötig halten« (S. 2). In einer Bildergeschichte machen die Verfasser und Herausgeber den Jugendlichen deutlich, wer aus der Gesellschaft Hemmungen vor ungestörtem Geschlechtsverkehr in ihnen aufgebaut hat. Die Bildergeschichte: Ein Mädchen zum Jungen:

»Ich würd' wahnsinnig gern mal mit dir schlafen!« Der Junge: »Ich auch mit dir!« Nun sieht man beide entkleidet im gemeinsamen Zimmer. An Stelle lustvoller Hingabe aber kommen beiden Bedenken. Über ihnen sieht man die Gesichter derer, die in unserer Gesellschaft die Institutionen vertreten. Eine fortschrittliche Jugendliche vertritt die junge Generation und feuert das Mädchen an: »Mit 15 noch Jungfrau? Ich lach mich kaputt!« Die Mutter: »Die Männer wollen doch immer nur das Eine, und dann lassen sie dich sitzen!« »Komm' mir ja nicht mit'm Kind nach Hause.« Der Vater: »Lernt erst mal was Richtiges!« Der Pfarrer schreit mit erhobenem Zeigefinger drohend: »Vorehelicher Geschlechtsverkehr ist Sünde!« Der Lehrer hält den beiden ihre schlechten Zeugnisse vor mit mangelhaften Schulleistungen und sagt: »Kultur wird nur durch Triebverzicht erst möglich!« Der Arzt: »Die Pille enthemmt und führt zur Verbreitung von Geschlechtskrankheiten!« Der Richter als letzte Instanz unserer Gesellschaft: »Unzucht mit Minderjährigen!« (S. 2) Aber bereits durch das bloße Aufwachsen in unserer Leistungsgesellschaft würden unbewußt Verhaltensweisen aufgebaut, die ein rücksichtsvolles Miteinander zwischen Liebenden verhindere.

»Vieles lernen wir aber nicht dadurch, daß unsere Eltern uns etwas sagen, verbieten oder empfehlen. Vieles lernen wir direkt aus dem Leben in dieser Gesellschaft. Beispiel: Wir leben in einer Leistungs- und Konkurrenzgesellschaft. Gewinn und Erfolg wird großgeschrieben, Rücksichtnahme auf Menschen wird kleingeschrieben. Wer von Kindheit an lernt, besser zu sein als andere (weil man nur dann in der Schule versetzt wird, weil man nur dann eine Lehrstelle bekommt), dem wird es schwerfallen, dem Freund oder der Freundin gegenüber rücksichtsvoll und geduldig zu sein« (S. 2).

Gegen dieses Lernen in der Gesellschaft kann man nichts unternehmen, man lernt es eben »von selbst«; falsche Gesellschaft – falsche Verhaltensweisen.

Nachdem durch diese Einleitung in das Thema »Freundschaft und Liebe« Hemmungen als gesellschaftsbedingt bewußtgemacht wurden, die abzubauen möglich seien, werden anschließend die Bereiche Onanie, Petting und Geschlechtsverkehr angesprochen. Die Onanie wird voll unter dem Gesichtspunkt des Spaßmachens angeboten. Das schlechte Gewissen, das sie bei vielen hinterlasse, sei auf gesellschaftliche Warnungen zurückzuführen, die von denen ausgingen, die das schlechte Gewissen anderer benötigen, um ihre Herrschaftsinteressen durchsetzen zu können.

»Onanie macht Spaß und schadet keinem. Trotzdem haben Ju-

gendliche und Erwachsene oft ein schlechtes Gewissen: Warum
eigentlich? … Warum sind dann aber die Onaniermärchen so
hartnäckig? Dafür gibt es sicher viele Gründe. Ein Grund ist:
Leute mit schlechtem Gewissen sind leichter zu gängeln. Jemand, der sich irgendwo unnormal fühlt, möchte sonst so normal wie möglich erscheinen. Wer also in einer Gesellschaft
Macht ausübt, wer Normen durchsetzen will, der hat es bei Leuten mit schlechtem Gewissen leichter.« Schlußergebnis: »Das
Onanieren kann man also ruhigen Gewissens genießen, solange
es Spaß macht« (S. 3).

Ganz unter dem Blickwinkel von Lust und Spaß erscheint der
Geschlechtsverkehr. Damit wird die Bindung an die Liebe
durchbrochen. Das aber schließt gleichzeitig einen Angriff auf
Ehe und Familie mit ein. Hatte Comfort als liberaler Sexologe
noch die »goldene Regel« aufgestellt: »Nutze die Gefühle deines Partners nicht rücksichtslos aus und setze ihn nicht mutwillig enttäuschenden Erfahrungen aus. Riskiere nicht fahrlässig
die Zeugung eines ungewollten Kindes«, so verweisen die Verfasser zwar auf diese Regel als »wichtig und richtig«, da diese
Normen dazu beitragen können, »… daß sexuelle Beziehungen
sich nicht schädlich für die Beteiligten auswirken«, aber letztlich stelle auch diese Regel eine Hemmung für Spaß und Lust an
Sexualität dar. »Diese Normen können dazu beitragen, daß sexuelle Beziehungen sich nicht schädlich für die Beteiligten auswirken. Sie tragen aber wenig dazu bei, den Geschlechtsverkehr
lustvoll und befriedigend zu machen. Über die bedeutungs-
schweren Normen vergißt man nämlich leicht, daß sexuelle Lust
das menschliche Leben bereichert« (S. 3). Auch die Forderung
der Bindung des Geschlechtsverkehrs an den Liebesbezug wird
als behindernde Norm in Frage gestellt und abgewertet. Die
Verfasser geben zwar zu: »Natürlich hat Geschlechtsverkehr
auch etwas mit Liebe zu tun.« Aber im gleichen Gedankengang
trennen sie den Geschlechtsverkehr von der Liebe: »Damit
wollen wir nicht den Moralaposteln beipflichten, die predigen
›Sexualität ist nur bei echter Liebe erlaubt‹ und die dann im
nächsten Satz sagen: ›Jugendliche sind zu echter Liebe noch
nicht fähig. Wenn man richtig verliebt ist … dann ist auch das
Bumsen (so bezeichnen die Verfasser den Geschlechtsverkehr
in der Regel, der Verf.) oft besonders schön und lustvoll.«
Aber: »Liebe und Zuneigung gibt's in vielen Formen und Ab-

stufungen. ›Sex nur bei Liebe‹ kann deshalb keine moralische Forderung sein.« Ergebnis: »Ob es richtig ist zu bumsen oder nicht zu bumsen, könnt also im Grunde nur ihr miteinander entscheiden« (S. 3). So wird auch die Bindung des Geschlechtsverkehrs an die Ehe abgewiesen: »Ob Geschlechtsverkehr eine aufregende und lustvolle Sache ist, hängt nicht davon ab, daß man einen lebenslangen Vertrag hat« (S. 3). Auch eine Altersgrenze, ab der man Geschlechtsverkehr haben darf oder nicht, existiert nicht, »wenn zwei sich darüber einig sind, daß sie es wollen, dann sollen sie es tun« (S. 3).

Die Homosexualität wird von den Verfassern voll als Beziehung zwischen den Menschen anerkannt. Die Schüler werden aufgefordert, gegen Diskriminierung Homosexueller Stellung zu nehmen. »Wir wollen dich dazu ermutigen, in deinem Lebensbereich gegen die Diskriminierung Homosexueller Stellung zu nehmen« (S. 9). Homosexualität wird als etwas ganz Normales dargestellt, das es voll in unsere Gesellschaft zu integrieren gelte. Den Schülern wird klargemacht, Homosexualität sei weder eine Krankheit, noch sei sie pervers oder kriminell. Im Gegenteil: Kriminell sei es, Homosexuelle in unserer Gesellschaft zu unterdrücken. Zur Homosexualität könne man auch nicht verführt werden, keiner brauche Angst zu haben, homosexuell zu sein, wenn er mit Gleichgeschlechtlichen onaniere. Die Angst vor der Homosexualität rühre daher, weil sie in unserer Gesellschaft noch nicht anerkannt sei. Homosexualität sei so normal wie der Geschlechtsverkehr von Eheleuten, die sich kein Kind wünschen.

»Homosexualität ist keine Krankheit. Genauso könnte man sagen: Es ist krankhaft zu bumsen, wenn man keine Kinder will. … Was Schwule sexuell miteinander machen, ist nicht pervers – genausowenig wie irgendetwas, das Mann und Frau zusammen machen. Es kommt nur darauf an, daß beide es wollen und daß keiner unter Druck gesetzt wird… Daß jemand homosexuell ist, hat mit seinen Qualitäten als Vater, Mutter, Nachbar, Kollege oder Freund nichts zu tun. Auch als Lokführer oder Verkäuferin, als Lehrer oder Ärztin sind Schwule genausogut wie Nicht-Schwule… Homosexuelle sind nicht kriminell. Unter ihnen gibt es auch nicht mehr Kinderverführer als unter den Nicht-Schwulen.. Kriminell ist eher die Unterdrückung der Homosexuellen in unserer Gesellschaft … Es ist unsinnig zu behaupten, zur Homosexualität könne man verführt werden. Denn die tatsächlichen Ursachen für Homosexualität sind nicht genau bekannt... Wer mit Freunden zusammen onaniert, ist deshalb nicht schwul. Solche Erfahrungen machen viele. Dennoch haben Jugendliche Angst, schwul zu sein oder schwul zu werden, eben weil Homosexuelle in unserer Gesellschaft unterdrückt und verachtet sind. Wer sich gegen die Diskriminierung der Schwulen einsetzt, trägt deshalb auch zur Verminderung dieser Ängste bei« (S. 9). Auch die Neufassung des § 175 wird als eine rechtliche Benachteiligung der Homosexuellen dargestellt, da er die Männer über 18 Jahre unter Strafe stellt, die an einem Mann unter 18 Jahren sexuelle Handlungen vornehmen. Es wird bedauert, daß Homosexuelle bzw. Lesbierinnen ihre Neigung in der Öffentlichkeit noch nicht offen zeigen können (S. 9).

Die Jugendlichen werden hierdurch zur Homosexualität verführt. Im Kleindruck wird auf dieser Seite für alle Jugendlichen ein Hinweis gegeben, die sich für Probleme der Homosexualität interessieren. Es wird auf eine Zeitschrift und ihre Bezugsquelle verwiesen. Ja, damit nicht genug: Die Heranwachsenden werden darauf aufmerksam gemacht, daß sie aus dieser Zeitung auch Anschriften von homosexuellen Aktionsggruppen entnehmen können. »Wer sich weitergehend für Probleme der Homosexuellen interessiert, kann sich informieren in der Zeitschrift ›...‹. Dort sind auch Anschriften von homosexuellen Aktionsgruppen abgedruckt.« Die Anschrift der Zeitung ist angegeben.

An dieser Stelle muß darauf hingewiesen werden, daß sich in »Sexualität ist mehr«,[292] für die Sekundarstufe die Verfasser D. Assig, M. Baurmann, R. Dose, H. Kirchmeier und E. Kunz besonders mit der Homosexualität befassen. In diesem Buch werden die Schülerinnen und Schüler unmittelbar auf die homosexuellen Aktionsgruppen hingewiesen. Es werden Name der Gruppe, Stadt, Straße und Rufnummer genannt. Es handelt sich um über 100 Anschriften von lesbischen Frauengruppen, und ungefähr 50 »schwulengruppen« sind verzeichnet.

Unter dem Thema »Jugendsexualität und Familie« erfolgt nun ein gezielter Angriff auf Ehe und Familie. Ehe und Familie werden als »naturgegebene« Ordnungen in Frage gestellt. Das erfolgt in drei Schritten.

Die »Selbstverständlichkeit«, mit der auch heute noch Jugendliche auf Ehe und Familie als Zukunftsziel hinsteuern, wird hinterfragt, mit dem Verweis darauf, daß die Jugend ja in unserer Gesellschaft keine Gelegenheit habe, andere Formen menschlichen Zusammenlebens kennenzulernen, weil Ehe und Familie eben bei uns die verbreitetste Form des Zusammenlebens sei.

»Auf den ersten Blick sieht es so aus, als ob ›Ehe‹ und ›Familie‹ für Jugendliche Zukunftsprobleme sind. Denn selbstverständlich macht sich jeder Gedanken darüber, wann er heiraten möchte, wie er seine Ehe führen wird, wieviel Kinder er haben will. Selbstverständlich? Ehe und Familie sind so verbreitete Formen des Zusammenlebens in unserer Gesellschaft, daß wir kaum etwas anderes erleben. Welcher Jugendliche lebt schon in einer Wohngemeinschaft? Wer ist schon in einer Großfamilie aufgewachsen?« (S. 25)

Die Jugendlichen werden jetzt in einen Widerspruch hineingeführt. Einerseits werden in unserer Gesellschaft Ehe und Familie als »wichtige Bedingungen für das Lebensglück hochgelobt«. Andererseits gehen Eheschließungen zurück und Scheidungen nehmen zu. Schließlich dienen die Auffassungen geschiedener Frauen, lediger Mütter, Homosexueller und verheirateter Personen als Beweis dafür, daß unsere Gesellschaft zu stark auf Ehe und Familie festgelegt sei. Dieser Personenkreis »spürt« die einseitige Fixierung unserer Gesellschaft am deutlichsten.

»Wir sind stark auf Ehe und Familie in der heutigen Form festgelegt. Das spüren besonders diejenigen, die nicht (mehr) verheiratet sein wollen oder sein können: geschiedene Frauen, ledige Mütter, Homosexuelle, unverheiratete Paare. Zum großen Teil sind sie weniger anerkannt, haben mehr Probleme bei der Wohnungssuche, sind gesetzlich und finanziell benachteiligt und haben mehr Kontakschwierigkeiten. Auch deshalb müssen wir die bisherigen Normen für das Zusammenleben überdenken« (S. 25).

Bezeichnend ist, daß Unverheiratete mit Homosexuellen in einem Zug genannt werden. Verschwiegen wird, wie sich beispielsweise die Einstellung zu unverheirateten Müttern gewandelt hat. Es geht den Verfassern darum, negative Erfahrungen hochzuspielen, um dadurch die Ehe und Familie anzugreifen. Das ist radikale Gesellschaftskritik, die auf Kulturrevolution hinausläuft – auf Veränderung der Institutionen.

Die Vorteile der Wohngemeinschaften werden an einigen Beispielen demonstriert. Sie seinen rentabler, die Isolation des einzelnen sei aufgehoben, vor allem sei die Emanzipation der Frau jetzt erst recht möglich. »Die Emanzipation der Frau läßt sich in der Großfamilie noch am leichtesten realisieren, leichter jedenfalls als in der traditionellen Ehe oder Kleinfamilie. Die klassische Arbeitsteilung: Mann = Beruf = Geldverdienen /Frau = Haus = Kindererziehung läßt sich im Wohnkollektiv aufheben. Bei unterschiedlichen Arbeitszeiten können alle umschichtig einem Beruf oder Studium nachgehen, Hausarbeit übernehmen und sich um die Kinder kümmern« (S. 32).

Verschwiegen wird wieder, wie viele Jugendliche enttäuscht den Wohngemeinschaften den Rücken kehrten und wie kurz die Lebensdauer der Wohngemeinschaften in der Regel ist. Für das Wohnkollektiv spreche vor allem die Kindererziehung. In dem Bericht eines Studenten wird das bisherige Eltern-Kind-Verhältnis abqualifiziert, indem das Mutter-Kind-Verhältnis als auf eine Person »fixiert« und als »Bindung« hingestellt wird. Der größere gesellschaftliche Bezugsrahmen Wohngemeinschaft vermeide diese Fehlleistung.

»Volker D., 22, aus der Bremer Kommune, Abiturient, Vater eines zweijährigen Mädchens: Ich glaube, es ist sehr gut für meine Tochter, daß sie von der Gruppe erzogen wird. So ist sie nicht nur auf eine Person fixiert, und man merkt eigentlich jetzt schon, daß sie sich mit allen Leuten gut verständigen kann. Als wir hier einzogen, lief sie meiner Frau zur Begrüßung immer noch stürmisch entgegen, jetzt beachtet sie sie manchmal gar nicht, weil sie in ihr Spiel vertieft ist, oder andere Leute freudig begrüßt. Meiner Frau tat es zunächst leid, daß ihre Tochter nun nicht mehr so an sie gebunden war. Aber dann hat sie eingesehen, daß sie darauf eigentlich gar keinen Anspruch erheben kann (S. 32).

Mit dieser Darstellung von Ehe und Familie, von Eltern-Kind-Verhältnis einerseits und der von Wohngemeinschaften andererseits trifft sich diese Unterrichtsreihe mit den Intentionen des zweiten Familienberichtes der Bundesregierung. Auch hier werden Ehe und Familie abqualifiziert und Wohngemeinschaften der besonderen staatlichen Fürsorge empfohlen. Auch der zweite Familienbericht empfiehlt neue Formen des menschlichen Zusammenlebens, um das Eltern-Kind-Verhältnis aufzubrechen.[293]

Unter dem Thema »Jugendsexualität und Familie« wird der Angriff gegen die gegenwärtige Familie vorgetragen, in der sich das sexuelle Verhalten Jugendlicher, so wie es den Emanzipatoren vorschwebt, nicht entwickeln kann. Damit soll gleichzeitig die Wertordnung dieser Familie zerstört und sie zu einem Ort »freier« Sexualität umgewandelt werden. Aus dem, was die Autoren an den gegenwärtigen Familien für negativ halten, kann man entnehmen, welche Einstellung zur Sexualität in der Familie herrschen soll. Da werden die »nicht-sexuellen Kontakte zwischen Eltern und Kindern sowie Geschwistern untereinander« festgestellt, da wird gefragt, »ob man mit anderen Kindern sexuelle Erfahrungen sammeln darf oder nicht«, da wird auf den Einfluß hingewiesen, den die Eltern haben, ob Jugendliche außerhalb der Familie sexuelle Erfahrung sammeln dürfen oder nicht. Da wird festgestellt, daß Jugendliche kaum Möglichkeiten haben, »auf Räume auszuweichen, in denen sie sich der elterlichen Kontrolle entziehen können« (S. 26).

Mit dieser allgemeinen Bewußtseinserhellung über »richtiges« oder »falsches« Sexualverhalten in der Familie begnügen sich die Autoren aber nicht. Sie gehen unmittelbar zum Angriff auf die Eltern über mit Hilfe zweier Spiele. Das »Erinnerungsspiel« enthält Fragen, durch die den Kindern bewußt gemacht wird, wie sich ihre Eltern in ihrer Kinderzeit zu ihrer Sexualität verhalten haben. »Gab es Situationen, in denen du bei sexuellen Spielen (z. B. Doktorspiel) ertappt worden bist? Ja; Nein. Wenn ja, wie haben die Eltern in der Situation reagiert?« (S. 27)

Das »Übereinstimmungsspiel« ist für Kinder und Eltern gedacht. Kinder und Eltern müssen die gleichen Fragen aus ihrer Sicht beantworten. Dabei wird den Kindern deutlich, ob ihre

Eltern das »richtige« oder »falsche« Bewußtsein haben. Ziel ist die Diskussion der Kinder mit den Eltern über diese Fragen. Auf diesem Wege werden bisherige Wertordnungen der Familie kommunikativ verflüssigt und zerbrochen, Spannungen in den Familien erzeugt, wenn die Kinder auf diese Manipulation derartiger Erzieher hereinfallen und die »Freiheit«, die sie anpreisen, nicht als Fixierung und Bindung des jungen Menschen an die Sexualität durchschauen lernen. Beispiele aus dem »Übereinstimmungsspiel«:

»Deine Eltern kommen unerwartet früh von einem Besuch zurück. Sie stehen plötzlich in der Tür zu deinem Zimmer und stören euch beim Schmusen (Ein Bild zeigt entkleidete Jugendliche, der Verf.) Was empfinden deine Eltern wohl in diesem Augenblick?

Peinlichkeit? ...

Empörung? ...

Stolz auf den Entwicklungsfortschritt? ...

Du möchtest mit deinem Freund (deiner Freundin) zusammenziehen. Deine Eltern sprechen darüber mit den Eltern deines Freundes (deiner Freundin). Was werden sie sagen?

Den Wunsch völlig ablehnen ...

Gemeinsame Wohnungssuche vorschlagen ...

Zimmer in der eigenen Wohnung anbieten ...« (S. 28)

Durch derartige »Elterntests« erzwingen emanzipatorische Erzieher einen tiefen Einbruch in den Intimbereich nicht nur der Schüler, sondern auch ihrer Eltern. Kein Lebensbereich ist vor dem bewußtseinserhellenden Diktat dieser Erziehung sicher. Jeder muß damit rechnen, daß er in allen Lebensbereichen im Sinne neomarxistischen Denkens beeinflußt und gefordert werden soll.

8. Theaterkollektiv »rote Grütze«

Seit 1977 werden in der Bundesrepublik Theateraufführungen des Berliner Theaterkollektivs »rote Grütze« durchgeführt. Das Theaterkollektiv wendet sich in dem Stück »Darüber spricht man nicht!!!«[294] an die Kinder des Grundschulalters, mit dem Stück »Was heißt hier Liebe?«[295] werden Jugendliche konfrontiert. Die Theatergruppe bereist inzwischen die ganze Bundesrepublik, gastiert in den einzelnen Orten über einen längeren Zeitraum. Gruppen haben sich gebildet, die die Absichten des Originaldrehbuchs örtlichen Gegebenheiten durch leichte Veränderung anpassen, so daß verschiedene »Fassungen« entstehen.

Worum geht es dem Theaterkollektiv »rote Grütze«? Es handelt sich um eine radikal emanzipatorisch ausgerichtete Gruppe, die in den Kindern alle sittlichen Werte hinsichtlich der Sexualität durch totale Enttabuisierung und zwar im Mitspielen der Kinder zerstören. Das Ziel ihrer Arbeit geben sie auf Seite 103 in »Darüber spricht man nicht« an. Sie beziehen sich dabei auf Sexualthesen Kentlers. Es heißt u. a.:

»Die Unterdrückung der Sexualität ist ein Ausdruck der Unterdrücktheit der Menschen in dieser Gesellschaft.«

»Repressive Sexualerziehung dient der Reproduktion repressiver Herrschaftsverhältnisse.«

»Emanzipative Sexualerziehung muß sich begreifen als Teil politischer Erziehung. Sie muß nach den Bedingungen gesellschaftlicher Unterdrückung fragen und den Zusammenhang von Sexualität und Herrschaft aufzeigen mit dem Ziel, die Bedingungen der Herrschaft grundsätzlich in Frage zu stellen.«

»Die sexuelle Emanzipation des Menschen ist untrennbar verbunden mit seiner Emanzipation als gesellschaftliches Wesen.«

»Die Menschen sollen lernen können, ihre sexuellen Bedürfnisse freier und lustvoller, sich in ihrer Menschlichkeit genießend, zu befriedigen.«

Von dieser Grundlage ausgehend, setzt sich das Theaterkollektiv für eine »freie Sexualität« ein durch Befreiung von gesamtgesellschaftlichen Tabus. Das gesamte Geschlechtsleben wird in letzter Obszönität vor den Kindern entrollt. In der »Hänsel und Gretelszene« fördert das Theaterkollektiv die sexuellen

Beziehungen zwischen den Geschwistern. Beschränkungen der Sexualität, z. B. das Verbot der Sodomie, d. i. sexuelle Beziehungen zu Tieren, das Verbot des lustvollen Fressens menschlichen Leibes (imitierte Eier aus dem Eierstock der Frau), Beschränkungen analerotischer Assoziationen, werden während der Aufführung experimentell beseitigt. Jeder soll nach dem Prinzip der Lust mit jedem in sexuelle Beziehungen treten können. Die Eltern werden dabei zunächst als bösartig und gefühlskalt hingestellt, die die Freude des Kindes an der Sexualität zerstören wollen, nachher aber bedauernd zugeben müssen, daß sie durch eine falsche Erziehung, in der die Arbeit im Mittelpunkt stand, nicht zu einer lustvollen Sexualität gefunden haben. Jegliche Scham wird durch die Darstellung und das Mitspielen der Kinder abgebaut, Sexualität wird zu einem Spiel ohne Grenzen. Was in der Öffentlichkeit des Theaters erlaubt war, kann im Klassenzimmer oder im Wohnzimmer nicht mehr verboten sein. Verbotenes wird durch das Spiel befreit. Spiel, Gitarrenmusik und gemeinsame Lieder sowie Sprechchöre nehmen die Enthemmung der Kinder vor.

Durch die Tätigkeit dieses Theaterkollektivs wird in der breiten Öffentlichkeit jegliche christliche Wertordnung bewußt und gezielt zerstört. Diese Entwicklung in unserer Gesellschaft schlägt zurück auf die Sexualerziehung in der Schule, denn hier bestimmen derart sexualisierte Schüler zwangsläufig die Atmosphäre des Sexualkundeunterrichts, zumal der Lehrer gehalten ist, Gesprächsanlässe, Fragen und Probleme aus der Klasse aufzugreifen.

Im Juni 1978 hat der Theologische Konvent der Konferenz Bekennender Gemeinschaften in den evangelischen Kirchen Deutschlands bei den zuständigen Ministern der einzelnen Bundesländer beantragt, darauf hinzuwirken, daß bei der Bundesprüfstelle für jugendgefährdendes Schrifttum die Texte der beiden Theaterstücke auf die Liste der jugendgefährdenden Schriften gesetzt werden. Die betreffenden Ministerien haben es zurückgewiesen, den Antrag überhaupt zu stellen. Das Schreiben des Theologischen Konventes schloß mit folgendem Hinweis: »Wenn wir an Sie mit der Bitte herantreten, ein Verbot bei der Bundesprüfstelle zu beantragen, so stehen alle Christen hinter uns, die in der Konferenz Be-

kennender Gemeinschaften in der EKiD zusammenge-
schlossen sind. Wir tun diesen Schritt aus der Verantwortung
vor Gott und seinem Wort: »Suchet der Stadt Bestes« (Jer.
29, 7) und aus dem Wissen heraus: »Die Sünde ist der Leute
Verderben« (Spr. 14, 34). Wir möchten Sie darüber hinaus
bitten, alle Maßnahmen zu ergreifen, die dazu dienlich sind,
der weiteren sexuellen Enthemmung unserer Jugend und unseres Volkes entgegenzutreten – um des einzelnen, der Familie und der kommenden Generation willen.«

Nach Mitteilung eines der angeschriebenen Ministerien stehen
die beiden Theaterstücke jetzt unter »Kunstvorbehalt«, obwohl die Geschlechtlichkeit des Menschen hier politisch ver-
plant wird. Ein Antrag auf Verbot der Stücke bei der Bundesprüfstelle ist in Zukunft erfolglos.

9. Bundeszentrale für gesundheitliche Aufklärung: »Muß-Ehen muß es nicht geben!« (Köln, 1976)

»Muß-Ehen muß es nicht geben!« Mit dieser Parole stimuliert
die »Bundeszentrale für gesundheitliche Aufklärung«, Köln in
einer Kurzinformation über Verhütungsmittel und ihre Anwendung die jungen Menschen »unter und über 17« Jahren.
Auf dem Titelblatt dieser Kurzinformation sieht man ein halb-
entkleidetes Paar Jugendlicher in der Umarmung. In der Informationsschrift geht es der Bundeszentrale darum, durch Bild
und Text Jugendliche einmal über Verhütungsmittel zu informieren, damit Mußehen vermieden werden. Denn – so die
Bundeszentrale: »Vorbeugen ist besser als heulen«. Zum anderen geht es um die Herausforderung zum Geschlechtsverkehr.
Im Vorwort heißt es:

»Viele Jungen und Mädchen haben heute schon ›intime Beziehungen‹, ohne ans Heiraten zu denken oder sich gar Kinder zu
wünschen. Sie fühlen sich reif genug für die körperliche Liebe,
aber ihr Wissen über Empfängnisregelung ist so gering, daß sie
eine Schwangerschaft oft leichtsinnig dem Zufall überlassen.
Das ist unfair. Unfair gegenüber dem Partner und gegenüber
dem Kind, das, ungewollt geboren, oft schlechte Startbedin-
gungen und Entwicklungsmöglichkeiten hat. Hier wird nicht

moralisiert. Hier wird informiert über das, was jeder Jugendliche wissen sollte. Auch, wenn er zu der immerhin größeren Gruppe von unter 20jährigen gehört, die noch keine sogenannten ›Erfahrungen‹ haben. Vorbeugen ist besser als heulen.«

»35 Prozent der Jungen unter 17 und 30 Prozent der Mädchen haben schon intime Beziehungen zu einem Partner«, so fährt die Bundeszentrale fort und empfiehlt den jungen Männern, ihre Partnerin mit einem Kondom zu schützen; denn: »Rund 30 Prozent der Mädchen, die heiraten, ›weil sie ein Kind bekommen‹, sind unter 20 Jahren und damit nach Meinung der Psychologen oft zu jung für eine Familiengründung. Die hohen Scheidungsquoten bei ›Muß-Ehen‹ gibt den Psychologen recht.« Darum, so rät die Bundeszentrale in Köln: »Wenn ein Junge und ein Mädchen miteinander schlafen wollen, dann ist das Kondom (Präservativ) am besten, denn Kondome sind einfach und sicher in der Anwendung und werden nur bei Bedarf angewendet. Später gibt es auch andere Verhütungsmittel, z. B. die Pille.« In dieser Informationsschrift wird deutlich, was heute »Ethik«, »Sittlichkeit«, »Verantwortung« beinhaltet: »Lieben bedeutet Verantwortung übernehmen. Für den Partner und eventuell für das Kind. Für Paare, die häufig zusammen sind, aber sich noch kein Kind wünschen, ist die Pille besonders geeignet.« Den jungen Mädchen wird klar gemacht, daß sie die Pille erst nehmen sollten, wenn sie »ihre Monatsblutung regelmäßig bekommen.« »Das ist bei manchen Mädchen mit 14, bei anderen erst mit 18 oder 20 der Fall.« »Die Pille ist der *sicherste* Schutz vor einer Schwangerschaft.«

Zur neuen Sittlichkeit gehört es, den Samen abzutöten. »Chemische Mittel gibt es ohne Rezept. Man geht einfach in die Apotheke und verlangt sie. Die hier gezeigten Präparate wirken nach dem gleichen Prinzip: In der Scheide wirken die Mittel, indem sie den männlichen Samen abtöten« (S. 2–8). Durch diese Schrift wird unsere Jugend von einer Institution der Bundesregierung zum vorehelichen Geschlechtsverkehr herausgefordert unter Mißachtung der gesamten Ehtik unseres Kulturkreises.

10. Der Zusammenhang von Familie, Arbeitswelt und Sexualität aus der Sicht der Neuen Linken und seine Bedeutung für das strategische Konzept

Der Zusammenhang, in den die Neue Linke Ehe und Familie, Arbeitswelt und Sexualität setzt, soll abschließend noch einmal zusammengefaßt werden: Ehe und Familie erzeuge angepaßte Menschen, da sie für freie Sexualität keinen Raum habe. Der Mensch müsse auf die Befriedigung seiner sexuellen Bedürfnisse von früh auf verzichten und würde so die Persönlichkeitsstrukturen der Untertanen in sich aufbauen, die wiederum für das Fortbestehen der kapitalistischen Herrschaft, für den gegenwärtigen Arbeitsprozeß notwendig seien. Indem man nun für eine Sexualität plädiert, die ihren Sinn vor allem in Spaß- und Lustgewinn sieht, werde ihre Bindung an Liebe verhindert und die Eheschließung und Familienbildung zurückgedrängt. Mit der Auflösung dieser Institutionen wäre ein entscheidender Schritt getan, um die gegenwärtige Gesellschaftsordnung zu Fall zu bringen. Andere Formen des Zusammenlebens werden vorgeschlagen: Wohngemeinschaften.

Menschen, die in ihrer Sexualität auf Lust und Spaß fixiert sind, sind unbrauchbar für das kapitalistische System. Ein weiterer Weg, den jungen Menschen von früh auf für das bestehende System mit seinem Leistungsprinzip unbrauchbar zu machen, wird darin gesehen, unter Beibehaltung der Familie die Kindersexualität zu »kultivieren«. Kinder sollen vom Vorschulbereich an ihre »Kinderlieben« und ihre Sexualität frei entfalten. Kinder, die in solchen Familien groß geworden sind, passen dann nicht mehr in die Leistungsgesellschaft; die tragen dazu bei, daß diese abgelöst werden kann. Bei beiden Ansätzen wird die Sexualität zum entscheidenden Hebel gesellschaftsrevolutionärer Veränderung. Grundvoraussetzung ist für beide der bewußte Abbau der Scham. Die Propagierung der Homosexualität muß ebenso im Zusammenhang mit dem Kampf gegen Ehe und Familie gesehen werden. Notwendigerweise gehört zur Strategie der Abbau der spezifischen Verhaltensweisen von Mädchen und Frau, die Infragestellung der Mutter und Hausfrau und der Aufbau von Gegenbildern durch die Erziehung. Auch damit wird die bisherige Struktur von Ehe und Familie zerstört. Kinder aus diesen Familien werden wiederum in erhöhtem Maße für die gesellschaftliche Veränderung verfügbar. Wir erkennen, daß hier eins ins andere greift. Es werden sich gewiß noch weitere Stränge ermitteln lassen, die im Bereich Ehe und Familie, Sexualität und Arbeitswelt in diesem strategischen Konzept zusammenwirken.

11. Aus den Richtlinien für Sexualerziehung in NW

Die Sexualerziehung in der Bundesrepublik ist grundsätzlich darauf angelegt, die Schüler so auszurichten, daß sie die Möglichkeit gewinnen, das Gelernte zu erproben, zu verwirklichen, in den Lebensvollzug zu integrieren, im Sinne des Erlernens von Liebesfähigkeit – Liebe lernen. In diesem Sinne handelt es sich um einen herausfordernden Unterricht. Die Richtlinien von Nordrhein-Westfalen[296] drücken diesen Sachverhalt so aus:

»Die menschliche Sexualität ist als positive Kraft zu sehen, die Liebe und Partnerschaft in besonderer Weise einschließt, zur Persönlichkeitsentwicklung und Selbstverwirklichung beitragen kann und die Fortpflanzung ermöglicht. Die Erziehung zur Liebesfähigkeit und zur Partnerschaft ist wesentlicher Teil der Sexualerziehung. Wird die geschlechtliche Begegnung als Ausdruck menschlicher Kultur verstanden, trägt die Sexualerziehung zu einer Humanisierung der Sexualität bei.«

Die Sexualerziehung versteht sich in der ganzen Bundesrepublik als fachübergreifend. Für NW heißt es, daß dieser pflichtgemäße Unterrichtsgegenstand in »verschiedenen Unterrichtsfächern« und »in außerunterrichtlichen Schulveranstaltungen« verwirklicht werden soll. Eine bloße Aufklärung sei hier ebensowenig am Platze wie »behütende«, ablenkende Erziehung. Da »Sexualität in der Schule nicht konkret demonstrierbar« sei, müsse die Schule dem jungen Menschen »bei der für die personale Entwicklung wichtigen Reifung seiner Geschlechtlichkeit helfen.« Die Richtlinien erheben den unbewiesenen Anspruch, die Schule müsse die Sexualerziehung als Teil ihres erzieherischen Gesamtauftrages verstehen.

Wie sieht diese Hilfe in den einzelnen Fachbereichen aus? Der Biologieunterricht vermittelt zunächst das Sachwissen auf dem Hintergrund einer anthropologischen Gesamtschau von »Trieb

und Lustgewinn, als auch Liebe, Partnerschaft, Ehe und Familie«. Im Biologieunterricht werden die Schüler in die »sexuelle
Erlebnisfähigkeit der Geschlechter eingewiesen. Dies geschieht
bei den 13-, 14- und 15jährigen Schülern. Es heißt: »In den
Klassen 7–9 kann in einem Unterrichtsgespräch die sexuelle
Erlebnisfähigkeit der Geschlechter behandelt werden, sofern
nicht die Behandlung zu einem früheren Zeitpunkt erforderlich
ist. Dabei ist vor allem herauszustellen, daß die Geschlechtlichkeit des Menschen eingebettet sein sollte in ein Verhältnis der
personalen Liebe und in eine Sphäre der Intimität.« Der
Deutschunterricht habe die Aufgabe, die »Auseinandersetzung
mit erotischer und sexueller Literatur« aufzunehmen und die
»sprachliche Bewältigung des Geschlechtlichen« zu ermöglichen. Das sprachliche Ausdrucksvermögen soll hier eine »Erweiterung und Differenzierung« erfahren. Von der sprachlichen Analyse erhofft man eine kritische Distanz zu den »pseu-
dowissenschaftlichen« und den in der Vulgärsprache verfaßten
Publikationen. Der Lehrer soll Anlässe aus dem Unterrichtsgespräch aufnehmen, »um Wörter aus der Vulgärsprache wie des
Obszönen zu relativieren und in ihrem emotionalen Bedeu-
tungsgehalt zu erschließen.« Dabei sollen unterschiedliche
»Bedürfnisse und Interessenlagen der Schüler« berücksichtigt
werden. Dabei ist erwünscht, »daß die Schüler ihre soziale
Interaktion und individuellen Problemlösungen im Rollenspiel
kontrollieren.« Der Lehrer kann über das Lesebuch hinausgehend den Deutschunterricht mit Beiträgen aus der »erotisch-
sexuellen Literatur und Dichtung« ergänzen. Er unterliege dabei »keinen Beschränkungen«; er soll aber die Auswahl »behutsam« vornehmen. Er soll »flexibel« genug sein, »Anlässe,
die von Schülern ausgehen, aufzugreifen«, allerdings nur, wenn
er sich dazu als kompetent erachtet. Kriterien für »erotische,
pornographische und obszöne Schriften« sollen erarbeitet werden. Eine »umfangreiche Lektüre ist weder erforderlich noch
geboten«, d. h. Pornographie und Obszönitäten in Maßen. Das
Ganze dient im Deutschunterricht dem Ziel der »Dispositionsverbesserung« des Schülers. Dispositionsverbesserung wird
dann auch in den anderen Fachbereichen angestrebt. Der
Kunstunterricht soll »ein vertieftes Verständnis für Sexualität«
vermitteln. »Aus der Betrachtung von Abbildungen nackter
Menschen, aber auch aus der Darstellung von partnerschaftlichen Beziehungen und sexuellen Vorgängen« gewinne der

»reifere« Schüler Einblick in die Einstellung des Künstlers und seiner Zeit zur Sexualität. Dies diene der »Kritikfähigkeit« und der »Urteilsbildung«. Der Musikunterricht habe innerhalb der Sexualerziehung eine besondere Aufgabe. »Weil die Übertragung musikalischer-rhythmischer Verlaufsformen auf körperliche Bewegung (Tanz; rhythmische Gymnastik) den Schüler sensibilisieren kann, seine Eigengeschlechtlichkeit zu erfahren«. Man nehme dieses zur Kenntnis: Die Eigengeschlechtlichkeit durch das Tanzen in der Schule erfahren. Dieser Ansatz, so heißt es, soll vom Lehrer »möglichst gesucht werden«. Kunst- und Musikunterricht dienten somit der »Selbstfindung« des Schülers im Hinblick auf seine Sexualität.

Dies ist der »harte Kern« der Sexualerziehung in NW, von der keiner mehr sagen kann, daß sie nicht ausgerichtet ist auf die Erfahrbarmachung der Geschlechtlichkeit, auf Geschlechtsverkehr vor der Ehe, auf Ausprobieren, auf »Lernen von Liebe«. Kann der Religionsunterricht angesichts des sexuell hochstimulierten Schülers noch Korrekturen ansetzen? Er soll die Aufgabe leisten, den »Erwartungshorizont der Schüler auf Gott (zu) beziehen und christlich (zu) interpretieren.« Es soll ihm um »Aufbau und Schutz der persönlichen Intimsphäre gehen«, die allerdings bereits nach der ersten Stunde im Bereich Sexualerziehung aufgebrochen ist und im Verlauf der Schulzeit weiter abgebaut wird. Aber wo die Intimsphäre anfängt bzw. endet, darüber sagen die Richtlinien nichts aus. Darüber befindet dann der Lehrer nach seinem Ermessen und die diskutierende Klasse setzt den Maßstab für alle.

Die Sexualerziehung in NW ist grundsätzlich offen für die Aufhebung aller Tabus. »Selbstverständlich kann die Sexualerziehung in der Schule nicht an den Veränderungen sexueller Einstellungen und Verhaltensweisen unserer Gesellschaft vorbeigehen, wenn sie sich nicht dem Vorwurf der Lebensfremdheit aussetzen will. Dem Schüler muß dabei bewußt werden, daß der Wandlungsprozeß, dem jede Gesellschaft unterliegt, nicht an Normen und Tabus der Sexualität vorbeigeht, daß aber ethische und soziale Normen für jede Gesellschaft unverzichtbar sind. Dabei kommt der Überwindung überholter Vorstellungen und dem Abbau von Vorurteilen auf dem Gebiet der Sexualität besondere Bedeutung zu...«

Warum? »... da sonst das Zusammenleben der Menschen stark beeinträchtigt wird. Der Schüler soll erkennen, daß Achtung vor der Sexualität anderer auch dann erforderlich ist, wenn sich diese vom eigenen und gewohnten Sexualverhalten unterscheidet.«

12. Zwangssexualerziehung – Abbau der Gewissensfreiheit

Das Zusammenwirken von Elternhaus und Schule ist als Grundbedingung aufgetragen. Beide sollen sich abstimmen. »Die Eltern müssen zu Beginn des Schuljahres im Rahmen der Klassenpflegeschaftsversammlung über die Lernziele und -inhalte der Sexualerziehung sowie über den beabsichtigten Einsatz von Medien unterrichtet werden... Erziehungsstile und -methoden« sollten »so aufeinander abgestimmt werden, daß ein Höchstmaß an Übereinstimmung erreicht wird«. Durch diese höchstmögliche Übereinstimmung hofft man aller Problematik aus dem Wege gegangen zu sein. Daß dem nicht so ist, soll im folgenden entfaltet werden:

Das eigentliche Problem, dem die Richtlinien ausweichen, ist das der Gewissensfreiheit Andersdenkender. Die Gewissensfreiheit des einzelnen ist nicht gewahrt. Im Religionsunterricht und angesichts der Verweigerung des Wehrdienstes ist Gewissensfreiheit gegeben. Sexualerziehung in der Bundesrepublik dagegen ist »Zwangssexualerziehung«. Schüler wie Eltern, die infolge ihrer Gewissensbindung gegenüber den Zielen der Sexualerziehung und ihren Inhalten eine völlig andere Auffassung haben, werden durch die öffentliche Schule einer Dauerbelastung ausgesetzt. In den Richtlinien für NW wird auf die Eltern hingewiesen, »die in Wahrung ihres Entscheidungsrechtes der Schule diesen Erziehungsauftrag nicht übertragen wollen. Sie befürchten, ihr Kind nehme bei der Behandlung sexualkundlicher Inhalte Schaden an seiner seelisch-geistigen Entwicklung oder weil sie sich mit einzelnen Lernzielen und Inhalten der schulischen Sexualerziehung nicht einverstanden erklären können«. Wie soll sich der Lehrer gegenüber diesen Eltern verhalten? Er soll versuchen, »etwaige Bedenken dieser Art in einem offenen Gespräch zu diskutieren und nach Möglichkeit auszuräumen.« Sind diese Eltern dann immer noch nicht einsichtig und gefügig, dann müsse die Maßnahme der Schule lauten:

»Ggf. muß der Lehrer die Eltern darüber informieren, daß ein Anspruch auf Befreiung der Kinder vom sexualkundlichen Unterricht nicht besteht.«

Das aber ist ein unerträglicher Eingriff in die Freiheit des Gewissens. Zwischen den Zielsetzungen und Inhalten der Richtlinien und mir als Christ, der ich in meinem Gewissen an die Bibel und den lebendigen Gott gebunden bin, besteht kein Konsens. Das ausgleichende Gespräch mit dem Lehrer führt nicht weiter, da er die Richtlinien nicht aufgeben kann. Wie sehr Christen heute bereits mit ihren Kindern in der Bedrängnis stehen hinsichtlich der Sexualerziehung, wird daran deutlich, daß sie in Elternversammlungen nicht selten wegen ihrer biblisch gebundenen Auffassung mit »Hohn und Spott« bedacht werden. Dafür liegen Beweise vor.

In Elternversammlungen, in denen sich Christen gegen die Zielsetzungen der staatlichen Sexualerziehung wehren, wird ihnen in der Regel entgegengehalten, die Zielsetzungen seien von den Kirchenleitungen mit abgedeckt worden. Dies ist in der Tat der Fall. Damit werden die übrigen Eltern in den Glauben versetzt, die Ziele staatlicher Sexualerziehung seien mit dem christlichen Glauben, mit der biblischen Botschaft vereinbar. Die betreffenden Christen fühlen sich verlassen. Hierzu muß folgendes gesagt werden: Die Kirchenleitungen und Synoden haben weitgehend das weltliche Bibelverständnis modernistischer Theologie und die damit verbundene Verkündigung eines »anderen Jesus« anerkannt. Diese Hinwendung zur Welt brachte an Stelle der Erneuerung des Menschen durch den Heiligen Geist in Buße und Bekehrung zu Gott die Anerkennung weltlicher Methoden zur Verhaltensänderung des Menschen, wie sie heute von den Humanwissenschaften, vor allem der Lernpsychologie und den Sozialwissenschaften angeboten werden. So ist die Gruppendynamik im Raum der Kirche uneingeschränkt wirksam. Die Säkularisierung der Kirche konnte auf die biblische Ethik nicht ohne Folgen bleiben. Die biblischen Maßstäbe, vor allem auch im Bereich des Geschlechtlichen, wurden aufgelöst. K. Verch für die Nordelbische und M. Goldstein für die Rheinische Kirche wurden bereits als Beispiel genannt. Ein weiteres erschütterndes Beispiel ist Prof. D.

Stollberg, Leiter des Seelsorgezentrums der EKiD in Bethel bei Bielefeld.

D. Stollberg geht in »Seelsorge praktisch«, Göttingen, 1971³, davon aus, daß tiefe seelische Beziehungen zu einem Menschen außerhalb der eigenen Ehe heute normalerweise toleriert und auch akzeptiert werden müßten. Er hält es für nicht einsichtig, warum derartige Beziehungen im körper-lich-sexuellen Bereich eine Schranke finden sollten. Eine hohe Toleranz der Ehepartner sei natürlich notwendig und die Auflösung der Ehe und eine neue Eheschließung dürfe nicht angestrebt werden. Er begründet seine Auffassung an-thropologisch: Der Mensch sei auf ganzheitliche Kommuni-kation angelegt und durch ein derartiges Verhalten würde die Kommunikation des Menschen gefördert. Im einzelnen schreibt D. Stollberg zu dieser Problematik: »Indem durch diese außerehelichen Kontakte (hier zunächst seelischer Na-tur; der Verf.) Grundbedürfnisse der Persönlichkeit befrie-digt werden, die der Ehepartner nicht befriedigen kann, wird sich die größere Zufriedenheit auch auf die ehelichen Bezie-hungen positiv auswirken. Die Frage ist allerdings, wie weit diese Offenheit der Einehe nach außen hin gehen soll und weshalb sie ausgerechnet beim körperlichen Geschlechts-verkehr halt machen muß, während seelische Kontakte aller Art (?) toleriert werden« (S. 35).

D. Stollberg greift auf die Auffassung in der heutigen evan-gelischen Theologie zurück und fährt fort: »Wenn gerade in der evangelischen Theologie heute der kommunikative Cha-rakter der Sexualität unabhängig von der Fortpflanzung so stark betont wird, dann drängt sich die Frage auf, wieso diese von Zeugung und Kinderaufzucht freie Sexualität auf die Einehe beschränkt bleiben soll. Wenn sie zu ganzheitlicher Kommunikation unbedingt hinzugehört, wie gelegentlich behauptet wird, kann diese ganzheitliche Kommunikation, die vielleicht das Wesen des Menschen überhaupt ausmacht, doch nicht auf eine lebenslängliche Zweierbeziehung be-grenzt bleiben« (S. 35f).

D. Stollberg beschreibt vier Möglichkeiten von Ehever-ständnis. Nach dem vierten Modell bedeutet Ehe: »Ehe als zwischenmenschliche Partnerschaft auf Grund eines zwischen beiden herrschenden überdurchschnittlichen Einverständnisses, das ganzheitliche Kommunikation verlangt, aber durch weitere, niemals auszuschließende Begegnungen mit Menschen, mit denen man sich ausgezeichnet versteht, relativiert wird« (S. 36).

Dieses Modell bewertet D. Stollberg als positiv und eine dem »christlichen Glauben zugängliche Realutopie«. Dies Modell vertraue auf die Mündigkeit des Menschen, seine Frustrationstoleranz, Selbstbescheidung und Treue«, dabei werde die »... Sexualität in ihrem Kommunikationswert relativiert.« »Ein gemeinsamer Tanzabend oder Theaterbesuch, ein Gespräch, gemeinsames Musizieren, andere gemeinsame Erlebnisse könne tiefere Kommunikation bedeuten als ein gelegentlicher außerehelicher Geschlechtsverkehr, wie dieser umgekehrt auch Ausdruck des tieferen Einverständnisses zweier nicht miteinander verheirateter Menschen sein kann. Es ist nicht ohne weiteres einsichtig, weshalb solche tiefen emotionell-ganzheitlichen Begegnungen im richtigen Augenblick nicht auch sexuellen Ausdruck finden dürfen, falls ein genügend gesunder Realitätssinn vorhanden ist, der den Wunsch nach Institutionalisierung (neue Eheschließung in diesem Fall; der Verf.) dieser zeitbedingten und zeitgebundenen Beziehung als Illusion erkennt und nicht weiter agiert« (S. 36).

So gelangt D. Stollberg zu der Hypothese, die er als Grundlage für eine evangelische Seelsorge ansieht. Hier heißt es:

»(7) Der Seelsorger soll bedenken, daß die Qualität einer Ehe nicht primär von der Exklusivität und Qualität des Geschlechtsverkehrs abhängig ist. Die Exklusivität der ehelichen Geschlechtsgemeinschaft ist, jedenfalls prinzipiell (...), kein absolut unantastbarer Bestandteil evangelischer Ehtik.

(8) Falls der Geschlechtsverkehr unabhängig von der Kinderzeugung als Medium ganzheitlicher Kommunikation gelten darf, ist zu fragen, ob solche ganzheitliche Kommunikation nicht überall dort möglich sein könnte, wo zwischen-

menschliche Partnerschaft in Freiheit und Gleichberechtigung zustandekommt.

(9) Trotzdem muß an der lebenslänglichen Einehe als einer Geschichtsgemeinschaft im Rahmen variabler Wahlverwandtschaft (...) festgehalten werden. Sie ist nach wie vor die sinnvollste Lebensgemeinschaft zur Bewältigung der vielfältigen Probleme in Haus und Beruf, vor allem aber in der Erziehung der Kinder« (S. 38f.).

Außerehelicher Geschlechtsverkehr führt nach Stollberg zur »Entkrampfung der ehelichen Beziehungen«. Die Ehe würde sich dadurch »eher festigen« (Fußnote zu Hypothese 8, S. 38).

Die biblische Begründung für seine irrigen Gedanken nimmt er u. a. aus 1. Kor. 6, 12: »Ich habe es alles Macht, es frommt aber nicht alles. Ich habe es alles Macht; es soll mich aber nichts gefangennehmen.« D. Stollberg glaubt, zum außerehelichen Geschlechtsverkehr »Macht« zu haben. Er übersieht, daß dieses »Machthaben« gerade nicht für den geschlechtlichen Bereich gilt. Hierüber heißt es nämlich im nächsten Vers: »Der Leib aber nicht der Hurerei, sondern dem Herrn, und der Herr dem Leib« (13b). D. Stollberg lehrt und unterstützt die Hurerei.

Nun ist D. Stollberg nicht irgendein evangelischer Theologe, womit seine Äußerungen abgetan werden könnten. Stollberg ist Leiter des Seelsorgezentrums der EKiD, von dieser eingesetzt und gestützt. Damit fallen seine Aussagen auf die EKiD zurück; auch auf die Gliedkirchen und ihre Synoden.

Daß die glaubende Gemeinde Jesu Christi bei der Festlegung staatlicher Zielsetzungen im Bereich der Sexualerziehung von den offiziellen Kirchen nicht mehr nach biblischer Sicht vertreten wird, dürfte deutlich sein. Jeder wiedergeborene Christi muß heute seine Vertretung und die seiner Kinder gegenüber Staat und Parlament selbst übernehmen.

13. Biblische Besinnung und Forderung nach Gewissensfreiheit

Was sagt Gottes Wort zu der hier aufgebrochenen Problematik? Unsere Geschlechtlichkeit wird von der Bibel bejaht. Sie ist uns Menschen als Gabe Gottes anvertraut in zweierlei Hinsicht. Sie ist einmal Gottes Auftrag an uns im Sinne des göttlichen Wortes »Seid fruchtbar und mehret euch und füllet die Erde« (1. Mose 1, 28). Hier liegt für uns Menschen ein Stück Teilhabe am Schöpfungshandeln Gottes. Zum andern ist sie Gottes Geschenk an uns. Gott sah, daß es nicht gut sei, daß der Mensch alleine sei, daß er eine Ergänzung, ein Gegenüber brauche. »Es ist nicht gut, daß der Mensch alleine ist, ich will ihm eine Hilfe machen, seinesgleichen« (1. Mose 2, 18). Wie eng die Verbindung zwischen Mann und Frau ist, wird daran deutlich, daß diese Verbindung als »Neuschöpfung« Gottes bezeichnet wird, als eine unauflösliche Einheit. »Darum wird ein Mann Vater und Mutter verlassen und seinem Weibe anhangen und sie werden sein ein Fleisch« (1. Mose 2, 24). Gottes Neuschöpfung, die Ehe, ist beglückend für uns Menschen. Gott hat zwei Menschen so auf's engste miteinander verbunden. In diese personale Einheit Ehe ist unsere Geschlechtlichkeit eingebunden. Sie gibt ihr die besondere Tiefe. Das wird deutlich an dem Begriff, den die Bibel verwendet, wenn sie von der geschlechtlichen Vereinigung spricht. »Adam erkannte sein Weib und sie ward schwanger« (1. Mose 4, 1). Das hebräische Wort für »erkennen« steht im Gegensatz zu dem philosophischen und naturwissenschaftlichen Erkennen. Beim letzteren geht es darum, den Gegenstand, den ich erkennen will, soweit wie möglich in Distanz, in Abstand zu verobjektivieren. Wenn die Bibel von »erkennen« spricht, meint sie gerade das Gegenteil. Sie meint nicht Abstand, sondern unmittelbare, letzte Nähe, tiefste personale Beziehung, das »Ein-Fleisch-Sein« von zwei Menschen.

Es wird ganz deutlich, daß die geschlechtliche Vereinigung außerhalb der Ehe nicht in Gottes Plan für uns Menschen liegt. Wie hoch schätzt Gott das Geschenk der Ehe an uns Menschen ein! Das Verhältnis zwischen Mann und Frau wird immer wieder zum Gleichnis der Verbindung zwischen ihm und seiner Gemeinde. »Und ich will mich mit dir verloben in Gerechtigkeit und Gericht und in Gnade und in Barmherzigkeit, und ich will mich mit dir verloben in Treue; und du wirst den Herrn erkennen« (Hosea 2, 21–22). Christus wird in einer Beziehung zur Gemeinde gesehen, die in der des Mannes zu seiner Frau ihr Abbild hat. Auch die Wiederkunft Christi wird in diesem Bilde beschrieben. So im Gleichnis der zehn Jungfrauen und in der Offenbarung des Johannes: »Und ich sah die Heilige Stadt, das neue Jerusalem aus dem Himmel herniederkommen von Gott, bereitet wie eine für ihren Mann geschmückte Braut« (Offb. 21, 2).

Aber so, wie der ganze Mensch durch den Sündenfall von Gott abgefallen ist, wie seine Gottesebenbildlichkeit gebrochen ist, so ist auch seine Geschlechtlichkeit hiervon nicht ausgenommen, auch unsere Geschlechtlichkeit ist mitgefallen. Das wirft einen dunklen Schatten auf das eben Gesagte. Wie der gesamte Bereich unseres Verstandes, der Intellekt, so ist auch unsere Geschlechtlichkeit zum Einfallstor der Sünde, des Satans geworden. Wie schnell gerade im geschlechtlichen Bereich die Sünde in unser Leben einbricht, hat Jesus den Pharisäern deutlich gemacht. »Ihr habt gehört, daß gesagt ist: ›Du sollst nicht ehebrechen‹. Ich aber sage euch, daß jeder, der ein Weib ansieht, ihrer zu begehren, schon Ehebruch begangen hat in seinem Herzen« (Matth. 5, 27–28). Hier sehen wir, wie schnell der Blick, das Ansehen in das Begehren umschlagen kann und damit in die Sünde und ihr zerstörendes Werk. Jesus nennt es Ehebruch. Gott hat Liebe und Ehe nach seiner Schöpfungsordnung zum Gleichnis für sein Verhältnis zu seiner Gemeinde gemacht. Er gebraucht ebenso als Gleichnis für die Welt in der sündhaften Verkehrung seiner Ordnung ein Bild aus dem Bereich des Geschlechtlichen, das im Zeichen des Abfalls und der Sünde steht. Er spricht von dem »Hurengeist« und der »Hure« Babylon (Hos. 5, 4; Offb. 17, 5).

Bei einem Wagenrad, dem die Nabe, die Mitte ausgebrochen ist, hängen die Speichen durcheinander. Das ist ein Bild dafür, wie es ohne die Mitte des Lebens, ohne Gott, ohne Christus, um den Menschen bestellt ist. Wo die Mitte des Lebens fehlt, sind die Kräfte des menschlichen Lebens in Unordnung geraten. Der Mensch selbst fängt an, die Unordnung nach eigenen Gesetzen zu ordnen. Er selbst mit seinen Wünschen und Begierden macht sich zur neuen Mitte. Tore werden geöffnet und alles wird in den Strudel des Abgrundes mit hinabgezogen. Das wird deutlich an dem oben zitierten Gedanken aus den Richtlinien für Nordrhein-Westfalen: der gesellschaftliche Wandlungsprozeß gehe an den Normen und Tabus der Sexualität nicht vorbei, die Sexualerziehung könne sich dem nicht verschließen, wenn sie nicht lebensfremd sein wolle. Hier wird deutlich ausgedrückt, daß sich die Gesellschaft in ihrer Auffassung von Sexualität nicht mehr an die göttliche Mitte gebunden weiß und daß sich Sexualität und Gesellschaft selbst zum »ordnenden« Prinzip gemacht haben. Der Schüler wird zu dem Trugschluß geführt, daß es keine Ordnung Gottes gebe, er wird von diesem Boden abgehoben und mithineingenommen in die sich verselbständigenden Mächte Sexualität und Gesellschaft. Ethische Normen sind dann gesellschaftsbedingt.

Wenn die göttliche Mitte fehlt, werden Mensch und Gesellschaft durch die Sexualität verformt: durch eine konsequente Erziehung zur Nacktheit, durch Darstellung der Geschlechtsorgane von der Zeichnung im Grundschulbereich angefangen bis hin zu Buntfotos in weiterführenden Klassen, durch Darstellung der geschlechtlichen Vereinigung in Zeichnung oder Foto, durch eingehendes Besprechen der sich dort abspielenden Vorgänge beim Menschen und ihre schriftliche Wiedergabe in Aufsätzen, kurz: durch totalen Abbau der Schambarriere. Wie geht die Verformung weiter? Man ist der Auffassung, die geschlechtliche Reife vollziehe sich in einem Lernprozeß unter Beachtung wissenschaftlicher Erkenntnisse und gesellschaftlicher Gegebenheiten. Von daher erklärt sich die Empfehlung der Onanie als Quelle jugendlichen Lustgewinns, die Befürwortung des Geschlechtsverkehrs vor der Ehe unter Beachtung personaler Bindung oder nur mit dem reinen kalten Ziel des Lustgewinns und dessen, was Spaß macht; Petting als sexuelle Ersatzhandlung in allen Formen; Infragestellung von Ehe und Familie durch eine total sich verselbständigende Sexualität, ja die Ablehnung dieser göttlichen Stiftung für den Menschen als dem ungestörten Lustgewinn entgegenstehend; Gleichschaltung homosexueller Handlungen mit der gottgewollten Geschlechtlichkeit in der Ehe; Befürwortung der geschlechtlichen Beziehungen zwischen Geschwistern, vorhandene Andeutungen, die Auffassung der Eltern als rigide hinzustellen, die nur unter sich, nicht aber mit ihren Kindern geschlechtlich verkehren; die Parallelsetzung der Geschlechtlichkeit des Menschen mit der der Tiere in Wort und Bild und dem damit verbundenen falschen Menschenbild; Andeutungen, die in die Sodomie führen, ja, die die Sodomie legitimieren.

Als Christen haben wir die Möglichkeit, aus der Freiheit heraus, die Gott uns schenkt, allem widergöttlichen Sexualgebaren der Gesellschaft gegenüber »nein« zu sagen. Wir machen die Erfahrung, daß unser Leben bereits von der Sünde befleckt wird und die Verbindung zu Gott gestört ist, wenn wir pornographische Bilder ansehen. Das Wort aus dem Johannesbrief hat Konsequenzen für uns (1. Joh. 2, 15f): »Habt nicht lieb die Welt noch was in der Welt ist. So jemand die Welt lieb hat, in dem ist nicht die Liebe des Vaters. Denn alles, was in der Welt ist: des Fleisches Lust und der Augen Lust und hoffärtiges Leben, ist nicht vom Vater, sondern von der Welt. Und die Welt vergeht mit ihrer Lust; wer aber den Willen Gottes tut, der bleibt in Ewigkeit«. Wir haben keine Illustrierten und andere Massenmedien in unseren Häusern, die pornographisches Bildmaterial enthalten. Wir treiben in unseren Familien auch keine Nacktheitskultur, sondern hüten bewußt die uns von Gott geschenkte Scham.

Was Scham bedeutet, wird klar am Verhalten der Söhne Noahs, als die »Blöße« des Vaters sichtbar war. Der Sohn Ham spricht in schamloser Weise darüber, die beiden Söhne Sem und Japhet dagegen gingen rücklings zu ihrem Vater und bedeckten seine Blöße mit abgewandtem Gesicht mit einem Kleid (1. Mose 9, 22f.). Ham wurde verflucht. Die Bibel nennt die Leute, die nicht »lernen wollen«, sich zu schämen, »böse Leute« (Zeph. 3, 5). Das verkehrte Treiben dieser Volksverderber steht im Gegensatz zum gerechten Handeln Gottes.

Wir lehnen den vorehelichen Geschlechtsverkehr ab. Er ist Sünde. Das geht aus dem ganzen biblischen Zusammenhang und aus Einzelberichten hervor. Nach Gottes Willen ist der Geschlechtsverkehr zwei Menschen vorbehalten, die miteinander die Ehe geschlossen haben.

Dabei überlassen wir unsere Kinder nicht unaufgeklärt den gesellschaftlichen Einflüssen. Wir sprechen mit ihnen unter der Herrschaft Jesu Christi über ihre persönlichen Fragen und über

das, was aus der Begegnung mit der Gesellschaft an sie herangetragen wird. Die Sexualerziehung der öffentlichen Schule dagegen ist für jeden jungen Christen eine schwere Gewissensbela-
stung ebenso wie für die Eltern.

Wenn junge Christen heute im Sexualkundeunterricht aufstehen und die Klasse verlassen, so tun sie dies aus Gewissensgründen. Eine derartige Entscheidung ist durch Richtlinien
nicht abgedeckt. Das bedeutet erhöhte Bedrängnis für junge
Christen und für ihre Eltern im Schulwesen der Bundesrepublik
Deutschland. An dieser Stelle muß gefordert werden, daß derartige Entscheidungen von Schülern gesetzlich möglich gemacht werden. Kein Schüler darf gezwungen werden, gegen
sein Gewissen am Sexualkundeunterricht teilzunehmen. Eltern
dürfen nicht gezwungen werden, gegen ihr Gewissen ihre noch
unmündigen Kinder am Sexualkundeunterricht teilnehmen zu
lassen.

14. Das Bundesverfassungsgericht zur Sexualerziehung

Am 21. 12. 1977 erging vom Bundesverfassungsgericht ein Beschluß zur Sexualerziehung in den öffentlichen Schulen[297]. Den
Beschluß erließen die Verfassungsrichter Dr. Benda als Vorsit-
zender, Dr. Haager, Dr. Böhmer, Dr. Simon, Dr. Faller, Dr.
Hesse, Dr. Katzenstein und Dr. Niemeyer. Der Beschluß wurde
im März veröffentlicht. Er kam zustande aufgrund der Klagen
eines Hamburger Elternpaares und eines Elternpaares aus Ba-
den-Württemberg. Während die Klage der Eltern aus Ba-
den-Württemberg zurückgewiesen wurde, erhielten die Eltern
aus Hamburg insofern Recht, als eine sich auf Richtlinien grün-
dende Sexualerziehung verfassungswidrig sei, Sexualerziehung
müsse in einem Gesetz verankert werden. Die gesetzliche Ver-
ankerung der Sexualerziehung steht demnach in den einzelnen
Bundesländern bevor.

Von vielen wurde der Beschluß des Bundesverfassungsgerichtes als eine Hilfe empfunden, da nun doch der Schule Schranken
für die Sexualerziehung auferlegt seien. Die Befürworter einer
freien Sexualität kennzeichnen den Beschluß als Rückschritt.
Andere wiederum sagen, daß seine Formulierungen auslegbar
seien, daß jeder ihn für sich in Anspruch nehmen könne. Es soll
im folgenden im Ansatz aufgezeigt werden, daß der verfas-

sungsrichterliche Beschluß keine echte Hilfe darstellt, daß er fragwürdig ist und zurückgewiesen werden muß.

Einleitend wird im Beschluß von den Verfassungsrichtern auf die unterschiedliche Auffassung zu der Frage hingewiesen, die in der gegenwärtigen Literatur darüber besteht, ob Sexualerziehung überhaupt Auftrag der Schule sei oder nicht. »Die einen vertreten die Auffassung, sexuelle Aufklärung und Erziehung der Kinder gehörten schon der Natur der Sache nach zu dem privaten, der Verfügung des Staates entzogenen Erziehungsbereich der Eltern. Der Staat überschreite mit der Einführung einer Sexualerziehung durch die Schule die Grenzlinie zwischen öffentlicher und privater Erziehung und unterlaufe damit das natürliche Recht der Eltern, die Kinder nach ihren eigenen sexualethischen Wertvorstellungen zu erziehen. Die anderen weisen darauf hin, daß die Erziehung zu verantwortlichem sexuellem Verhalten einen wichtigen Teil der Gesamterziehung darstelle. Die Schule sei daher aufgrund ihres eigenständigen Bildungs- und Erziehungsauftrages verpflichtet, bei dieser Aufgabe mitzuwirken; dies um so mehr, als viele Eltern ihrer Pflicht zur Sexualerziehung ihrer Kinder nicht ausreichend nachkämen und diese Verpflichtung oft sogar an die Schule abzutreten wünschten.« (S. 61f.)

Das Bundesverfassungsgericht (im folgenden: BVerfG) stellt sich auf die Seite derer, die die Sexualerziehung durch die öffentliche Schule fordern.

Der einschlägigen Literatur folgend hat das Gericht im Gesamtrahmen der Sexualerziehung die Unterscheidung zwischen »Wissensvermittlung« (oder Information) über Fakten des Geschlechtlichen und der eigentlichen Sexualerziehung getroffen. Das Gericht untersucht im einzelnen, inwieweit die Wissensvermittlung über Fakten und die eigentliche Sexualerziehung das grundgesetzlich verankerte Recht der Eltern auf Erziehung ihrer Kinder, den Bildungs- und Erziehungsauftrag des Staates und das Persönlichkeitsrecht des Kindes berührt.

Im Hinblick auf das Eltenrecht handelt es sich um den Artikel 6 Absatz 2: »Pflege und Erziehung der Kinder sind das natürliche Recht der Eltern und die zuvörderst ihnen obliegende Pflicht«.

Der grundgesetzlich verankerte Bildungs- und Erziehungsauftrag des Staates lautet: »Das gesamte Schulwesen steht unter der Aufsicht des Staates« (Art. 7 Absatz 1). Das Persönlichkeitsrecht des Kindes wird abgeleitet aus Artikel 2 Absatz 1 GG: »Jeder hat das Recht auf die freie Entfaltung seiner Persönlichkeit, soweit er nicht die Rechte anderer verletzt und nicht gegen die verfassungsmäßige Ordnung oder das Sittengesetz verstößt.«

Zur Wissensvermittlung: Nach Auffassung des Gerichtes hat die Schule das volle Recht auf Wissensvermittlung über sexuelle Fakten, sofern diese ohne Wertung dargeboten werden. Das Erziehungsrecht der Eltern werde hier nicht berührt und sei auszuschließen. »Soweit es sich allerdings nur um die von Wertungen freie Mitteilung von Fakten in dem oben umschriebenen Sinne handelt, geschehen diese Belehrungen im Rahmen des staatlichen Bildungsauftrages; denn es geht hier um bloße Wissensvermittlung, also eine Aufgabe, die typischerweise der Schule zukommt und für die die Schule in der Regel auch besser geeignet ist als das Elternhaus. In diesem Bereich greift demzufolge das staatliche Bestimmungsrecht voll durch; eine Einflußnahme aufgrund des Elternrechtes ist grundsätzlich auszuschließen« (S. 64). Diese Auffassung des BVerfG kann nicht unwidersprochen hingenommen werden, sie muß zurückgewiesen werden. Es bestehen nämlich in der Literatur und auch in richterlichen Entscheidungen grundsätzlich Zweifel darüber, ob eine wertneutrale Information im Bereich des Geschlechtlichen überhaupt möglich ist. Der Beschluß des BVerfG führt sogar ein entscheidendes Urteil an, das diese Zweifel erhärtet, das des »Europäischen Gerichtshofes für Menschenrechte« vom 7. 12. 1976: »Der Europäische Gerichtshof für Menschenrechte bezweifelt zwar in seinem Urteil vom 7. Dezember 1976 zum obligatorischen Sexualunterricht in den dänischen öffentlichen Schulen (?), daß diese Unterscheidung strikt durchgeführt werden könne. Auch die Wissensvermittlung schließe auf seiten des Lehrers gewisse Wertungen, die ins Religiöse oder Weltanschauliche übergriffen, nicht aus« (S. 62).

Es ist bedauerlich, daß diese schwerwiegenden Fragen im Beschluß des BVerfG mit einer nichtssagenden Bemerkung zur Seite geschoben werden: »Diese Gefahr mag in der Tat nicht fernliegen. Dennoch wird man davon ausgehen können, daß ein auf Wissensvermittlung beschränkter Unterricht über Fakten aus dem Sexualbereich grundsätzlich durchführbar ist« (S. 62). Es bleibt die Frage, wie sich »neutrale Wissensvermittlung« bei den Kindern auswirkt. Wissensvermittlung im Sexualbereich ist von der Natur der Sache her nicht »nüchterne Wissensvermittlung«, wie die Richter glauben, sondern diese trifft auf eine tiefe emotionale Betroffenheit beim jungen Menschen, sie wirkt sich auf sein Leben aus. Wissensvermittlung im Sexualbereich ist von einer ganz anderen Qualität als etwa Wissensvermittlung in der Mathematik, der Physik, dem Englischen oder Französischen.

H. Kentler, der linksorientierte Sexualpädagoge in der Bundesrepublik, hat sich sehr eingehend mit dem Zusammenhang von sexuellem Wissen und der Übertragung in »Spiel und Übung« befaßt. Er setzt sich auseinander mit den Pädagogen Hunger und Foerster, die sehr bewußt vor der Vermittlung von Wissen über den sexuellen Bereich gewarnt haben. Hunger: »Eine besondere Sexualpädagogik für die Jugend ist von daher gleichfalls unerwünscht und unnötig, ja ebenfalls nicht ungefährlich, denn zweifellos werden gewisse dem Jugendlichen zunächst noch unklare und unbewußte Abläufe ihm erst dadurch in das Bewußtsein gehoben, daß man ihn darüber aufklärt. Und was hilft es dem Jugendlichen, wenn er über seine Sexualität zwar aufgeklärt ist, aber dennoch nicht weniger hilf- und ausweglos dem Trieb als solchem gegenübersteht als vorher, da er noch nicht wußte, was ihn beunruhigte?« (Aus Kentler, H., in: Sexualerziehung, Reinbek, 1967, S. 42) Foerster erkennt klar, daß »hinter der uralten Verschleierung des Geschlechtslebens weit gesündere Lebensinstinkte stehen als hinter der modernen Schamlosigkeit, nämlich Widerstand des unbewußten Lebens gegen die Zudringlichkeit der Reflexion sowie gegen die Überreizung der sexuellen Sphäre durch die Vorstellungswelt«. (Aus Kentler, H., Sexualerziehung, Reinbek, 1967, S. 42).

H. Kentler, der für die Liberalisierung und die neomarxistische Ideologisierung der Sexualmoral in der Bundesrepublik weitgehend mitverantwortlich ist, der die frühe sexuelle Betätigung des Kindes und des Jugendlichen will, beschreibt diese Auffassung der beiden o. g. Autoren mit folgenden Worten (und kennzeichnet dabei die Bedeutung der Wissensvermittlung ausdrücklich mit der von ihm bejahten und gewünschten Verführung): »Klar ist hier die verführerische Wirkung der Sexualerziehung erkannt: Reflexion über die Sexualität und die Vermittlung von Vorstellungen über sexuelle Sachverhalte regen dazu an, daß sich Sexualität in Spiel und Übung entfalten will.« (Kentler, H., Sexualerziehung, Reinbek, 1967, S. 42) Daraus ist klar ersichtlich, daß es eine »nüchterne Wissensvermittlung«, wie sie den Bundesverfassungsrichtern vorschwebt, nicht gibt. Im Gegenteil, bereits die Wissensvermittlung wird zur Verführung, zur Bedarfsweckung. Der junge Mensch steht nicht mehr im neutralen Raum, sondern bereits im Bereich des religiösen und weltanschaulichen. Von daher gesehen betrifft die Wissensvermittlung bereits voll das Erziehungsrecht der Eltern und das Persönlichkeitsrecht des Kindes.

Es ist verhängnisvoll für den ganzen Beschluß, daß die Richter diesem von Kentler aufgezeigten Sachverhalt nicht nachgegangen sind, obwohl sie sich in der Literatur im übrigen auf H. Kentler berufen.

Noch aus einem weiteren Grund muß die Auffassung der Bundesverfassungsrichter, Wissensvermittlung berühre nicht das Eltern- und das Persönlichkeitsrecht des Kindes, zurückgewiesen werden. Dieser Grund betrifft die Zielsetzungen, die die Richter selbst der Wissensvermittlung geben. Die Wissensvermittlung, die Kenntnis von Tatsachen und Vorgängen aus dem Sexualbereich, diene der eigentlichen Sexualerziehung als Grundlage. Demnach bestimmt der Umfang und die Intensität der Wissensvermittlung den Umfang und die Intensität der eigentlichen Sexualerziehung. Daraus wird deutlich, daß die Wissensvermittlung über sexuelle Fakten als Vorbereitung der eigentlichen Sexualerziehung ebenso das Elternrecht und das Persönlichkeitsrecht des Schülers berührt wie diese selbst (S. 62).

Zur eigentlichen Sexualerziehung: Im Bereich der eigentlichen Sexualerziehung setzt sich der Beschluß zunächst eingehend mit dem Elternrecht auseinander. Der Empfehlung der »Konferenz der Kultusminister« folgend, gehen die Richter davon aus: ›Sexualerziehung ist in erster Linie Aufgabe der Eltern‹ (S. 63). Dieser Grundsatz wird von den Verfassungsrichtern mit Argumenten gefüllt: »Es sprechen in der Tat gewichtige Gründe dafür, daß die individuelle Sexualerziehung vorwiegend dem elterlichen – häuslichen – Bereich und dem natürlichen Erziehungsrecht der Eltern im Sinne des Art. 6 Absatz 2 GG zuzuordnen ist. Die Unterweisung in sexuellen Fragen kann am natürlichsten in der geschützten und geborgenen Atmosphäre der Familie erfolgen. Die Kinder sammeln in der Regel ihre ersten eigenen sexuellen Erfahrungen im häuslichen Bereich. Daher erscheint es nur natürlich, wenn in diesem Rahmen auch die ›Aufklärung‹ erfolgt und die Eltern die ihnen erforderlich erscheinenden Erziehungsmaßnahmen einleiten. Anläßlich der Geburt eines weiteren Kindes oder beim Aufwachsen mit Geschwistern ergeben sich auf ganz natürliche Weise viele Fragen auf diesem Gebiet. Außerdem wird die Sexualerziehung nachhaltig durch die unterschiedliche Lebensweise und soziale Lebensauffassung der einzelnen Familien geprägt. Das Elternhaus erweist sich so als natürliche ›Lernstätte‹« (vgl. Stober). Im Beschluß werden weitere Gründe angeführt, aus der Literatur zusammengetragen, die vor allem die Ausschließlichkeit des elterlichen Erziehungsrechts deutlich machen. »Es kann ferner nicht verkannt werden, daß sich die sexuelle Entfaltung grundsätzlich in privater, vertraulicher Sphäre abspielt. Nach herkömmlicher Auffassung verbietet es das Schamgefühl, die menschliche Sexualität in das Licht der Öffentlichkeit zu rükken. Der Staat achtet deshalb auch die Intimsphäre des ehelichen Lebens. Die Beeinträchtigung der Intimsphäre kann gerade beim Kind möglicherweise Befangenheit gegenüber seinen Eltern hervorrufen und familiäre Spannungen erzeugen. Es wird auch die Ansicht vertreten, die Grundeinstellung zur Sexualerziehung könnten nur die Eltern mitgeben, weil sie allein für das körperliche Wohl des Kindes, für seine geistige und charakterliche Erziehung verantwortlich seien. Die Sexualerziehung gehöre eben zu dem Begriff der ›Sorge für die Person des Kindes‹. (Vgl. Maunz-Dürig-Herzog-Schulz, Grundgesetz, Art. 6 Rdn. 24) Schließlich ist auf die enge Verknüpfung zwischen Sexualverhalten und religiöser oder weltanschaulicher Einstellung hinzuweisen. Gelegentlich wird die Religion als der wichtigste soziale Faktor in der Festlegung und Prägung der sexuellen Moral gesehen (vgl. Schelsky). Eltern, die eine strenge Sexualethik vertreten, werden größten Wert darauf legen, ihre Kinder in diesem Sinne selbst zu erziehen, und werden zu verhindern suchen, daß die Schule den von ihnen gesetzten Erziehungszielen entgegenwirkt« (S. 63).

Diese Argumente lassen die Verfassungsrichter zu der Frage kommen, ob der Staat überhaupt Sexualerziehung betreiben dürfe. »Geht man hiervon aus, so ist zunächst zu fragen, ob der Staat überhaupt und gegebenenfalls in welchem Rahmen Sexualerziehung in der Schule betreiben darf« (S. 63).

Gegenüber den schwerwiegenden Gründen, die gegen die Schulsexualerziehung sprechen, werden nun zum Bildungs- und Erziehungsauftrag des Staates lediglich folgende Argumente angeführt (die Verfassungsrichter greifen auf die Empfehlung der Konferenz der Kultusminister von 1969 zurück, in der von diesem Gremium die Schulsexualerziehung gefordert wurde): »Die Schule ist aufgrund ihres Bildungs- und Erziehungsauftrages verpflichtet, bei der Sexualerziehung mitzuwirken« (S. 63). Um diese unbewiesene Behauptung der Kultusministerkonferenz stärker zu unterbauen, zitiert das Gericht ein früheres Urteil des BVerfG, das zur hessischen Förderstufe erlassen wurde. Hier wurde der Artikel 7 Absatz 1 des GG vom BVerfG dahingehend interpretiert, daß staatliche Schulaufsicht die Befugnis beinhalte, ein Schulsystem zu gewährleisten, »... das allen jungen Bürgern gemäß ihren Fähigkeiten die dem heutigen gesellschaftlichen Leben entsprechenden Bildungsmöglichkeiten eröffnet« (S. 63). Diese Befugnis beziehe sich nicht nur auf die organisatorische Gliederung des Schulsystems, sondern auch auf »... die inhaltliche Festlegung der Ausbildungsgänge und der Unterrichtsziele«. (S. 63) Der Staat könne eigene, von den Eltern unabhängige Erziehungsziele bei den Kindern verfolgen: »Der Staat kann daher in der Schule grundsätzlich unabhängig von den Eltern eigene Erziehungsziele verfolgen« (S. 63). Das Recht der Eltern auf Erziehung ihrer Kinder sei dem Recht des Staates auf Erziehung nicht vorgeordnet, beide stünden dagegen »gleichrangig« nebeneinander. Der Staat habe die erzieherische Aufgabe, »das einzelne Kind zu einem selbstverantwortlichen Mitglied der Gesellschaft heranzubilden« (S. 63). Dieser Auftrag des Staates wird jetzt auf die Sexualerziehung übertragen, obwohl man sich darüber im klaren ist, daß vieles dafür spreche, »... daß der geeignete Platz für die individuelle Sexualerziehung das Elternhaus« sei

(S. 63). Dazu muß gesagt werden, daß die Festsetzung der Verfassungsrichter, Sexualerziehung gehöre mit zum Erziehungsauftrag des Staates, nicht zwingend ist, sondern eine Auffassungssache darstellt. Der bekannte Münchener Staatsrechtler Maunz z. B. betrachtet gerade die Sexualerziehung als zum Sorgerecht der Eltern gehörend. Sie müsse dem staatlichen Zugriff entzogen bleiben.

Warum muß man bezüglich der Auffassung der Verfassungsrichter, Sexualerziehung gehöre zum staatlichen Bildungs- und Erziehungsauftrag, so schwere Bedenken anmelden, ja sie zurückweisen? Man ist sich heute in der Literatur darüber einig, daß gerade die Einstellung zur Sexualität den Menschen in seiner tiefsten Persönlichkeitsstruktur verändert. Diese Veränderung führt weiter zur Gesellschaftsveränderung. So hat unter anderem die Einstellung zur Sexualität einen ursächlichen Zusammenhang mit dem Gewissen und seiner Immunisierung gegenüber fordernden ethischen Ansprüchen. Für A.S. Neill, der die Gebote Gottes im Hinblick auf die Sexualität nicht anerkennt und daher auch die Schuldhaftigkeit des Menschen und seine Verstrickung in die Sünde ablehnt, wird die freie Sexualität zu einem Kampfmittel gegenüber dem Anspruch Gottes. Er legt dar, daß »... Kinder, die von Sexualfurcht und Sexualscham ziemlich frei sind, nicht nach einem Gott, von dem sie Vergebung und Gnade erbitten«, suchen, denn: »Sie fühlen sich eben nicht schuldig« (s. Anm. 246, S. 199). Er ruft dazu auf, »alles abzuschaffen, was Erlösung nötig macht« (s. Anm. 246, S. 228). Für die Neue Linke ist die Sexualität der Hebel zur Gesellschaftsveränderung. Die große Bedeutung, die die Sexualität hat, ist unbestritten. Ausgerechnet in diesem Bereich wird der Staat nun Miterzieher. Durch die Ausübung einer Schulsexualerziehung erlangt der Staat eine Machtstellung über den Menschen, die das individuelle Eigenleben der Person und der Familie zerstört. Die hier wirkenden Mechanismen der Veränderung sind so fein und für den betroffenen Schüler wie für die Eltern so wenig durchschaubar, daß eine klare Gegenwehr in kürzester Zeit erlahmt bzw. erst gar nicht aufkommt, ausgenommen die einiger Minderheiten, die dann nicht ernst genommen wird. Der Bildungs- und Erziehungsauftrag des Staates müßte wegen der hier aufgezeigten Tendenzen um der Freiheit willen vor dem Bereich der Sexualität seine Grenzen finden. Leider wurde im Beschluß auf diese Zusammenhänge nicht eingegangen.

Im Beschluß wird der Gesellschaftsbezug der Sexualität zur entscheidenden Begründung für die Schulsexualerziehung; und von daher werden alle die schwerwiegenden Gründe, die gegen die Sexualerziehung durch die Schule sprechen, abgewehrt. Es heißt im Beschluß: »Zwar spricht ... vieles dafür, daß der geeignete Platz für die individuelle Sexualerziehung das Elternhaus ist. Auf der anderen Seite muß aber auch berücksichtigt werden, daß die Sexualität vielfache gesellschaftliche Bezüge aufweist. Sexualverhalten ist ein Teil des Allgemeinverhaltens. Daher kann dem Staat nicht verwehrt sein, Sexualerziehung als wichtigen Bestandteil der Gesamterziehung des jungen Menschen zu betrachten« (S. 63). Es ist jedoch für jeden ersichtlich, daß das »Allgemeinverhalten« unserer Gesellschaft im sexuellen Bereich keine letzten ethischen Bindungen mehr kennt. Der Zerbruch der ethischen Wertordnung wurde durch staatliche Gremien selbst eingeleitet, als die Pornographie zum Teil freigegeben und die Tötung ungeborenen Lebens weitgehend legitimiert wurde. Dieses gesellschaftliche »Allgemeinverhalten« wird fortwährend in immer tiefere Abgründe hineinmanipuliert, so daß wir längst von einer Gesellschaft der Schamlosigkeit sprechen können; und in diese Gesellschaft, die keine letzten sittlichen Bindungen mehr kennt, sollen unsere Kinder mit Hilfe staatlicher Sexualerziehung eingepolt werden.

Die Schule soll aus den jungen Menschen verantwortliche Mitglieder der Gesellschaft machen – so heißt es im Beschluß. In einer Gesellschaft aber, in der von staatlichen Gremien letzte sittliche Bindungen grundsätzlich aufgehoben worden sind, ist eine »Erziehung zu verantwortlichen Mitgliedern der Gesellschaft« ein Betrug, ebenso die Erziehung zur »Selbstverantwortung«. Wenn die Bindung an Gott und seine Gebote fehlt, ist der Mensch auf sich »selbst« geworfen. Er wird letztlich den Mord am ungeborenen Kinde, die Sodomie und anderes mehr vor sich selbst und vor der Gesellschaft verantworten können, nicht aber vor Gott.

Die schmale Basis, auf der die schulische Sexualerziehung gegenüber den Gegenargumenten steht, ist nur zu deutlich. Die Schulsexualerziehung wird auch nicht als eine zwingende Notwendigkeit im Beschluß dargestellt, sondern es heißt lediglich, daß » ... keine grundsätzlichen verfassungsrechtlichen Bedenken dagegen zu erheben« seien, »wenn der Staat Themen der Sexualität des Menschen zum Unterrichtsgegenstand in der Schule macht«, dem Staat könne »ein pädagogisch legitimer Auftrag zur geschlechtlichen Erziehung der Kinder nicht bestritten werden« (S. 63). Die Richter können keine verfassungsrechtlichen Bedenken gegen die Schulsexualerziehung finden. Das bedeutet jedoch nicht, daß die Sexualerziehung verfassungsrechtlich geboten ist, wie es zur Zeit oft dargestellt wurde. Die Einführung der Sexualerziehung ist demnach eine Sache des Ermessens. Die Parlamente müssen entscheiden, ob sie sich der Auffassung der Kultusministerkonferenz von 1969 anschließen wollen oder nicht. Der Auffassung der Kultusministerkonferenz fehlt allerdings weiterhin die durchschlagende Begründung.

Die Verfassungsrichter sehen durch die Sexualerziehung ferner das »Persönlichkeitsrecht des Kindes« berührt, wie es sich aus dem Art. 2 Absatz 1 GG ergibt. Hierzu heißt es erläuternd: »Das Grundgesetz hat den Intim- und Sexualbereich des Menschen als Teil seiner Privatsphäre unter den verfassungsrechtlichen Schutz des Artikels 2 Absatz 1 in Verbindung mit Artikel 1 Absatz 1 GG gestellt« (S. 64). Artikel 1 Absatz 1 GG: »Die Würde des Menschen ist unantastbar. Sie zu achten und zu schützen ist Verpflichtung aller staatlichen Gewalt«. Mit der Heranziehung dieser Artikel des Grundgesetzes machen die Richter deutlich: »Der Jugendliche ist nicht nur Objekt der elterlichen und staatlichen Erziehung. Er ist vielmehr von vornherein und mit zunehmendem Alter in immer stärkerem Maße eine eigens durch Art. 2 Absatz 1 in Verbindung mit Art. 1 Absatz 1 GG geschützte Persönlichkeit« (S. 64).

Im einzelnen werden im Beschluß zum Persönlichkeitsrecht des Kindes folgende Hinweise aufgeführt: »Diese Vorschriften des Grundgesetzes sichern dem Menschen das Recht zu, seine Einstellung zum Geschlechtlichen selbst zu bestimmen. Er kann sein Verhältnis zur Sexualität einrichten und grundsätzlich selbst darüber befinden, ob, in welchen Grenzen und mit welchen Zielen er Einwirkungen Dritter auf diese Einstellung hinnehmen will. Wenn aber das Verhältnis des Menschen zum Geschlechtlichen unter verfassungsrechtlichem Schutz steht, dann muß dieses ... auch dem einzelnen Jugendlichen zustehen« (S. 64). Die damit angesprochene Problematik kann hier nur kurz umrissen werden: Das Recht des jungen Menschen, sein Verhältnis zur Sexualität gegenüber Eltern und Staat mit zunehmendem Alter selbst zu bestimmen, wird hier betont. Das Recht des Jugendlichen auf Selbstbestimmung rechtfertigt u. U. die Entscheidung für Kindersexualität, Homosexualität und Inzest.

Welche verfassungsrechtlichen Konsequenzen werden nun im Beschluß aufgewiesen aus dem dargelegten »Spannungsverhältnis« zwischen diesen drei Bereichen: dem Erziehungsrecht der Eltern, dem Bildungs- und Erziehungsauftrag des Staates und dem Persönlichkeitsrecht des Kindes?

Wie bereits dargelegt, erhält der Staat unumschränktes Recht im Hinblick auf die »von Wertung freie Mitteilung von Fakten«, in der das Elternrecht »grundsätzlich auszuschließen« sei. Allerdings müsse Rücksicht genommen werden auf das »Persönlichkeitsrecht des Kindes«. »Die Belehrungen sollen daher erst erfolgen, nachem der Lehrer sich gründlich über die psychologische Situation und den Reifegrad der Kinder informiert hat« (S. 64). Auf die bereits aus der Natur der Sache sich ergebende erzieherische Wirkung einer Information im sexuellen Bereich wurde schon hingewiesen. Es wurde auch deutlich gemacht, daß der Umfang der Information den Umfang der Erziehung bestimmt. So wird – von daher gesehen – durch die Information das Elternrecht unterlaufen. Der unumschränkte Anspruch des Staates im Bereich der Information muß somit zurückgewiesen werden.

Es muß aber auch bestritten werden, daß bei der Informierung ein echter Schutz der kindlichen Person gewährleistet ist. Wie stellen sich die Verfassungsrichter den Schutz des Persönlichkeitsrechtes des Schülers in der Praxis der Schule vor? Sollen die Lehrer Testverfahren anwenden, um die psychologische Situation der Kinder und deren Reifegrad im Sexuellen zu ermitteln? Welches Hin und Her wird sich ergeben, wenn Eltern, die ihr Kind besser kennen als die Lehrer, die Information für ihr Kind als nicht geeignet ansehen? Auf alle Kinder kann der Lehrer sowieso keine Rücksicht nehmen. Er wird einen allgemeinen Durchschnitt ermitteln müssen und damit gerade dem Kind nicht gerecht werden, das nun wirklich nicht die nötige psychologische Reife hat. Außerdem muß von der Praxis her gesehen sehr bezweifelt werden, ob alle Lehrer überhaupt auf den Entwicklungsstand der Kinder Rücksicht nehmen wollen. Gehen doch viele Lehrer in den einzelnen Ländern gerade auf die sexuelle Stimulierung der Kinder aus. Sie haben in jeder Sexualkundestunde bereits durch die Informierung die Möglichkeit, die Kinder für ihre liberalen oder kulturrevolutionären Auffassungen in feiner, kaum auffälliger Weise zu gewinnen, und sie tun es auch. Gerade in dem Bereich, der von den Richtern als zum Schutz des Persönlichkeitsrechtes des Kindes gehörend angesehen wird, haben ihnen manche Sexualerzieher ihre »wissenschaftliche« Erkenntnis entgegenzuhalten: »Verfrühung schadet nicht« und: »Je früher, desto besser!« Werden sie sich von ihrer bisherigen Erkenntnis durch den Richterspruch abhalten lassen und mühsame Ermittlungen nach dem Reifegrad der Schüler aufnehmen? Und vor allem: Wer schützt die noch weniger oder nicht »reifen« Schüler vor ihren progressiven Mitschülern, die mit ihren Fragen und Äußerungen alle Barrieren niederreißen – Scham nicht kennend? Wie viele von den Zehntausenden von Lehrern in unserem Lande haben das alles noch in der Hand? Wer kann das alles noch kontrollieren? Die Schüler selbst? Sie sind, ebenso wie ihre Eltern, bis auf wenige wache Gewissen von der Sachkenntnis her und von dem Mut des Widerspruchs her kaum dazu in der Lage.

Welcher Weg aus den Spannungen, die sich hier innerhalb der Bereiche Elternrecht, Persönlichkeitsrecht und Bildungsauftrag des Staates ergeben, wird im Beschluß des Bundesverfassungsgerichts aufgezeigt? Nach Auffassung der Richter liegt der Schwerpunkt der Kollisionsmöglichkeit bei der eigentlichen Sexualerziehung. Es müsse davon ausgegangen werden, »... daß der Sexualerziehung grundsätzlich eine größere Affinität zum elterlichen Bereich als zum schulischen Sektor zukommt« (S. 64). Ein »Ausgleich« zwischen Elternhaus und dem öffentlichen Erziehungsträger solle gefunden werden. Jeder soll seine »Forderungen« erheben und »Kritik« äußern können, jeder habe allerdings auch »dem anderen entgegenzukommen« (S. 64). Aber kann man in sittlichen, in ethischen Fragen, denen ja letzte Grundentscheidungen vorausgehen, Abstriche machen –

ist Ethik gerade in diesen tiefgreifenden Fragen der Sexualität eine Frage des Kompromisses? Das kann es nur für diejenigen sein, die im letzten Grunde keine absolut verpflichtende Ethik mehr haben, die alle Ethik relativieren und jegliche Bindung an Gott verloren haben. Es werden alle diejenigen preisgegeben, Eltern wie Schüler, die gerade ihre ethischen Entscheidungen in Gott und seinen Geboten verankert wissen. An diesem Punkt vollzieht sich für die Bundesrepublik eine entscheidende Weichenstellung in geistiger Hinsicht. Das Verfassungsgericht der Bundesrepublik Deutschland befindet darüber, welche letzten Grundlagen ethische Entscheidungen haben dürfen. Eine Haltung, wie sie Petrus hatte: »Man muß Gott mehr gehorchen als den Menschen« (Apg. 5, 29) oder die bei Luther deutlich wird: »Hier stehe ich, ich kann nicht anders, Gott helfe mir. Amen!« soll kraft Richterspruch aufgegeben werden. Die Grundentscheidung in ethischen Fragen soll dagegen lauten: »Jeder muß bereit sein, auf den anderen zuzugehen.« »Kooperative Verständigungsbereitschaft« wird zu der Moral erklärt! Eine fatale Entwicklung, die alle diejenigen in die Unfreiheit, ja ins Unrecht setzt, die von ihrer Bindung an Gott her verantwortlich entscheiden und handeln.

In der Praxis soll das Aufeinanderzugehen so aussehen, »... daß den Eltern Gelegenheit gegeben werden soll, ihre Erfahrungen und Fragen in Elternversammlungen zu diskutieren« (S. 64). Was werden die Eltern in diesen Versammlungen sagen, wenn dort Christen aufstehen, die aufgrund ihrer Gewissensbindung an den lebendigen Gott das sexuelle Gebaren dieser Gesellschaft, Pornographie bis hin zu vorehelichem oder außerehelichem Geschlechtsverkehr als Sünde und Schuld vor Gott erklären und den Weg der Befreiung aus der Verstrickung der Sünde durch Christus aufzeigen? Es liegen Berichte vor, nach denen derartige Eltern in solchen Elternversammlungen mit »Spott und Hohn« überschüttet wurden. Derartige Eltern zeigen eben kein angemessenes Verhalten. Ihnen wird dann Engstirnigkeit, Sturheit und Außenseitertum vorgeworfen. – Die Verfassungsrichter übersehen, daß es in der Bundesrepublik Deutschland noch Menschen gibt, die, vor Gott stehend, nicht konsensfähig sind mit einer Gesellschaft, die sich gerade in ihrem Sexualverhalten als eine Gesellschaft des Abfalls von Gott ausweist.

Der Begriff der »Vorrangigkeit« des elterlichen Erziehungsrechtes, der im Grundgesetz verankert ist, wird neu gedeutet: »Die Eltern haben aufgrund des Art. 6 Absatz 2 GG einen Anspruch darauf, rechtzeitig und umfassend über den Inhalt und den methodisch-didaktischen Weg der Sexualerziehung informiert zu werden, damit es ihnen ermöglicht wird, im Sinne ihrer eigenen Auffassungen und Überzeugungen über die Themen, die in der Schule behandelt werden sollen, auf ihre Kinder einzuwirken und so das ihnen nach dem Gesetz vorrangig zustehende individuelle Erziehungsrecht zur Geltung zu bringen« (S. 64). Die Eltern sollen also – aus der Elternversammlung kommend – bei ihren Kindern »Aufklärung über die Aufklärung« der Schule betreiben. Jedes Elternpaar, das im Bereich der Sexualität noch eine klare sittliche Position hat, wird sein Kind warnen müssen – und hierin sollen sich die möglichen Maßnahmen erschöpfen. Diese Eltern sollen ihre Kinder wider besseres Wissen und Gewissen in den Sexualkundeunterricht der Schule schicken! Die »Vorrangigkeit« wird durch die Richter zu einem »zeitlichen Vorher« gedeutet. Die Verfassungsrichter haben die Sexualerziehung im Spannungsgeflecht Elternrecht, Bildungs- und Erziehungsauftrag der Schule und Persönlichkeitsrecht des Kindes gesehen. Einem weiteren Bereich wird dagegen die ihm zustehende gleiche Bedeutung nicht zuerkannt: der Glaubens- und Gewissensfreiheit. »Die Freiheit des Glaubens, des Gewissens … sind unverletzlich« (Art. 4 Absatz 1 GG).

In den Fragen der Geschlechtlichkeit sind wir als Christen aber unmittelbar und in erster Linie in unserem an den lebendigen Gott und die Heilige Schrift gebundenen Gewissen betroffen. So wird in Hinsicht auf die Sexualerziehung für uns Art. 4 Absatz 1 GG zum entscheidenden Bezugspunkt. Aus Glaubens- und Gewissensgründen stehen wir bereits mit der Begründung, die der Beschluß für eine Sexualerziehung an der öffentlichen Schule gibt, im unversöhnlichen Gegensatz. Zur Begründung der Sexualerziehung hieß es im Beschluß, daß es dem Staat nicht verwehrt werden könne, Sexualerziehung als wichtigen Bestandteil der Gesamterziehung des jungen Menschen zu betrachten, weil Sexualität »vielfache gesellschaftliche Bezüge aufweist« und weil »Sexualverhalten … Teil des Allgemeinverhaltens« sei. Das Allgemeinverhalten einer Gesellschaft in sexueller Hinsicht, die sich nicht unter die Herrschaft Gottes stellt, kann für uns Christen aber nicht als Begründung oder als Maßstab bzw. Bezugspunkt genommen werden. Im Gegenteil: Die Bibel macht uns sehr deutlich, daß wir »fliehen« sollen, daß wir uns nicht »teilhaftig« machen sollen ihrer Sünden: »Gehet aus von ihr, mein Volk, daß ihr nicht teilhaftig werdet ihrer Sünden, auf das ihr nicht empfanget etwas von ihren Plagen« (Offbg. 18, 4). Mit Gottes Hilfe nehmen wir das Wort Jesu Christi ernst: »Selig sind die reinen Herzens sind, denn sie werden Gott schauen« (Matth. 5, 8). Aber vor allem zwischen den Zielsetzungen für die Sexualerziehung der öffentlichen Schule – von der Bedeutung der Information bis zur eigentlichen Erziehung – und der Bindung des Christen in Gott besteht kein Konsens. Die Zielsetzungen der Sexualerziehung der öffentlichen Schulen, wie sie der Beschluß des Verfassungsgerichtes angibt, wurden bisher noch nicht erwähnt und sollen daher an dieser Stelle aufgegriffen werden. Zu den Zielen heißt es u. a. – und damit folgen die Richter der gegenwärtigen Literatur: »Als weiteres Ziel der Sexualerziehung wird genannt, dem jungen Menschen klar zu machen, daß seine Selbstverwirklichung eine bewußte Lebensführung unter Einbeziehung der sexuellen Triebkräfte und deren Einordnung in das Ganze des individuellen und gesellschaftlichen Lebens erfordert« (S. 62). Dieser Zielsetzung ist die Zielsetzung entgegenzuhalten, um der es uns Christen geht: Es geht uns nicht um Einordnung der Sexualität in das Ganze des individuellen Lebens (Selbstverwirklichung), es kann uns auch nicht um Einordnung in das Ganze des gesellschaftlichen Lebens gehen – es geht um die Einordnung unserer Sexualität in das Ganze des göttlichen Willens, wie er in der Bibel geoffenbart ist.

Was verbirgt sich hinter weiteren Zielangaben, die der Beschluß des Bundesverfassungsgerichtes für die Sexualerziehung angibt? Es heißt dort: »Ihr Endziel soll – ebenso wie das der Gesamterziehung – der freie, seiner Verantwortung bewußte mündige Mensch sein, der die notwendige Urteilskraft für Entscheidungen in diesem Bereich besitzt, sich zugleich aber auch seiner Bindung in bezug auf den Partner bewußt wird. Aus diesem Grund soll die Sexualerziehung auch das Verständnis für die menschliche und soziale Partnerschaft, vor allem in Ehe und

Familie, entwickeln und das Verantwortungsbewußtsein stärken« (S. 62).

Hier wird das Menschenbild eines »mündigen« Menschen ohne Bindung an Gott deutlich. Es steht dem Wort Gottes entgegen, das deutlich macht, daß der Mensch ohne den Glauben an Jesus Christus ausnahmslos und ganz unter der »Obrigkeit der Finsternis« (Kol. 1, 13) steht. Die Sexualerziehung soll »Verständnis für die menschliche und soziale Partnerschaft, vor allem in Ehe und Familie, ... stärken«: Die Ehe ist damit nicht mehr alleine die Grundlage für geschlechtliche Beziehungen. Geschlechtliche Beziehungen ohne Eheschließung sind anerkannt. Zudem ist völlig offen, um welche Art von Partnerschaft es sich handelt, um heterosexuelle oder homosexuelle Partner. Es geht nur darum, das Verantwortungsbewußtsein gegenüber dem Partner zu wecken. Verantwortung gegenüber dem Partner erstreckt sich heute vom Petting über den vorehelichen Geschlechtsverkehr unter Anwendung der Verhütungsmittel bis hin zur Abtreibung. Dabei soll von der Schule unterlassen werden »... ein bestimmtes Sexualverhalten zu befürworten oder abzulehnen« (S. 65). Alle Formen des Sexualverhaltens unseres von Gott abgefallenen Geschlechts sind im Grunde anerkannt, werden den Kindern vorgeführt, u. U. als Information. Junge Christen und ihre Eltern beten das Gebet, das uns unser Herr selbst gelehrt hat: »... und führe uns nicht in Versuchung, sondern erlöse uns von dem Bösen« (Matth. 6, 13). Durch den Beschluß des Bundesverfassungsgerichtes aber werden die Eltern gezwungen, anzusehen, wie die ihnen von Gott anvertrauten Kinder durch die Ziele der öffentlichen Schule in die Versuchung geführt und dem Bösen ausgeliefert werden. Junge Christen werden durch den Beschluß des Bundesverfassungsgerichts mitten hinein in die Versuchung gezwungen. Christen wissen, daß Satan umhergeht wie ein »brüllender Löwe« und wie ein »Engel des Lichts« (1. Petr. 5, 8 und 2. Kor. 11, 14). Christen wissen um die Versuchbarkeit des eigenen Herzens. Sie wissen, »... wer sich läßt dünken, er stehe, mag wohl zusehen, daß er nicht falle« (1. Kor. 10, 12). Sie geben sich nicht mutwillig in Versuchung. Sie haben ein inneres »Nein« gegenüber dem Sexualverhalten dieser Gesellschaft und lassen bereits ihre Gedankenwelt nicht davon vergiften. Ihre Kinder sollen zur Teilnahme an der Sexualerziehung gezwungen werden, ebenso junge Christen. Das aber widerspricht der Glaubens- und Gewissensfreiheit.

Es ist eine bedrohliche Erscheinung für die Freiheit in unserem Staat, daß die Verfassungsrichter dem Art. 4 Absatz 1 GG nicht die volle Bedeutung haben zukommen lassen, die ihm zusteht. Eine Befreiungsmöglichkeit von der Sexualerziehung aus Glaubens- und Gewissensgründen wird abgelehnt. Es heißt lediglich im Hinblick auf die Art. 4, Art. 3 Absatz 3, Art. 33 Absatz 3 Satz 2 GG, daß »... die Eltern allerdings die gebotene Zurückhaltung und Toleranz bei der Durchführung der Sexualerziehung verlangen« können (S. 65). Das bedeutet: Unterwerfung unserer Kinder und Unterwerfung junger Christen unter die öffentliche Sexualerziehung; jedoch bei der Durchführung, die zur Erreichung der gesetzten Ziele führen soll, »Zurückhaltung und Toleranz«. Unser Gewissen ist aber bereits durch die Art der Begründung der Sexualerziehung und durch ihre Zielsetzungen betroffen. Die Begründung und die Ziele lehnen wir aus Glaubens- und Gewissensgründen ab. Es geht also nicht um die »gebotene Zurückhaltung und Toleranz« bei der Durchführung. Gerade in einer zurückhaltenden und toleranten Art der Durchführung erkennen wir die erhöhte Feinheit der Verführung öffentlicher Sexualerziehung. Deswegen sind die Einschränkungen, die die Verfassungsrichter für die Art und Weise der Behandlung der Sexualerziehung als »verfassungsgemäße Schranken« aufgrund von Art. 4 und 3 GG machen, für uns ohne Belang. Sie machen nur deutlich, daß man jetzt um so feiner an das Werk der Verführung unserer Kinder herangehen wird. Auch der Hinweis des Beschlusses, daß »allgemein Rücksicht« genommen werden muß »auf die religiösen oder weltanschaulichen Überzeugungen der Eltern, soweit sie sich auf dem Gebiet der Sexualität auswirken« (S. 65), ist keine Anerkennung der Glaubens- und Gewissensfreiheit. Diese allgemeine Rücksichtnahme besteht ja für die öffentliche Schule nicht in der Preisgabe ihrer Zielsetzungen. Eine wirkliche Rücksichtnahme auf Glaube und Gewissen von Eltern und Schülern ist nur dann gegeben, wenn für Eltern und Schüler die Möglichkeit besteht, sich von den Zielen der Sexualerziehung der öffentlichen Schule durch Abmeldung zu distanzieren. Das aber gesteht der Beschluß nicht zu. Es muß daher festgestellt werden, daß der Beschluß mit seinem Hinweis auf die »verfassungsge-

mäßen Schranken«, in denen sich die öffentliche Sexualerziehung bewegen soll, unter gleichzeitiger Anerkennung
staatlicher Zielsetzungen in sich widersprüchlich ist. Das gleiche gilt im Hinblick darauf, »... das natürliche Schamgefühl der
Kinder zu achten«. Im Gesamtzusammenhang der Zielsetzungen der Sexualerziehung ist auch diese verfassungsgemäße
Schranke nicht einzuhalten. Das natürliche Schamgefühl der
Kinder wird von der Grundschule an systematisch – wenn auch
in feiner und behutsamer Art – abgebaut, durch die Information vor der Klasse und dem stattfindenden Klassengespräch.

Die »verfassungsgemäßen Schranken«, die die Richter der öffentlichen Schule auferlegen, sollen hier im Zusammenhang
wiedergegeben werden. »Aufgrund der Vorschriften des
Grundgesetzes (Art. 4, Art. 3 Absatz 3, Art. 33 Absatz 3 Satz 2
GG) können die Eltern allerdings die gebotene Zurückhaltung
und Toleranz bei der Durchführung der Sexualerziehung verlangen. Die Schule muß den Versuch einer Indoktrinierung der
Schüler mit dem Ziel unterlassen, ein bestimmtes Sexualverhalten zu befürworten oder abzulehnen. Sie hat das natürliche
Schamgefühl der Kinder zu achten und muß allgemein Rücksicht nehmen auf die religiösen oder weltanschaulichen Überzeugungen der Eltern, soweit sie sich auf dem Gebiet der Sexualität auswirken. Wenn in einzelnen Fällen diese Grenzen
bisweilen überschritten werden, so obliegt es zunächst den zuständigen Schulaufsichtsbehörden, einzugreifen und dafür zu
sorgen, daß diese verfassungsrechtlich gebotenen Schranken
beachtet werden; außerdem können die Eltern in solchen Fällen die erforderlichen Schritte einleiten« (S. 65).

Die Verfassungsrichter haben die Bedeutung einer staatlichen
Sexualerziehung, die diese für einen großen Teil von evangelischen und katholischen Christen hat, nicht gesehen. Sie sind allen denen nicht gerecht geworden, die unter der Herrschaft
Gottes stehen, Eltern und Schülern.

Diese Sichtweise von Glaube und Gewissen wirft aber noch ein
Problem auf, das für die gesamte geistige und auch geistliche
Entwicklung in der Bundesrepublik Deutschland eine schwer-
wiegende Bedeutung hat, eine ebenso schwerwiegende wie die
Frage der Ehtik. Der Beschluß zeigt auf, welche Bedeutung

man dem Glauben und Gewissen des Einzelnen noch zugesteht. Glaube und gewissensmäßige Bindung werden in der Bundesrepublik nicht mehr als letzte Bindung an Gott respektiert. Würden Glaube und Gewissen als solche anerkannt, müßte die Möglichkeit der Scheidung, der Trennung, der Verweigerung gegenüber den Zielsetzungen der Sexualerziehung gegeben sein. Glaube und Gewissen, die so in ihrer letzten Konsequenz deutlich werden, sollen laut Richterspruch im Bereich der Sexualerziehung der öffentlichen Schule keinen Platz mehr haben. So werden bereits jetzt Christen von Kultusministerien darauf hingewiesen, sie könnten ja Privatschulen gründen. Selbstverständlich muß dieser Weg von den Christen in zunehmendem Maße beschritten werden. Aber für alle ist das kaum durchführbar. Viele sind nach wie vor aus einer Fülle von Gründen auf die öffentliche Schule angewiesen – zumindest vorerst. Ihnen muß das Recht auf Glaubens- und Gewissensfreiheit in der Sexualerziehung eingeräumt werden.

Die Verfassungsrichter kommen zu der fatalen Auffassung, daß eine Befreiung verfassungsrechtlich nicht möglich und auch nicht nötig sei, weil ja bei der Durchführung der Sexualerziehung die gebotene Zurückhaltung und Toleranz gewahrt bleiben müsse. »Da der Unterricht über sexuelle Fragen mit der oben beschriebenen, von Verfassungs wegen gebotenen Zurückhaltung und Toleranz zu erteilen ist, kann eine Zustimmung der Eltern oder älterer Schüler verfassungsrechtlich nicht verlangt werden« (s. 65). Es wurde gezeigt, daß dieser Verneinung der Befreiungsmöglichkeit aus Glaubens- und Gewissensgründen eine Nichtanerkennung der letzten tiefen Bedeutung von Glaube, Gewissen und Ethik im Blick auf die Sexualität zugrunde liegt, die hier bei den Verfassungsrichtern erkenntlich wird.

Zu den verfassungsrechtlich gebotenen Schranken, die die Verfassungsrichter der Sexualerziehung auferlegen, muß grundsätzlich noch etwas gesagt werden. »Zurückhaltung und Toleranz«, Unterlassung von Versuchen der Indoktrination, Achtung vor dem natürlichen Schamgefühl des Kindes, allgemeine Rücksicht auf die religiösen und weltanschaulichen Überzeugungen der Eltern: alles das sind Begriffe, die völlig dehnbar sind. Der Lehrer glaubt das natürliche Schamgefühl geachtet,

Zurückhaltung und Toleranz gewahrt zu haben. Für einige Eltern und Schüler sind alle diese Schranken längst durchbrochen. Wer will das beurteilen, wer will abgrenzen? Die Verfassungsrichter verweisen auf den Schulrat oder auf den Rechtsweg. Sollen jetzt Schulrat und Richter darüber befinden, wo das Gewissen aufzuhören hat, Gewissen zu sein, wo die Scham aufzuhören hat, Scham zu sein? Die verfassungsrechtlichen Schranken stehen nur auf dem Papier. Nur für die Verfassungsrichter sind diese praxisfernen, papiernen Hinweise genug, um daraus die Befreiung von der Sexualerziehung aus Glaubens- und Gewissensgründen abzulehnen. Eine Befreiung wird versagt, weil der »Unterricht über sexuelle Fragen mit der oben beschriebenen von Verfassungs wegen gebotenen Zurückhaltung und Toleranz zu erteilen ist«.

Wie ausgeführt, stellt diese Einschränkung nicht nur eine Überforderung der Beteiligten dar, sondern führt sich selber ad absurdum.

In diesem Zusammenhang eine weitere Feststellung: Unser Staat hat die Pornographie weitgehend freigegeben und unter bestimmten Voraussetzungen auch die Tötung ungeborenen Lebens. Nach einer Meldung des Evangelischen Pressedienstes (epd) vom 13. Juli 1977 stellte Staatssekretär Prof. H.-G. Wolters vom Bundesministerium für Jugend, Familie und Gesundheit für das Jahr 1977 ca. 110 000 Schwangerschaftsabbrüche in Aussicht, von denen wohl 60 000 in der Bundesrepublik, die übrigen 50 000 in Holland durchgeführt würden.

Als Christen leben wir mit diesem Staat in diesem Bereich in einem permanenten Gewissenskonflikt. Da der Staat selbst in seinen Grundsatzentscheidungen eine Entwicklung eingeleitet hat, die permanent das religiöse Gewissen belastet und verletzt, ist zu bestreiten, daß er durch seine Institutionen religiöses Gewissen schützen kann. Diese Grundsatzentscheidungen unseres Staates wirken sich zwangsläufig auf jede Art von Sexualerziehung aus. Dem Staat muß das moralische Recht bestritten werden, bei der Sexualerziehung aller Kinder mitzuwirken und damit Zwangssexualerziehung durchzuführen.

Alles, was bisher über den Beschluß des BVerfG ausgeführt wurde, erfährt eine Aufweichung in folgendem: Der Beschluß fügt den grundsätzlichen Überlegungen hinsichtlich der Ablehnung der Befreiungsmöglichkeit einen weiteren Grund hinzu, der sich aus der gegenwärtigen Organisation der Schulsexualerziehung ergibt: den fächerübergreifenden Sexualkundeunterricht.

»Eine Befreiungsmöglichkeit würde im übrigen eine fächerübergreifende Sexualerziehung erheblich erschweren, wie sie heute in allen Bundesländern hauptsächlich in den Fächern Biologie, Geschichte, Deutsch, Religion, Kunst usw. vorgesehen ist« (S. 65).

Würde dagegen von den Kultusministerien und den Länderparlamenten der fächerübergreifende Unterricht in der Sexualerziehung aufgegeben zugunsten eines Lehrfaches oder einer Unterrichtseinheit, dann bestünde die Möglichkeit der Befreiung auf Grund des Elternrechts oder auf Grund von Gewissenskonflikten.

»Ob die Rechtslage (Befreiungsmöglichkeit; der Verf.) anders zu beurteilen wäre, wenn Sexualerziehung als gesondertes Lehrfach oder besondere Unterrichtseinheit betrieben würde, kann hier offenbleiben. Es ist in erster Linie eine Aufgabe des Gesetzgebers, in einem solchen Fall eine Regelung zu treffen, die dem elterlichen Grundrecht aus Art. 6 Absatz 2 Satz 1 GG und möglichen Gewissenskonflikten gerecht wird« (S. 65).

Durch diese Wendung in den Überlegungen hebt sich der Beschluß des BVerfG m. E. in seinen Grundaussagen selbst auf. Denn wenn Befreiung wegen Respektierung des Elternrechtes und von Gewissenskonflikten nur vom Unterrichtsprinzip, von der Organisation der Sexualerziehung abhängig ist, dann ist die Ablehnung einer Befreiung nicht grundsätzlicher Art. Dann ist auch der Auftrag des Staates, als Sexualerzieher aller Kinder aufzutreten, nicht ein grundsätzlicher Auftrag. Der Zweifel meldet sich, ob mit dem Beschluß nicht wesentlich die gegenwärtige Handhabung der Sexualerziehung durch die Kultusministerien gestärkt werden sollte.

Wenn es möglich ist, eine Befreiung bei einem Sexualkundeunterricht einzuräumen, der als Unterrichtseinheit erteilt wird, dann muß dies grundsätzlich auch gelten bei dem fächerübergreifenden Sexualkundeunterricht, auch wenn sich dabei Erschwernisse organisatorischer Art ergeben. Die Tatsache, daß die Richter davon sprechen, der fächerübergreifende Sexualkundeunterricht »erschwere« eine Befreiung, macht ihre letzte Unsicherheit deutlich.

So muß abschließend gesagt werden, daß die Kultusministerien und die Parlamente auf Grund dieser letzten Aussagen des Beschlusses des BVerfG in der Tat nicht in der Lage sind, eine grundsätzliche Befreiung auszuschließen. Würden die Parlamente eine andere Art der Durchführung der Sexualerziehung beschließen, könnten sie gleichzeitig Befreiung gewähren. Darauf sollten die Länderparlamente in der Bundesrepublik ständig hingewiesen und die Forderung nach Gewissensfreiheit nach wie vor gestellt werden. Die Verantwortung fällt letztlich auf die Parlamente der Länder zurück.

Das Bundesverfassungsgericht versäumt es allerdings nicht, den fächerübergreifenden Sexualkundeunterricht als besonders geeignet herauszustellen. Er vermeide Einseitigkeiten, die sich aus dem Fach und dem erteilenden Lehrer ergeben würden: »Gerade diese Unterrichtsform erscheint am ehesten geeignet, Nachteile zu vermeiden, weil der Unterricht nicht allein auf das Thema Sexualität konzentriert und nicht nur Sache e i - n e s Lehrers ist« (S. 65). Dies ist eine positive Ausdeutung des fächerübergreifenden Sexualkundeunterrichts. Man kann ihn umgekehrt als eine besonders intensive Form bezeichnen, durch die man die Geschlechtlichkeit der Schüler in den Griff bekommen will. Man denke an die Richtlinien zur Sexualerziehung von Nordrhein-Westfalen. Die positive Bewertung einer fächerübergreifenden Sexualerziehung durch die Richter hält der kritischen Überprüfung nicht stand.

Nunmehr sollten wenigstens die Abgeordneten der Länderparlamente die Gewissensfreiheit berücksichtigen, wenn sie daran gehen müssen, die Sexualerziehung gesetzlich zu verankern. Es muß in den Gesetzen zum Ausdruck kommen:

»Die Freiheit des Glaubens und des Gewissens gilt es zu schützen. Bei religionsunmündigen Kindern haben die Eltern das Recht, ihr Kind aus religiösen Gründen vom Sexualkundeunterricht abzumelden. Religionsmündige Schülerinnen und

Schüler können aus Glaubens- und Gewissensgründen auf ihren eigenen Antrag hin vom Sexualkundeunterricht der Schule befreit werden.«

Die klarste Lösung dagegen ist, die Sexualerziehung wieder ganz aus dem Lehrplan der Schule zu entfernen. Die Schule soll sich ihren eigentlichen Aufgaben zuwenden und es unterlassen, die Schüler auf ihre Sexualität (und damit auch immer wieder auf die ihrer Eltern) hin anzusprechen. Verfassungsrechtlich besteht keine zwingende Notwendigkeit für die Sexualerziehung durch die Schule. Den Eltern muß die volle Verantwortung für diesen Bereich der Erziehung zurückgegeben werden.

Bisher haben Kinder mancher Eltern und Schüler, die bewußt Christen sind, in fast allen Bundesländern den Mut gefunden, bei der Sexualerziehung aufzustehen und den Klassenraum zu verlassen. Diese jungen Menschen standen gegen die Richtlinien. Diese jungen Menschen werden nach wie vor aufstehen. Wird die Glaubens- und Gewissensfreiheit nicht im Gesetz verankert, werden sie zu »Gesetzesbrechern« gemacht, weil sie Gott mehr gehorchen müssen als den Menschen. Die Gewährung der Gewissensfreiheit in der Sexualerziehung kann diesen jungen Menschen helfen, daß ihr Verhältnis zu diesem Staat als einem freiheitlichen Staat nicht zerstört wird.

IV Auf dem Wege zur Erziehungsdiktatur

A. Die Umfunktionierung des Kindes im Vorschulprogramm

Der Grundschule vorgegeben ist der Elementarbereich der Drei- bis Vierjährigen und die Eingangsstufe für die Fünf- bis Sechsjährigen. Dies ist verankert im »Strukturplan für das deutsche Bildungswesen« (1970) und im »Bildungsplan« (1973). Für den Elementarbereich besteht darüber hinaus bereits ein Modellprogramm als Empfehlung[298] des »Deutschen Bildungsrates«, das sich zur Zeit in der Erprobung befindet. Für die Eingangsstufe hat der Deutsche Bildungsrat lediglich »Gutachten und Studien« vorgelegt. Über den Elementarbereich werden hier die Aussagen des Strukturplanes berücksichtigt sowie die des Modellprogramms. Für die Eingangsstufe beziehe ich mich auf das Gutachten zum »politisch-sozialen Lernen«.[299]

1. Der Elementarbereich im Strukturplan

Der Strukturplan geht davon aus, daß die Kinder in den ersten drei Lebensjahren am besten in ihrer Entwicklung gefördert würden, wenn sie in einer verständnisvollen Familie mit einer anregenden Umwelt aufwüchsen. Der folgende Gedanke muß jedoch bereits erschrecken: »Wie Kinder dieses Alters außerhalb einer solchen Familie mehr Anregung erfahren könnten, ist bislang unbekannt«.[300] Man bedenke, daß die Möglichkeit ins Auge gefaßt werden könnte, bereits Kinder bis zum dritten Lebensjahr öffentlichen Erziehungseinrichtungen auszusetzen. Für die drei- bis vierjährigen Kinder streitet man bereits heute der Familie grundsätzlich die Fähigkeit ab, der Erziehung gerecht zu werden und ist tatsächlich der Auffassung, daß die Kinder »ab diesem Alter in psychologisch und pädagogisch gut geführten Kindergärten in vielfältiger Hinsicht eine bedeutsame Förderung ihrer Entwicklung erfahren können«.[301] Die öffentliche Erziehung im Elementarbereich ist als familienergänzende Erziehung gedacht. Dem Kinde soll ab dem dritten

Lebensjahr außerhalb seiner eigenen Familie eine erweiterte Umwelt nähergebracht werden. Worin besteht sie? Im Zusammenleben mit anderen Kindern und mit Erwachsenen, repräsentiert durch die Erzieher. Der Strukturplan läßt zwar die Familie »gegenwärtig« als die »wichtigste« Sozialisationsinstanz stehen; man macht ihr aber bereits massive Vorwürfe. »Wenn das Kind in der gesamten Vorschulzeit ausschließlich in der Familie aufwächst, ergeben sich spezifische Begrenzungen für die Entwicklung seines Gefühlslebens, seiner Denk- und Erkenntnisfähigkeit sowie seiner Fähigkeit zum Umgang mit anderen Menschen.«[302] Das Verbleiben des Kindes in seiner Familie führe zu Unsicherheit und mangelnder Umstellungsfähigkeit in seinem sozialen Verhalten außerhalb der Familie, weil es in der Familie nur in beschränktem Rahmen die Möglichkeit habe, »soziale Rollen und Verhaltensmuster kennenzulernen«. Man macht den Eltern den Vorwurf, viele bänden die Kinder an ihre eigenen Bedürfnisse. Durch dieses Fehlverhalten der Eltern seien die Kinder in ihrer Persönlichkeitsentwicklung einseitig festgelegt. Selbstverständlich fehlt auch nicht der Vorwurf der Berufstätigkeit der Mutter, falscher Gebrauch der Massenmedien in den Familien und die Feststellung beschränkter Wohnverhältnisse.[303]

Die Rechtfertigung des Elementarbereiches wird noch mit einem weiteren Argument vorgenommen, das eine Herausforderung an jedes Elternpaar darstellt. In jeder Familie nimmt das Kind Werte und Normen an, die die Eltern vertreten. Das Kind baut dadurch seine eigene Position auf. Das soll jedoch verhindert werden. Das Kind soll nämlich von früh auf lernen, sich von dieser Position und damit von den Werten und Normen der Eltern zu distanzieren, um diese dadurch »teilweise zu überwinden«. Das sei nur möglich, wenn es früh genug gegensätzliche Normen und Werte kennenlerne. Mit dieser Verflüssigung jeglichen festen Gewissensaufbaus glaubt man, dem Kinde die Chance seines Lebens zu bieten; »... wenn die Wert- und Normsysteme der Familie die einzigen Orientierungsmuster für das Kind darstellen und es keine Chance hat, früh genug Wert- und Einstellungsalternativen kennenzulernen, wird es daran gehindert, in Distanz zur eigenen Position zu treten und sie dadurch teilweise zu überwinden«.[304] Durch diese Zielsetzung, die im Zusammenhang mit den allgemeinen Zielen des Strukturplanes gesehen werden muß, ist nicht nur die christliche Gemeinde bereits hier, wo es um die Erziehung ihrer jüngsten Kinder geht, auf's schärfste herausgefordert. Für die allgemeinen Ziele heißt es: »Das umfassende Ziel der Bildung ist die Fähigkeit des einzelnen zu individuellem und gesellschaftlichem Leben, verstanden als seine Fähigkeit, die Freiheit und die Freiheiten zu verwirklichen, die ihm die Verfassung gewährt. Die Grundrechte garantieren nicht nur das Recht auf freie Entfaltung der Persönlichkeit, auf den Schutz der Person (Art. 2), auf die Gleichheit vor dem Gesetz (Art. 3) und auf freie Berufswahl (Art. 12), sondern auch die Freiheit der religiösen und politischen Anschauung (Art. 3), des Glaubens, des Gewissens und des Bekenntnisses (Art. 4)«.[305] Warum werden in diesem Text die Grundrechte nicht alle hintereinander aufgezählt, sondern die Freiheit der religiösen und politischen Anschauungen, des Glaubens, des Gewissens und des Bekenntnisses von dem übrigen Text abgesetzt? Liegt hier bereits eine Umdeutung des bisherigen Freiheitsbegriffes vor? Bisher war es so, daß Christen mit ihren Kindern ihrem Gewissen gemäß in Freiheit ihres Glaubens leben konnten, ohne daß der Versuch unternommen wurde, die Kinder davon abzusetzen. Bedeutet Freiheit jetzt, die Kinder so früh wie möglich vom Einfluß der Eltern freizumachen, sie dem Einfluß des Unglaubens auszusetzen, um diesen Prozeß der Bindungslosigkeit und Nivellierung als »Freiheit« der religiösen Anschauungen auszugeben? Worum es hier geht, ist eine möglichst weitgehende Befreiung vom Gewissen, wie es bisher vom Elternhaus aufgebaut wurde.

Diese hier gegebene Auslegung findet eine weitere Bestärkung in der Zielsetzung der kindlichen Sozialisation, wie sie der »Zweite Familienbericht der Bundesregierung« (1976) unter dem Thema »Familie und Sozialisation« gibt. Es heißt hier: »Es gibt kein Recht, die künftige Generation auf bestimmte Konfessionen und Parteien festzulegen«.[306] Das gilt für die Familienerziehung – wohlgemerkt! Das einzig legitime Erziehungsziel, zu dem die Kinder von früh auf geführt werden sollen, sei, sie zu befähigen, Entscheidungen über sich und andere »sachlich kompetent und sozial verantwortlich« zu fällen. Dabei soll der einzelne befähigt werden – eindeutig und erschreckender kann wohl ein Ziel nicht formuliert werden – das »Allgemeininteresse« über sich selbst als »letzte Entscheidungsinstanz« zu begreifen und sich danach zu verhalten. »Er muß befähigt werden, sich in den Grenzen eines Allgemeininteresses, über dessen konkrete Inhalte er sich mit anderen verständigen muß, als letzte Entscheidungsinstanz über sich selber zu begreifen und zu verhalten«.[307] Hier wird das Allgemeininteresse bereits zum Gott erhoben. Dem halten wir entgegen den Befehl Gottes für die Erziehung der Kinder: »Weiset das Werk meiner Hände zu mir, spricht der Herr!« (Jes. 45,11) Die Intentionen des Zweiten Familienberichtes der Bundesregierung verstoßen gegen das erste Gebot: »Ich bin der Herr, dein Gott«.

2. Das Modellprogramm Elementarbereich

Im März 1973 gab der Deutsche Bildungsrat, auf dem Strukturplan fußend, die Empfehlung »Zur Errichtung eines Modellprogramms für Curriculum-Entwicklung im Elementarbereich« heraus. Die Verfasser dieses Papiers weisen darauf hin, daß gegenwärtig im Elementarbereich zwei Strömungen um die Kinder ringen. Eine gesellschaftskritische Richtung will die Kinder zu kritischem Verhalten gegenüber unserer Gesellschaft befähigen. Sie macht den Eltern den Vorwurf, sie gäben den Druck auf ihre Kinder weiter, den sie selbst als »abhängig Arbeitende in Beruf und Gesellschaft erfahren.« Diese Richtung hat das Ziel, die »Kinder von dem Druck einer familiären Sozialisation zu befreien«. Es geht ihr darum, »Strategien zu entwickeln, die Kinder aus fremdbestimmten Situationen befreien«.[308] Die andere Richtung versteht sich als gesellschaftskonform. Ihr Ziel ist es, »alle Kinder zu einem leistungsbetonten Verhalten in dieser Gesellschaft zu befähigen«.[309] Der »Deutsche Bildungsrat« gibt den Dissens zwischen beiden Richtungen zu, er schreibt von Spannungen, die in begonnenen Projekten erkennbar seien; allerdings sei eine Annäherung beider Standpunkte zu verzeichnen. In welcher Richtung diese Annäherung zwischen Konformisten und Nonkonformisten sich vollziehen könnte, läßt der Deutsche Bildungsrat offen.

Es soll nun in dieser Darlegung nicht darum gehen, Einzelheiten aus dem Bereich der Elementarerziehung aufzuzeigen. Wichtig ist, zu erfahren, welches Menschenbild im Elementarbereich geprägt werden soll. Untersucht man das Modellprogramm zum Elementarbereich daraufhin, so stellt man fest, daß auch hier das Habermas'sche Modell von der Ich-Identität voll Eingang gefunden hat. Um erfolgreich an der Interaktion teilnehmen zu können, bedürfe das Kind bestimmter Qualifikationen. Wir haben sie bereits in der Erziehung für die Grundschule kennengelernt, sie treten auch hier wieder auf. Die Erwartungen der anderen – Eltern, anderer Erwachsener, Geschwister, Freunde – die sich von den eigenen Erwartungen des Kindes »oft« unterscheiden, müsse das Kind richtig und rechtzeitig wahrnehmen können. Dabei müsse es in der Lage sein, Normen flexibel zu handhaben, um dadurch zwischen seinen Erwartungen und denen der anderen zu einem Handlungskonsens zu gelangen, der »allen Beteiligten ein Mindestmaß an Bedürfnisbefriedigung zusichert«. Das Kind habe oft eine andere Erklärung für die Erwartungen anderer, auch andere Bedürfnisse. Es solle daher prüfen können, ob nicht auch »Kooperation noch sinnvoll ist«, wenn seine Vorstellungen von denen der anderen abwichen, auch unter dem Gesichtspunkt, daß die eigenen Ansprüche nicht voll befriedigt würden.[310] Das Kind solle zu einer nicht zu hohen »Frustrationstoleranz« erzogen werden, denn sonst könne es resignieren, wenn es auf »gerechtfertigte, als begründet empfundene Ansprüche«[311] verzichten müsse.

Folgende Fähigkeiten seien für eine »autonome Ich-Organisation« notwendig: »Rollen zu erwerben und sich von Rollen zu distanzieren; die Fähigkeit zum Rollenhandeln, die Fähigkeit sich in einen anderen einzufühlen und dessen Erwartungen zu antizipieren, die Fähigkeit, widersprüchliche Erwartungen zu verarbeiten, die Fähigkeit, Frustrationen zu ertragen«.[312] Das Kind müsse in der Lage sein, Handlungsalternativen zu entwikkeln, um veränderbare Situationen zu beeinflussen. Ja, die Arbeit im Elementarbereich legt besonderen Wert auf dieses wichtige Erfahrungsfeld, das die Kinder »zur Ausbildung alternativer Handlungsstrategien herausfordert«.[313] Zur Verwirklichung der Erziehungsziele sollen vor allem die gruppendynamisch orientierten Rollenspiele zur Anwendung kommen.[314] Das aber reicht noch nicht aus.

Bereits in der Vorschule ist man darauf aus, die Kinder sich solidarisieren zu lassen. »Sie werden an Konfliktsituationen erkennen, daß diejenigen, die gleiche Interessen vertreten, eher zum Erfolg kommen werden, wenn sie gemeinsam handeln. In solchen Situationen kann Kooperation von Kindern als Bedingung solidarischen Verhaltens erfahren werden«.[315]

Der Deutsche Bildungsrat geht davon aus, daß viele soziale Beziehungssysteme nicht so gelagert sind, daß sie diese Identitätsfindung fördern. Sie stellen im Gegenteil eine »Hemmung« dar. Als hemmend werden solche Familien hingestellt, »die mit Hilfe einer vorgeblich ungetrübten Familienharmonie alle möglichen Konflikte verdrängen«. Selbstverständlich gehören auch die Familien zu den identitätshemmenden Systemen, in denen autoritäre Strukturen herrschen, wo »alle Anforderungen schon vorab eindeutig festgelegt sind«, oder die Situation »von einer einzigen Person oder Koalition beherrscht wird«, womit Vater oder Mutter bzw. Vater und Mutter gemeint sind. Solche Familien werden als rigide und einseitig dominiert abgetan.[316]

Der Deutsche Bildungsrat erkennt, daß bei einem derartigen Erziehungsprogramm für die Drei- bis Vierjährigen Spannungen und Konflikte zwischen der Familie und dem institutionalisierten Erziehungsbereich entstehen werden. Derartige Konflikte sollen ausbalanciert werden. Zwei Wege werden aufgezeigt: Informationen über die Familie des Kindes sollen durch den Erzieher gesammelt werden. Diese Sammlung bezieht sich einmal auf das Kind, auf seinen »emotionalen, kognitiven und sozialen Entwicklungsstand«, die Erhebungen sollen sich dann allerdings auch auf das Aufdecken der »Persönlichkeitsmerkmale der Eltern« und deren »Erziehungsstile« beziehen. Auch die Kenntnis der wirtschaftlichen Verhältnisse werden für die Erzieher von Bedeutung. Ebenso die »inner- und außerfamiliäre Kommunikationsstruktur«, d. h. die Erzieher werden wissen wollen, wie die zwischenmenschlichen Beziehungen innerhalb der Familie und zu den Menschen und Menschengruppen außerhalb der Familie sind.[317] Es ist nicht vorgesehen, daß die Eltern, die ihre Kleinsten fremden Erziehern anvertrauen sollen, Erhebungen anstellen über deren sittliche Vergangenheit, über deren Einstellung zu entscheidenden sittlichen Fragen. Eine derartige Erhebung wäre doch wohl nötig! Zertifikate von Hochschulen genügen nicht mehr in einer Zeit, in der sich die Erziehung anmaßt, in die tiefsten Seelenbereiche des Menschen und in die intimsten zwischenmenschlichen Bereiche vorzustoßen unter bewußt betriebener Zerstörung unserer bisherigen ethischen Wertordnung.

Um Spannungen auszuschalten, wird empfohlen, daß Eltern, Erzieher, Wissenschaftler und Kinder gemeinsam an dem Erziehungsprogramm mitwirken. Wie denkt man sich die Mitarbeit? »Ein ständiger Diskurs (!, der Verfasser) zwischen den Eltern, den Kindern, den Erziehern und den Wissenschaftlern gehört deshalb zu den Bedingungen für eine erfolgreiche Arbeit im Elementarbereich«.[318] Wir erkennen, daß dieses Programm nicht nur für den Christen unannehmbar ist. Für den Fall, daß Eltern nicht verantwortlich mitarbeiten werden, stellt der Deutsche Bildungsrat eine düstere Prognose: Es komme zu Rollenkonflikten zwischen den Eltern auf der einen, und den Kindern und den Mitarbeitern der Erziehungsgruppe auf der anderen Seite.[319] Die Rigorosität, mit der der Deutsche Bildungsrat hier die Kinder ungefügiger Eltern auf die Seite der Erzieher schlägt, ist nicht mehr zu überbieten. Alle Eltern sollen wissen, daß der Deutsche Bildungsrat im Elementarbereich für pädagogisches Handeln u. a. angibt: »Abhängigkeiten des Kindes von Bezugspersonen zu mindern«.[320] Das sind Mutter und Vater.

3. Das politisch-soziale Lernen in der Eingangsstufe

Das Gutachten von A. Köberling u. a. »Politisch-Soziales Lernen«[321] verschärft die bisherige Tendenz. Hier wird soziales Lernen mit politischem Lernen gleichgesetzt. Die Zielsetzung des politisch-sozialen Lernens kann kommentarlos wiedergegeben werden:

»Oberste Zielsetzung für die politisch-soziale Erziehung ist damit, das Individuum kompetent zu machen für die Verfolgung und Durchsetzung individueller wie kollektiver Autonomieansprüche unter kritischer Analyse der Umweltanforderungen auf ihre Legitimität hin und unter sorgfältigem Abwägen der Angemessenheit ihrer Respektierung. Sowohl für die Auseinandersetzung mit Erfahrungen in der sozialen Umwelt des Kindes, als auch im Blick auf zukünftige Anforderungen in gesellschaftlichen Handlungsfeldern ist es notwendig, das Individuum zu befähigen, einerseits notwendige Einschränkungen zu akzepieren, wie auch andererseits zur Reduzierung von sozialen Zwängen auf ein notwendiges Maß und zum Abbau von Herrschaft und Fremdbestimmung beizutragen«.[322] Weiter heißt es: »Dabei muß das Individuum lernen, für die aus divergierenden Erwartungen entstehenden Konflikte, Lösungs- und Verhaltensmöglichkeiten zu entwickeln, die die optimale Selbstverwirklichung des einzelnen unter Berücksichtigung der legitimen Ansprüche anderer ermöglichen, sich also weder bedingungslos anzupassen, noch berechtigte Anforderungen zu negieren«.[323]

Vor allem soll im Kinde die Komponente des »Widerstandes« gegenüber Anpassung und Fremdbestimmung verstärkt werden. Die Familie und andere gesellschaftliche Lebensräume werden als die Bereiche genannt, in denen das Kind bisher gerade in Richtung auf Anpassung und Fremdbestimmung erzogen wurde.

»Während bislang vorwiegend die auf Anpassung gerichteten Lernprozesse betont wurden, sollen über das Einüben sozial akzeptierter Verhaltensweisen hinaus auch die rationale Erhellung der Normen sozialen Verhaltens und die Befähigung zum Widerstand gegen sie mit einbezogen werden. Dabei wird aufgrund des überwertigen Anpassungsdrucks in der familiären Sozialisation wie in allen gesellschaftlichen Bereichen in der zielgerichteten politisch-sozialen Erziehung die Komponente des Widerstandes tendenziell stärker zu berücksichtigen sein«.[324]

Für die Kommission ist es eine bedauerliche Erscheinung, daß Kinder mit den Erziehungszielen und -praktiken ihrer Eltern übereinstimmen. Die Erwartungen der Eltern würden von den Kindern akzeptiert. So würden Ehrlichkeit, Gehorsam, Ordnung und Sauberkeit von den Kindern höher gewertet als Neugierdeverhalten und Widerrede. »Auffällig ist vor allem die Übereinstimmung von elterlichen Erziehungszielen und -praktiken mit dem Denken der Kinder...; Die Erwartungen der Eltern – vor allem in der Unterschicht – sind häufig auf Werte wie Ehrlichkeit, Gehorsam, Ordnung und Sauberkeit gerichtet; Neugierdeverhalten wird dagegen relativ gering, Widerreden negativ bewertet«.[325] Die Kinder seien überhaupt nicht befähigt, die Veränderbarkeit von Situationen zu erkennen, so klagt die Kommission. »Es wurde dargestellt, daß den Kindern die

Frage nach Legitimation, Funktion und Änderbarkeit sozialer Anforderungen relativ unbekannt sein wird«. Daher muß diese Fähigkeit im politisch-sozialen Lernen entwickelt werden.

»Daraus folgt, daß ihnen zunächst Erfahrungen der Durchschaubarkeit, Erklärbarkeit, Planbarkeit und Veränderbarkeit ihrer Umwelt zu vermitteln sind«. Die zu erwerbenden Fähigkeiten sollen »die gesamte Persönlichkeitsstruktur betreffen«.[326]

Um diese Ziele zu erreichen, bedarf es bestimmter Lehrinhalte. Sie müssen dem Erfahrungsbereich der Kinder entnommen werden. Das Erfahrungsfeld Familie wird voll in die Schule übernommen: »innerhalb der Familie ergeben sich Erfahrungen aus dem Umgang bzw. den Konflikten mit Eltern – Geschwistern – anderen Verwandten. Außerhalb der Familie ergeben sich Erfahrungen aus dem Umgang bzw. den Konflikten mit Erwachsenen (Fremde, Nachbarn) – Erwachsene als Rollenträger (Lehrer, Polizist, Kaufmann, Hausmeister, Arzt) – Kindern (Freunde, Fremde, einzeln/in Gruppen) – Institutionen (Schule, Krankenhaus, Kindergarten)«.

Aber auch gesellschaftliche Grundkonflikte sollen thematisiert werden: »Rollenkonflikte, Normen- und Regelkonflikte, Vorurteile, Wohnprobleme, Bedürfnisse/Befriedigungsmöglichkeiten, Krieg, Umweltschutz, Verkehr, Information/Manipulation, Arbeit (Herstellung, Verteilung, Konsum), ungleiche Machtverhältnisse, Eigentumsverhältnisse, Besitzansprüche, Schichten, Klassen«. Konkrete Themen werden genannt: »Vorurteile unter Kindern, Konflikte zwischen Eltern, Geschwistern beim Wohnen, Normenkonflikte auf der Straße mit fremden Erwachsenen, Eigentumskonflikte unter Kindern«.[327]

Ferner: »Probleme des Widerstandes bzw. Gehorsams gegenüber Autoritäten: In der Familie (gegenüber Eltern und Geschwistern), im Umgang mit fremden Erwachsenen (Nachbarn), im Umgang mit Erwachsenen als Rollenträger (Lehrer, Polizist, Hausmeister, Kindergärtnerin), im Umgang mit Kindern (Anführer, Unterdrückte).«

Oder: »Zum Beispiel im Bereich Familie. Rollenkonflikte (Geschlechtsrollen, Vater, Mutter; Geschwister), Normenkonflikte (Hilfsbereitschaft, Pünktlichkeit, Sauberkeit, Ehrlichkeit).

Machtkonflikte (ungleiche Chance, Interessen durchsetzen z. B. bei der Wahl des Fernsehprogramms), Bedürfnis/Befriedigung (Kind spielt Eisenbahn im Wohnzimmer, Eltern beanspruchen den Raum)«.[328]

Die Kommission nennt konkrete Konflikte zwischen Eltern und Kindern, Kindern untereinander und außerfamiliären Erwachsenen. »Im Umgang zwischen Eltern und Kindern: – ein Kind darf nicht fernsehen; – Eltern stören Kinder beim Spiel; – Strafen; – ein Kind hat keinen Raum zum Spielen, im Kontakt zwischen Kindern und außerfamiliären Erwachsenen – Konflikt mit dem Hausmeister (Spielen auf dem Rasen) – Erwachsene greifen in den Streit zwischen Kindern ein – Erwachsene drängen sich beim Einkaufen vor – Erwachsene lassen Kinder nicht zu Wort kommen«.[329] Für alle Zielsetzungen des politisch-sozialen Lernens wird das Rollenspiel zu der Methode, durch die die neue »Persönlichkeitsstruktur« aufgebaut wird.[330]

Erhöhte Sprachfähigkeit ist für die dargelegten Erziehungsprozesse vonnöten. Der Deutsche Bildungsrat hat hierüber ein Gutachten von W. Schlotthaus veröffentlicht. W. Schlotthaus ist Professor der Deutschen Sprache und Literatur und ihrer Didaktik an der Pädagogischen Hochschule Niedersachsen, Abteilung Lüneburg. Das Gutachten, »Kommunikationsförderung in der Eingangsstufe«[331] weist auf zweierlei hin. Es gelte, die Fähigkeit der »Metakommunikation« zu entwickeln. Das aber ist die Fähigkeit aus einer üblichen Kommunikation, einem Gespräch, herauszutreten, um die Gesprächsteilnehmer zu einem Diskurs zu zwingen, um Geltungsansprüche von Normen und Werten zu problematisieren. Zum Erwerb von Kommunikationsfähigkeit überhaupt empfiehlt er aus dem unmittelbaren Erfahrungsbereich der Kinder Sprechanlässe zu thematisieren. Ein Beispiel sei herausgegriffen:»Wie ist das bei euch, was sagen deine Eltern, Geschwister usf. – wenn du bei Tisch die Milch umschmeißt, schmatzt, kippelst, deinen Eltern ins Wort fällst, dauernd mit den Geschwistern streitest; – wenn du noch einen Film im Fernsehen angucken möchtest, aber ins Bett sollst, nicht am Morgen mal in die Schule gehen willst, von deinen Eltern etwas (ein Auto, Süßigkeiten) geschenkt haben möchtest; – wenn du Wörter wie ›Scheiße‹, ›Arschloch‹ usw.

gebrauchst, so daß deine Eltern oder andere Erwachsene das hören?«[332]

Das Gutachten von Belser, H. u. a. zum Curriculum der Eingangsstufe verfolgt die gleichen Zielsetzungen.[333]

4. Familienergänzende oder familienrevolutionierende Erziehung?

Die Erziehung der Kinder unter diesem Aspekt hat tiefgreifende Folgen für die Familie. Der Deutsche Bildungsrat weist in seinen Veröffentlichungen immer wieder darauf hin, daß es sich bei der vorschulischen Erziehung um ein »familienergänzendes« Programm handeln solle. Er verwirft aber eine Erziehung in dieser Altersstufe, die, wie der bisherige Kindergarten, die »intime Nähe« der Familie nachahme. Der Begriff »familienergänzend« muß als eine Irreführung bezeichnet werden. Unter »familienergänzend« wäre zu verstehen, die Mängel auszugleichen, die heute aus den verschiedensten Gründen in vielen Familien – bei weitem nicht in allen – in unterschiedlicher Weise bestehen. Famlienergänzende Erziehung müßte zur Familie im bisherigen Verständnis hinführen, dürfte aber niemals Spannungen zur Familie entstehen lassen. Dagegen handelt es sich hier um ein politisches Programm im Sinne des Neomarxismus. Es handelt sich um ein familienrevolutionierendes Programm. Die Familie wird zu einer Zelle, in der durch ständiges Hinterfragen, Kritisieren, Distanzieren, durch Abwägen der eigenen Bedürfnisse mit denen der anderen Familienmitglieder, durch Erfahrbarmachen von Durchsetzungsstrategien des eigenen Willens »permanente« Revolution eingeübt wird. Genau aber das sind die familiären Sozialisationsbedingungen, die J. Habermas für nötig hält, um aus Kindern das gesellschaftsrevolutionäre Potential zu gewinnen.

A. Flitner, Professor für Pädagogik an der Universität Tübingen, stellt sich in seinem Gutachten »Voraussetzungen der Eingangsstufe«[334] hinter den vom Deutschen Bildungsrat hervorgehobenen Begriff Familienergänzung in der Vorschulerziehung. Auf keinen Fall dürfe die Erziehung in der Eingangsstufe an die Stelle der elterlichen Erziehung treten. Es ginge nicht darum, andere Werte und Erziehungsvorstellungen durchzusetzen, als die Eltern es wollten. »Es wäre ein Mißverständnis der kompensatorischen Erziehung unter unseren Lebensbedingungen, ein Mißverständnis auch gegenüber den bisherigen Intentionen des Bildungsrates und eine unrealistische Einschätzung von Mitteln und Ausmaßen der öffentlichen Erziehung, wenn hier – oder auch in späteren Altersstufen – die Schule an die Stelle der Eltern treten oder gar ihre Erziehung gegen die Wertsetzungen und Erziehungsvorstellungen der Eltern durchsetzen wollte«.[335]

Aber diese Beteuerungen Flitners und seiner Mitarbeiter müssen zurückgewiesen werden. Auch ihnen geht es um eine möglichst frühe Ablösung und Verselbständigung des Kindes von den Personen, mit denen es bisher vornehmlich zusammen war. Damit ist der Kreis der eigenen Familie, die eigenen Eltern mit ihren Wertvorstellungen gemeint.

»Die Familie ist zwar nach wie vor grundlegend für die emotionale Sicherheit, die das Kind benötigt, um seine eigene Identität zu finden. Diese Identität gewinnt das Kind jedoch in Prozessen der Ablösung und der Verselbständigung, für die die Menschen, die das Kind außerhalb der engsten und persönlichsten Bezugsgruppe trifft, von großer Bedeutung sind. Für einen zunehmenden Teil der Kinder soll diese Begegnung mit anderen Menschen, mit Erwachsenen und Gleichaltrigen schon im Alter von drei oder vier Jahren im Rahmen des Kindergartens beginnen«.[336]

Genau in diesem bewußten Eingriff zur Ablösung von den Bezugspersonen im Vorschulalter erkennen wir den familienrevolutionierenden Charakter dieser Erziehung. Die öffentliche Erziehung hat kein Recht, bewußt vom dritten Lebensjahr an den sich natürlich ergebenden Ablösungsprozeß des Kindes von seinen Eltern zu betreiben. Dies kann ich nicht als »Familienergänzung« ansehen. Die Vertreter der deutschen Erziehungswissenschaft scheinen völlig zu übersehen, welche Bedeutung hier die innere Vorentscheidung hat im Hinblick auf das, was Familie bedeutet.

B. Verhaltensänderung – Verhaltenskontrolle – Das Kind im Griff

1. Verhaltensänderung

Die neu konzipierte Schule ist in einem neuen Sinne zur Stätte einer Verhaltensänderung geworden in Richtung auf Sozialverhalten – »Sozialkompetenz«. In dieser »Sozialkompetenz« vollzieht sich die Verfügbarmachung des Heranwachsenden zu gewünschtem Endverhalten. Die Humanwissenschaften – so z. B. Lernpsychologie, Soziologie, Sozialpsychologie – setzen hier am jungen Menschen an. Inzwischen entwickelten diese innerhalb der Erziehungswissenschaften ein weitverzweigtes Konzept, das auf Verhaltensänderung des jungen Menschen abzielt.

H. Roth hat in seiner »Pädagogischen Anthropologie« 1970 erstmals ein Konzept der Sozialkompetenz entwickelt. Es soll hier kurz dargelegt werden, damit deutlich wird, worum es geht. Roth sieht im Laufe des Heranreifens des jungen Menschen ein Stadium gekommen, wo es diesem aufgrund seiner geistigen Reife eigentlich gelingen müsse, ein Leben mit anderen in Frieden und Freiheit zu führen. Einsicht in die Prinzipien, die das soziale Leben unter den Menschen regeln, müßten es ihm ermöglichen, seine Beziehungen in freier Vereinbarung im Guten zu regeln. Aber diese »kognitive Erhellung« der sozialen Bezüge bringe dennoch nicht die gewünschte geordnete Welt. Zwei Bereiche seien es, die immer wieder störten. »Erhebliche Störungen« kommen einmal aus der »ungebändigten und irrationalen Seite der menschlichen Natur«[337], von den Trieben, Emotionen und Affekten. Roth nennt: Neid, Eifersucht, Aggressivität, Machtstreben, Bindung an mancherlei Süchte, Angst, Sexualität, Furcht, Mut, Haß (Fremdenhaß), fanatische Begeisterung, Kriegsgeschrei, Prestige- und Statusdenken.[338] Zum anderen kämen erhebliche Störungen aus der Gesellschaft, die den einzelnen unter Zwang setzt. Unter Berufung auf H. Marcuse sieht er unsere Gesellschaft von »Zwängen und ›zusätzlichen Repressionen‹ «[339] durchsetzt. Sie behindere den Menschen in seiner freien Entfaltung und lasse die Vorstellung einer »Vereinigung freier Individuen« utopisch erscheinen.

Unter Zurhilfenahme der Einsichten und Methoden der Humanwissenschaften glaubt H. Roth das menschliche Verhalten so zu verändern, daß das gewünschte Sozialverhalten entwickelt werden kann – Sozialkompetenz. Die Störungen aus dem Triebbereich des Menschen hofft er dadurch in den Griff zu bekommen, daß er den jungen Menschen mit Hilfe des Erziehers dazu befähigen will, zwischen Reiz und Reaktion eine Distanz einzulegen. Hier gelte es, »Überlegungen einzuschieben«[340], in denen nach den »Ursachen« der Gefühle gefragt wird. Roth geht davon aus, daß die menschlichen Triebe nicht von Geburt »objektbesetzt« seien, sie seien auf neue Objekte, Gehalte umsetzbar, »Antrieb und Ziel sind trennbar.«[341] Diese Trennung muß das Kind mit Hilfe des erwachsenen Erziehers vornehmen, das Ziel seiner Antriebe bewußt überlegen, um sich so umwerten zu lassen. Dazu sei es allerdings nötig, daß das Kind alle seine Triebe, Antriebe, Bedürfnise, Interessen und Wünsche vor dem Erzieher benennen lerne, damit diese erziehungsfähig, d. h. lenkbar gemacht werden können. »Indem das Kind mit Hilfe der erwachsenen Erzieher seine Triebe, Antriebe, Bedürfnisse, Interessen, Wünsche zu benennen lernt, so daß sie ihm bewußt werden, und der Heranwachsende sie begrifflich zu fassen lernt und über sie bewußt zu reflektieren vermag, entwickelt er ein neues Verhältnis zu sich selbst, zu seinen Trieben und Antrieben und zu denen seiner Mitmenschen. In der Bewußtseinsfähigkeit der menschlichen Triebe und Antriebe ist auch ihre Erziehungsfähigkeit, Lenkbarkeit und Kultivierbarkeit verborgen«.[342]

Roth wendet die soziologische Kathegorie der Rolle konsequent auf die Erziehung an. Damit das Kind lernt, auch die Rechte anderer zu sehen und anzuerkennen, empfiehlt Roth, das Kind durch entsprechende Lernsituation »indirekt (zu) zwingen«, den Rollentausch vorzunehmen, »in die Rolle des anderen zu schlüpfen«. Dadurch soll es »vom anderen her fühlen und denken (zu) lernen«, um auf diesem Wege sein eigenes soziales Verhalten gegenüber dem anderen zu steuern.[343]

Wie glaubt Roth nun die Störungen zu beseitigen, die aus der Gesellschaft mit ihren Zwängen kommen? Roth geht, wie oben bereits angedeutet, konsequent von der Realität der Rolle und ihrer Anwendung auf den Menschen aus, »ohne deren ausgebautes Verhaltensgerüst das Ich hilflos versagte«.[344] Unter dieser Vorentscheidung über den Menschen stellt er jedoch die Erziehung vor die Aufgabe, die Vergesellschaftung des jungen Menschen zu verhindern, ihn zu befähigen, sein Selbst zu wahren. Der Mensch muß sein Eigentliches behaupten, seine »Selbstkontrolle«. Die »individuelle Selbstrolle« sei der Erziehung als Entwicklungssoll aufgegeben«.[345] Auch das Selbst des Menschen wird hier unter den Begriff der »Rolle« gefaßt, – das zwingt allerdings jetzt den Schüler, angesichts der gesellschaftlichen Rollenerwartungen seine »Selbstrolle« zu spielen, zu trainieren und optimal zu verwirklichen. Der Schüler wird gezwungen, sein Selbst offen darzulegen, vor der Gruppe, der Klasse, dem Kollektiv. In der Praxis der Erziehung müsse es nun darum gehen, die »Spannung zwischen Selbst und Rolle (zu) wollen«.[346] Das bedeutet für Roth »Kooperation und Konflikt zwischen Rollen (zu) bejahen, vor allem aber den Konflikt, daß ein Ich nicht gewillt ist, in Rollen aufzugehen«.[347] Das führt H. Roth zur Konfliktpädagogik, die uns schon bekannt ist. H. Roth steht mit seiner Konfliktpädagogik und den Rollenspielen in gefährlicher Nähe von Habermas. Obwohl seine »Universalmoral« nicht die »Grundnormen vernünftiger Rede« (Habermas), sondern ethische Werte und Prinzipien sind, werden in der Praxis balancierende Ich-Identität, die sich durch emanzipatorische Konzepte entwickelt, mit der »Sozialkompetenz«, wie sie H. Roth beschrieben hat, in eins gesetzt.[348] Die Richtlinien für die Grundschulen von Nordrhein-Westfalen sprechen von »Sozialkompetenz« und subsumieren darunter alle emanzipatorischen Konzepte. Alle die Verhaltensweisen, die sich aus emanzipatorischen Konzepten ergeben, die in diesem Buch vorgestellt wurden, werden heute als »Sozialverhalten« bezeichnet.[349]

2. Verhaltenskontrolle

Die Erziehung zur »Sozialkompentenz« vollzieht sich als ein tiefgreifender Einbruch in das Seelenleben des Kindes. Der Heranwachsende wird in diesem Prozeß zur Offenlegung seiner subtilen menschlichen Beweggründe vor dem Erzieher und der miterziehenden Gruppe genötigt. Aber nicht nur die Lernprozesse wurden in der neuen Schule geändert, um intensiv auf gewünschtes Endverhalten beim Heranwachsenden hinzuarbeiten. Neben der Forderung nach Verhaltensänderung im Sinne des aufgezeigten Sozialverhaltens forderte H. Roth, Methoden zu entwickeln, durch die objektiv nachgeprüft werden könne, ob das gewünschte Endverhalten erworben worden sei oder nicht. Ferner: Die Ergebnisse dieser Kontrolle sollen in den Zeugnissen aufgenommen werden. Eine besondere Rubrik »Sozialverhalten« sei hierzu erforderlich. Roth ist sich darüber im klaren, daß derartige Bewertungen »leicht subjektitiv auf die Person des Lehrers bezogen ausgelegt werden können«. Diesem Mangel an Objektivität will er dadurch entgehen, daß nicht nur alle beteiligten Lehrer an der Beurteilung des Sozialverhaltens mitwirken sollen, sondern auch die Schüler. Sie sollen sich untereinander in ihrem Sozialverhalten beurteilen.

»Es müssen objektiv nachprüfbare Wege gefunden werden, um auch dieses wichtige Moment im Lernprozeß – den Grad der Kooperationsbereitschaft und den Grad der Zusammenarbeit und/oder den Grad produktiven oder kritisch abweichenden Verhaltens – pädagogisch zu initiieren und das Ergebnis der Bemühungen in den Beurteilungen mit zum Ausdruck zu bringen. Dabei ist konstruktiv kooperatives oder auch kritisch kooperatives Verhalten höherzubewerten als bloßer Konformismus oder Nonkonformismus. Da solche Äußerungen und Bewertungen leicht subjektiv und auf die Person des Lehrers bezogen ausgelegt werden können und nur den Grad des Wohlverhaltens zur Schule in Betracht zu ziehen drohen, ist hier das Urteil aller beteiligten Lehrer und auch der Mitschüler wichtig. Wenn bisher Aussagen über die Kooperationswilligkeit und Kooperationsfähigkeit und/oder Eigenständigkeit eines Schülers nicht auf objektiver Grundlage gemacht werden können, beweist diese Tatsache noch nicht, daß solche Aussagen unmöglich sind. In Konferenzen, Lehrer-Schüler- und Eltern-Lehrer-Schüler-Diskussionen können dafür neue Formen gefunden und vereinbart werden.

Das alte Prädikat des Lehrers über ›Betragen‹ muß in diesem Sinne neu durchdacht und revidiert werden, daß verantwortliche Aussagen über die Kooperationsfähigkeit und die Qualität der Zusammenarbeit und Mitarbeit gemeinsam erarbeitet werden.

Die Schule hat schließlich auch als Schule Chancen der direkten

Förderung nicht nur des sozialen Bewußtseins, sondern auch einer informierenden Einübung sozialen Verhaltens, die mit schulischen Mitteln zu erreichen ist. Die neuen Vorschläge dazu kommen aus den USA und beziehen sich auf soziale- und politische Rollen-, Plan- und Simulationsspiele«.[350]

Wir gingen anfangs davon aus, daß alle Erziehung des Menschen sein Person-Sein zu berücksichtigen habe. Für die Praxis der Erziehung bedeutet das, die Unverfügbarkeit, die Nicht-Objektivierbarkeit, Unplanbarkeit und Unregulierbarkeit des Menschen zu respektieren.[351] H. Roth plädierte dafür, das »freigesetzte Verfügbare« unter pädagogischer Verantwortung verfügbar zu machen.[352] Aus diesem Grunde bezog er ja die empirischen Wissenschaften vom Menschen in die Erziehung mit ein. Roth ist den Weg der Verfügbarmachung des Menschen bis zur Forderung der Beschreibung seines Verhaltens im Zeugnis zu Ende gegangen. Die Verfügbarmachung des Menschen, seine Verobjektivierung bis hin zu den Zeugnissen ist erschreckend deutlich geworden. Hier ist die Person des Menschen nicht mehr gewahrt. Roth hat seine eigene Forderung, Erziehung muß den Menschen als Person sehen[353], nicht durchgehalten. Durch seine »Pädagogische Anthropologie« geht ein tiefer Riß, der im Zusammenhang mit der Hinwendung zur Empire gesehen werden muß. Seine Erkenntnis, daß der Mensch »homo religiosus«[354] sei, auf Vergebung und Glauben angewiesen, und die Verfügbarmachung des Menschen in seinem Verhalten schließen sich gegenseitig aus.

3. Das Kind im Griff

Die Verhaltenskontrolle des Schülers und die Beschreibung des erreichten Endverhaltens auf dem Zeugnis, wie es H. Roth 1970 forderte, blieb nicht Ausdruck der Wissenschaftseuphorie dieser Jahre. Auf dem eingeschlagenen Weg wurde konsequent weitergedacht. Am 2. 7. 1970 faßte die Konferenz der Kultusminister den Beschluß, die Beurteilung des Sozialverhaltens für die ersten beiden Schuljahre in die Zeugnisse zu übernehmen. In zwei Veröffentlichungen aus dem Jahre 1977 werden Lehrern bereits »Hilfen« beschrieben, die ihm bei der Bewältigung dieser Aufgabe dienen sollen: E. Schmack, »Gundula Niemands erstes Zeugnis«[355] und H. Bartnizky und R. Christiani, »Zeugnis ohne Zensuren.[356]

E. Schmack gibt zwar zu, daß die Beurteilung des Sozialverhaltens nicht die »einfachste Sache der Welt« sei, er erkennt auch die »Komplexität des Beurteilungsgeschehens«, stellt sich aber doch voll hinter die Auffassung der Verhaltensbeschreibung. Er empfiehlt den Lehrern von den einzelnen Kindern hinsichtlich ihres Verhaltens »Einzelaufnahmen« zu machen, diese seien nicht zu unterschätzen. Wird aber die Summe der Einzelaufnahmen dem Kinde in seinem Verhalten gerecht, so daß sie eine Beschreibung im Zeugnis rechtfertigen? Schmack mahnt die Lehrer zu »geduldiger Beobachtung«. Der Lehrer müsse im ständigen Gespräch mit den anderen Kollegen stehen, um deren Auffassung über das Sozialverhalten zu hören und um sich dann entsprechende Notizen zu machen. Die Ermittlung des Sozialverhaltens will Schmack auf alle Fächer ausgedehnt wissen; das bedeutet, von der Sexualerziehung bis zum Religionsunterricht. Auch Bartnitzky und Christiani geben die Problematik zu, die mit der Beobachtung und Beschreibung des Sozialverhaltens verbunden ist. Bereits das, was beobachtet werde, sei subjektiv durch den Lehrer eingefärbt, da dieser einer bestimmten Werthaltung verpflichtet sei. Von daher sei die Erwartung des Lehrers im Blick auf das Verhalten seiner Schüler bestimmt und damit, was er am Schüler sieht oder nicht sieht. Die beiden Autoren nennen weitere Faktoren, die das Beobachtete in seiner Qualität mindern: die Ablenkung des Lehrers durch zu starke Konzentration auf den Lehrstoff und den geplanten Unterrichtsverlauf; ungünstige Beobachtungsposition im Klassenzimmer. Die Qualität der Beobachtung und damit die Niederschrift hänge ab von der »Intelligenz des Lehrers«, von seiner Konzentrationsfähigkeit, von vorhergehenden Erfahrungen, die er gemacht habe, von seinem seelischen Gleichgewicht; also von Müdigkeit oder Erregung. Dies alles müsse der Lehrer bei der Beurteilung und Beschreibung mitbedenken. Aber kann der Lehrer z. B. wirklich unterscheiden, was bei ihm beispielsweise auf mangelnde Intelligenz zurückzuführen ist? Ist der Lehrer hier nicht völlig überfordert? Trotz dieser Einsicht in die Fragwürdigkeit dieser Art Verhaltenskontrolle und -beschreibung empfehlen die Verfasser Dauerbeobachtungen im gesamten schulischen Umfeld: bei der Lösung einer Aufgabe, beim Spiel in der Pause, im Klassenraum, in der Turnhalle, im Kontakt mit dem Lehrer, im Umgang mit den Klassenkameraden. Die Verfasser empfehlen den Lehrern Beobachtungsmethoden aus der Entwicklungspsychologie (Ereignisanalyse, fraktionierte Beobachtung, Beobachtung in standartisierten Situationen). Überprüft man jedoch die angeführten Beobachtungsmethoden in der entwicklungspsychologischen Literatur, so wird man von der Unzulänglichkeit all dieser Methoden überzeugt. Allein die systematische Beobachtung in kontrollierten Situationen verringere die Fehlerquellen. Aber dazu seien bei einem Kinde am Tage 24 Beobachtungen zu je 5 Minuten nötig oder 60 Stichproben von je einer Minute. Das klarste Ergebnis erbrächten Ganztagsbeobachtungen, in denen ein Kind den ganzen Tag beobachtet wird und sein Verhalten von »Minute zu Minute« festgehalten werde. (Nickes, Entwicklungspsychologie des Kindes- und Jugendalters, Band I, S. 86, Stuttgart)

Bei der Empfehlung der Methoden aus der Entwicklungspsychologie haben die Verfasser aber gänzlich einen Gesichtspunkt übersehen, der wohl der entscheidendste ist: Alle diese Methoden wurden von der Entwicklungspsychologie erarbeitet, um durch Beobachtung festzustellen, wie sich das Verhalten von Kindern und Jugendlichen in den verschiedensten Lebensaltern entwickelt. Man sucht nach Verhaltensweisen, die sich in verschiedenen Altersstufen beim jungen Menschen verallgemeinern lassen. Von der Entwicklungspsychologie sind diese Methoden nicht entwickelt worden, um sie für die Zeugnisgebung auszunutzen. Denn hier liegen jetzt ganz neue Bedingungen vor. Das Kind, das vom Entwicklungspsychologen beobachtet wird, ist frei. Es weiß, mein Verhalten erscheint auf keinem Zeugnis. Das Kind, das vom Lehrer mit Hilfe entwicklungspsychologischer Methoden beobachtet wird, ist unfrei. Es weiß, mein Verhalten erscheint im Zeugnis. Der wesentliche Faktor der Beobachtung für die Entwicklungspsychologie ist ausgeschaltet: das freie und ungezwungene Verhalten des Kindes. Zu den übrigen Fehlerquellen kommt hinzu: Das Kind wird dazu genötigt, sich dem gewünschten Verhalten »anzupassen«. Durch die Verhaltensbeschreibung im Zeugnis wird in erhöhtem Maße die Heuchelei in die zwischenmenschlichen Beziehungen getragen, denn eine echte Änderung des Menschen in seinem Verhalten wird auf diesem Wege nicht erreicht. Das Kind paßt sich dem gewünschten Verhaltensraster an. Echtes

Erziehen ist nicht mehr möglich. Der Mensch wird in seiner Person verbogen. Das ist Frevel am Kind!

Um das Verhalten des Kindes einigermaßen in den Blick zu bekommen, empfehlen Schmack und auch Bartnitzky und Christiani den Lehrern, den Verhaltenshintergrund der Kinder zu erhellen: die Familie des Kindes. Die Verfasser empfehlen »Anamnesebögen«. Die Verfasser stellen Frage- und Testbögen für die Familienuntersuchung vor. Der Bagel-Verlag, Düsseldorf, empfiehlt den Schulen bereits diese Bögen. Der Anamnesebogen selbst soll »streng vertraulich« behandelt werden. Der Klassenlehrer soll den Eltern klar machen, daß diese Befragung ausschließlich dem Wohl des Kindes und seiner individuellen Förderung diene. Es wird darauf hingewiesen, daß der Lehrer damit rechnen müsse, daß die Eltern manche Fragen zurückweisen würden. Der Fragebogen sei daher so aufgebaut worden, daß zunächst allgemeine Daten erfragt würden, die jeder bereitwillig bekanntgebe. Dadurch würden die Eltern aufgelockert, für weitere Fragen würden eventuelle »Antworthemmungen« abgebaut. Es heißt: »Danach setzen Fragenkomplexe ein, die von den Eltern u. U. als unangenehm empfunden werden können, weil sie ihr Verhalten unmittelbar betreffen. Durch entsprechende Formulierungen wurde versucht, diese Fragen zu entschärfen«.[357] Durch eine geschickte Fragetechnik werden die Eltern also überrumpelt und ausgehorcht. So finden sich z. B. Fragen: »Gehen sie in der Erziehung ihres Kindes ähnlich vor, wie sie erzogen sind oder anders (offene Frage, u. U. nachfragen)... »Was macht ihnen an ihrem Kinde besonders Freude? Was tun sie oder ihr Ehepartner, wenn sie ihr Kind bestrafen, tadeln, schimpfen, strafen (Fernsehverbot, Hausarrest), schlagen? Wer bestraft ihr Kind häufiger? Mutter-Vater? Wie verhält sich das Kind bei gemeinsamen Unternehmungen? Interessiert, wißbegierig, unternehmungslustig, gleichgültig, lustlos, schnell ermüdend?« Wer hier den Erziehern antwortet, das muß allen Eltern gesagt werden, verobjektiviert sein Kind, gibt es an die Erzieher und ihre Manipulation preis; er verstößt gegen die Liebe. Darüber hinaus gibt er die Intimsphäre seiner Familie preis. Bei derartigen Aktionen kann nur geraten werden, die Schule in ihre Grenzen zu verweisen.[358]

Mit der Beurteilung bzw. Beschreibung des Sozialverhaltens von Schülern in Zeugnissen begann man zum ersten Mal im Schuljahr 1976/77. Die verschiedensten Bundesländer verwirklichten dieses Konzept: Bayern, Nordrhein-Westfalen, Hamburg und neuerdings auch Bremen. Auch Niedersachsen und Rheinland-Pfalz hatten die Beschreibung des Sozialverhaltens in den Zeugnissen zunächst vorgesehen. Diese Bundesländer ließen diesen Plan der Ingriffnahme des jungen Menschen jedoch wieder fallen.

Die Konditionierung des jungen Menschen auf soziale Verhaltensweisen und die Beschreibung des Sozialverhaltens im Zeugnis ist ein perfektes Instrument zur Steuerung der Gesellschaft und infolgedessen in höchstem Maße ein Politikum. Es darf nicht unterschätzt werden, daß in den meisten Veröffentlichungen zum Sozialverhalten Grundqualifikationen genannt werden, die auf das Gutachten des »Deutschen Bildungsrates« zum politisch-sozialen Lernen« zurückgehen. Hier werden eine Fülle von Lernzielen im Sozialverhalten genannt, die alle von den Grundqualifikationen einer »Ich-starken-Persönlichkeit« abgeleitet werden, wie sie J. Habermas und sein Schüler L. Krappmann begründet haben. Auf beide Autoren wird in den Veröffentlichungen auch immer wieder hingewiesen.[359] Schüler, die diese Lernziele im Sozialverhalten erreicht haben, sind zur »balancierenden Ich-Identität« befähigt.

Als Beispiel sei das Sozialverhalten wiedergegeben, wie es die »Vorläufigen Hinweise« in Nordrhein-Westfalen von 1976 vorsahen. Dazu muß bemerkt werden, daß es sich hier um Formulierungshilfen handelte. Durch einen Zusatzerlaß vom März 1977 wurden diese »Vorläufigen Hinweise« abgeschwächt und darüber hinaus dem Lehrer ein größerer individueller Spielraum eingeräumt, der das Kind jetzt aber gleichzeitig dem erhöhten Subjektivismus des Lehrers ausliefert.

1.1. Kontaktfähigkeit
– fand (...) Kontakt zu Mitschülern und Lehrern;
– war kontaktfreudig, kontaktbereit, zurückhaltend, schüchtern;
– war noch (...) anlehnungsbedürftig dem Lehrer oder Mitschüler(n) gegenüber;

- konnte sich (leicht, nur schwer, noch nicht) in andere hinein-
  versetzen;
- setzte sich (...) für andere ein.

1.2. Kooperationsbereitschaft
- war (...) hilfsbereit, suchte noch (...) Hilfe, war noch hilfs-
  bedürftig (...);
- war (...) bereit, mit anderen zusammenzuarbeiten;
- konnte Vereinbarungen / Regeln (...) einhalten;
- war bereit (...), Aufgaben der Klassengemeinschaft zu
  übernehmen und sie (sorgfältig, gewissenhaft, verantwortlich) auszuführen.

1.3. Konfliktverhalten
- konnte bei Streit und Auseinandersetzungen (...) zur Klärung beitragen;
- konnte sich (...) ausgleichend, vermittelnd einsetzen;
- konnte (...) die eigene Meinung vertreten;
- konnte (...) nachgeben und die Meinung anderer anerkennen.

1.4. Gesprächsfähigkeit
- äußerte sich gern und oft (nur selten, gelegentlich, noch
  nicht);
- konnte seinen / ihren Äußerungsdrang (...) steuern;
- konnte den Mitschülern und dem Lehrer (meistens, gelegentlich, nicht immer, noch nicht) zuhören und auf sie eingehen;
- konnte sich (...) den Mitschülern, dem Lehrer verständlich
  machen;
- konnte Gespräche (...) anregen, bereichern, weiterführen.

Der Kultusminister von Bayern hat es der subjektiven Auffassung des Lehrers überlassen, welche sozialen Verhaltensweisen
er beschreiben will. Es muß aber darauf hingewiesen werden,
daß im »Schulreport«, dem Mitteilungsblatt des »Bayerischen
Staatsministeriums für Unterricht und Kultus« 1976[360], die
Lehrer in Bayern durch die Ulmer Erziehungswissenschaftlerin
I. Lichtenstein-Rother in einem Aufsatz »Leistung und Leistungsbeurteilung im ersten Schuljahr« im Zusammenhang mit

dem Sozialverhalten in den Literaturhinweisen gerade auf das Gutachten des Deutschen Bildungsrates aufmerksam gemacht wurden, in dem die sozialen Verhaltensweisen auf der Grundlage der Persönlichkeitsstruktur ausgebaut sind, wie sie J. Habermas und sein Schüler L. Krappmann als »balancierende Ich-Identität« entworfen haben. Da es sich hier ja um tiefe Eingriffe in Normen und Werte der Erziehung handelt, werden die Lehrer von ihr angehalten, »bei Erziehungsfragen mit ihrer Orientierung an Normen und Werten eine Übereinstimmung mit den Eltern anzustreben«, zumindest aber soll »wechselseitige Unterrichtung und Zusammenarbeit« erreicht werden.

Wie perfekt die Kontrolle des Menschen in Hamburg gehandhabt wird, kann hier nicht vorenthalten bleiben. Die »Behörde für Schule, Jugend und Berufsbildung« hat dort einen »Beurteilungsbogen zur Feststellung der Lernausgangslage von Schulanfängern« herausgegeben.[361] Die menschliche Persönlichkeit ist hier in zwölf verschiedene Bereiche aufgegliedert: Kontaktfähigkeit, emotionale Zuwendungsfähigkeit, soziales Einfühlungsvermögen, Verantwortungsbewußtsein, Konfliktverhalten, Kooperationsbereitschaft, Selbstkontrolle, Gefühlsstabilität, Selbstsicherheit, Kritikfähigkeit, Selbständigkeit und Kreativität. Die Verhaltensäußerungen des Kindes in diesen Bereichen muß der Lehrer folgendermaßen vermerken: sehr häufig, häufig, gelegentlich, selten, äußerst selten, keine Angaben möglich. Unter »sozialem Einfühlungsvermögen« verstehen sie: »Kann das Kind Mitleid zeigen, andere trösten, sich für Schwächere einsetzen oder wirkt es gleichgültiger gegenüber den Problemen anderer?« Seine Gefühlsstabilität bedeutet: »Wirkt das Kind ausgeglichen, gefühlsstabil, belastbar? Oder wirkt es eher leicht frustriert, gefühlslabil?« Kontaktfähigkeit bedeutet: »Ist das Kind aktiv im Kontakt? Knüpft es schnell und ungezwungen Beziehungen? Oder ist es eher passiv, scheu, gehemmt im Umgang mit anderen?« Bei der Kritikfähigkeit muß der Lehrer beachten: »Kann das Kind Vorgegebenes in Frage stellen, fragt es nach den Gründen für Sachverhalte oder nimmt es alles ungeprüft und kritiklos hin?« Selbstverständlich muß der Lehrer jetzt versuchen, entsprechende Lernprozesse in Gang zu setzen, um die gewünschten Verhaltensweisen zu erreichen.

Der »Senator für Bildung« der »Freien Hansestadt Bremen« hat am 8. 8. 1977 für die Orientierungsstufe (5. und 6. Schuljahr) neue Richtlinien für die Leistungsbeurteilung herausgegeben.[362] Hier wird das Sozial- und Arbeitsverhalten der elf- und zwölfjährigen Schüler und Schülerinnen über das »Lernverhalten« erfaßt. Vier Kategorien von Lernverhalten werden unterschieden: 1. Situationsabhängiges Lernverhalten, 2. Personenabhängiges Lernverhalten, 3. von Lerninhalten abhängiges Lernverhalten, 4. von Aufgaben und von der Selbsteinschätzung abhängiges Lernverhalten. Es wäre dringend erforderlich, diese einzelnen Kategorien und ihr Zusammenwirken einer kritischen Analyse zu unterziehen. Hier kann das jetzt nicht geleistet werden. Es soll nur die Kategorie »Personenabhängiges Lernverhalten« herausgegriffen und aufgezeigt werden, wie sich eine solche Beurteilung auf Schüler- und Lehrerverhalten auswirken wird und damit auf das erzieherische Verhältnis Lehrer-Schüler überhaupt, d. h. auf ein entscheidendes zwischenmenschliches Verhältnis.

Nach den Erläuterungen zu den neuen Richtlinien muß der Lehrer zweierlei beobachten: Einmal: »Die Beobachtung zielt auf unterschiedliches Verhalten bei unterschiedlichen Bezugspersonen.« Unter den »unterschiedlichen Bezugspersonen« ist einmal das Schüler-Schüler-Verhältnis zu verstehen, d. i. der Gruppenbezug, zum anderen das Lehrer-Schüler-Verhältnis. Beide zwischenmenschlichen Beziehungsgefüge beeinflussen ja das Lernverhalten. Hier soll jetzt nur aufgezeigt werden, wie sich eine solche Beobachtung und Beurteilung auf das Schüler- und Lehrerverhalten und damit auf das erzieherische Verhältnis überhaupt auswirkt. Jeder Lehrer muß das Lernverhalten der Schüler in seinem Unterricht beobachten. Durch Vergleich läßt sich dann ermitteln, wie unterschiedlich sich Schüler bei den verschiedenen Lehrkräften in ihrem Lernverhalten zeigen. Der Schüler ist jetzt genötigt, ein optimales Lernverhalten an den Tag zu legen. Nun spielen aber beim Lernverhalten immer

menschliche Einstellungen zum Lehrer, Sympathie und Antipathie, eine nicht unwesentliche Rolle. Ferner ist die Einstellung zum Lehrer abhängig von dessen Wert- und Normenvorstellungen. Das alles beeinflußt das Lernverhalten und läßt sich
nicht ausschalten. Der Schüler wird Anstrengungen unternehmen müssen, um alle diese Störungen zu überspielen, er wird
zum Heuchler, zumal die Beobachtung nicht nur für das jeweilige Zeugnis gedacht ist, sondern von der Schule als Empfehlung weitergeleitet wird. »Die Beobachtung erfolgt nicht nur
für die Bewertung und das Zeugnis, sondern hat auch eine besondere Bedeutung bei der Empfehlung der Schüler am Ende
der Orientierungsstufe« (S. 8). Der Schüler wird alles tun, um
sich anzupassen. Wenn ein Schüler in Zukunft seine Überlegungen darauf richten wird, ob es die Beurteilung seines Lern-
verhaltens beeinflußt, wenn er seinen Bleistift anspitzt – dieses
Beispiel ist in der Anlage angeführt – kann er sich in der Tat auf
den Stoff nicht mehr konzentrieren. Das Lernen selbst wird
zweitrangig. Aber das ist nur die eine Seite der Konsequenz.
Das schlechte Lernverhalten, das ein Lehrer bei einem Schüler
beobachtet und das er ihm quittieren soll, fällt auf ihn zurück; in
der Klasse, im Kollegium und in der Elternversammlung. Das
Lernverhalten ist ja abhängig zu einem wesentlichen Teil von
der Person des Lehrers; nicht nur davon, ob er sich autoritär
oder antiautoritär gibt, es ist nicht nur abhängig von Lob und
Tadel, es ist abhängig von der Persönlichkeit des Lehrers als
Mensch überhaupt. Was soll der Lehrer machen? Soll er sich,
soweit das menschenmöglich ist, soweit »anpassen«, daß seine
Schüler mit dem gewünschten Lernverhalten auf ihn reagieren?
Das kann unter Umständen mit der Aufgabe von Grundeinstel-
lungen zur Erziehung überhaupt zusammenhängen, mit Werten, denn hier in Bremen ist ja das Lernverhalten zur obersten
Norm gemacht. Bei seinen Beobachtungen und Beschreibun-
gen wird der Lehrer dieses alles mitbedenken müssen, denn er
steht ja in der Gefahr, von seinen Schülern, von den Eltern der
Schüler »angeklagt« zu werden, die jetzt ihr schlechtes Lernverhalten auf das Verhalten des Lehrers zurückführen, auf
seine Person als Mensch überhaupt. Was soll der Lehrer angesichts seiner menschlichen Unvollkommenheit tun? Soll er mo-
geln und das Verhalten seiner Schüler so beschreiben, daß er
nach keiner Richtung negativ auffällt? Verhängnisvoll wird es
für ihn, wenn die Schüler der 5. und 6. Klasse erst einmal hinter

die feinen Mechanismen kommen, wie man einen unerwünschten Lehrer über das Lernverhalten »fertig«-machen kann. Daß diese Überlegungen genau den Sachverhalt in Bremen treffen, wird deutlich, wenn man den zweiten Beobachtungsbereich innerhalb der Kategorie »Personenabhängiges Lernverhalten« beachtet. Hier heißt es, daß der Lehrer das Lernverhalten seiner Schüler bei »unterschiedlichen Reaktionen einer Bezugsperson« beobachten soll. Hier ist er jetzt unmittelbar angesprochen. Er soll beobachten, vermerken und im Zeugnis beschreiben, wie sich der Schüler auf sein eigenes, des Lehrers, unterschiedliche Reaktion in seinem Lernverhalten verhält. Der Lehrer muß sich bewußt sein, daß es von seinem Verhalten, von ihm als Mensch u. a. abhängig ist, ob sein Schüler in Zukunft die Hürde des Numerus clausus nimmt oder nicht.

Durch diese Art der Verhaltensbeschreibung ist von dem »Senator für Bildung« der »Freien Hansestadt Bremen« ein ausgeklügeltes System gegenseitiger Abhängigkeiten geschaffen worden, das nicht nur zu Unaufrichtigkeit und Lüge bei Lehrer und Schüler verführt, sondern auch offen ist für alle feinen Gehässigkeiten und Intrigen. Der Lehrer in Bremen ist angewiesen, »... zu prüfen, wie zuverlässig die einzelne Beobachtung ist und ob sich aus der Summe der Beobachtungen hinreichend verläßliche Beurteilungen ableiten lassen« (S. 8). Die Beobachtungen erstrecken sich »kontinuierlich über die gesamte Schulzeit der Orientierungsstufe. Die Beobachtungen sind schriftlich festzuhalten« (S. 8). Der Senator weiß, daß die Umsetzung der Beobachtung und Beschreibung auf »große praktische Schwierigkeiten« (S. 6) stößt. Schwierig sei das »Herausarbeiten anerkannter Maßstäbe« – sie wurden nicht mitgeliefert –, schwierig seien aber auch »anwendbare Feststellungsverfahren« (S. 6), weil es sich hier um einen Prozeß handle, der sich »in einer vielschichtigen gegenseitigen Abhängigkeit« abspiele. Die Beobachtungen werden nach der Empfehlung des Senators in einem Beobachtungsbogen eingetragen, der sofort mit den Richtlinien geliefert wurde. Die Beobachtungen sollen nicht »systematisch« betrieben werden, sondern beiläufig; während des Unterrichts oder danach solle die Eintragung erfolgen. Wenn dieses Verfahren durchgeführt wird, trotz der eingestandenen Schwierigkeiten, wird das für Lehrer und Schüler im menschlichen Bereich Folgen haben, die kein Senator für Bildung einer

»Freien Hansestadt« verantworten kann. Bremer Schüler fragen bereits jetzt mißtrauisch ihre Lehrer: »Was schreiben Sie da?«. In den Lehrerkollegien herrscht Unruhe. Die Lehrer sind unsicher, da keinerlei Maßstäbe für die Beurteilung gegeben wurden. Lehrer und Schüler müssen sich aber darüber im klaren sein, daß vorgegebene Maßstäbe die Unfreiheit noch perfekter machen würden. Die einzige konsequente Forderung von Eltern, Schülern und Lehrern kann nur die Aufhebung dieser behördlichen Maßnahme sein.

Die Bekenntnisbewegung »Kein anderes Evangelium« hat sich über ihren religionspädagogischen Arbeitskreis eindeutig gegen jegliche Beschreibung des Schülers in seinem Sozialverhalten ausgesprochen. Diese Auseinandersetzung wurde aufgenommen durch ein Gutachten des Sozialphilosophen H. Günther am 5. 11. 1976[363] und im Januar 1977 in der Zeitung »Schule wohin? Das Kind im Griff!« in größerem Rahmen weitergeführt.[364] Auf die dort angeführten Argumente muß hier verwiesen werden. Der »Theologische Konvent der Konferenz bekennender Gemeinschaften in der EKiD« hat in einem »Offenen Brief«[365] an die Kultusminister der Bundesrepublik ebenfalls gegen die Beschreibung von sozialen Verhaltensweisen der Schüler auf Zeugnissen Stellung genommen. Das »Zentralkomitee der deutschen Katholiken« wandte sich speziell gegen die Beschreibung des Sozialverhaltens in Nordrhein-Westfalen am 13. 3. 1977.[366] Am 11. Februar 1978 faßte der »Diözösen-Schultag« in Köln mit seinen ca. 700 Mitgliedern folgenden Beschluß einstimmig: »Der Diözösenrat soll den Kultusminister auffordern, Sozialverhalten auf den Schulzeugnissen nicht mehr beurteilen zu lassen. Begründung: Die Beurteilung von Sozialverhalten setzt Sozialisationsnormen voraus. Diese Normen zu setzen fällt nicht in die Kompetenz des Staates.«

Auch in der wissenschaftlichen Literatur mehren sich kritische Stimmen zur Beschreibung des Sozialverhaltens auf den Zeugnissen. Hingewiesen sei auf den Kieler Schulpädagogen G. Schröter und sein Buch »Zeugnisse? Zeugnisse!«[367] Er stellt sich ausdrücklich hinter die Argumente des religionspädagogischen Arbeitskreises der Bekenntnisbewegung.

Freiheit und Würde des Menschen vertragen es nicht, daß der Mensch bis in sein Verhalten hinein auf Zeugnissen beschrieben wird. Diese Enttabuisierung des Menschen in seinem persönlichsten Bereich muß um des Menschen willen zurückgenommen werden.

C. Der umfassende Anspruch des Erziehungswesens an den Menschen

Um die ganze Tragweite dieser Entwicklung in ihren Konsequenzen für den Menschen, für den einzelnen wie für die Familie und die Gesellschaft recht zu erfassen, muß man den umfassenden Anspruch, den das Bildungswesen an den Menschen stellt, in den Blick bekommen.

Es ist deutlich geworden, daß es keinen Lebensbereich mehr gibt, in den sich das öffentliche Bildungswesen nicht glaubt eindrängen zu müssen. Die Enteignung der Privatsphäre des Menschen schreitet voran. Das entspricht ganz den Intentionen, die im Strukturplan gesetzt wurden:

»Der Bezugsrahmen, in dem das Curriculum (Lernziel) zu sehen ist, ist umfassend. Er reicht von den Berufsfeldern über die verschiedenen Stufen wissenschaftlicher Orientierung bis zu jenen Lebensbereichen, die durch Wohnen, familiäres Zusammenleben, Umgang mit Menschen, politische Tätigkeit, Religion, Kunst, Sport, Unterhaltung und anderem umschrieben werden können.«[368]

Dahinter steht die Auffassung vom Menschen, die H. Roth entwickelt hat: der Mensch müsse einer optimal vorbereiteten Umwelt ausgesetzt sein, um zur Reife zu kommen. Er sei unendlich lernbedürftig, aber auch unendlich lernfähig. Das gleiche gelte von seiner Erziehungsbedürftigkeit und -fähigkeit.[369] H. Roth geht sogar soweit, daß er ein »Anreichern der individuellen Anlagen, ein Begaben von außen« für möglich hält. Die Begabungsunterschiede zwischen den Menschen seien gar nicht so groß, intelligentes Verhalten hinge davon ab, inwieweit die Umwelt dem Kinde den Erwerb von Intelligenz ermöglicht habe. Diese Auffassung liegt unserem Bildungswesen zugrunde, ist aber durch weitgreifende empirische Untersuchungen amerikanischer Genetiker längst überholt.[370] Danach gehen die Unterschiede in den Begabungen der Menschen zu 80% auf seine Erbanlage zurück. Hierzu W. Brezinka: »Solche ungenauen und irreführenden Formulierungen wurden als scheinbar wissenschaftliche Rechtfertigung egalitärer Wunschvorstellungen rasch popularisiert. Progressive Schulpolitiker sahen diese luftigen Ideen, die so gut zum Postulat der Gleichheit paßten, als ausreichende wissenschaftliche Grundlage für zahlreiche schulorganisatorische Neuerungen an, die sie für geeignete Mittel hielten, um die Unterschiede auszugleichen, welche zwischen den Angehörigen verschiedener sozialer Schichten hinsichtlich Aufstiegs-, Einkommens- und Konsumchancen bestehen. Dazu gehören die Vorschule, die Förder- und Orientierungsstufe, die integrierte Gesamtschule, die Ganztagsschule, die ›Wissenschaftsorientiertheit‹ des Unterrichts und alle Formen von ›kompensatorischer Erziehung‹, durch die ›Leistungsdefizite‹ ausgeglichen werden sollen.«[371]

1. Reformen der Schulstruktur

Um allen Kindern eine höchstmögliche Chancengleichheit zu bieten, setzten sich seit den fünfziger Jahren immer stärkere Zentralisierungstendenzen durch. Immer mehr einklassige Dorfschulen wurden aufgelöst und die Schüler in Mittelpunktschulen, Dörfergemeinschafts- oder Zentralschulen zusammengefaßt. Die Dreigliederung des deutschen Schulwesens wurde beibehalten: Volksschule, Realschule, Gymnasium. Im nächsten Schritt wurde das Schulwesen umgeschichtet in eine für alle verbindliche Grundschule bis zum Abschluß des vierten Schuljahres. Die frühere Volksschuloberstufe wurde zur Hauptschule. Damit sie sich nicht zu einer Restschule entwickelte und so völlig an Bedeutung verlor, wurde sie zu einer weiterführenden Schule mit entsprechendem Abgangszeugnis umgebildet, das den Zugang zu weiteren Schulen ermöglichte. Die Entwicklung in dieser Richtung ist abgeschlossen.

In der Erprobung und Diskussion befindet sich die Gesamtschule bzw. die Kooperative Schule. In ihr sollen alle Schularten in einem Komplex zusammengefaßt werden. H. Scheuerl gibt für das Projekt Gesamtschule – und das gleiche muß auch für die kooperative Schule gesagt werden – gesellschaftspolitische Zielvorstellungen an. »Hinter der Idee der integrierten oder gar hochintegrierten Gesamtschule steht darüber hinaus eine gesellschaftspolitische und schulreformerische Grundauffassung, die mit den Zielvorstellungen der herkömmlichen Bildungswege bricht, zugunsten einer allein leistungsdifferenzierten Chancengleichheit für jedermann.«[372]

Die Ganztagsschule ist ein weiterer Schulversuch, der z. Zt. an jeder Schulart durchgeführt werden kann. Welche Motive werden für die Ganztagsschule angegeben? Eine kleine Sammlung davon finden wir in »Einrichtungen von Schulversuchen mit Ganztagsschulen« in den Empfehlungen des Deutschen Bildungsrates von 1975. Die Familie sei nicht in der Lage, auf alle »notwendigen Tugenden des öffentlichen Verhaltens« hinreichend vorzubereiten. Diese Aufgabe müsse die Schule mit übernehmen. Da in den bisherigen Schulformen die Unterschiede in der sozialen Herkunft der Kinder noch nicht wirksam ausgeglichen werden könnten, will man mit der Ganztagsschule diesem Mangel nun endgültig abhelfen und so die Gleichheit der Bildungschancen für alle gewährleisten. Außerdem sieht sich die Schule veranlaßt, die Kinder zu übernehmen, weil viele Mütter berufstätig sind. Die Familien seien immer weniger in der Lage, die Kinder mit Anregungen und Arbeitshilfen zu unterstützen. Ein schulinterner psychologischer Beratungsdienst könne dann endlich intensiviert werden. Ihm komme in der Ganztagsschule besonders große Bedeutung zu. Er muß sich um die Diagnose und Therapie von schulischen Schwierigkeiten bemühen. Das ist einleuchtend, da ja alles Versagen des Menschen in falschen Einflüssen der Umwelt (Familie!!) seine Ursache haben soll und somit behoben werden kann und muß. Selbstverständlich werden in der Ganztagsschule die Kinder auch ihre Mahlzeit einnehmen. Eine derartige Ganztagsschule wird eine auf alle Bereiche der Umgebung einwirkende Institution sein. Setzt sich das Programm der Ganztagsschule durch, dann sehen die Eltern ihren Kindern nur noch nach. Der Deutsche Bildungsrat sieht das mit Genugtuung: »Allerdings gewinnt mit der Verwirklichung der Ganztagsschule auch die Schule einen stärkeren Einfluß auf die Entwicklung der Kinder.«[373]

2. Lebenslanges organisiertes Lernen

Parallel mit der äußeren Umorganisation der Schulstrukturen verläuft die Ausweitung des Bildungsanspruchs auf den gesamten Lebenszeitraum. Die Erziehung der drei- bis vierjährigen Kinder (Elementarbereich) und die Weiterbildung der älteren Menschen werden in das organisierte Lernen einbezogen. Der Elementarbereich soll bis 1980 soweit ausgebaut sein, daß ca. 80% der Kinder dieser Altersstufe am organisierten Bildungsprozeß teilnehmen können. Er wird als eine Förderungsmaßnahme betrachtet, die in die freie Entscheidung der Eltern gelegt werden soll. Es muß jedoch bezweifelt werden, daß hier eine »echte« Freiheit besteht, denn Elementarbereich und Eingangsstufe stellen mit dem Primarbereich einen kontinuierlichen Erziehungsablauf dar. Die Eltern werden sich genötigt sehen, ihre Kinder in den Elementarbereich zu geben, damit diese den gewünschten Anschluß finden. Die Förderung der Kinder soll in Kindergärten stattfinden, von privaten Trägern oder von den Trägern der freien und öffentlichen Jugendhilfe unterhalten. Das bedeutet jedoch nicht, daß die Träger Lehrpläne gestalten und Lernziele festsetzen können. Die Lehrplangestaltung, die Zielrichtung der Erziehung wird von den Kultusministerien der Länder angegeben. »Die Länder werden bis 1975 entsprechend ihrer Verfassungslage eine Regelung zur Übertragung der curricularen Zuständigkeiten (der Zuständigkeiten für den gesamten Lernprozeß, der Verf.) auf die Kultusministerien durch Gesetz oder Kabinettbeschluß vornehmen.«[374]

Die Eingangsstufe umfaßt die Fünf- bis Sechsjährigen. Ob diese Altersstufe mit dem Elementarbereich oder mit dem Primarbereich verknüpft wird, steht noch nicht fest. Vorgesehen ist jedoch, das Einschulungsalter ab 1980 auf die Fünfjährigen auszudehnen. Der Primarbereich umfaßt die Altersstufen der Sieben- bis Zehnjährigen. Es ist die jetzige Grundschule, die frühere Volksschulunterstufe. Für die innere Zielsetzung der Grundschule bestand bei vielen Pädagogen der Grundsatz des »kindgemäßen Unterrichts«. Der Strukturplan und auch der Bildungsgesamtplan lehnen diese Zielsetzung ab. »Das Kriterium des ›Kindgemäßen‹ reicht nicht mehr aus, um Maßstäbe für den Unterricht in der Schule setzen zu können.« Es geht vielmehr darum, im Primarbereich die »Lernprozesse so zu beginnen, daß sie später in ihrer grundlegenden Richtung nicht mehr geändert werden müssen«[375]. Dadurch wird der Primarbereich als eine Schulstufe besonderer Art aufgegeben und den großen Zielen der inneren Bildungsreform geöffnet: der Wissenschaftsorientiertheit alles Lernens und Lehrens.

Der Sekundarbereich umfaßt die Bildungsgänge vom 5. bis 10. Schuljahr. Alle Bildungsgänge des Sekundarbereiches II bauen auf dem Sekundarbereich I auf. Zum Tertiärbereich gehören alle die Ausbildungsgänge, die an den jeweils letzten Abschluß einer Ausbildung im Sekundarbereich II anschließen. Man unterscheidet im Tertiärbereich zwischen Hochschulen und sonstigen Ausbildungsstätten mit berufsqualifizierenden Bildungsgängen.

In der Weiterbildung wendet sich das öffentliche Bildungswesen den späten Altersstufen zu. Menschwerden und Menschbleiben ist zu einem intensiven Lernprozeß geworden.

»Der Begriff der ständigen Weiterbildung schließt ein, daß das organisierte Lernen auf spätere Phasen des Lebens ausgedehnt wird und daß sich die Bildungsmentalität weitgehend ändert. Die traditionelle Vorstellung von zwei Lebensphasen, die ausschließlich und von einander getrennt entweder mit der Aneignung oder mit der Anwendung von Bildung zusammenfallen, wird abgelöst durch die Auffassung, daß organisiertes Lernen sich nicht auf eine Bildungsphase am Anfang des Lebens beschränken kann.«[376]

Man begründet die Weiterbildung damit, daß die erworbene Bildung der ersten Bildungsphase den Anforderungen, die an den einzelnen herantreten werden, nicht mehr genügt. Der Zuwachs des Wissens muß systematisiert und reflektiert werden, sonst könne man mit der Entwicklung nicht mehr Schritt halten. Deswegen sei es notwendig, »die institutionalisierte Weiterbildung als einen ergänzenden nachschulischen umfassenden Bildungsbereich einzurichten.«[377] Der Strukturplan geht davon aus, daß die Weiterbildung nicht als »beliebige Privatsache noch als eine nur Gruppeninteressen dienende Maßnahme betrachtet und behandelt werden« kann.[378] Im Strukturplan wird ein »gesamtgesellschaftliches Interesse an einer allseitigen, ständigen Weiterbildung einer möglichst großen Anzahl von

Menschen, ... das ähnlich stark ist, wie das gesellschaftliche Interesse an der Schulbildung für alle«,[379] vorgegeben.

Ohne ergänzende Weiterbildung sei die erste Bildungsphase unvollständig. Die verschiedenen privaten und öffentlichen Träger werden für die Weiterbildung ihr Angebot machen können. An die privaten Träger ist die Bedingung geknüpft, daß ihre Leistungen denen der öffentlichen Träger gleichkommen müssen. Nur so werden sie an allen Maßnahmen und Einrichtungen sowie an der öffentlichen Förderung beteiligt. Es ist zu befürchten, daß auf dem Wege der Verwaltung das Staatsdiktat auch in der Weiterbildung aufgerichtet wird.

3. Auffassungen über das Elternrecht

Welche Stellung werden die Eltern haben in diesem dichtmaschigen Netz von öffentlicher Erziehung, das sich über die Kinder legt? Auf die Fragen nach der Elternmitbestimmung kann hier nicht weiter eingegangen werden. Sie wird in den einzelnen Bundesländern unterschiedlich diskutiert. Vielmehr wollen wir uns hier mit dem Elternrecht beschäftigen, wie es von verschiedenen Seiten gesehen wird.

Theodor Wilhelm, ein Pädagoge, der aus der Tradition des Humanismus kommt und Gegner der neomarxistischen Emanzipation ist, beschreibt in seiner »Theorie der Schule« das Verhältnis zwischen Schule einerseits und der Familie andererseits mit den Worten: »Im Mittelpunkt der Schule des Rechtsstaates steht nicht das Recht der Kirchen und Eltern, sondern das Recht des Schülers und der Gesellschaft«. Auf der Ebene des Elternrechts zur Klärung schulpolitischer Fragen für die Zukunft zu gelangen, hat für ihn »keine Aussicht auf Erfolg«. In einer rechtsstaatlichen Demokratie ist für ihn die »Elternrechtsperspektive« überholt. So sei das Elternrecht »weder als ›Recht‹ noch als ›Pflicht‹ der Eltern zur sachgemäßen Erziehung der Kinder heute noch glaubwürdig«. Er ist der Meinung, Eltern sollten auf ihr Elternrecht verzichten. »Wir müssen dafür sorgen, daß die demokratische Gesellschaft politische Formen annimmt, die es erlauben, daß die Eltern das Bewußtsein haben können, gerade dadurch, daß sie auf das Elternrecht verzichten, ihrem Kinde zu der für seine Ausbildung erforderlichen optimalen Lerngelegenheit zu verhelfen«. Er kommt zu einer Neudefinition des Begriffes Elternrecht: »Das moderne Elternrecht ist das allgemeine Bürgerrecht auf eine allgemeine Schulausbildung.« Entscheidend für seine Auffassung ist, daß die traditionellen Motive für das deutsche Elternrecht »Mißtrauen gegen den Staat« gewesen sei. In der demokratischen Gesellschaft sei dies Mißtrauen nicht mehr angebracht.[380] Ob Th. Wilhelm als Gegner der neomarxistischen Emanzipation heute noch genauso denkt wie 1969 bei der Herausgabe seiner »Theorie der Schule«? Das vorgelegte Material rechtfertigt mehr denn je höchstes Mißtrauen gegenüber öffentlichen Erziehungseinrichtungen. Schon aus der Geschichte wird klar, daß es keine Staatsformen gegeben hat – auch nicht demokratische Gesellschaftsordnungen – die es den Eltern möglich gemacht hätten, auf ihr Elternrecht zu verzichten.

H.-J. Gamm, radikal marxistischer Erziehungswissenschaftler, wendet sich ebenso entschieden gegen das Elternrecht. Es bedürfe der sozialen Kontrolle. Das höhere Anrecht auf die Kinder habe die Gesellschaft mit ihren Gruppen und nicht die Eltern, die für ihn nicht qualifiziert sind; »... alle gesellschaftlichen Gruppen, nicht etwa nur ihre Mächtigsten, haben letztlich das höhere Anrecht auf die Kinder als ihre vielfach befangenen Eltern, die für die Elternrolle nicht qualifiziert sind.«[381]

Der »Zweite Familienbericht« der Bundesregierung ist deutlich vom Gedankengut der Neuen Linken geprägt. H. Günther, Cl. und R. Willeke haben dazu eine beachtenswerte Kritik verfaßt. Aus dieser Kritik soll zitiert werden, was über die Intentionen des Berichtes zur Familie Aufschluß gibt:

»»Erziehung der Kinder ist eine gesamtgesellschaftliche Aufgabe besonderer Art und Bedeutung. Die Wahrnehmung dieser Aufgabe überträgt unsere Gesellschaft Familien und außerfamiliären Einrichtungen‹ (120). Es verschlägt einem den Atem! Die Gesellschaft überträgt den Familien die ›gesamtgesellschaftliche Aufgabe‹ der Kindererziehung! Darum setzt die Kommission ›leibliche‹ Eltern in Anführungszeichen, darum nennt sie die Eltern ›Dauerpflegepersonen‹, darum will sie diese Dauerpflegepersonen für die pädagogischen Dienstleistungen durch ein Erziehungsgeld entlohnen, daher befürwortet sie die Tagesmütter und fordert Servicezentren für Kinderbetreuung, daher fordert sie Ganztagsschulen, daher formuliert sie, daß die Abschaffung der Familie derzeit daran scheitert, daß professionelle Erzieher zu teuer wären, daher fordert sie die Professionalisierung der Mutterrolle: Die Kinder gehören der Gesellschaft. Die Gesellschaft überträgt gewisse Erziehungsaufgaben und hat zur Zeit (noch) die Neigung, mit dieser Aufgabe die Eltern zu betreuen[382].«

Sobald die Erziehung der Kinder als eine gesamtgesellschaftliche Aufgabe angesehen und durchgeführt wird, ist die Freiheit des einzelnen und die der Familie beendet. Eltern und Kinder gehörten dann nicht mehr ursprünglich zusammen, beide wären bereits vom Augenblick der Geburt des Kindes voneinander durch die Gesellschaft getrennt. Die Gesellschaft als Erziehungsinstitution hebt das »natürliche Recht der Eltern« (Art. 6, 2GG) auf Pflege und Erziehung der Kinder auf.

Es ist für die Entwicklung bezeichnend und erschreckend, wie sich Einzelpersönlichkeiten und Verbände zu diesem Problem äußern. So hat 1976 im Hinblick auf die staatliche Zwangssexualerziehung unserer Jugend die »Junge Union« in Bayern festgestellt, daß sich staatlicher Erziehungsauftrag und elterliches Erziehungsrecht grundsätzlich gleichrangig gegenüberstünden. CSU'Kultusminister H. Maier, München, hat bereits 1974 hinsichtlich der Erziehung der Kinder von der »Gleichursprünglichkeit« des Rechtes der Eltern und der Schule (also des Staates) gesprochen. Der Erziehungsauftrag komme »gesamthaft dem Elternhaus und der Schule« zu. In diesen Äußerungen wird das Erziehungsrecht insgesamt noch nicht von der Gesellschaft her gesehen, aber ein erster Schritt in dieser Richtung wird getan. Der CSU-Vorsitzende Strauß hat diesen abwegigen Gedanken aus seinen eigenen Reihen widersprochen. Laut »Fränkisches Volksblatt« hat Strauß sogar deutlich gemacht, es sei ein gottgewolltes Naturrecht der Eltern, ihre Kinder unabhängig von staatlichen und gesellschaftlichen Einflüssen in eigener Verantwortung zu erziehen. Dieses Recht könne den Eltern von keiner irdischen Instanz genommen werden. Diese Information wurde dem Schreiben von Frau H. Bayerl, München, entnommen, das diese an das staatliche Schulamt in Karlstadt am 15. 8. 1976 richtete. In diesem Schreiben hat die Lehrerin Frau Bayerl für die Zeit der Aufrechterhaltung der Schulsexualerziehung um Beurlaubung vom Schuldienst gebeten, da sie die Schulsexualerziehung aus Gewissensgründen ablehnt. Frau Bayerl leitet heute die katholische Bewegung »Maria Goretti«, die in Bayern und darüber hinaus auf breitester Basis gegen die Schulsexualerziehung kämpft.

Zur Auseinandersetzung um die Stellung des Elternrechtes hat der Bonner Rechtswissenschaftler Prof. Dr. F. Ossenbühl auf dem 5. Deutschen Verwaltungsgerichtstag am 22. 9. 1977 Stellung genommen. »Im Ausgangspunkt ist zunächst festzuhalten, daß das Grundgesetz die Erziehung des Kindes primär in die Verantwortung der Eltern gelegt hat... Die Charakterisierung (des elterlichen Erziehungsrechtes) als ›natürliches Recht‹ (Art. 6, Abs. 2 GG) weist auf die Verwurzelung des elterlichen Erziehungsrechtes hin. Es ist den Eltern nicht vom Staat verliehen, sondern vielmehr als vorgegebenes Recht vom Staat anerkannt... Einschränkungen des Elternrechtes resultieren nicht aus einem gleichrangigen Erziehungsmandat des Staates, sondern sie sind vielmehr Reflex oder Folgen einer Vereinheitlichung und Nivellierung, die jede Kollektivierung mit sich bringt... Dies ändert aber nichts am rechtlichen Vorrang der elterlichen Erziehung. Ein gleichrangiger Erziehungsanspruch des Staates scheidet demgegenüber aus. Denn staatliche Erziehung ist von anderer rechtlicher Qualität als elterliche Erziehung. Staatliche Erziehung beruht nicht auf einem ›natürlichen‹ Tatbestand, sondern ist verordnete Zwangserziehung... Dieses Ausgeliefertsein an staatlich verordnete Erzieher im schulischen Raum wird vom Standpunkt des elterlichen Erziehungsrechtes nur erträglich durch eine Restriktion der Erziehungsaufgaben des Staates. Dies bedeutet, daß dem Staat – auch im schulischen Raum – der volle pädagogische Zugriff auf das Kind versagt sein muß...«[383]

Das Bundesverfassungsgericht ist in seinem Beschluß über die Sexualerziehung vom 21. 12. 1977 nicht der Auffassung Ossenbühls gefolgt. In diesem Beschluß haben sich die Richter auf den Standpunkt gestellt, der schulische Erziehungsauftrag sei dem der Eltern nicht »nach-, sondern gleichgeordnet«. »Der Staat kann daher in der Schule grundsätzlich unabhängig von den Eltern eigene Erziehungsziele verfolgen. Der allgemeine Auftrag der Schule zur Bildung und Erziehung der Kinder ist dem Elternrecht nicht nach-, sondern gleichgeordnet. Weder dem Elternrecht noch dem Erziehungsauftrag des Staates kommt ein absoluter Vorrang zu«. Im Hinblick auf die Sexualerziehung weist der Beschluß jedoch Versuche des Staates zurück, eine »umfassende geschlechtliche Erziehung« anzustreben, die Schule dürfe nicht glauben, »in allem und jedem unterrichten zu wollen«, da dadurch die elterliche Erziehung unterlaufen würde. »Hierzu ist festzustellen, daß die Schule sich nicht anmaßen darf, die Kinder in allem und jedem unterrichten zu wollen, weil sie sonst möglicherweise den Gesamterziehungsplan der Eltern unterlaufen würde.«[384]

Aber wo liegen die Grenzen? Viele Eltern erkennen schon sehr früh berechtigterweise die Grenzüberschreitung, durch die die Schule ihren Gesamterziehungsplan unterläuft, andere Eltern überlassen ihre Kinder sehr sorglos staatlicher Erziehung. Die Markierung der Grenze beruht bereits auf tiefen gewissensmäßigen Bindungen, auf Vorentscheidungen, die dem einzelnen Elternpaar keine Instanz abnehmen kann. Die Theorie des Beschlusses des Bundesverfassungsgerichtes läßt sich in der Praxis nicht durchhalten.

4. Der Referentenentwurf des Jugendhilfegesetzes: Die Preisgabe der Familie an den Staat!

Es muß zu größter Wachsamkeit aufgerufen werden gegenüber allen Bestrebungen von Staat und Gesellschaft, die über den Weg der Erziehung den Menschen total in den Griff bekommen wollen. Für den Herbst dieses Jahres steht im Bundestag der »Referentenentwurf des Jugendhilfegesetzes« zur Entscheidung. Die 3. Fassung nach dem Stand vom Januar 1978 liegt vor.[385] Der Entwurf zeigt den Anspruch, den Wirkungsbereich und die Art der staatlichen Hilfe auf, die für Kinder und Jugendliche vorgesehen sind. Darüber hinaus enthält der Entwurf die Neuordnung der öffentlichen Familienhilfe und der öffentlichen Jugendarbeit. Alle Bereiche sind miteinander verwoben. Ein erster Band enthält den Gesetzestext (hier mit I gekennzeichnet), ein zweiter Band enthält die Begründungen (hier mit II gekennzeichnet).

Aus diesem Referentenentwurf wird im Laufe des Jahres 1978 noch ein Regierungsentwurf abgeleitet werden, bis zur endgültigen Verabschiedung durch das Parlament werden noch Veränderungen vorgenommen werden. Von entscheidender Bedeutung aber ist die Frage, ob die Grundtendenz des Referentenentwurfes beibehalten wird.

Das Jugendhilfegesetz löst das Jugendwohlfahrtsgesetz ab. Das Jugendwohlfahrtsgesetz ging von der Voraussetzung aus, daß der Staat dann in einer Familie eingreifen müsse, wenn deutlich wurde, daß Eltern ihr Kind vernachlässigten und eine Verwahrlosung des Kindes drohte. Ohne Zweifel hat dieses Gesetz den Mangel, nicht genügend Hilfe leisten zu können. Öffentliche Hilfe konnte erst dann einsetzen, wenn bereits Schäden vorlagen. Welche Grundtendenzen indes das neue Jugendhilfegesetz hat, soll hier dargestellt werden.

Der Gesetzesentwurf sieht vor, daß die staatliche Jugendhilfe als eine zusätzliche Erziehungsinstitution zwischen der Familie einerseits und der Schule und Berufsausbildung andererseits eingerichtet wird. Das Jugendhilfegesetz versteht sich als ein »modernes Erziehungsgesetz« (II, S. 4). Der Referentenentwurf des Jugendhilfegesetzes (RJHG) räumt dem Staat das Recht ein, den Eltern verbindliche Ziele für die Erziehung ihrer Kinder vorzuschreiben. Woher leitet der Gesetzesentwurf dieses Recht ab? In Art. 6 Abs. 2 Satz 1 Grundgesetz (GG) heißt es zwar, daß »Pflege und Erziehung der Kinder... das natürliche Recht der Eltern und die zuvörderst ihnen obliegende Pflicht« sei. Im RJHG geht man jedoch davon aus, daß der Staat dadurch nicht daran gehindert sei, die »Förderung bestimmter Persönlichkeitszüge« (II, S. 14) den Eltern bei der Erziehung der Kinder aufzuerlegen. Innerhalb der Grenzen der Artikel 1 und 2 GG, die die Unantastbarkeit der »Würde des Menschen« und das »Recht auf die freie Entfaltung seiner Persönlichkeit« gewährt, könne der Staat den Eltern verbindliche Erziehungsziele vorschreiben. Der § 1 JHG bestimmt diese Erziehungsziele näher, die aus Artikel 1 und 2 GG abgeleitet werden und den Eltern auferlegt werden sollen:

»Kinder und Jugendliche haben ein Recht auf Erziehung. Die Erziehung soll ihnen ermöglichen, ihre Anlangen und Fähigkeiten zu entwickeln, damit sie ihre Persönlichkeit frei entfalten können und lernen, die Würde des Menschen in Denken und Handeln zu achten. Sie soll sie zugleich befähigen, ihre persönlichen und gesellschaftlichen Lebensbedingungen zu erkennen, ihre eigenen Rechte und Interessen unter Achtung der Rechte anderer wahrzunehmen, ihre Pflichten gegenüber Staat und Gesellschaft zu erfüllen und an deren Gestaltung mitzuwirken« (I, § 1).

In der Begründung zu diesem § 1 heißt es weiter:

»Diese Erziehungsziele sind aus Art. 2 Abs. 1 und Art 1 GG ab-zuleiten und begreifen die Entwicklung zur selbstbestimmten und eigenverantwortlichen Persönlichkeit... mit den Kompo-nenten Eigenständigkeit, Fähigkeit zur eigenverantwortlichen Lebensgestaltung und sittlichen Autonomie« (II, S. 32).

Der RJHG bezeichnet diese Erziehungsziele als »allgemein«. Auf sie könnten die Eltern verpflichtet werden. Auf »nicht all-gemeine« Erziehungsziele dagegen nicht: »... so heißt dies u. a., daß die Eltern zwar an die allgemein verbindlichen Erzie-hungsziele gebunden sind, andererseits aber nicht auf nicht all-gemein verbindliche Erziehungsziele festgelegt werden dürfen« (II, S. 23). Der RJHG leitet aus der Festlegung verbindlicher Erziehungsziele für den Staat das Recht ab, in die Familie ein-zugreifen, wenn diese Ziele außer acht gelassen werden. Es heißt: »Daraus folgt für die Voraussetzung staatlicher Eingrif-fe, daß die Nichtbeachtung von Erziehungszielen den Eltern nur im Rahmen der verfassungsrechtlichen Wertordnung vor-geworfen werden darf« (II, S. 23).

Es muß grundsätzlich dem Staat bestritten werden, daß er die aus Artikel 1 und 2 GG gewonnenen Erziehungsziele für die El-tern bei der Erziehung ihrer Kinder verbindlich vorschreibt. Die Freiheit in unserem Staat wird zugunsten einer umfangrei-chen staatlichen Kontrollaufsicht über die Familie schwer be-einträchtigt. Außerdem haben Artikel 1 und 2 GG, diese wich-tigen Artikel, gerade auf dem Hintergrund der Freiheit und nicht der der staatlichen Kontrolle ihre tiefe Bedeutung. Eine Normierung von Erziehungszielen für die Eltern durch den Staat muß ausgeschlossen bleiben, wenn wir weiter in Freiheit leben und nicht unter die totale staatliche Kontrolle kommen wollen. Artikel 1 und 2 GG sind im Blick auf die Erziehung in unserem Volk Vorbild, Anspruch, Aufruf, nicht aber Gesetz mit staatlichem Bestimmungs- und Eingriffsrecht.

Bei den Erziehungszielen, die in § 1 RJHG und in den Begründungen dazu genannt werden, handelt es sich zum Teil um Ziele, die im Humanismus wurzelnd, in der deutschen Pädagogik seit nahezu 250 Jahren wirksam waren, z. B. »Selbstbestimmung« oder »sittliche Autonomie«. Es werden aber in diesen Erziehungszielen materialistische Denkvoraussetzungen erkennbar: Das Erkennen gesellschaftlicher Lebensbedingungen sei Voraussetzung für die Bildung eigenverantwortlicher Persönlichkeit. Die Begründungen machen das noch deutlicher. Hier wird über § 1 gesagt: »Er nennt im besonderen das Erkennen der persönlichen und gesellschaftlichen Lebensbedingungen als Voraussetzung sowohl für die Entfaltung der selbstbestimmten und eigenverantwortlichen Persönlichkeit als auch der sozialen Pflichten... « (II, S. 32). Vergleicht man diese Aussagen mit den Zielen der Erziehung für das Land NW, so merkt man den neuartigen Ton. Dort heißt es: »Ehrfurcht vor Gott, Achtung vor der Würde des Menschen und Bereitschaft zum sozialen Handeln zu wecken, ist vornehmstes Ziel der Erziehung,« (Artikel 7 Absatz 1 GG). Wer sich in der Entfaltung seiner Persönlichkeit durch seine persönlichen Lebensbedingungen und die gesellschaftlichen Lebensbedingungen gehindert fühlt, der wird entweder aus seiner persönlichen Umgebung ausbrechen müssen oder versuchen, seine persönlichen und die gesellschaftlichen Lebensbedingungen zu verändern. Erziehung in Theorie und Praxis so gedeutet, läuft auf ein gesellschaftsrevolutionäres Programm hinaus.

Die Erziehungsziele »Selbstbestimmung«, »Entfaltung der Persönlichkeit«, »sittliche Autonomie« werden ihres alten humanistischen Erziehungsideals beraubt und mit neuem Inhalt gefüllt, mit materialistischen Denkinhalten, ja mit dem Gedankengut der Neuen Linken. Im Humanismus bedeutete Erziehung zur sittlichen Autonomie eine Erziehung zur Anerkennung des Sittengesetzes gegenüber der Triebwelt, gegenüber den Bedürfnissen. Ehrlichkeit, Wahrhaftigkeit, Treue, Pflicht u. a. m. waren z. B. derartige Ziele. Ihnen wurde die Triebwelt des Menschen untergeordnet. Wer so herangereift war als junger Mensch, konnte von daher relativ autonom sittlich handeln. Von diesen Bildungs- und Erziehungszielen sind im RJHG jedoch nur noch die Worthülsen übrig geblieben. Die Erziehung nach dem RJHG zielt nicht darauf hin, ein vorgegebenes Sittengesetz anzuerkennen. Sie nimmt nicht bei der Ethik ihren Ansatz, sondern umgekehrt: bei den Bedürfnissen und Wünschen, bei der Triebbasis des Menschen. Mit dem Partner zu einer optimalen Befriedigung der Bedürfnisse zu kommen, darum geht es. Selbstverständlich soll die Befriedigung der Wünsche im Rahmen der Wertvorgaben des Grundgesetzes bleiben.

An dieser Stelle hat der Gesetzesentwurf aber die entscheidenden Impulse aus der Emanzipationsbewegung (Befreiungsbewegung) der Neuen Linken, vor allem des Neomarxismus aufgenommen.

Die »Würde des Menschen« und die »freie Entfaltung seiner Persönlichkeit« wird entscheidend von der Triebwelt, von den Bedürfnissen und Wünschen her gesehen und nicht von der Unterordnung der Triebbasis unter eine höhere sittliche Wertordnung, die als verbindlich anerkannt wird. Mit großer Kühnheit macht der RJHG die Erziehung der Kinder und Jugendlichen in der Triebbasis fest: »Die Verpflichtung, Jugendhilfe an den Wünschen und Interessen der jungen Menschen zu orientieren, folgt sowohl aus dem Recht des Kindes und Jugendlichen auf Erziehung... wie aus dem Gebot, Jugendhilfe wirksam zu leisten« (II, S. 21). Selbstverständlich werden auch die Wünsche der Eltern nicht unberücksichtigt gelassen (II, S. 18).

Wer in dieser Weise konsequent die Triebbasis des jungen Menschen zur Grundlage der Erziehung macht, der muß mit Problemen rechnen. Soll es zum Kampf aller gegen alle kommen? Nein! Die Problematik wird durchaus gesehen: »Die Frage der Berücksichtigung von Wünschen und Interessen junger Menschen – vor allem Jugendlicher in der Phase jugendspezifischer Anpassungskonflikte – birgt gleichwohl seit je Konfliktstoff in sich« (II, S. 21). Die Fähigkeiten, die es zu erwerben gilt, werden in einem anderen Zusammenhang genannt: »... Einfühlungsvermögen, Solidarität, Fähigkeit zur Konfliktbewältigung (Fähigkeit, Konflikte ertragen und friedlich austragen zu können) und Fähigkeit zur Partnerschaft« (II, S. 32).

Der Referentenentwurf will im Konfliktfall die Absprache der Kinder und Jugendlichen mit den Eltern. Den Eltern wird aber unmißverständlich deutlich gemacht, daß die Bedürfnisse der Kinder und Jugendlichen Vorrang haben und es keine Rechtfertigung gibt, sie zu verneinen:

»Das Abweichen von Normstandards der Erwachsenenwelt rechtfertigt die Zurückweisung von Wünschen und Interessen ebensowenig wie das Abweichen von schichtspezifischen Normstandards. Vor allem gibt es keinen legitimen Grund dafür, Wünsche und Interessen junger Menschen deshalb außer acht zu lassen, weil sie Ausdruck eines veränderten Lebensgefühls oder des Wunsches sind, bestehende Verhältnisse zu ändern, soweit die verfassungsmäßige Ordnung dies zuläßt« (II, S. 21).

Hier werden gerade die Normen und Werte der Eltern und der Familie angesprochen, die als »nicht allgemeine« Erziehungsziele man im RJHG vorgibt, schützen zu wollen, weil sie unter das Elternrecht fallen. Alle Werte und Normen der Eltern sind der Veränderung um der Befriedigung von Wünschen und Bedürfnissen preisgegeben und der Auflösung anheimgestellt. Die Trennung in allgemeine staatliche Erziehungsziele und nicht allgemeine elterliche Erziehungsziele ist unmöglich, denn Erziehung ist ein ganzheitliches Geschehen. Es ist zu befürchten, daß der Staat über die von ihm als »allgemein« ausgegebenen Erziehungsziele die Ziele der Eltern in der Erziehung ihrer Kinder auflösen wird. Die Sorge, daß das JHG eine totale Ingriffnahme der Familie durch den Staat ermöglicht, muß jetzt schon ausgesprochen werden.

Wann greifen die Organe der öffentlichen Jungendhilfe in einer Familie ein? Wenn dem Träger der öffentlichen Jungendhilfe zu Ohren kommt, daß die allgemeinen Erziehungsziele in einer Familie nicht erfüllt werden, wird diese Familie Gegenstand der öffentlichen Jugendhilfe. »Sobald dem öffentlichen Träger der Jugendhilfe... bekannt wird, daß die Voraussetzungen für eine Leistung vorliegen, hat er diese Leistung zu erbringen« (I, § 6). Jedermann hat in Zukunft das Recht, bei den Staatsorganen der Jugendhilfe und den freien Trägern »Hilfe« für eine bestimmte Familie anzuregen. »Die Anregung an den Träger der Jugendhilfe, tätig zu werden, kann von jedermann ausgehen, ...« (II, S. 44). Das war dem bisherigen Jugendwohlfahrtsgesetz fremd (II, S. 44). Welche Folgen hat das Anregungs- bzw. Antragsrecht, das von jedermann ausgehen kann, für die Familie? Alle Familien werden den subjektiven Auffassungen ihrer gesellschaftlichen Umgebung über die Erziehungsziele und Erziehung ihrer Kinder ausgeliefert. Jeder ist aufgefordert, jeden zu überwachen. Die Totalkontrolle der Familie durch die Gesellschaft bahnt sich an. Die Eltern selbst werden vollständig verunsichert, in der Erziehung ihrer Kinder Richtung zu weisen gegenüber dem zunehmenden sittlichen Verfall in unserer Gesellschaft, vor allem auf sexuellem Gebiet. Die Eltern werden indirekt unter Druck gesetzt, sich der Gesellschaft anzupassen.

Selbst die Kinder unter 14 Jahren und die Jugendlichen über 14 Jahren werden laut RJHG aufgefordert, im Konfliktfall mit den Eltern sich an die staatlichen Organe der Jugendhilfe oder an die freien Träger zu wenden – u. U. gegen die eigenen Eltern. »Die Anregung an den Träger der Jugendhilfe, tätig zu werden, kann von jedermann ausgehen, insbesondere auch von Kindern und Jugendlichen, die selbständig Fragen, Wünsche oder Beschwerden in allen Erziehungsproblemen an öffentliche und freie Träger der Jugendhilfe herantragen können« (II, S. 44). Damit aber wird alle Autorität der Eltern durch den Staat zerstört. Jede Gehorsamsforderung der Eltern gegenüber den Kindern kann abgewehrt werden. Die Organe der Jugendhilfe stehen grundsätzlich zwischen Eltern und Kindern. Das gegenseitige Mißtrauen wird gefördert, Kinder können ihre Eltern erpressen mit der Drohung, die Organe der Jugendhilfe anzurufen. Es droht die Auflösung der Familie als einer entscheidenden Institution unserer Kultur, die sich bisher gegenüber allen totalitären Ansprüchen des Staates als Hort der Freiheit und des vielfachen Widerstandes erwiesen hat.

Für die Jugendlichen besteht ein Antragsrecht auf »Hilfe« durch die Organe der Jugendhilfe. »Ein Jugendlicher kann Anträge auf Leistungen der Jugendhilfe stellen und verfolgen sowie Leistungen entgegennehmen. Der öffentliche Träger der Jugendhilfe soll den gesetzlichen Vertreter über die Antragstellung und die erbrachte Leistung unterrichten« (I, § 6,2). Hier allerdings wird den Personensorgeberechtigten eingeräumt, durch eine schriftliche Erklärung gegenüber dem Träger der öffentlichen Jugendhilfe die Handlungsfreiheit ihres Kindes einschränken zu lassen (I, § 6,3). Mit diesem Recht des Jugendlichen will der Gesetzgeber das aus Artikel 1 und 2 GG abgeleitete allgemeine Erziehungsziel »Selbstverantwortung und Selbstentfaltung« fördern, um so »die Position des jungen Menschen Schritt für Schritt bis zur Volljährigkeit zu verstärken (II, S. 44).

Ab Vollendung des 14. Lebensjahres ist es dem Jugendlichen in Zukunft gestattet, seine Eltern zu verlassen und eine eigenständige Position unabhängig von dem Willen der Eltern aufzubauen. »Das Gesetz gesteht dem Jugendlichen ab Vollendung des 14. Lebensjahres hinsichtlich der Hilfen zur Erziehung außerhalb der eigenen Familie eine eigenständige Position unabhängig vom Willen des Personensorgeberechtigten zu« (II, S. 29).

Bereits hier wird deutlich: Das Ergebnis dieser Erziehung ist die Vergiftung der Beziehungen zwischen Eltern und ihren Kindern; Flucht vor der Realität oder Revolutionierung der persönlichen und gesellschaftlichen Verhältnisse.

Die Inanspruchnahme öffentlicher Jugendhilfe soll nach § 2 grundsätzlich »freiwillig« sein. Auf Grund des Gesetzes allein dürfe keiner gezwungen werden, die »Hilfe« der Organe der Jugendhilfe entgegenzunehmen. Gegen den Willen der Erziehungsberechtigten kann nur das Vormundschaftsgericht durch einen Gerichtsbeschluß Jugendhilfe anordnen. Der RJHG hebt dieses als besondere Sicherung hervor, da so die Jugendhilfeorgane nicht schon Kraft Gesetz einen Eingriff in die Familie vornehmen könnten. Das bedeutet, daß Fragen der Erziehung behandelt werden wie kriminelle Delikte. Zuerst gibt der RJHG eine neue Definition von Erziehung, vom Wohl des Kindes, von der Entfaltung der Persönlichkeit im Sinne linker Ideologie. Sogar Artikel 1 und 2 GG werden mit den »neuen« Inhalten gefüllt. Anschließend werden die Vormundschaftsgerichte verpflichtet, diese neue Interpretation durchzusetzen. Die Veränderung des Menschen und unserer Gesellschaft – ihre Revolutionierung – vollzieht sich unter gesetzlicher und gerichtlicher Kontrolle. In § 7 des RJHG ist die »Hilfe zur Erziehung gegen den Willen des Personensorgeberechtigten« geregelt:

»Gegen den Willen des Personensorgeberechtigten darf der öf-

fentliche Träger der Jugendhilfe nur Hilfe zur Erziehung außerhalb der eigenen Familie leisten. Der öffentliche Träger der
Jugendhilfe leistet diese Hilfe, wenn das Vormundschaftsgericht eine entsprechende Anordnung getroffen hat. ...Das
Vormundschaftsgericht ordnet die Leistung einer Hilfe zur Erziehung außerhalb der eigenen Familie an, wenn... die Voraussetzungen für die Hilfe nach diesem Gesetz vorliegen und die
Hilfe geboten ist« (I, § 7).

Man bedenke: Die Begriffe über das Wohl des Kindes, über
Selbstentfaltung, Glück, Bedürfnisse, Wünsche, Entfaltung der
Persönlichkeit und ihr Bezug zu den persönlichen und gesellschaftlichen Lebensbedingungen sind derart dehnbar und subjektiv auslegbar, daß eine völlige Rechtsunsicherheit die Folge
ist. Die Auslegung dieser Begriffe hängt ab vom subjektiven
Empfinden der Kinder und Jugendlichen und deren Eltern, von
der subjektiven Auffassung der örtlichen Träger der öffentlichen Jugendhilfe und von der subjektiven Auffassung der Richter. Hinzu kommt die starke politische Einfärbung dieser ganzen Begriffe. In Kerngebieten der Neuen Linken wird das Gesetz anders gehandhabt werden als in den Bereichen der Bundesrepublik, in denen man sich der Tradition verpflichtet weiß.
Dies aber ist für unseren Staat ein unerträglicher Zustand.

Welche Hilfsmaßnahmen kann das Vormundschaftsgericht anordnen? Der RJHG nennt entscheidende Maßnahmen, um
dem Kinde und dem Jugendlichen zu der vom Gesetz geforderten »Persönlichkeitsstruktur« zu verhelfen.

Bevor die eigentliche Hilfsmaßnahme einsetzen kann, muß auf
vormundschaftsgerichtliche Anordnung hin ein Gesamtplan
für die Erziehung des betreffenden Kindes oder Jugendlichen
entworfen werden. Um diesen Gesamtplan erstellen zu können,
wird der junge Mensch in einer Einrichtung der öffentlichen Jugendhilfe untergebracht, in der eine medizinische, psychologische und pädagogische Beurteilung erfolgt. Aufgrund dieser
Untersuchung wird der Gesamtplan erstellt. Die Untersuchung
vollzieht sich nach wissenschaftlichen Maßstäben. Zwar fühlen
sich eine Reihe von Wissenschaftlern z. Z. noch nicht kompetent genug, den jungen Menschen mittels wissenschaftlicher
Methoden voll in den Griff zu bekommen, sie melden noch

Bedenken an. In den Begründungen zum RJHG werden diese
Bedenken aufgenommen:

»Die hier vorgeschlagene Regelung stößt auf Bedenken aus der
Fachwelt, die etwa wie folgt zusammengefaßt werden können:
Der augenblickliche Stand der wissenschaftlichen Erkenntnisse
und der daraus entwickelten Methoden erlaubt vielfach eine
genügend klare und gesicherte Diagnose nicht. Es handelt sich
in Wahrheit um Entscheidungen mit beträchtlichen Unsicher-
heiten, bei denen Lösungsschritte probiert werden müßten und
das Risiko schlechter oder falscher Entscheidungen vergleichs-
weise hoch sei. Die Diagnosetechnik werde diesem Charakter
der Entscheidung nicht Rechnung tragen, sondern versuchen,
die Lösungsschritte weitgehend zu standardisieren und zu pro-
grammieren, d. h. Programme nach dem Schema ›wenn Ergebnis X – dann Schritt A‹ zu entwickeln. Sie werde dabei in
Anamnese und Diagnose Zuschreibungen vornehmen, die zwar
den Vorstellungen und Erfahrungen der Sozialarbeiter entsprechen, nicht aber dem Sozialisationshintergrund und Selbstbild der Betroffenen gerecht werden. Die scheinbare wissenschaftliche Objektivität der Diagnose diene der (Schein-)-
Legitimation von Eingriffsmaßnahmen. Jede Feststellung einer
Gefährdung oder Störung der Entwicklung bringe psycho-so-
ziale Zuschreibungen mit sich, die den Lebenszusammenhang,
das Fremd- und Selbstbild der Betroffenen nachhaltig, d. h. vor
allem negativ beeinflußten« (II, S. 199f.).

Der RJHG anerkennt diese Schwierigkeiten: »Es soll nicht
verkannt werden, daß die Gefahren einer solchen Entwicklung
bestehen«, setzt sich aber über diese Bedenken hinweg mit dem
Argument: »Das Gesetz geht jedoch davon aus, daß diese Gefahr ohne die hier vorgeschlagene Regelung größer wäre« (II,
S. 200).

Nach Aufstellung des Gesamtplanes für die weitere Erziehung
wird entschieden, welche »Hilfe« für das Kind oder den Jugendlichen infrage kommt. Einige »Hilfs«-maßnahmen seien
hier genannt.

— § 38 sieht die Erziehung des betreffenden Kindes in einer anderen Familie für eine bestimmte Dauer vor. Dabei ist wohl
deutlich, daß es sich um eine Familie handeln muß, deren in-

nere Struktur es ermöglichen soll, daß das Kind oder der Jugendliche zu den von staatswegen vorgeschriebenen »Persönlichkeitszügen« findet. Dabei erkennt das Gesetz auch das Zusammenleben mit einer Pflegeperson verschiedenen Geschlechts an und nennt eine derartige Gemeinschaft eine »unvollständige Familie«: »Ob die Erziehung in einer solchen Familie besonderen Bedürfnissen des Kindes oder Jugendlichen gerecht wird und die Möglichkeit einer Identifikation mit Personen verschiedenen Geschlechts erforderlich ist, wird im Einzelfall entschieden werden müssen« (II, S. 189f.).

- § 39 ordnet Hilfe zur Erziehung in einem Heim an.

- § 40 ordnet Hilfe zur Erziehung in einer Wohngruppe an. »Ein Jugendlicher hat Anspruch auf Hilfe zur Erziehung durch das Zusammenleben in einer auf Selbstentfaltung und Selbstverantwortung gerichteten Wohngruppe, ...«. Nach den Begründungen hat die Erziehung in Wohngruppen das Ziel, »Entwicklungsdefizite in weitgehend selbstverantwortlichem Gruppen- und Gemeinschaftsleben abzubauen«. Dabei sollen die »Kräfte der Jugendlichen zur kollektiven Selbsthilfe mobilisiert werden« (II, S. 195). Die Wohngruppen hätten vor allem für solche Jugendliche eine große Bedeutung, »deren zeitweilige Herauslösung aus dem elterlichen Haushalt wegen Erziehungsschwierigkeiten und Anpassungskonflikten geboten ist« (II, S. 196).

- § 41 bestimmt, daß die öffentliche Jugendhilfe darin bestehen kann, Kinder und Jugendliche zur Teilnahme an »Übungs- und Erfahrungskursen« zu bewegen. Hier allerdings müsse das Kind oder der Jugendliche die eigene Bereitschaft mitbringen. Es handelt sich hier nämlich um gruppendynamische Kurse. In diesen Kursen sollen Prägungen, die aus der Familie stammen, abgebaut bzw. verändert werden. »In Übungs- und Erfahrungskursen sollen aufgrund eines pädagogisch-therapeutischen Konzepts Hilfen geleistet werden, die geeignet sind, durch neue Erfahrungen im gruppendynamischen Prozeß Prägungseinflüsse im Bereich der Entwicklung und des reaktiven Verhaltens zu ändern. Dabei geht es um eine vertiefte Durcharbeitung von Konflikten, um die Erarbeitung von konstruktiven Einsichten und Problemlösungen und um das Aufzeigen gemeinsamer Interessen« (II, S. 158).

Bei allen Hilfsmaßnahmen für Kinder und Jugendliche heißt es in den einzelnen Paragraphen, daß die Hilfe außerhalb der eigenen Familie notwendig ist, »wenn und solange die eigene Familie nicht in der Lage ist, eine dem Wohle des Jugendlichen entsprechende Erziehung zu gewährleisten« (z. T. §§ 7,8,40).

Das aber hat tiefgreifende Konsequenzen. Einmal sagt diese Formulierung etwas aus über die Dauer der Unterbringung von Kindern und Jugendlichen außerhalb der eigenen Familie. Darüberhinaus aber bedeutet es für die Familie, für die Eltern, sich dringend umzustellen auf eine Familienstruktur, die die Bildung von gewünschten staatlichen Persönlichkeitszügen ermöglichen, damit sie ihr Kind behalten bzw. so schnell wie möglich wiederbekommen. Alle Familien müssen von den gleichen Denkvoraussetzungen ausgehen: Über das, was »Würde des Menschen« und das, was »freie Entfaltung der Persönlichkeit« bedeutet. Alle müssen die Würde des Menschen in der optimalen Befriedigung von Bedürfnissen, von Wünschen und Interessen sehen. Die Gefahr ist nicht von der Hand zu weisen, daß die individuelle Vielfalt dessen, wie sich Familie verwirklicht, in der BRD auf die Dauer verlorengeht und es zu einer »Einheitsfamilie«, zur Vergesellschaftung der Familie kommt. Diese angesprochene Gefahr wird im folgenden noch deutlicher.

Damit eine Veränderung der Familienstruktur vor sich gehen kann, sieht das Gesetz »familienunterstützende Hilfe zur Erziehung« vor. Das ist in § 25 geregelt.

»Die Förderung der Erziehung in der Familie und familienunterstützende Hilfe zur Erziehung sollen Eltern und andere Erziehungsberechtigte dabei unterstützen, ihr Recht auf Erziehung auszuüben und ihrer Erziehungsverantwortung gerecht zu werden.

Die Förderung der Erziehung in der Familie soll unter Berücksichtigung der allgemeinen Hilfen zur Verbesserung der wirtschaftlichen, sozialen und kulturellen Lage der Familie dazu beitragen, gute Voraussetzungen für die Entwicklung der Kinder und Jugendlichen zu schaffen. Sie soll ungünstigen Entwicklungsbedingungen von Kindern und Jugendlichen in benachteiligten Familien entgegenwirken und Benachteiligungen ausgleichen« (I, § 25).

Als Maßnahmen sind vorgesehen: Familienfreizeiten, Familienbildung, Beratung und offene pädagogisch-therapeutische Hilfe, Unterstützung von Eltern bei Gefährdung oder Störung der Entwicklung der Kinder und Jugendlichen, Übungs- und Erfahrungskurse u. a. m.

Diese hier geregelte familienunterstützende Hilfe ist nicht nur ein Angebot für solche Familien, deren Kinder bereits außerhalb der Familie untergebracht sind und bei denen es jetzt um die Umstrukturierung der Familie geht; dies hier gilt für alle Familien. »Jugendhilfe muß deshalb verstärkt bei der Verbesserung der Erziehungsbedingungen in Familie und Familienumwelt ansetzen. Die Förderungsangebote und Hilfen zur Erziehung, die dieses Kapitel zur Unterstützung der Familie in der Erfüllung ihrer Erziehungsaufgabe vorsieht, sollen Erziehungsmängel verhindern oder ausgleichen« (II, S. 109f.).

Im folgenden werden Ursachen genannt, die zu Erziehungsmängeln im Sinne des § 1 führen. Sie treten auf bei der heutigen Kleinfamilie ebenso wie durch die Belastung bei Mehrkinderfamilien. Sie hätten ihre Ursachen in der Unkenntnis der Eltern, in »ungenügender Einsicht in die Zusammenhänge zwischen Familie und Gesellschaft«, in »mangelnder Übereinstimmung zwischen Familienleitbildern einerseits und gesellschaftlichen Auffassungen über das Zusammenleben in der Gemeinschaft« andererseits, im Fehlen von genügend Freizeit, in ungenügenden Wohnverhältnissen, in der kinderfeindlichen Einstellung der Umwelt und »weiterer Mängel«, die sich die Jugendhilfe bewußt machen müsse (II, S. 110).

Gibt es da noch eine Familie in der BRD, die nicht grundsätzlich Objekt staatlicher Jugendhilfe ist? Daß es auf die Dauer um die Vergesellschaftung der Familie geht, wird wohl am deutlichsten, wo die Ursache von Erziehungsmängeln in »mangelnder Übereinstimmung zwischen Familienleitbildern einerseits und gesellschaftlichen Auffassungen über das Zusammenleben in der Gemeinschaft andererseits« gesehen wird. Es wird ganz offen ausgesprochen, daß durch die Familienbildung »etwaiges

Gefälle zwischen gewandelten gesellschaftlichen Verhältnissen und Leitbildern familiären Zusammenlebens zu verringern« sei (II, S. 114).

Die Familie soll durch staatliche Hilfe in den Stand versetzt werden, den Erziehungsanspruch des § 1 einzulösen. Dabei wird eine »Gefährdung oder Störung der Entwicklung« des Kindes nicht näher beschrieben, sondern offen gelassen: »... ihre Ausfüllung muß dem jeweiligen Stand wissenschaftlicher Erkenntnisse entsprechen« (II, S. 136). Die dauernden Umänderungen, Verwerfungen, Neufindungen »wissenschaftlicher Erkenntnisse« liefern aber die Familie für alle Zeit an den Staat und seine »Erziehungsbeauftragten« aus. Die Erziehungshilfe des Staates für die Familie läuft darauf hinaus, die Eltern in den »Stand zu versetzen«, ein staatlich verordnetes Menschenbild zu verwirklichen. Wo dieses nicht verwirklicht wird, spricht man vom »erzieherischen Defizit« (II, S. 111).

Als mögliche Hilfe für die Familie wird die Erziehungsberatung angegeben. »Anlaß zu Beratung und Therapie sind insbesondere Störungen im Leistungsverhalten, Auffälligkeiten im Sozialverhalten (hier wird deutlich, welche Bedeutung das schulisch festgestellte Sozialverhalten hat und welche Macht damit der Lehrerschaft eingeräumt wird; der Verf.), Auffälligkeiten im emotionalen Bereich, körperliche Behinderungen, Sprachstörungen, Drogengebrauch, Alkoholmißbrauch« (II, S. 119). Um die Skala der Auffälligkeiten abzurunden, werden darüberhinaus noch allgemein »sonstige auffällige Gewohnheiten« (II, S. 119) genannt. Der ganze Mensch wird hier beobachtet und erfaßt, um ihn der Therapie zugänglich zu machen. Das läuft auf eine Totalkontrolle des Menschen hinaus und auf seine Uniformierung. Wer »auffällt« ist therapiebedürftig. Es sind ausdrücklich nicht etwa Erziehungsschwierigkeiten bei Kindern gemeint; es heißt: »Die ausdrückliche Nennung von ›Verhaltensauffälligkeiten‹ ist notwendig, weil ›verhaltensauffällige‹ Kinder und Jugendliche nicht auch immer Erziehungsschwierigkeiten bereiten« (II, S. 134). Es werden solche Kinder und Jugendliche erfaßt werden, die ein der üblichen gesellschaftlichen Norm widersprechendes Verhalten zeigen, u. U. sind es diejenigen, die wirklich noch Persönlichkeiten sind, die der Vergesellschaftung widerstehen.

Das JHG setzt sich mit Ursachen auseinander, die zu Störungen im Erziehungsprozeß führen. Dabei wird u. a. die Person der Eltern als Ganzes für die Erziehung in Frage gestellt. Die Entwicklung des Kindes und des Jugendlichen werde nämlich »... nicht nur von dem bewußten erzieherischen Verhalten der Eltern beeinflußt... sondern auch von deren unbewußtem Verhalten« (II, S. 109). Danach gibt es kein Elternpaar mehr, das den staatlichen Ansprüchen im Hinblick auf die Erziehung seiner Kinder voll gerecht wird. »Unbewußtes Erziehungsverhalten« läßt sich weit fassen. Daß es kein Elternpaar gibt, das den staatlichen Ansprüchen voll entspricht, wird indes auch direkt erklärt. Nicht etwa die unterste Rangstufe der Hilfsmaßnahmen, Stärkung der Erziehungskraft der Familie müsse auf alle Familien angewandt werden, sondern die zweite Stufe: »Familienergänzende Hilfe zur Erziehung ist in einigen Bereichen für alle Familien, Kinder und Jugendliche wichtig« (II, S. 4).

Sollte dieser Gesetzesentwurf vom Bundestag verabschiedet werden, so sind in der Tat besorgniserregende Zweifel am Platz. Ein Parlament erklärt damit nicht nur das ganze Volk für therapiebedürftig – für krank –, sondern damit ebenfalls sich selbst. Diese Haltung wird gegenüber einem Volk eingenommen, von dem es in Artikel 20 Absatz 2 Satz 1 Grundgesetz heißt: »Alle Staatsgewalt geht vom Volke aus.« In dieser therapiebedürftigen Gesamtgesellschaft soll nun nicht nur jeder einzelne Kranke die Krankheitssymptome beim Nächsten aufdecken – nein: ein Teil dieser Kranken wird vom Gesetzgeber für kompetent erklärt, die beim andern festgestellten Mängel beheben zu können. Wenn aber ein Blinder einen Blinden leitet, so fallen sie beide in die Grube. Nur ein »Über«-mensch, ein »neuer« Mensch, den es in diesem Sinne nicht gibt, könnte die festgestellten Mängel beheben. Gäbe es ihn, würde er zum Tyrannen aller. Hier aber bahnt sich die Tyrannei der Kranken über die Kranken an. Ein dem Gesetz entsprechend »gesunder« Mensch ist weder im Parlament noch auf der Regierungsbank zu finden. Weder unter den Erziehungswissenschaftlern an den Hochschulen ist er anzutreffen, noch unter dem Heer der Sozialarbeiter. Dieser gesunde Mensch befindet sich auch nicht unter den Richtern, die demnächst kraft Richterspruch Einweisungen von Kindern und Jugendlichen vornehmen sollen und Eltern bestrafen müssen, wenn sie den Organen der Jugendhilfe nicht gefügig sind. Für unsere Richter ist ein derartiges Gesetz eine Zumutung.

Der dem Gesetz entsprechend gesunde Mensch findet sich auch nicht unter den »freien Trägern« der Jugendhilfe. Weder bei dem Deutschen Gewerkschaftsbund noch bei den kirchlichen Gruppierungen.

Der Gesetzesentwurf ist nicht mehr Ausdruck vernünftigen Denkens. Unser Staat steht in der Gefahr, den Anspruch zu verlieren, als ein vernünftiges Staatswesen angesehen zu werden. Der Staat ist dabei, sich eine Auffassung von Gesellschaft zu eigen zu machen, die wohl einmalig in der Geschichte der Menschheit sein dürfte. Es ist zu befürchten, daß eine derart verunsicherte Gesellschaft, die auf Schritt und Tritt mit einsuggerierten Krankheitssymptomen konfrontiert wird (indem der Staat das Gesunde und Normale in unerreichbare Fernen rückte), über kurz oder lang reif wird für die Diktatur.

Das Denken eines Th. Adorno und eines H. Marcuse wäre dann die Vorbereitung dazu gewesen: Th. Adorno bezeichnete unser aller Gewissen als »Schandmal einer falschen Gesellschaft« und H. Marcuse fällte über unsere Gesellschaft das Urteil: »Das Ganze ist falsch«. Beide aber sind Neomarxisten. Diese politischen Vorstellungen haben sich hier verbunden mit einem Menschenbild, auf dem unsere Bildungsreform aufgebaut ist und bei dem man von der »unendlichen« Lern- und Erziehungsbedürftigkeit des Menschen ausgeht wie von seiner »unendlichen« Lern- und Erziehungsfähigkeit. Die Prägungseinflüsse der Familie würden die großen Möglichkeiten des Menschen verstellen. Dieses Menschenbild ist aber in den letzten Jahren durch amerikanische Wissenschaftler widerlegt worden. Darüber läßt sich eingehend bei H.J. Eysenck, »Die Ungleichheit der Menschen«, München 1975, nachlesen. Danach ist z. B. menschliche Intelligenz überwiegend ererbt und angeboren. Diese Tatsachen passen jedoch nicht in die Vorstellungen vieler Erziehungswissenschaftler und Politiker, die glauben, durch Veränderung der Umwelt den Menschen optimal machen zu können. Sie hängen ihre politischen Ideen an diesem Menschenbild auf und suggerieren unserem Volk eine auf dieser Basis nicht zu verwirklichende »Chancengleichheit«.

Man sollte meinen, daß eine staatliche Erziehung zur »Selbstentfaltung«, »Selbstbestimmung«, zur Entfaltung der Persönlichkeit, zur »Mitbestimmung«, zur »Konfliktstrategie« auf der
Basis optimaler Befriedigung der Bedürfnisse und Wünsche
wenigstens den Willen des Jugendlichen respektieren würde,
der keinen Wert auf die staatliche Behandlung seiner Person
legt und sich auch ohne die Verwirklichung staatlicher Zielsetzungen in seinem Leben glücklich weiß. Wer glaubt, der Staat
würde in Zukunft diese jungen Menschen in ihrer Entscheidung
respektieren, der wird durch § 8 des Gesetzes eines anderen be-
lehrt. Es heißt: »Gegen den Willen des Jugendlichen darf der
öffentliche Träger der Jugendhilfe... eine Hilfe zur Erziehung
außerhalb der eigenen Familie nur leisten, wenn das Vormundschaftsgericht eine entsprechende Anordnung getroffen hat...
Das Vormundschaftsgericht ordnet die Leistung einer Hilfe zur
Erziehung außerhalb der eigenen Familie an, wenn die Voraussetzungen für die Hilfe nach diesem Gesetz vorliegen und die
Hilfe geboten ist« (I, § 8). Eltern und Träger der öffentlichen
Jugendhilfe sollen jedoch alles unternehmen, um den Jugendlichen dahin zu bringen, daß er die öffentliche Hilfe freiwillig in
Anspruch nimmt. »Bevor eine Entscheidung gegen den Willen
des Jugendlichen getroffen wird, gebieten es die Grundsätze
der Verhältnismäßigkeit und des geringstmöglichen Eingriffs,
daß alles unternommen wird, um ein Einverständnis zu erzie-
len.« Der Träger der öffentlichen Jugendhilfe ist verpflichtet,
»... die Situation zusammen mit dem Jugendlichen und dessen
Personensorgeberechtigten eingehend zu erörtern und erst
nach dem Scheitern dieser Bemühungen eine gerichtliche Entscheidung herbeizuführen« (II, S. 59). Sind nicht hier alle die
betroffen, die eine grundsätzliche, andere Auffassung über den
Menschen haben?

Der RJHG gibt der öffentlichen *Jugendarbeit* einen neuen Stellenwert. Danach geht die öffentliche Jugendarbeit davon aus,
daß kein Bereich des Erziehungs- und Bildungssystems vorhanden sei, »in dem alle für das Leben als Erwachsener wichtigen Fähigkeiten erworben werden können« (II, S. 84). Die
Wirkungen der verschiedenen Bildungsbereiche seien nicht
bzw. nur zum Teil aufeinander abgestimmt. Die Jugendarbeit
solle koordinieren und dieser Notlage abhelfen. »Junge Menschen benötigen deshalb ein Feld sozialen Lernens, das ihnen

die eigenverantwortliche Entwicklung ihrer Persönlichkeit und das Hineinwachsen in die Gesellschaft erleichtert. Ein solches Feld ist die von jungen Menschen weitgehend mitbestimmte und mitgestaltete Jugendarbeit« (II, S. 84). Die Jugendarbeit nimmt selbstverständlich ihren Ausgang ebenfalls an den Bedürfnissen des jungen Menschen. »Die Jugendarbeit stellt die Wünsche und Interessen der jungen Menschen selbst in den Mittelpunkt des Lernens« (II, S. 85). Die »eigenverantwortliche« Persönlichkeit auf dieser Grundlage ist jedoch eine Selbsttäuschung. Das wird aus den Begründungen zum Gesetz sehr deutlich. Die Persönlichkeit des jungen Menschen wird auf der Basis der Bedürfnisbefriedigung und der Wunschwelt so geschwächt, daß sie nur im Bezug zur Gruppe leben kann. Der Gruppe und gruppendynamischen Prozessen wird daher die entscheidende Bedeutung eingeräumt: »Diese Gruppenarbeit soll den einzelnen jungen Menschen persönliche Geborgenheit und Verhaltenssicherheit, Anerkennung und Selbstbestätigung geben, sie soll ermöglichen, Kritik anderer zu verarbeiten und eigenes Fehlverhalten zu korrigieren. Sie leistet einen Beitrag zur Erziehung zum Frieden, indem sie junge Menschen zu Toleranz und Solidarität, insbesondere auch im zwischenmenschlichen Umgang und zum friedlichen Austragen individueller und sozialer Konflikte befähigt« (II, S. 86). Das bedeutet: Der junge Mensch empfängt sich selbst durch die Gruppe, er ist alles in und durch die Gruppe. Damit sich auch ja keine feste Persönlichkeitsstruktur aufbauen kann, damit die Person der jungen Menschen verflüssigt wird und bleibt, greift man zu einem methodischen Mittel: Es geht um »zwanglose Gesellung«, um den dauernden Wechsel von kleinen und größeren, festeren und veränderlichen Gruppen und der gemeinsamen Betätigung darin. Diese Gruppen sollen dazu verhelfen, »dem jeweiligen Lernprozeß dienende Verhaltens- und Verständigungsweisen einzuüben« (II, S. 86). Jede Bildung einer festen Persönlichkeit wird so verhindert. Aber feste Persönlichkeiten haben wir angesichts der Zerstörung der ethischen Grundwerte in unserer Gesellschaft nötiger denn je. Die Jagd nach Frieden und Kompromiß um den Preis der Aufgabe der Wahrheit ist ein für den Menschen tödliches Unternehmen. Von der Erkenntnis der Wahrheit wird im ganzen Jugendhilfegesetz nicht mehr gesprochen. Eine tiefgreifende Orientierungslosigkeit, die sich nur noch an der »Gesellschaft« orientiert, ist das Ergebnis. Eine völlige Perversion dessen, was dem Menschen als Weg gegeben ist.

In diesen Lernbereichen öffentlicher Jugendarbeit sollen Probleme und Konflikte ganz persönlicher Art, sowie solche, deren Ursache aus der Gruppe oder aber aus schichtspezifischen Unterschieden stammen, verarbeitet und gelöst werden, und zwar in »ihrem gesellschaftlichen Bezug« (II, S. 84). Die Gesellschaft wird zum Gottersatz, die gesellschaftlichen Bezüge, aus denen der junge Mensch kommt und in denen er lebt, werden verantwortlich gemacht für die Probleme und Konflikte des Menschen; die eigentliche Ursache ist aus dem Blick gekommen: die persönliche Schuld und Sünde des einzelnen vor Gott.

»Gemeinschaftliche Aktionen« sollen innerhalb der Jugendarbeit möglich werden und zwar für die Ziele, die selbst erarbeitet oder für richtig erkannt worden sind und die andere Institutionen des Bildungswesens von ihren Aufgaben und ihrer Struktur her nicht in der Lage sind durchzuführen. Das bedeutet: Solidarisierung, Aktion, Revolutionierung bestehender Verhältnisse. Die Jugendarbeit erkennt nämlich den Stand der bestehenden Gesellschaft grundsätzlich nicht an. Und hier zeigt sich erneut das gesellschaftsrevolutionäre Programm des Neomarximus, der hier seinen Niederschlag gefunden hat. Nicht auf Anpassung ist die Jugendarbeit ausgerichtet, sondern auf Emanzipation. Aus den »Perspektiven zum Bundesjugendplan« nimmt sie ihre Zielsetzung: »Durch Erziehung und Bildung hat sie einen Beitrag zu einer Emanzipation des einzelnen zu leisten, durch die das ganze Gemeinwesen einen Zuwachs an Freiheit und Gerechtigkeit erfährt« (II, S. 86). Demokratie pervertiert hier zunehmend von der Staatsform als ihrem allein berechtigten Ausdruck zu einem Entwicklungsprozeß, d. h. zu einem permanenten Veränderungsprozeß unserer bisherigen Kultur, zur Kulturrevolution: »Wenn Jugendarbeit junge Menschen darauf vorbereiten soll, Verantwortung in Staat und Gesellschaft zu übernehmen, so ist damit keine bloße Anpassung der Jugend an den gegenwärtigen Stand der Gesellschaft gemeint, sondern ihre Integration in den demokratischen Entwicklungsprozeß unseres Gemeinwesens« (II, S. 86f.). Dieser Entwicklungsprozeß unseres Gemeinwesens wird jedoch in zunehmendem Maße durch Bewußtseinsmanipulation gesteuert und – wofür dieses Gesetz ein Beispiel ist – gesetzlich gelenkt. Jugendarbeit paßt sich somit dem neomarxistischen Emanzipationsprozeß unserer Gesellschaft an.

Welche Stellung nehmen im RJHG die freien Jugendverbände, die Kirchen und Religionsgemeinschaften mit ihrer Jugendarbeit ein? Sie werden als »freie Träger« bezeichnet. Ein freier Träger erhält die öffentliche Anerkennung zur Jugendhilfe, »wenn er die Gewähr dafür bietet, daß seine Arbeit der freiheitlichen demokratischen Grundordnung des Grundgesetzes entspricht.« Die Anerkennung ist indes an eine weitere Bedingung geknüpft: »… soweit sie Jugendhilfe im Sinne dieses Gesetzes leisten« (I, § 97). Hier werden die Fronten mit den Verbänden aufbrechen, die freie Jugendarbeit betreiben. Werden sie alle bereit sein, sich dem »Sinn« dieses Gesetzes unterzuordnen? Werden sie sich »gleichschalten« lassen? Der § 97 RJHG wird u. U. zu einem Brennpunkt mit den Kirchen in der Auseinandersetzung.

Wer wird die staatliche Jugendhilfe bei Kindern, Jugendlichen und in der Familie verwirklichen? Es werden zum großen Teil Sozialarbeiter und Sozialpädagogen sein, die bei den Jugendämtern eingestellt sind. Wir stark aber gerade diese Gruppen vom Denken der Neuen Linken befallen sind, das erkennt man, wenn man die Entwicklung des »Deutschen Jugendhilfetages« verfolgt. Hier treffen sich im Abstand von einigen Jahren regelmäßig Fachkräfte der Jugendhilfe und -arbeit. Der 5. Deutsche Jugendhilfetag in Hamburg kam 1974 nicht zustande, weil linksgerichtete Gruppierungen damit drohten, die Thematik »Jugend und Recht« an sich zu reißen. So kam es zu einer Spaltung. Die »Sozialistische Aktion« in Verbindung mit dem »Bund Demokratischer Jugend« und den »Deutschen Jungdemokraten« organisierten im Dezember 1974 ein »jugendpolitisches Forum«, an dem über 2000 Sozialarbeiter teilnahmen. Hier brachten sie ihre Vorstellungen von Jugendhilfe und -arbeit zur Sprache. Die kommunistischen Gruppen wurden aus der Trägerschaft ausgeschieden, dieser »Antikommunismus« wurde jedoch aus dem Teilnehmerkreis scharf kritisiert. Dafür wirkten die kommunistischen Gruppen in den einzelnen Arbeitsgruppen als Teilnehmer mit. Das staatlich anerkannte

Treffen fand dann im Juni 1975 in Düsseldorf statt. Der 6. Deutsche Jugendhilfetag im November 1978 soll wieder gemeinsam abgehalten werden. Die Bücher »jugend in der klassengesellschaft«, Verlag Jugend und Politik, Frankfurt 1975, und »Jugend im Spannungsfeld zwischen Gesellschaft und Recht«, Bonn 1975, geben über diese Zusammenhänge Aufschluß.

Daran wird deutlich: Unter den Sozialarbeitern gibt es linksgerichtete Kräfte. Sie werden ihre Vorstellungen von Menschsein und Gesellschaft verwirklichen wollen. Andersdenkende Eltern müssen ihre Kinder diesen Kräften ausliefern und ihnen ihre Familien öffnen.

Aber ganz unabhängig von dieser Politisierung in der Jugend-Familienhilfe und Jugendarbeit werden Eltern durch das Gesetz mit Strafe bedroht, wenn sie sich gegen »gerichtlich angeordnete Hilfe« wehren. Es heißt in § 136:

(1) Wer ein Kind oder einen Jugendlichen

1. einer gerichtlich angeordneten Hilfe zur Erziehung oder

2. einem eingeleiteten gerichtlichen Verfahren, das auf Anordnung einer Hilfe zur Erziehung nach Nummer 1 gerichtet ist oder

3. der von einem öffentlichen Träger der Jugendhilfe geleisteten Hilfe zur Erziehung außerhalb der eigenen Familie gegen den Willen der Personensorgeberechtigten

entzieht oder verleitet, sich zu entziehen oder dabei fördert, wird mit Freiheitsstrafe bis zu einem Jahr oder mit Geldstrafe bestraft, wenn die Tat nicht in § 120 oder § 235 des Strafgesetzbuchs mit Strafe bedroht ist.

(2) Der Versuch ist strafbar.

(3) Die Tat wird auf Antrag des Jugendamts verfolgt. Die Zurücknahme des Antrags ist zulässig« (I, S. 163).

Um das Gesetz in der Praxis verwirklichen zu können, bedarf es wesentlicher Einschränkungen in den Grundrechten, Einschränkungen in der Freiheit der Person, des Brief-, Post- und

Fernmeldegeheimnisses bis hin zu Einschränkungen, die die Unverletzlichkeit der Wohnung betreffen; andernfalls sind die staatlichen Organe der Jugendhilfe an der Ausübung ihrer »Hilfe«-leistung gehindert. Das Gesetz bestimmt deswegen in § 9 der Übergangs- und Schlußbestimmungen folgendes:

»Die Grundrechte der Freiheit der Person (Artikel 2 Absatz 2 Satz 2 des Grundgesetzes), des Brief-, Post- und Fernmeldege- heimnisses (Artikel 10 Absatz 2 des Grundgesetzes), der Frei- zügigkeit (Artikel 11 Absatz 1 des Grundgesetzes) und der Un- verletzlichkeit der Wohnung (Artikel 13 Absatz 1 des Grund- gesetzes) werden nach Maßgabe dieses Gesetzes einge- schränkt« (I, S. 189).

Die Folgen, die sich aus einer Verwirklichung des Referenten- entwurfes des Jugendhilfegesetzes ergeben, sind im einzelnen noch gar nicht überschaubar. Grundsätzlich aber kann man wohl sagen, daß eine Verwirklichung dieses Entwurfes die Bundesrepublik auf den Weg eines totalitären Staates setzt. Ei- nige Prognosen sollen aber doch angedeutet werden:

Das Gesetz ist noch nicht verabschiedet und schon machen sich Jugendkommunen daran, in Flugblättern junge Menschen auf ihre angeblichen »Wünsche und Bedürfnisse« einerseits und ihre »Unterdrückung« andererseits aufmerksam zu machen. Ein Flugblatt der Jugendkommune Nürnberg legt »kindern, schülern und jugendlichen« Wünsche und Forderungen in den Mund: das »recht auf freie Wahl der eltern«, auf eine Schule, die sich danach richtet, »was wir lernen wollen, auf eine drasti- sche senkung des schutzalters für sexuelle beziehungen« (als Beispiel wird Japan mit 12 Jahren angegeben), auf »anerken- nung der homosexualität als gleichwertige form der liebe und zuneigung«. Unter Berufung auf die Menschenwürde (sie be- steht nur noch in Gefühlen und Seele) und auf das vom Grund- gesetz anerkannte Persönlichkeitsrecht wird auf die »totale entmündigung« der »kinder, schüler und jugendlichen« hinge- wiesen. Worin besteht die Entmündigung? »... wir müssen die vorschriften unserer eltern befolgen, sie tun angeblich unser be- stes, allerdings in den wichtigsten punkten ohne u n s zu fragen, was wir wollen. wir sind ihr ›privateigentum‹ und ihre ›schutzbefohlenen‹... erwachsene behandeln uns als ›unreif‹. ab und zu tun sie so, als hätten wir keine sexualität. man darf nirgends nackt herumlaufen und seine gefühle offen zeigen. mit keinem wort erwähnen sie die hauptursache, warum immer mehr jugendliche, nun auch schon acht- und neunjährige, selbstmord begehen: wir werden an der freien entfaltung unserer sexualität (zärtlichkeit) gehindert. das wegdrängen zärtlicher und erotischer wünsche durch tägliche schule und arbeit, die ganze erziehung zum konsumieren ist für uns der schwerwiegendste eingriff in die natürliche entfaltung unserer körper, sinne und seelen. wir haben keinen platz, wo wir uns austoben dürfen, keine treffpunkte, wo wir uns zeigen dürfen, wie wir sind, ohne uns zu schämen... der entzug von zärtlichkeit, den viele jugendliche/erwachsene aushalten müssen, ist das bestorganisierte verbrechen, das es gibt. unsere erzieher übersehen, daß jeder mensch ein natürliches, spontanes sexualleben bereits v o r der geburt hat.« Die Bestrebungen, Kinder und Jugendliche im Bezug auf Wünsche und Bedürfnisse zu manipulieren, werden sich verstärken.

Sollte der Referentenentwurf Gesetzeskraft erlangen, hat das tiefgreifende Auswirkungen auf die Schule. Bisher kann man von einer Unterwanderung des Erziehungswesens durch die neomarxistische Emanzipationsbewegung sprechen. Wachsame Lehrerkollegien konnten ihre Kinder vor dem Gedankengut der Neuen Linken schützen. Wo jedoch durch das Jugendhilfegesetz schon die Eltern verpflichtet werden, bei ihren Kindern die Persönlichkeitsstruktur zu erziehen, wie sie der Neuen Linken in der Bundesrepublik vorschwebt, wieviel mehr wird dieses Erziehungsziel obligatorisch für alle Schulen werden! Die neomarxistische Emanzipationsbewegung tritt so aus dem Stadium des Unterwanderns der verschiedenen Lebensbereiche heraus und wird an einer entscheidenden Stelle durch die Gesetzgebung gestützt. Eltern und Schüler werden zur »Emanzipation« gezwungen. Wer sich als Schüler weigert, muß damit rechnen, daß ihm im äußersten Fall durch das Vormundschaftsgericht für einige Wochen Heimaufenthalt verordnet wird. Die Neue Linke hat sich mit diesem Gesetz ein Instrument geschaffen, durch das sie in der Bundesrepublik ihre Vorstellungen über den Menschen und über die Gesellschaft gegenüber Kindern, Jugendlichen und Eltern durchsetzen kann.

Bereits jetzt denken Fachausschüsse der Jugendarbeit darüber nach, wie sie auf die öffentliche Schule Einfluß nehmen können. Die »Arbeitsgemeinschaft Jugendhilfe«, Bonn 1977, hat in dem Heft »Jugendhilfe und Schule« grundlegende Gedanken dazu geäußert. Unter dem Thema »Gesichtspunkte für eine mögliche Veränderung der Schule« heißt es:

»In der Schule sollte es um Verbesserung des Sozialverhaltens gehen und nicht nur um individualistische Wissensvermittlung. Dafür sind soziale Lernformen unerläßlich: Dies beinhaltet folgende Lernziele:

1. Die Fähigkeit zur Zusammenarbeit und Solidarität erwerben, stabile und verbindliche Gruppenbeziehungen herstellen lernen.

2. Rationale und emotionale Prozesse erfahren.

3. Lernen, persönliche Probleme und Problemlagen der näheren Umwelt zur Sprache zu bringen und zum Lerngegenstand zu machen (situationsbezogenes, erlebendes Lernen).

4. Die Gesellschaftsbezogenheit persönlich erlebter Probleme, Verhaltensweisen und Einstellungen durchschauen lernen.

5. Persönliche Verhaltensweisen und Strukturen der engeren sozialen Umwelt verändern lernen als Vorwegnahme und Vorbereitung auf gesellschaftlichen Wandel« (S. 6).

Zu Lernziel 4 heißt es näher:

»Ziel der Schule muß es sein, Bedingungen herzustellen, die Emanzipation in Gang setzen.

In diesem Zusammenhang bedeutet das, daß die Schüler sich als Rollenträger erkennen und sich ihrer eigenen Rolle bewußt werden. Die Erkenntnis der gesellschaftlichen Bedingtheit der Rollen soll die Einsicht eröffnen, daß Emanzipation am ehesten gemeinschaftlich (solidarisch) möglich ist. Handlungsstrategien müssen daher aufzeigen, wie Emanzipation solidarisch vollzogen werden kann« (S. 11).

Zu Lernziel 5 wird ausgeführt:

»Persönliche Verhaltensweisen und Strukturen der engeren sozialen Umwelt verändern lernen als Vorwegnahme und Vorbereitung auf gesellschaftlichen Wandel« (S. 11).

Es wird gefordert:

»... die Jugendarbeit... muß Möglichkeiten erhalten, der Schule als einem anderen Sozialisationsbereich Anregungen zu vermitteln, zumal die Auswirkungen schulischer Alltagserfahrungen Jugendverbandsarbeit erheblich belasten. Dazu müssen die Träger von Jugendarbeit Vorstellungen entwickeln, und zwar zu Fragestellungen wie etwa folgenden:

— Welche Verbände und Initiativen sollen Gelegenheit erhalten, in der Schule mitzuwirken? Wer entscheidet darüber?

— Wie kann eine Aktivität von freien Einrichtungen der Jugendarbeit juristisch abgesichert werden?

— Welche Arbeitsformen von Jugendverbänden sind in der Schule möglich?

— Was passiert, wenn die Verbandsarbeit schulische Realitäten in Frage stellt?

— Wie muß das Selbstverständnis der Jugendarbeit weiterentwickelt werden, wenn sie in der Schule wirken will?

— Welche Voraussetzungen müssen in der Jugendarbeit gegeben sein, damit sie ihren Anspruch auf Zusammenarbeit mit der Schule ausfüllen kann« (S. 12)?

Dabei gilt es zu beachten: Progressive Jugendarbeit ist immer emanzipatorisch, sie gilt es weiterzutragen:

»Progressive Ansätze in der Jugendarbeit, die solche emanzipatorischen Ziele bereits verfolgen, müssen abgesichert und weitergetragen werden« (S. 12).

Welche Konsequenzen hat der Referentenentwurf des Jugendhilfegesetzes für die glaubende Gemeinde Jesu Christi? Es können nur einige Gedanken angesprochen werden: Der Referentenentwurf orientiert den jungen Menschen in erster Linie an seinen Wünschen und Bedürfnissen. In diesem Sinne versteht das Jugendhilfegesetz Entfaltung zur Selbstbestimmung und eigenverantwortlichen Persönlichkeit. Welche Stellung wird die christliche Jugendarbeit annehmen, die von ganz anderen Grundvoraussetzungen ausgeht, von der biblischen Grundvoraussetzung:

– Von der Heiligkeit Gottes, die z. B. Jesaja erfahren hat und angesichts derer er ausruft: »Weh mir, ich vergehe, denn ich bin unreiner Lippen« (Jes. 6, 5). Ebenso von der Liebe Gottes zu uns Menschen in Jesus Christus: »Also hat Gott die Welt geliebt, daß er seinen eingeborenen Sohn gab, auf daß alle, die an ihn glauben, nicht verloren werden, sondern das ewige Leben haben« (Joh. 3,16).

– Von der Tatsache, daß das Herz, das Leben des Menschen böse ist von Jugend auf, »das Dichten des menschlichen Herzens ist böse von Jugend auf« (1. Mose 8, 21); daß diese Welt, diese Menschheit im Argen liegt. »Wir wissen, daß die ganze Welt im Argen liegt« (1. Joh. 5, 19) und daß Gott will, daß sich jedermann zur Buße kehre« (2. Petr. 3, 9).

– Von dem Auftrag, dieses Evangelium zu predigen, damit Gott Menschen zum Leben in Christus rufen kann. »Ist jemand in Christus, so ist er eine neue Kreatur, das Alte ist vergangen, siehe, es ist alles neu geworden« (2. Kor. 5, 17); somit ist der Glaubensgehorsam im Menschenleben aufgerichtet: »Ich lebe, doch nun nicht ich, sondern Christus lebt in mir« (Gal. 2, 20).

– Von dem Wissen um die Verwirklichung der Verheißung Gottes: »Selig sind, die seine Gebote halten«.

– Von der Konsequenz der Nachfolge, die sich beispielsweise im Gehorsam gegenüber den Eltern zeigt, soweit diese nicht etwas verlangen, was gegen Gottes Gebot verstößt, die ebenso z. B. keine Gemeinschaft hat mit der sexuellen Freizügigkeit unserer Zeit und sich unter dem Bibelwort stehend weiß: »Und habt nicht Gemeinschaft mit den unfruchtbaren

Werken der Finsternis, strafet sie aber vielmehr« (Eph. 5, 11).

Der Referentenentwurf erkennt die christliche Jugendarbeit als »freie Träger« an (I, § 97, S. 120) – allerdings nur dann, »soweit sie Jugendhilfe im Sinne dieses Gesetzes leisten« (I, § 97). Erfüllt »christliche« Jugendarbeit diese Bedingungen, dann ist die öffentliche Jugendhilfe sogar zu einem partnerschaftlichen Miteinander bereit, dann ist öffentliche Jugendhilfe bereit, sich mit den freien Trägern wirksam zu ergänzen.

Die glaubende Gemeinde Jesu Christi in der Bundesrepublik steht vor der Entscheidung, ihre Ziele von der Bibel her klar und unmißverständlich zu formulieren. Jede Anpassung an den Zeitgeist verdichtet den Nebel und wird um so eher in die Unfreiheit führen.

Das Gesetz würde die Freiheit in der Bundesrepublik einschränken. Die Möglichkeit, Erziehung als Steuerungsinstrument gesellschaftspolitischer Zielvorstellungen einzusetzen, wird perfekt.

Institutionen, die sich neben dem Staat der Jugend annehmen, wie Kirchen und andere weltanschauliche Gruppen, werden in ihrer Kernsubstanz bedroht.

Der Gesetzesentwurf ist auch bei vorsichtiger Handhabung in der Praxis für die Bundesrepublik unerträglich. Der Entwurf ist in sich totalitär. Daher kann es nicht darum gehen, an einigen Punkten zu ändern, ihm die schärfsten Spitzen zu nehmen, der Entwurf ist vom Ansatz her verfehlt und muß daher im Ganzen zu Fall kommen. Abänderungen des Entwurfes würden der sozialistischen Kulturrevolution in der Bundesrepublik nur entgegenkommen, da es sich hier um Verschleierungen handeln würde.

5. Auf dem Wege zu einer Erziehungsdiktatur?

Die Ingriffnahme des Menschen durch die öffentliche Erziehung vom Elementarbereich an bis hin zur Weiterbildung, die Anwendung wissenschaftlicher Methoden auf die Verhaltensänderung des Menschen, die seine innersten Lebensbereiche freilegen und ihn so in den Griff nehmen, die Versuche, tief in die Familienerziehung einzudringen, rechtfertigen diese These vollauf. Gewissensmäßige Bindungen werden in zunehmendem Maße betroffen und nicht berücksichtigt. Dem einzelnen wie den verschiedensten Gruppen wird bereits in zunehmendem Maße ein verstärkter Kampf um die Freiheit des Gewissens aufgenötigt. Umfassende Wachsamkeit von der Basis der Bevölkerung her gegenüber den unterschiedlichsten Maßnahmen seitens des Staates ist geboten. Die Erziehungsdiktatur kommt nicht über Nacht. Dagegen dringt sie schrittweise in das Leben des einzelnen, der Familie und der verschiedensten Gruppierungen ein und ist infolgedessen um so schwerer erkennbar. Ihre Zielsetzungen werden heruntergespielt und verharmlost. Ihre Zielsetzungen werden mit der Notwendigkeit eines raschen Wandels der Gesellschaft begründet sowie mit dem Argument, dem Wohl des einzelnen zu dienen. Dabei wird die Freiheit der Entscheidung, die Freiheit des einzelnen und der vielen aber immer mehr eingegrenzt. Das ist die Tendenz.

Das Staatsmonopol in der Erziehung ist in der Bundesrepublik die Säule, mit dessen Hilfe die Erziehungsdiktatur verwirklicht wird. Ob die Freiheit in unserem Lande erhalten bleibt, hängt davon ab, ob dem Staat diese aus dem vorigen Jahrhundert stammende Monopolstellung von der Basis der Bevölkerung her strittig gemacht wird. Es sollte eine Offenheit in unserer Gesellschaft geschaffen werden, die es den einzelnen weltanschaulich gebundenen Gruppierungen ermöglicht, in umfassender Weise eigene Bildungsplanung zu betreiben analog der des Staates. So ist dies z. B. in den USA der Fall. Dort haben Kirchengemeinden die Möglichkeit, eigene Bildungsplanung und dementsprechende Schulgründungen vorzunehmen. Mir liegen die Unterlagen der »Valley Presbyterian Church« für ihr Bildungssystem in Sepulveda, California vor. Über die Grundlage dieser Schule heißt es:

»We believe that all ultimate truth is defined by and centered in the Person of the Lord Jesus Christ and the teaching of the Holy Scriptures in the Old and New Testaments.« (Wir sind gewiß, daß alle letztgültige Wahrheit bestimmt ist durch und gegründet in der Person des Herrn Jesus Christus und der Lehre der Heiligen Schrift des Alten und des Neuen Testaments.)

Die Freiheit in unserem Lande hängt davon ab, ob es z. B. uns Christen ermöglicht wird, unabhängig von den Empfehlungen des »Deutschen Bildungsrates« eine Bildungsplanung zu entwickeln, die auf der Grundlage des biblischen Menschenbildes aufbaut und von daher Bildungsinhalte und -ziele ebenso wie die Methoden für die Erziehung wählt und beurteilt.

D. Zusammenfassende Darstellung der Erziehungssituation und sich daraus ergebende Forderungen

Der »Offene Brief« der »Konferenz Bekennender Gemeinschaften in der EKiD« faßt die Erziehungssituation in der Gegenwart sehr klar zusammen und stellt notwendige Forderungen. Dieses Dokument vom 20. 6. 1977 sei daher hier abschließend wiedergegeben:

Konferenz Bekennender Gemeinschaften
in den Evangelischen Kirchen Deutschlands

1000 Berlin 30, den 20. 6. 1977
Heilbronner Straße 20

Offener Brief

an die
Kultusministerien der deutschen Bundesländer
sowie andere für das Bildungswesen
verantwortliche Institutionen, Verbände und Persönlichkeiten

Betr.: Ideologisierung des bundesdeutschen Schulwesens

Sehr verehrte Damen und Herren!

Viele Eltern und Lehrer in der Bundesrepublik Deutschland geraten in ihrer erzieherischen Verantwortung in ständig wachsende Besorgnis angesichts einer deutlich zu beobachtenden Ideologisierung unseres Schulwesens. Diese bedroht insbesondere die christlichen Grundlagen und Traditionen unseres Volkslebens.

Da die Konferenz Bekennender Gemeinschaften immer lautere Hilfe- und Warnrufe von vielen Seiten empfangen hat, hat sie sich in eingehendem Studium mit den derzeitigen Reformbestrebungen unseres Bildungswesens, mit den Rahmenrichtlinien verschiedener Kultusministerien sowie mit zahlreichen Lehrbüchern und Lehrplänen beschäftigt. Erste Ergebnisse dieser Untersuchungen wurden in der ad-hoc-Zeitung »Schule wohin? – Das Kind im Griff« veröffentlicht. Sie fand in kürzester Zeit eine weite Verbreitung und intensive überkonfessionelle Beachtung.

Der Theologische Konvent der Konferenz Bekennender Gemeinschaften beschloß auf seiner Frühjahrstagung am 15./16. April 1977 in Frankfurt/Main, sich mit diesem Offenen Schreiben an die für unser bundesdeutsches Erziehungswesen Hauptverantwortlichen zu wenden. Es handelt sich dabei nicht um einen parteipolitisch orientierten Vorstoß. Die im folgenden als Notstand aufgewiesene Entwicklung im Erziehungswesen macht sich quer durch alle deutschen Bundesländer von Hessen bis Bayern bemerkbar, leider oft unter Duldung oder gar mit Billigung kirchenamtlicher Organe.

I. Unsere Beschwerden

1. Die Ideologisierung unseres Schulwesens beruht auf einem *materialistischen Menschenbild,* das mit unserer christlich-abendländischen Tradition unvereinbar ist. Diese andersartige Betrachtung des Menschen läßt für seine Persönlichkeitsentfaltung nur das Objektivierbare – z. B. durch Soziogramme Nachprüfbare – als wissenschaftlich berechtigtes Bildungsziel gelten. Gleichzeitig soll der Mensch nach ideologisch fixierten politischen Plänen umgestaltet – »sozialisiert« – werden.

2. Unsere Kinder sind dabei einer Verhaltensveränderung ausgeliefert, in der Individual- und Sozialpsychologie sowie die Soziologie ihren derzeitigen Erkenntnisstand ideologisierend zum Maßstab für das Allgemeingültige erheben. Mit den daraus sich ergebenden Zielsetzungen und Methoden suchen sie den jungen Menschen völlig in den Griff zu bekommen. – Als drei wichtige Elemente solch ideologischer Erziehungstheorie seien genannt:

a) Herrschende Tendenzen der *Lernpsychologie* mit ihrem mechanistischen Menschenbild des *Behaviorismus* (wörtlich: Verhaltenslehre) B. F. Skinners. Hier wird Freiheit und Verantwortung des Menschen verneint und durch die kontrollierende Bedeutung der Umwelt ersetzt.

b) Die aus der Sozialpsychologie kommende *Gruppendynamik,* die mit ihren zahlreichen Varianten immer größeren Einfluß auf das Erziehungswesen gewinnt. Sie sucht den einzelnen durch psychotechnische Persönlichkeitsveränderung in das Kollektiv einzugliedern.

c) Der tiefgreifende Einbruch des anarchistischen *Neomarxismus* in unsere Gesellschaft, vor allem in Gestalt der *»Kritischen Theorie«* der Frankfurter Schule. Unter der Bezeichnung *»emanzipatorische Bewegung«* hat sie sich seit Ende der sechziger Jahre an den erziehungswissenschaftlichen Institutionen etabliert. Sie will den Menschen von aller sog. Fremdbestimmung, zu der auch die biblischen Gebote und die elterliche Autorität gerechnet werden, »befreien«. Das erkenntnisleitende Interesse der Humanwissenschaften wird heute weithin von dieser Idee bestimmt. Sie hat in die Richtlinien und Schulbücher vieler Fächer Eingang gefunden. Ihr eigentliches Ziel ist es, unsere heutige nationale Gesellschaftsordnung umzustürzen und eine Weltgesellschaft mit universalistischer Moral durchzusetzen. Dabei soll eine Umerziehung unserer Kinder diese zu sog. »neuen Menschen«, d. h. Trägern der Kulturrevolution machen. Die Umstrukturierung des Eltern-Kind-Verhältnisses, wie sie in elternkritischen Texten vieler Lese- und Sprachbücher sowie durch die Methode des Rollenspiels eingeleitet wird, dient diesem Ziel. Unsere Kinder und ihre Schulen dürfen aber, so betonen wir, nicht für gesellschaftsverändernde Zwecke ideologischer Art mißbraucht werden.

3. Diese pädagogischen Tendenzen erfahren zur Zeit in vielen Bundesländern eine Zuspitzung in der behördlichen Anordnung, das kindliche Verhalten in den *Schulzeugnissen* als *»soziales Verhalten«* bzw. als »Arbeitsverhalten« zu werten. Subtile menschliche Wesenszüge werden dadurch der öffentlichen Kontrolle zugänglich gemacht, und die Kinder

verlieren angesichts der aufgezeigten Verhaltensänderungskonzepte ihre innere Freiheit.

4. Dies alles vollzieht sich auf dem Hintergrund eines immer weiter um sich greifenden Verfalls, ja einer vielerorts systematisch betriebenen radikalen *Zerstörung aller* christlich geprägten *sittlichen Wertordnungen.* Daran nehmen revolutionäre Gruppen gezielt Anteil. Sie treten fälschlich unter pädagogischem Anspruch auf und erfahren häufig die Förderung von Schulbehörden. Als Aufsehen erregendes Beispiel sei auf das Berliner Theaterkollektiv »Rote Grütze« hingewiesen. Es bereist als »Mitspieltheater« die ganze Bundesrepublik Deutschland, um bei Kindern und Jugendlichen mit einer z. B. geradezu pornographischen Sprache eine moralisch zersetzende Sexualität einzuüben.

5. Der Umbruch unseres Erziehungswesens wird umso schwerwiegender, als der *Bildungsgesamtplan von 1973* einen *totalitären Anspruch an den Menschen* stellt. Nicht nur *alle Altersstufen* – von den Dreijährigen im Elementarbereich bis hin zum alternden Menschen in der »Erwachsenenbildung« – werden ihm unterworfen, sondern auch alle *menschlichen Lebensbereiche.* Das geschieht insbesondere durch eine »Pädagogisierung der Freizeit«. Das Endziel läßt sich am deutlichsten mit den Worten des Deutschen Bildungsrates selbst wiedergeben. Er hat es im »*Strukturplan für das deutsche Bildungswesen*« so formuliert:

»Der Bezugsrahmen, in dem das Curriculum (Lernziel) zu sehen ist, ist umfassend. Er reicht von den Berufsfeldern über die verschiedenen Stufen wissenschaftlicher Orientierung bis zu jenen Lebensbereichen, die durch Wohnen, familiäres Zusammenleben, Umgang mit Menschen, politische Tätigkeit, Religion, Kunst, Sport, Unterhaltung und anderem umschrieben werden können.«

Als Christen müssen wir demgegenüber mit Entschiedenheit festhalten: Nur Gott, der Schöpfer und Erlöser des Menschen, darf ihn voll beanspruchen. Ein Totalitätsanspruch von Menschen über Menschen ist unmenschlich und führt zu einer inneren Versklavung und unausweichlichen Selbstzerstörung.

II. Unsere Forderungen

Die Konferenz Bekennender Gemeinschaften in den Evangelischen Kirchen Deutschlands fühlt sich aufgrund dieser alarmierenden Bestandsaufnahme verpflichtet, um unserer Kinder willen zu solcher Bildungspolitik öffentlich Stellung zu nehmen. An die Verantwortlichen stellen wir in Wahrnehmung unserer demokratischen Grundrechte folgende Forderungen:

1. Die Erlasse der Kultusministerien, in den *Zeugnissen* das »*soziale Verhalten*« und das »Arbeitsverhalten« *zu beurteilen,* müssen *zurückgezogen* werden. Der entsprechende Beschluß der Kultusministerkonferenz vom 2. 7. 1970 ist durch einen neuen Beschluß aufzuheben.

2. *Gruppendynamisch-ideologische Arbeitsweisen* wie z. B. Rollenspiele, Psychodramen und Kommunikationsspiele müssen durch die Kultusminister *untersagt werden; diese Verfahren zielen auf tiefgreifende Persönlichkeitsveränderung der Schüler, ja Auslieferung des einzelnen an die Gruppe und damit totalen Identitätsverlust. Die Teilnahme von Lehrern und Studenten an gruppendynamischen Trainings innerhalb der Ausbildung und Fortbildung darf nicht obligatorisch gemacht* werden oder durch Unterrichtsbefreiung begünstigt werden.

3. Die zwangsweise Sexualerziehung der Kinder durch ein besonderes Schulfach oder auch als Durchgangsunterrichtsprinzip muß aufgehoben werden. Denn die bewußte Ausklammerung des sittlichen Aspekts bei gleichzeitigem – sei es behutsamem, sei es brutalem – Abbau des Schamgefühls reizt zur Frivolität und zum vorehelichen Geschlechtsverkehr auf. Wir schließen uns dem »Memorandum der Deutsch-Österreichischen Bürgerinitiative« von 1976 an, in dem an dem Grundsatz »Erziehung zur Ehe und Familie durch die Eltern« festgehalten wird.

4. Es dürfen nur *Lehr- und Lernmittel* genehmigt werden, die auch für Christen zumutbar sind. Besonders *lehnen wir Bücher und Texte ab, die obszöne, brutale und blasphemische Inhalte darbieten* – auch wo sie als Material für das Unterrichtsgespräch eingeführt werden – sowie alle Inhalte, die

unter dem Stichwort »Emanzipation« zu Haß, Klassenkampf und Anarchie erziehen sollen.

5. Die Schule hat alles zu *unterlassen, was das Verhältnis der
   Eltern zu den Kindern belastet,* verunsichert, verändert und
   vergiftet. Statt dessen sollen Texte aufgenommen werden,
   die eine heile Familie und Ehe als Vorbild und unaufgebbare
   Lebensvoraussetzung zur Geltung bringen.

6. Alle organisatorischen *Reformen,* die *zur Auflösung der
   menschlichen Nähe* und damit zur Entwurzelung, Vereinsamung und Chaotisierung der Schüler führen, sind zurück-
   zunehmen bzw. in Zukunft zu unterlassen. An ihrer Stelle ist
   die überschaubare und stabile Schul- und Unterrichtsstruk-
   tur zu fördern.

7. Wir halten die Errichtung von *freien Schulen* mit *eigenstän-
   diger Zielsetzung* im Rahmen der geltenden Verfassungen
   für dringend erforderlich. Der Staat muß den nötigen Freiraum zur Gründung solcher Schulen gewähren. Die gesetzlichen Voraussetzungen hierfür sind unverzüglich zu schaffen, soweit diese in einzelnen Bundesländern noch nicht bestehen.

Als Eltern und Christen bereitet uns die Manipulation, der unsere Kinder in der Schule ausgesetzt sind, tiefe innere Not. Unter Berufung auf das Grundgesetz stellen wir die Forderung
nach Gewissensfreiheit auch im Bereich des Erziehungswesens.
In öffentlichen Schulen ist für einen breiten Spielraum pädagogischer Richtungen zu sorgen, unter denen das Christentum
volles Heimatrecht beanspruchen darf. Nur so vermögen die
Eltern, ihrer Erziehungsverpflichtung in Freiheit nachzukommen. Es wäre ungeheuerlich, wenn wir alle e i n e r ideologischen Grundauffassung unterworfen werden sollten. Das
müßte unser Volk aus der Erfahrung des »Dritten Reiches«
endgültig gelernt haben!

III. Theologische Begründung

Kirche und Theologie können nicht vom heutigen materiali-
stisch-positivistischen Wissenschaftsbegriff und ideologischen
Menschenverständnis ausgehen, auf dem diese Schulreformbe-

410

strebung weithin basiert. Sie müssen vielmehr fordern, daß der Entfaltung des christlichen Menschenbildes im Sinne von Bibel und kirchlichem Bekenntnis nicht grundsätzlich der Weg verstellt wird. Das Neuwerden des Menschen durch den Geist Gottes, durch sein Wort und seine Sakramente einerseits und die Veränderung des Menschen durch den Menschen vermittels humanwissenschaftlicher Methoden und Psychotechnik andererseits sind einander entgegengesetzt. Es muß zum Konflikt kommen, wenn das, was bisher – unter dem Anspruch Gottes und unter Wahrung der Freiwilligkeit – biblischer Seelsorge vorbehalten war (z. B. Schicksal, Schuld, Leid, Tod und die elementaren Sinn- und Seinsfragen des Menschen), jetzt unter den Zugriff der »Wissenschaft« gerät. Denn sie bekommt den zu Gottes Ebenbildlichkeit geschaffenen Menschen nicht in den Blick. Die auch im Grundgesetz bestätigte *Würde des Menschen* wird durch die beschriebene psycho-technische Verhaltensänderung *aufgelöst;* denn sie bedeutet in letzter Konsequenz eine sublime Gehirnwäsche. Die Folgen für Staat und Gesellschaft können nur als apokalyptisch bezeichnet werden.

Wir wenden uns an Sie als die für die Gestaltung unseres bundesdeutschen Bildungswesens Hauptverantwortlichen. Wir ersuchen Sie, unsere Beschwerden und Forderungen aufmerksam zur Kenntnis zu nehmen und für eine baldige gründliche Abhilfe zu sorgen.

Mit vorzüglicher Hochachtung!

Superintendent R. *George,* Berlin
Pfarrer R. Bäumer, Espelkamp
Präses K. Heimbucher, Nürnberg
Pfarrer F. Grünzweig, Korntal
Bischof Dr. G. Rost, Hannover
Konferenz Bekennender Gemeinschaften in den EKD

Professor Dr. P. *Beyerhaus,* Tübingen
Prof. D. Dr. W. Künneth, Erlangen
Professor Dr. J. Heubach, Ratzeburg
Doz. Dr. Dr. Horst Beck, Freudenstadt
Professor D. Otto Michel, Tübingen
Theologischer Konvent der KBG

Lehrer Immanuel *Lück,* Extertal
Doz. Dr. Henning Günther, Köln
Stud.Dir. Rudolf Willeke, Münster
Professor Dr. S. Kullen, Reutlingen
Professor Dr. Willy Böld, Saarbrücken
Pädagogischer Ausschuß der KBG

Nachwort

»Alarm um die Schule« lediglich als pädagogisches Fachbuch für einen kleinen Kreis Eingeweihter zu betrachten, hieße, seinen Wert und seine Zielrichtung zu unterschätzen. Vielmehr möchte sich Immanuel Lück mit seiner intensiven Analyse der gegenwärtigen Pädagogik an alle diejenigen richten, denen die Zukunft unseres Volkes am Herzen liegt. Denn die Schulzeit ist ja nicht irgendeine unwichtige Phase im Leben eines jungen Menschen, sondern dort wird neben der Formung durch das Elternhaus der Grundstock für Identität und Individualität derjenigen gelegt, die morgen die Schlüsselstellen unserer Gesellschaft innehaben werden. Die Beschäftigung mit dem, was heute in der Schule geschieht, sollte deshalb gleichsam zum Lebensinteresse eines jeden Bürgers gehören. Wenn demzufolge der »Alarm um die Schule« eine breite Gültigkeit hat, stellt sich nach der Lektüre die Frage, wie die erworbenen Informationen verwertet werden können.

Es geht also um die Nutzanwendung des vorliegenden Buches. Freilich reicht allein das Wissen um die geradezu revolutionären Veränderungen in der Pädagogik zu einer durchgreifenden Umwandlung noch nicht aus. Der »Alarm um die Schule« fordert vielmehr vielfältige Reaktionen von Eltern, Lehrern, verschiedensten Interessenverbänden, Kirchenleitungen bis hin zu den einzelnen Kirchengemeinden. Dies ist umso wichtiger, als derartige Themen in der Tat meist nur den Fachleuten zugewiesen werden, und in der breiten Öffentlichkeit nur schwer Interesse für sie geweckt werden kann. Mit ein Grund dafür ist, daß die vom Verfasser aufgezeigte Tendenz zur Ideologisierung der Schule von Presse, Rundfunk und Fernsehen nicht aufgegriffen wurde. Indem dort unter dem inzwischen allseits bekannten Motto ›Die Schule macht die Kinder krank‹ in erster Linie gegen den Leistungsdruck argumentiert wird, geht man an den eigentlichen, in diesem Buch aufgezeigten Problemen vorbei. Wenn damit die Medien bei der Eindämmung der Entstehung eines neomarxistischen Schulwesens ausfallen, ist es von höchster Dringlichkeit, daß die Leser der vorliegenden Arbeit auf den Plan treten.

Im folgenden sollen zu möglichen Leserinitiativen einige praktische Vorschläge gemacht werden:

– Das Anliegen des Verfassers kann man ganz einfach schon dadurch zu seinem eigenen machen, daß man in seinem Lebenskreis andere auf das Buch hinweist und sie zum Lesen einlädt. Dabei sollte ausdrücklich betont werden, daß der »Alarm um die Schule« alle angeht, also nicht nur Eltern mit schulpflichtigen Kindern.

– Mit dem durch dieses Buch geschärften Blick werden Eltern in Zukunft sicherlich die entsprechenden Schulbücher ihrer Kinder genau durchmustern. In gleicher Weise werden sie ihre Söhne und Töchter nach den Unterrichtsinhalten befragen. Dieses Vorgehen gehört zu dem legitimen Informationsrecht der Eltern und hat nichts mit Schnüffelei zu tun. Jedenfalls kann auf diesem Wege rasch ermittelt werden, ob der Unterricht an der jeweiligen Schule schon neomarxistisch eingefärbt ist und Reaktionen erforderlich sind.

– Gegebenenfalls wird es notwendig sein, mit dem Lehrer Kontakt aufzunehmen und ihm die Problematik um der Sache an sich und um der Notsituation der eigenen Kinder wegen klar zu machen.

– Schließlich macht das vorliegende Buch klar, daß es für die Elternschaft von zentraler Bedeutung ist, sich um alle schulischen Belange zu kümmern. Man wird deshalb gut daran tun, sich in verstärktem Maße an der Arbeit der Klassen- und Schulpflegschaft zu beteiligen. Eine solche Mitwirkung ist vom Gesetzgeber ausdrücklich vorgesehen und bedeutet u. U. eine echte Chance für engagierte Eltern.

– Sollte man bei seinen Bemühungen um einen guten Unterricht mit nichtideologischem Arbeitsmaterial bei der Schule auf verhärtete Fronten stoßen, darf man auch vor der Beteiligung an entsprechenden Protestaktionen nicht zurückschrecken. Möglicherweise mag es sogar geboten sein, selbst solche Aktionen ins Leben zu rufen. Auf diesem Wege können Lehrer- und Elternverbände ebenso an ihre Verantwortung erinnert werden wie staatliche und kirchliche Stellen.

– Weiterhin ist es leicht möglich, das Buch »Alarm um die Schule« zur Grundlage von Gesprächsrunden zu machen. Hauskreise und Ehepaartreffen bieten sich dafür genauso an wie Gemeindeveranstaltungen jeglicher Art. Jugendwerke und Gemeinden haben darüber hinaus auch die Möglichkeit, Themen des Buches zum Gegenstand von Seminar- und Schulungsveranstaltungen zu machen. Je nach Interessenlage und Charakter entsprechender Treffen kann Immanuel Lücks Arbeit auf unterschiedliche und vielfältige Weise genutzt werden. Während die einen sich vielleicht in erster Linie mit dem grundlegenden Abschnitt I »Aus der Theorie der Pädagogik« befassen, werden andere mehr dem schulpraktischen Teil II zuneigen oder Einzelthemen wie die Stellungnahme zur Sexualerziehung oder zu dem Referentenentwurf des neuen Jugendhilfegesetzes aufschlagen. So kann das Buch also auf unterschiedliche Art und Weise genutzt und in praktische Arbeit umgemünzt werden.

— Es muß allgemein bekannt werden, daß es bereits heute in der Bundesrepublik Deutschland Eltern gibt, die ihre Kinder mit Recht warnend über die Schule und ihre Ziele aufklären und dadurch einen Beitrag zum inneren Schutz ihres Kindes leisten. Es muß ferner bekannt werden, daß es junge Christen gibt, die sich aus Gewissensgründen weigern, an Unterrichtsinhalten und Methoden in der Klasse teilzunehmen, über die in diesem Buch berichtet wurde. Sie machen quantitativ und qualitativ alternative Aufgaben und sind bereit, Benachteiligungen auf sich zu nehmen. Eine breite Öffentlichkeit muß wissen, daß junge Christen trotz der staatlich verordneten Zwangssexualerziehung den Klassenraum verlassen, wenn die Sexualerziehung beginnt.

— Die Forderungen, die im »offenen Brief« der »Konferenz Bekennender Gemeinschaften in der EKiD« aufgestellt wurden, müssen verbreitet und an die Länderparlamente herangetragen werden.

Immanuel Lücks Buch ist ein Alarmruf, der nicht ungehört verhallen darf. Es fordert Konsequenzen von seinen Lesern, und man kann nur wünschen, daß es zu den Büchern gehören wird, die Veränderungen bewirken. In einer bedrohten Gegenwart wird jeder Leser erkannt haben, daß man sich in ungleich stärkerem Maße als zuvor um die Belange der Kinder in der Schule kümmern muß. Nachdrücklich sei nochmals hervorgehoben, daß dies nicht nur für Eltern mit schulpflichtigen Kindern gilt.

Jeder ist hier gefordert. Es ist fraglich, ob sich hier nicht auch für die Gemeinden im Lande eine ganz neue Arbeitsmöglichkeit auftut: Arbeitskreise einzurichten, in denen Schülern und ihren Eltern in jeder Hinsicht Hilfestellung bei der Bewältigung schulischer Probleme geboten wird.

Es hilft nicht viel weiter, wenn man angesichts der in »Alarm um die Schule« vorgebrachten Probleme den Blick zurückwendet und meint, in der Vergangenheit sei alles besser gewesen. Die bedrohte und bedrohende Gegenwart fordert Aktion und Reaktion. Die Zukunft können wir nur positiv mitgestalten, wenn uns der Alarmruf des Verfassers erreicht und wir hier und jetzt die Initiative ergreifen.

Lutz von Padberg
Universität Münster

Münster, 7. April 1978

Anhang: ein Dokument

Brief an den Herrn Kultusminister des Landes Nordrhein-Westfalen vom 5. 3. 1977

Immanuel Lück   4923 Extertal–1, den 5. 3. 1977

An den
Herrn Kultusminister
des Landes Nordrhein-Westfalen

Düsseldorf

Sehr geehrter Herr Minister!

Hiermit erlaube ich mir, Sie zu bitten, mich persönlich zu einem Gespräch in Sachen Benotungsreform an der Grundschule zu empfangen. Ich bitte, mir einen Termin dafür zu bestimmen.

Als Ende September 1976 die beabsichtigte Zeugnisreform der Lehrerschaft zur Kenntnis gegeben wurde, habe ich das Anliegen bejaht, anstelle der bisherigen Benotung konkrete Angaben über den Kenntnisstand in den einzelnen Fachbereichen zu machen, daß das Kind dem Leistungsdruck enthoben wird. Die Beurteilung des Kindes in seinem »sozialen Verhalten« und in seinem »Arbeitsverhalten« hat mich jedoch in tiefe Sorge um das Wohl des Kindes versetzt. Eine Aufklärungsarbeit wurde dringend und unverzüglich erforderlich.

Zu den in der Kleinbroschüre vom 5. 10. 1976 dargelegten Argumenten und den Ausführungen in der Zeitung »Schule wohin? Das Kind im Griff!« möchte ich noch folgende Gedanken hinzufügen:

Jegliche Beurteilung des Kindes in seinem Verhalten, unabhängig davon, ob man soziale oder persönliche Akzente setzt oder ob man das Arbeitsverhalten im Auge hat, trifft immer nur einen Ausschnitt von Verhaltensweisen und erfaßt den Menschen nie ganz. Die Auswahl richtet sich nach dem unzulänglichen Bild, das der Beurteiler vom Menschen und seinem Ziel hat. Das gilt auch für den Versuch, auf wissenschaftlicher Grundlage ein Verhaltensspektrum zu ermitteln, in der Annahme, von daher eine umfassende Beurteilung menschlichen Verhaltens vornehmen zu können. Man darf nämlich nicht außer Acht lassen, daß der zur Grundlage genommene Wissenschaftsbegriff bereits eine Einengung darstellt. Der Mensch stellt mehr dar, als die Summe der Verhaltensbeschreibungen aufzeigen kann und als das, was empirisch-wissenschaftlicher Methode zugänglich ist. Eine Verhaltensbeurteilung und -beschreibung, die der Mensch am anderen vornimmt, kann diesem nie gerecht werden. Eine Beurteilung des Verhaltens zeigt den Menschen immer in einem Zerrspiegel. Jeder Versuch, das Kind in seinem Verhalten schriftlich zu beurteilen, stellt daher einen Eingriff in seine Menschenwürde dar.

Wenn man den Kenntnisstand bei einem Kinde feststellt, so ist das zu akzeptieren; wenn man aber sein Verhalten in einer Beurteilung festlegt, z. B. sein Anlehnungsbedürfnis (im sozialen Verhalten) oder daß es den Unterricht noch nicht bereichert (in seinem Arbeitsverhalten), so treffen diese Aussagen den Menschen in seiner Person oder Qualität als Mensch.

Wer den Menschen einer so tiefgreifenden schriftlichen Beurteilung in seinen Verhaltensweisen unterwirft, versetzt ihn in jedem Falle in eine unerhörte Unfreiheit. Die Beurteilung wird, wie mir mitgeteilt wurde, bereits in dieser Weise in Kindergärten vorgenommen. Von der Kooperativen Versuchsschule Bergisch-Gladbach wurde mir ein Zeugnis bzw. Beurteilungsbogen für die Grundschüler zugesandt, die man nach Beendigung des vierten Schuljahres in die Kooperative Schule entließ. Hier wurde beispielsweise unter der Rubrik der »sozialen Beziehung« die »Beliebtheit« des Kindes oder seine »Isoliertheit« (sprich Unbeliebtheit) im Klassenverband beurteilt. Befürchten Sie nicht auch, Herr Minister, daß Kinder, die unter dem Bewußtsein groß wurden, ständig einen »Supervisor« über sich zu haben, der von früh auf ihr Verhalten beurteilt, unfähig werden zur freiheitlichen Demokratie, wie wir sie bisher verstanden haben? Im 18. Jahrhundert stellte man an einigen höheren Lehranstalten für die Schüler »Individualitätsbilder« auf. Im 19. Jahrhundert griff Ziller auf diese Praxis zurück und ließ Lehrer ein »Individualitätsbuch« führen, in dem individuelle Züge aus dem Leben der Kinder gesammelt wurden, wie z. B. »Wahrheitsliebe, Ehrlichkeit, Gesinnung gegen Eltern und Lehrer, Verhalten gegen Mitschüler, Freunde« u. a. m. Hier liegt eine gewisse Parallele vor. Aber diese Praxis stammt aus der Zeit absolutistischer Fürstenherrschaft und ist typisch für absolutistisches Denken. Es beunruhigt deshalb, daß ein solches System in einer demokratischen Gesellschaft unter anderen Vorzeichen wieder in der Schule auftaucht. Es besteht die berechtigte Sorge, daß die gegenwärtige Schule in ihrer Absicht, Verhaltensweisen des Kindes öffentlich zu beschreiben, in der Gefahr steht, eine Herrschaft über das Leben der Kinder zu errichten, die in der deutschen Schulgeschichte in ihrer Perfektionierung ohne Beispiel ist, da man heute über Methoden technologischer Verhaltensmanipulation verfügt. Jede Erziehung beinhaltet selbstverständlich Zielsetzungen auch im Verhalten. Wenn man aber daran geht, öffentlich im Zeugnis mitzuteilen, inwieweit diese Ziele beim Schüler erreicht wurden oder nicht, wird die Grenze überschritten, deren Einhaltung alles echte Wachstum im Erziehungsprozess garantiert. Demokratie droht hier in ihr Gegenteil zu pervertieren. Der Beschluß der Kultusministerkonferenz vom 2. 7. 1970, die Kinder in ihrem »sozialen Verhalten« und in ihrem »Arbeitsverhalten« beurteilen zu lassen, ist eine solche Grenzüberschreitung, die heute sichtbar wird, wo man daran geht, diesen Beschluß zu realisieren.

Gott hat dem Menschen – über den Bereich des Biologisch-Naturhaften hinausgehend – Würde und Bestimmung zu seiner Ebenbildlichkeit verliehen. Auf Grund der Loslösung von unserem Schöpfer sind wir nicht in der Lage, diese Bestimmung von uns aus zu verwirklichen. Gott schenkt uns durch die Person Jesu und die persönliche Beziehung zu ihm die Freiheit, unsere Bestimmung zu ergreifen und zu verwirklichen. Gott macht uns das Angebot, in dieser neuen Lebensbeziehung auch unsere Verhaltensmöglichkeiten erneuern zu lassen.

Dieser Angebotscharakter setzt einen Freiraum voraus, er darf nicht unter dem Druck öffentlicher Beurteilung und Beschreibung des Verhaltens eingeschränkt oder verschlossen werden; auch nicht durch eine Beurteilung des Verhaltens nach christlichen Maßstäben. Vollends die diesem Zeugnismuster zugrundeliegende Sicht des Menschen führt dazu, sein Verhalten als Produkt der Umwelt und derer, die ihn konditionieren, zu verstehen. Der Mensch wird auf diese Weise zu einem kontrollierten und manipulierten Wesen. Unabhängig von der Zielrichtung, die man dem Menschen durch die Auswahl der Verhaltenskategorien gibt, glaubt man von dieser Sicht her die Berechtigung nehmen zu dürfen, das, was sich konditionieren läßt, auch öffentlich beurteilen zu können. Diesem Versuch müssen wir nicht nur als Christen widersprechen. In einem freiheitlich organisierten Staat ist es nicht möglich, die ideologisch ausgeprägte Anthropologie einer bestimmten Gruppe für alle verbindlich zu machen und diese somit zur Staatsideologie zu erheben. Der sich aus dem Angebotscharakter des Evangeliums ergebende Freiraum, aus dem jede öffentliche Beurteilung und Festlegung des Schülers ausgeklammert ist, ist für unseren Staat lebensnotwendig, solange er sich als freiheitlich versteht. Der beschriebene Freiraum ist für die Erhaltung unserer freiheitlichen Grundordnung eine bessere Grundlage als das Menschenbild, das den aufgestellten Verhaltensänderungstheorien und -beurteilungen zugrunde liegt.

In den Worten Jesu über die Kinder (Markus 10, 14) zeigt sich die große Liebe, die er zu den Kindern hat. Daran sollte man sich erinnern. Die Übertragung eines bestimmten naturwissenschaftlichen Wissenschaftsbegriffes auf den Menschen, seine Erziehung und seine Verhaltensänderung sollte von daher grundsätzlich in Frage gestellt werden. Dieser einseitige, in den heutigen Naturwissenschaften auch nicht mehr unangefochtene Wissenschaftsbegriff schließt eine Betrachtung des Menschen von Gott und seinem Handeln her aus, da er nur das Objektivierbare gelten läßt. Er hat jene tiefe Inhumanität zur Folge, die sich nicht scheut, subtile menschliche Verhaltensweisen offenzulegen. Ich habe die große Sorge, daß diejenigen, die ihre erzieherische Aufgabe konsequent von diesem Aspekt her sehen, in die Gefahr des Gewissensschwundes geraten. In diesem Zusammenhang möchte ich an die vielen Kollegen im Lande erinnern, von denen ich weiß, daß ihnen die Durchführung dieses

Erlasses in seiner vorliegenden Form schwerste Gewissensnöte bereitet.

Sehr geehrter Herr Minister! Ich bitte Sie um des Wohles unserer Kinder und um der Erhaltung der demokratischen Ordnung und Freiheit unseres Staates willen, um des Anspruches willen, den Gott an uns alle stellt, den Erlaß neu zu bearbeiten und dabei die Beurteilung von Verhaltensweisen (soziales- und Arbeitsverhalten) der Kinder, unter welcher Zielrichtung sie auch immer geschieht, fallenzulassen.

Ich weiß mich aus Gewissensgründen verpflichtet, diese Bitte an Sie zu richten.

Hochachtungsvoll
gez. Immanuel Lück

Anmerkungsverzeichnis

Zitate aus Schulbüchern wurden der Übersichtlichkeit wegen durch Angabe der Seitenzahl im Text gekennzeichnet. Das Schulbuch selbst ist in der Anmerkung aufgeführt. Hochzahlen hinter dem Erscheinungsjahr geben die betreffende Auflage des Buches wieder.

[1] Speck, J., Handbuch pädagogischer Grundbegriffe, München 1970, Band II, S. 289

[2] s. Anm. 1, S. 324

[3] Roth, H., Pädagogische Anthropologie, Band I, Hannover 1971[3], S. 125; Band II, Hannover 1971

[4] Rahner, K., Hörer des Wortes, München 1963, S. 55, zitiert bei Speck, s. Anm. 1, S. 319

[5] s. Anm. 1, S. 292f

[6] Wilhelm, Th., Theorie der Schule, Stuttgart 1969[2], S. 218

[7] s. Anm. 6, S. 225

[8] Deutscher Bildungsrat, Strukturplan für das Bildungswesen, Stuttgart 1972[4], S. 33

[9] Roth, H., s. Anm. 3, Band I, S. 140ff.

[9a] Roth, H., Erziehungswissenschaft, Erziehungsfeld und Lehrerbildung, Hannover 1967, S. 144f

[10] Brezinka, W. Von der Pädagogik zur Erziehungswissenschaft, Weinheim 1975[3], S. 40

[11] s. Anm. 10, S. 40

[12] Groothoff, H.-H., »Philosophie und Pädagogik«, in »Erziehungswissenschaftliches Handbuch«, Berlin 1971, Band III, Teil 1, S. 41

[13] s. Anm. 12, S. 42

[14] Nave-Herz, R., »Soziologie der Schule und des Lehrers«, in: »Erziehungswissenschaftliches Handbuch«, Berlin 1971, Band III, Teil 2, S. 360

[15] Letzteres ergibt sich aus der Darstellung über den wissenschaftsorientierten Unterricht in: Kollegstufe NW, Schriftenreihe des Kultusministers, Ratingen 1972, Heft 17, S. 26

[16] s. Anm. 15, S. 26

[17] s. Anm. 15, S. 26

[18] s. Anm. 15, S. 26

[19] Zusammengefaßt aus Staudinger, H., »Die Krise des Zeitalters der Wissenschaften«, in dem gleichnamigen Buch, herausgegeben vom »Deutschen Institut für Bildung und Wissen«, Frankfurt 1964[2], S. 14f

[20] Zitat bei Findeisen, S., Funkkolleg »Was ist Wahrheit?« (noch unveröffentlicht).

[21] s. Anm. 10, S. 22

[22] Das neue Lexikon der Pädagogik, Freiburg 1974[3], Band 3, s. Pragmatismus, S. 336

23 s. Anm. 22, S. 336
24 Fend, H., Sozialisierung und Erziehung, Weinheim 1974[7], S. 123
25 s. Anm. 24, S. 126
26 s. Anm. 24, S. 10
27 s. Anm. 24, S. 11
28 s. S. 20 dieses Buches
29 Ruegg, W., Soziologie, Funkkolleg, Frankfurt 1975[8], S. 100
30 s. Anm. 29, S. 106
31 Evangelischer Erwachsenenkatechismus, Gütersloh 1975, S. 465
32 Neues Pädagogisches Lexikon, Berlin 1971[5], S. 979
33 s. Anm. 24, S. 170ff.
34 Bernsdorf, W. (Hrsg.), Wörterbuch der Soziologie, Frankfurt/M 1976[4], Band 3, S. 674
35 Die folgenden Theoreme einer gelungenen Sozialisation werden von dem amerikanischen Soziologen Talcott Parsons aufgezeigt, in Kap. VI, »The social System«, S. 201ff. Habermas hat sie in »Stichworte zu einer Theorie der Sozialisation« 1968 in »Kultur und Kritik«, Frankfurt/M 1973, S. 118f entfaltet, um sich davon abzusetzen.
36 Krappmann, L., in: betrifft: erziehung, Weinheim 1971, Heft 3, S. 28
37 Dahrendorf, R., Homo Sociologicus, Opladen 1974[14], S. 21
38 s. Anm. 32, S. 979
39 s. Anm. 37, S. 83
40 s. Anm. 37, S. 93
41 s. Anm. 37, S. 93
42 s. Anm. 37, S. 90
43 Der Kultusminister des Landes Hessen, Rahmenrichtlinien der Sekundarstufe 1, Gesellschaftslehre, Frankfurt/M 1973, S. 49f
44 s. Anm. 1, S. 320f
45 Weber, E., Pädagogik, Donauwörth 1975[7], Band 1, S. 42
46 Marcuse, H., Versuch über die Befreiung, Frankfurt 1972[3], S. 45
47 s. Anm. 46, S. 82f
48 s. Anm. 46, S. 82
49 s. Anm. 46, S. 43
50 Diese Kurzdarstellung der Position von Horkheimer und Adorno wurde entnommen aus: Günther, H., Auf dem Wege zu einer neuen Schule – die falsche Emanzipation, München 1974, S. 27f
51 s. Anm. 46, S. 10f
52 s. Anm. 46, S. 26f
53 Marcuse, H., Der eindimensionale Mensch, Neuwied 1974[6], S. 30
54 s. Anm. 53, S. 31
55 s. Anm. 53, S. 32
56 s. Anm. 53, S. 27f
57 s. Anm. 53, S. 36

[58] s. Anm. 53, S. 36

[59] s. Anm. 53, S. 24

[60] s. Anm. 53, S. 254f

[61] Marcuse, H., Psychoanalyse und Politik, Frankfurt 1968, S. 27

[62] s. Anm. 46, S. 44

[63] s. Anm. 46, S. 44

[64] s. Anm. 46, S. 48

[65] s. Anm. 46, S. 41

[66] s. Anm. 46, S. 46

[67] s. Anm. 46, S. 46

[68] s. Anm. 46, S. 40

[69] s. Anm. 46, S. 40, Marcuse zitiert hier Nietsche, F., »Die fröhliche Wissenschaft«, 3. Buch, Aph. 275

[70] s. Anm. 46, S. 55

[71] s. Anm. 46, S. 34

[72] s. Anm. 46, S. 18

[73] s. Anm. 53, S. 25

[74] s. Anm. 53, S. 25

[75] s. Anm. 53, S. 25

[76] s. Anm. 46, S. 43

[77] s. Anm. 53, S. 27

[78] s. Anm. 46, S. 9

[79] s. Anm. 46, S. 19

[80] s. Anm. 46, S. 61

[81] s. Anm. 46, S. 44f

[82] s. Anm. 46, S. 103f

[83] s. Anm. 46, S. 95

[84] vgl. S. 43 Anm. 47

[85] Entnommen aus einem Referat »Emanzipation als Leitidee in der Pädagogik« von Ch. Walter und U. Ochel, gehalten vor dem Oberseminar »Neuere Literatur zum Thema Erziehung und Kritische Theorie«, Leitung Prof. Dr. Menze, Universität Köln, WS 75/76

[86] In diesem Sinne beschreibt H. Günther den Einfluß von J. Habermas auf die Bundesrepublik, in: s. Anm. 50, S. 51

[87] Habermas, J., Zur Aktualität Walter Benjamins, Frankfurt 1972, S. 220

[88] Freud, Siegmund, 1856–1939; Begründer der Psychoanalyse

[89] In der folgenden Zusammenfassung und Zitierung beziehe ich mich auf Marcuse, H., »Triebstruktur und Gesellschaft« Frankfurt 1973, S. 34ff.

[90] s. Anm. 89, S. 40

[91] Habermas, J., Erkenntnis und Interesse, Frankfurt 1969, S. 158f

[92] H. Günther erläutert, wie Habermas in der Auseinandersetzung mit dem Philosophen Schelling zur materialistischen Geschichtsphilosophie durchstieß, in: s. Anm. 50, S. 52ff.

424

[93] Aus Rohrmoser, G., »Krise der Institutionen«, zusammengefaßt bei Günther, H., s. Anm. 50, S. 55

[94] Zusammengefaßt aus Habermas, J., Stichworte zu einer Theorie der Sozialisation, in: Habermas, J., Kultur und Kritik, Frankfurt 1973, S. 124ff.

[95] s. Anm. 94, S. 127

[96] s. Anm. 94, S. 128f

[97] s. Anm. 94, S. 131f

[98] s. Anm. 94, S. 185f

[99] s. Anm. 94, S. 184f

[100] Rohrmoser, G., Die Krise der Institutionen, München 1972

[101] Willeke, Cl. und R., Sozialisation oder Erziehung? Sonderdruck aus: Erwachsenenbildung der kath. Elternschaft Deutschlands, Köln, Heft 4, 1973, S. 173f.

[102] Habermas, J., Zur Rekonstruktion des Historischen Materialismus, Frankfurt 1976^2, S. 74

[103] Habermas, J., Vorbereitende Bemerkungen zu einer Theorie der kommunikativen Kompetenz, in: Theorie der Gesellschaft oder Sozialtechnologie, Frankfurt 1971 und 1975, S. 101ff.

[104] s. Anm. 103, S. 117

[105] s. Anm. 103, S. 117

[106] s. Anm. 103, S. 136ff.

[107] s. Anm. 103, S. 139

[108] Habermas, J. und Henrich, D., Zwei Reden, Frankfurt 1974

[109] s. Anm. 102

[110] s. Anm. 102, S. 9

[111] s. Anm. 108, S. 51

[112] s. Anm. 108, S. 68

[113] s. Anm. 108, S. 51f

[114] s. Anm. 108, S. 66

[115] s. Anm. 108, S. 68f

[116] s. Anm. 108, S. 71

[117] s. Anm. 108, S. 71

[118] s. Anm. 108, S. 66f

[119] s. Anm. 108, S. 67

[120] s. Anm. 108, S. 68

[121] s. Anm. 108, S. 68

[122] s. Buch Seite 60

[123] s. Anm. 102, S. 82

[124] s. Anm. 102, S. 150

[125] Eingehend setzt sich hiermit R. Willeke in: Schule wohin? Das Kind im Griff! auseinander, s. Anm. 151.

[125a] Rohrmoser, G., Welche Art von Sozialismus bedroht unsere Freiheit? Stuttgart 1976, S. 19

[125b] s. Anm. 125 a, S. 19

[125c] »Richtlinien für den Politikunterricht« des Landes NW, Düsseldorf 1974[2], S. 30

[125d] Rahmenrichtlinien Gesellschaftslehre, Sekundarstufe I, Frankfurt 1973, S. 66

[126] Mollenhauer, K., Erziehung und Emanzipation, München 1973[6], S. 10

[127] Kerstiens, L., Modelle emanzipatorischer Erziehung, Bad Heilbrunn, OBB 1975[2], S. 59f

[128] Giesecke, H., Die Jugendarbeit, München 1975[3], S. 151

[129] Giesecke, H., »Emanzipation – ein neues pädagogisches Schlagwort?« in: Deutsche Jugend 1969, S. 542; zitiert in Kerstiens, s. Anm. 127, S. 72

[130] s. Anm. 128, S. 152

[131] s. Anm. 128, S. 152

[132] s. Anm. 128, S. 151

[133] Giesecke, H., Einführung in die Pädagogik, München 1974[6], S. 101

[134] s. Anm. 133, S. 98

[135] s. Anm. 133, S. 101

[136] Klafki, W., Rückriem, G. u. a., Funk-Kolleg Erziehungswissenschaft, Band 3, Frankfurt 1975[8], S. 271

[137] Gamm, H.-J., Das Elend der spätbürgerlichen Pädagogik, München 1972, S. 142f

[138] Schoeck, H., Schülermanipulation, Freiburg 1976[2], S. 10

[139] s. Anm. 138, S. 10f

[140] s. Anm. 138, S. 12

[141] s. Anm. 108, S. 51

[142] Moreno, J. L., wird als der »Vater der Gruppendynamik« angesehen. Er arbeitete bereits zur Zeit Freuds in Wien; Direktor des Moreno-Institutes in Beakon, USA.

[143] Freudenreich u. a., Praxishandbuch Rollenspiel, Dortmund 1976, S. 13

[144] s. Anm. 143, S. 30

[145] s. Seite 36 dieses Buches

[146] Moreno, J. L., Gruppenpsychotherapie und Psychodrama, Stuttgart 1973, S. 198

[147] Zitat von Moreno in: Hoffmann, Gruppendynamik, Bensheim 1973, S. 7

[148] Steinbacher, The Child Seducers, USA 1971; in Hoffmann: Gruppendynamik, s. Anm. 147

[149] Sachkundebuch »Erste Studien«, 4. Schuljahr, Dortmund 1974, S. 30f

[150] Moreno, J. L., s. Anm. 146; aus dem Vorwort

[151] »Schule wohin? Das Kind im Griff!«, Hrsg.: Religionspädagogischer Arbeitskreis der Bekenntnisbewegung, Extertal 1977

[152] Sonderdruck aus dem Informationsbrief der Bekenntnisbewegung, Lüdenscheid, Nr. 42;

[153] s. Anm. 148

[154] Sprachprojekte 2, Braunschweig 1974, S. 14

[155] Sprachprojekte 2, Braunschweig 1975, Lehrerband, S. 20

[156] s. Anm. 154, S. 6

[157] Ueberschär, B., Rollenverhalten, 4. Schuljahr, Frankfurt/M., 1973

[158] »...damit ich besser lesen kann«, 1. Schulj., Düsseldorf 1974

[159] »...damit ich besser lesen kann«, 1. Schuljahr, Düsseldorf 1975, Lehrerhandbuch

[160] Stiller, G., Kilian, S., Nein-Buch für Kinder, Weinheim 1973, S. 84f

[161] Wörter, Sätze, Texte 2, Bochum, ohne Erscheinungsjahr

[162] Texte und Fragen 2. Schuljahr, Frankfurt 1974[1]

[163] Texte und Fragen 2. Schuljahr, Frankfurt 1975[1], Lehrerband

[164] Texte und Fragen 2. Schuljahr, Frankfurt 1976[2]

[165] Texte und Fragen 3. Schuljahr, Frankfurt 1977, Lehrerband

[166] Texte und Fragen 3. Schuljahr, Frankfurt 1975

[167] Lesarten 2, 3, 4, Düsseldorf 1974; Das Unterrichtswerk für jedes Schuljahr enthält je einen Band »Arbeitsbuch« und »Textbuch« für den Deutschunterricht.

[168] Lesarten 2 bis 4; Düsseldorf 1975. Für das Unterrichtswerk »Lesarten« in der Grundschule sind die Lehrerhandreichungen in einem Band zusammengefaßt.

[169] Bunte Lesefolgen, Band 2 und Band 3 Düsseldorf 1976, Band 4 Düsseldorf 1974. Es handelt sich hier um das Nachfolgewerk von Bunte Drucksachen, Düsseldorf 1974; die Lehrerhandbücher, Düsseldorf 1974, sind die gleichen geblieben.

[170] Texte zum Nachdenken, Sekundarstufe I, Ratingen 1974

[171] Zichmann, J., »Soziale Studien« in: Standortbezogener Sachunterricht, Münster 1975 (Hrsg. Ostermann, W.)

[172] s. Anm. 154, S. 32f

[173] s. Anm. 155, S. 46

[174] s. Anm. 163, S. 39

[175] s. Anm. 162, S. 28f

[176] s. Anm. 169, Band 4, S. 147ff.

[177] s. Anm. 169, Lehrerhandbuch Band 4, S. 153

[178] Lesarten 5, Arbeitsbuch, Düsseldorf 1974, S. 20f

[179] s. Anm. 170, S. 43

[180] Lesarten 6, Textbuch, Düsseldorf 1974, Quellennachweis 90

[181] s. Anm. 169, Lehrerhandbuch Band 4, S. 49

[182] s. Anm. 170, S. 40

[183] s. Anm. 169, Band 4, S. 133ff.

[184] s. Anm. 169, Lehrerhandbuch Band 4, S. 139f

[185] Schelsky, H., Die Arbeit tun die andern – Klassenkampf und Priesterherrschaft der Intellektuellen, München 1975

[186] s. Anm. 154
[187] s. Anm. 155, S. 80
[188] Der Kultusminister des Landes NW, »Nur ein Mädchen«, Düsseldorf 1973
[189] s. Seite 112 dieses Buches
[190] s. Anm. 154
[191] s. Anm. 155, S. 29
[192] s. Anm. 169, Band 3
[193] s. Anm. 169, Lehrerhandbuch Band 3, S. 68
[194] s. Anm. 188
[195] Brezinka, W., Erziehung und Kulturrevolution, München 1976², S. 127
[196] s. Anm. 195, S. 27ff.
[197] s. Anm. 127, S. 103
[198] s. Anm. 127, S. 104
[199] s. Anm. 195, S. 129
[200] s. Anm. 195, S. 126
[201] s. Anm. 195, S. 129
[202] Lesarten 7–8 Lehrerhandreichung, Düsseldorf 1976, S. 47
[203] s. Anm. 169, Band 3, S. 9
[204] drucksachen C 8 neu, Düsseldorf 1975², S. 10f
[205] Lesarten 6, Textbuch, Düsseldorf 1974, S. 92f
[206] Lesarten 5, Textbuch, Düsseldorf 1974, S. 48f
[207] s. Anm. 206, S. 49
[208] Themen und Texte, Band 8, Dortmund, genehmigt in NW 1973, S. 13
[209] Texte zum Nachdenken, Ratingen 1977, Kommentar-Band, S. 12
[210] s. Anm. 169, Lehrerhandbuch 3, S. 10
[211] s. Anm. 169, Band 3, S. 14
[212] s. Anm. 169, Band 3, S. 14
[213] s. Anm. 167, Band 4,Textbuch, S. 103f
[214] s. Anm. 170, S. 20f
[215] drucksachen C 10 neu, Düsseldorf 1975²
[216] s. Anm. 127, S. 115
[217] s. Anm. 127, S. 114
[218] s. Anm. 127, S. 114; unter Hinweis auf H. Ortmann
[219] s. Anm. 138, S. 57f
[220] Mensch und Gesellschaft, Ausgabe NW, Fischer, K. G., Stuttgart 1975², S. 84
[221] Lesarten 10, Textbuch, Düsseldorf 1974, S. 28ff
[222] s. Anm. 170, S. 116
[223] s. Anm. 138, S. 60
[224] s. Anm. 221
[225] s. Anm. 221, S. 38ff.
[226] Lesarten 7, Textbuch, Düsseldorf 1974, S. 38ff.

[227] s. Anm. 170, S. 115

[228] s. Anm. 170, S. 102

[229] s. Anm. 170, S. 97f

[230] s. Anm. 221, S. 31f

[231] s. Anm. 170, S. 91

[232] Lernfeld Gesellschaft, Frankfurt 1975[3], S. 180f

[233] Lernfeld Gesellschaft, Lehrerband, S. 96f

[234] Foerster, F. W., in: Sexualethik und Sexualpädagogik, Recklinghausen 1952[6], S. 377; zitiert bei Scarbath, H., Geschlechtserziehung, Heidelberg 1969[2], S. 46

[235] s. Anm. 234, S. 372, Scarbath, S. 55

[236] Scarbath, H., Geschlechtserziehung, Heidelberg 1969[2], S. 49ff.

[237] s. Anm. 236, S. 54ff.

[238] s. Anm. 236, S. 58

[239] s. Anm. 236, S. 62

[240] Comfort, A., Der aufgeklärte Eros – Plädoyer für eine menschenfreundliche Sexualmoral, München 1964

[241] s. Anm. 240, zitiert bei Scarbath, Anm. 236, S. 76

[242] s. Anm. 236, S. 76

[243] Reich, W., Die sexuelle Revolution, Frankfurt 1966, S. 24

[244] Ollendorf-Reich, Ilse, Wilhelm Reich, München 1975, S. 43

[245] Marcuse, H., Eros und Kultur, jetzt: Triebstruktur und Gesellschaft, Frankfurt 1973

[246] Neill, A. S., Theorie und Praxis der antiautoritären Erziehung. Das Beispiel Summerhill, Reinbek 1969, zitiert bei Brezinka, W., s. Anm. 195, S. 174f

[247] s. Anm. 195, S. 175

[248] Kentler, H., Sexualerziehung, Reinbek 1970, S. 68, zitiert bei Brezinka, W., s. Anm. 195, S. 175

[249] s. Anm. 195, S. 180

[250] s. Anm. 195, S. 180

[251] Haensch, D., Repressive Familienpolitik, Reinbek 1969, S. 10, zitiert bei Heiner, A. u. a., Soziale Kommunikation – zur Praxis des Deutschunterrichts, Stuttgart 1976, S. 78

[252] s. Anm. 251, S. 78

[253] Kentler, H., Kindersexualität, in: Zeig mal, Wuppertal 1976[3], S. 9ff.

[254] Mc Bride, W., Zeig mal, Wuppertal 1976[3]

[255] s. Anm. 138, S. 126f

[256] Kentler, H., Sexualerziehung, Reinbek 1976[8], S. 94

[257] s. Anm. 256, S. 94

[258] s. Anm. 256, S. 94

[259] s. Anm. 256, S. 95f

[260] Otto, G. u. a., Neues Handbuch des Religionsunterrichts, Hamburg 1972[4]

[261] s. Anm. 260, S. 176

[262] s. Anm. 260, S. 182

[263] s. Anm. 260, S. 184

[264] s. Anm. 260, S. 188

[265] Goldstein, M., McBride, W., Lexikon der Sexualität, Wuppertal 1976[5], S. 103

[266] Bundeszentrale für gesundheitliche Aufklärung, Köln. Gesundheitserziehung und Schule, Stuttgart 1975[3], S. 57

[267] Heiner, A. u. a., Soziale Kommunikation – zur Praxis des Deutschunterrichtes, Stuttgart 1976, S. 78

[268] s. Anm. 267, S. 77

[269] Kentler, H., Eltern lernen Sexualerziehung, Reinbek 1975, S. 78f

[270] s. Anm. 269, S. 79

[271] s. Anm. 269, S. 121

[272] Gamm, H.-J., Kritische Schule, München 1971[5], S. 78f

[273] s. Anm. 195, S. 180

[274] Kattmann, U. (Hrsg.), Sexualerziehung in der Schule, Richtlinien, Lernziele, Lehrerbildung; Institut für die Pädagogik der Naturwissenschaften an der Christian-Albrecht-Universität Kiel, 1975, S. 118f

[275] Amendt, G., Kinderkreuzzug oder beginnt die Revolution in der Schule, Reinbek 1968, S. 127ff.

[276] s. Anm. 275, S. 153

[277] s. Anm. 275, S. 167

[278] s. Anm. 275, S. 168

[279] s. Anm. 275, S. 174

[280] s. Anm. 275, S. 173

[281] Lange, Strauß, Dobers; Biologie, Beiheft zu Band 1, Geschlechtlichkeit des Menschen, Hannover 1972

[282] Bauer, E. W., (Hrsg.), Biologie 5/6 Ausgabe A, Berlin 1977

[283] Gerhardt, A., Dircksen, J., Höner, P., biologie 5/6, München 1974

[284] Garms, H., Lebendige Welt, Neuausgabe, Biologie 1, Braunschweig 1975

[285] Kuchta, I., Penne, K.-J., Sexualität und Gesellschaft, Berlin 1973

[286] s. Anm. 284

[287] Verch, K., Lehrmappe Sexualerziehung, St. Augustin 1975

[288] Brauer, J. u. a., Junge, Mädchen, Mann und Frau, Band 1, Gütersloh 1975[8], Band 2 1976[3]

[289] s. Anm. 254

[290] s. Seite 263 dieses Buches

[291] Figge, P., Goede, K. u. a., Betrifft: Sexualität, Braunschweig 1977

[292] Assig, D., Baurmann, M. u. a., Sexualität ist mehr, Wuppertal 1976

[293] Der Bundesminister für Jugend, Familie und Gesundheit, Zweiter Familienbericht, Bad-Godesberg 1975

[294] Gostische, Th., Kummer, E., Dorsten, D., Brombacher, G., Fehr-mann, H., Franke, H., Schäfer, R., »Darüber spricht man nicht!!«, München 1973

[295] Fehrmann, H., Flügge, I., Franke, H., »Was heißt hier Liebe?«, München 1977

[296] Richtlinien für die Sexualerziehung in den Schulen des Landes NW; Erlaß des Kultusministers vom 3. 5. 1974, S. 318ff.

[297] BVerfG vom 21. 12. 1977, Sexualerziehung an öffentlichen Schu-len, in: Europäische Grundrechte (EuGRZ), Kehl/R. 1978, 3

[298] Deutscher Bildungsrat, Empfehlungen der Bildungskommission zur Einrichtung eines Modellprogramms für Curriculum-entwicklung im Elementarbereich, Stuttgart 1973

[299] Deutscher Bildungsrat, Gutachten und Studien der Bildungskom-mission; Die Eingangsstufe des Primarbereichs, 48/2, Band 2/2, Soziales Lernen und Sprache, Stuttgart 1975

[300] s. Anm. 8, S. 40

[301] s. Anm. 8, S. 40

[302] s. Anm. 8, S. 109

[303] s. Anm. 8, S. 110

[304] s. Anm. 8, S. 110

[305] s. Anm. 8, S. 29

[306] s. Anm. 293, S. 14

[307] s. Anm. 293, S. 14

[308] s. Anm. 298, S. 19f

[309] s. Anm. 298, S. 20

[310] s. Anm. 298, S. A 12f

[311] s. Anm. 298, S. A 32

[312] s. Anm. 298, S. A 32

[313] s. Anm. 298, S. A 34

[314] s. Anm. 298, S. A 36

[315] s. Anm. 298, S. A 37

[316] s. Anm. 298, S. A 13

[317] s. Anm. 298, S. A 63

[318] s. Anm. 298, S. A 65

[319] s. Anm. 298, S. A 66

[320] s. Anm. 298, S. A 44

[321] Köberling, A. u. a., Politisch-soziales Lernen, s. Anm. 299

[322] s. Anm. 321, S. 13f

[323] s. Anm. 321, S. 13

[324] s. Anm. 321, S. 14

[325] s. Anm. 321, S. 17

[326] s. Anm. 321, S. 19

[327] s. Anm. 321, S. 24

[328] s. Anm. 321, S. 25

[329] s. Anm. 321, S. 26

[330] s. Anm. 321, S. 28
[331] Schlotthaus, W., Kommunikationsförderung in der Eingangsstufe, Anm. 299, S. 51ff.
[332] s. Anm. 331, S. 66
[333] Deutscher Bildungsrat, Gutachten und Studien der Bildungskommission, Die Eingangsstufe des Primarbereichs, Bd. I, Ansätze zur Entwicklung, Stuttgart 1975, S. 39ff.
[334] s. Anm. 333, S. 25ff.
[335] s. Anm. 333, S. 33
[336] s. Anm. 333, S. 34
[337] s. Anm. 3, Band II, S. 501
[338] s. Anm. 3, Band II, S. 502
[339] s. Anm. 3, Band II, S. 512
[340] s. Anm. 3, Band II, S. 503
[341] s. Anm. 3, Band II, S. 504
[342] s. Anm. 3, Band II, S. 504f
[343] s. Anm. 3, Band II, S. 522
[344] s. Anm. 3, Band II, S. 515
[345] s. Anm. 3, Band II, S. 495
[346] s. Anm. 3, Band II, S. 515
[347] s. Anm. 3, Band II, S. 516
[348] s. Anm. 333, S. 47f
[349] s. Seite 361 dieses Buches
[350] s. Anm. 3, Band II, S. 527
[351] s. Seite 13 dieses Buches
[352] s. Seite 19 dieses Buches
[353] s. Anm. 1, S. 315f
[354] s. Anm. 3, Band I, S. 140ff.
[355] Schmack, E., Gundula Niemands erstes Zeugnis, Kastellaun 1977
[356] Bartnitzky, H., Christiani, R., Zeugnis ohne Zensuren, Düsseldorf 1977
[357] s. Anm. 356, S. 33
[358] s. Anm. 356, S. 40f
[359] s. Anm. 299, S. 20ff.
[360] Lichtenstein-Rother, I., Leistung und Leistungsbeurteilung im 1. Schuljahr, in: Schulreport, Bayrisches Staatsministerium für Unterricht und Kultur, München 1976, Heft 5, S. 6f
[361] Aus dem Formular sind nähere Angaben über Bezugsquelle und Erscheinungsjahr nicht ersichtlich.
[362] Senator für Bildung, Bremen, Akz.: 219/77V, 8. 8. 1977
[363] Günther, H., Gutachten, in: Religionspädagogischer Arbeitskreis der Bekenntnisbewegung, Stellungnahme zu den vorläufigen Hinweisen des Kultusministers zur Erstellung der Zeugnisse für die Klassen 1 und 2 der Grundschulen in NW, Extertal-1, 5. 10. 1976

[364] Religionspädagogischer Arbeitskreis der Bekenntnisbewegung »Kein anderes Evangelium«, Schule wohin? Das Kind im Griff!, Extertal-1 1977, Auflage 1–4

[365] Konferenz bekennender Gemeinschaften in den Evangelischen Kirchen Deutschlands, »Offener Brief« an die Kultusminister der deutschen Bundesländer, Berlin 20. 6. 1977

[366] Dr. Laurien, H., Vorsitzende der Kommission »Bildung und Kultur« des Zentralkommitees der Deutschen Katholiken, Bonn 11. 3. 1977

[367] Schröter, G., Zeugnisse? Zeugnisse! Kastellaun 1977, S. 216ff.

[368] s. Anm. 8, S. 60

[369] s. Anm. 3, Band I, S. 115 und 126ff.

[370] Eysenck, H. J., Die Ungleichheit der Menschen, München 1975

[371] Brezinka, W., Vererbung, Chancengleichheit, Schulorganisation in: Criticon, Nr. 33, Starnberg 1976, S. 20f

[372] Deutscher Bildungsrat, Gutachten und Studien der Bildungskommission, Band 2, Scheuerl, H., Die Gliederung des deutschen Schulwesens, Stuttgart 1970², S. 87

[373] Deutscher Bildungsrat, Empfehlungen der Bildungskommission, Einrichtung von Schulversuchen mit Ganztagsschulen, Stuttgart 1970², S. 24ff.

[374] Bund-Länder-Kommission, Vorschläge für die Durchführung vordringlicher Maßnahmen, Stuttgart 1972, S. 18

[375] s. Anm. 8, S. 133

[376] s. Anm. 8, S. 51

[377] s. Anm. 8, S. 51

[378] s. Anm. 8, S. 199

[379] s. Anm. 8, S. 199

[380] s. Anm. 6, S. 73f

[381] s. Anm. 272, S. 38

[382] Günther, H., Willeke, Cl. und R., Erklärung zum zweiten Familienbericht der Bundesregierung, in: ibw Journal, Paderborn 1975, Heft 12, S. 179

[383] Veröffentlicht in: »Die öffentliche Verwaltung«, Nov. 1977; zitiert nach der Stellungnahme des »Freundeskreises Maria Goretti e. V.« zum Beschluß des Bundesverfassungsgerichtes in der Frage des Sexualkundeunterrichts in den Schulen, siehe Anm. 297

[384] s. Anm. 297, S. 64

[385] Bundesminister für Jugend, Familie und Gesundheit, Referentenentwurf des Jugendhilfegesetzes; Gesetzesteil und Begründung; Bonn, Stand 1978³

Literaturverzeichnis

AGJ (Arbeitsgemeinschaft für Jugendhilfe), Jugend im Spannungsfeld zwischen Gesellschaft und Recht, Bonn 1975

AGJ, Referentenentwurf des Jugendhilfegesetzes; Gesetzesteil und Begründung, Bonn 1978

AGJ, Jugendhilfe und Schule, Bonn 1977

Amendt, G., Kinderkreuzzug, Reinbek 1968

Bath, H., Emanzipation als Erziehungsziel, Bad Heilbrunn OBB 1974

Baldwin, A. L., Theorien primärer Sozialisationsprozesse, Band 1 und 2, Weinheim 1974

Barth, K., Die Revolutionierung der Schüler, Mannheim 1969, Selbstverlag

Bartnitzky, H., Christiani, R., Zeugnis ohne Zensuren, Düsseldorf 1977

Beck, W. H., Gruppenpsychotechnik, Wuppertal 1978

Bernsdorf, W., Wörterbuch der Soziologie, Band 1–3, Frankfurt 1975–76[4]

Brezinka, W., Von der Pädagogik zur Erziehungswissenschaft, Weinheim 1975[3]

Brezinka, W., Erziehung und Kulturrevolution, München 1976[2]

Brezinka, W., Vererbung, Chancengleichheit, Schulorganisation, in: Criticon, Starnberg 1976, Heft 33

Bundesminister für Jugend, Familie und Gesundheit, Zweiter Familienbericht, Bad-Godesberg 1975

Bundeszentrale für gesundheitliche Aufklärung, Gesundheitserziehung und Schule, Stuttgart 1975[3]

Bundeszentrale für gesundheitliche Aufklärung, Muß-Ehen muß es nicht geben, Bad-Godesberg 1976[2]

Bund-Länder-Kommission, Vorschläge für die Durchführung vordringlicher Maßnahmen, Stuttgart 1972

Busch, D. u. a. (Hrsg.), Die Wiederentdeckung des Menschen, Kassel 1976

Comfort, A., Der aufgeklärte Eros, München 1964

Dahrendorf, R., Homo Sociologicus, Opladen 1974[14]

Deutscher Bildungsrat, Strukturplan für das Bildungswesen, Stuttgart 1972[4]

Deutscher Bildungsrat, Die Gliederung des deutschen Bildungswesens, Stuttgart 1970[2]

Deutscher Bildungsrat, Empfehlungen der Bildungskommission, Stuttgart 1970[2] (Einrichtung von Schulversuchen mit Ganztagsschulen)

Deutscher Bildungsrat, Empfehlungen der Bildungskommission zur Eingangsstufe eines Modellprogramms für Curriculumentwicklung im Elementarbereich, Stuttgart 1973

Deutscher Bildungsrat, Die Eingangsstufe des Primarbereichs, Band I, Stuttgart 1975

Deutscher Bildungsrat, Die Eingangsstufe des Primarbereichs, Band 2/2, Stuttgart 1975

Dolch, H., Lehrplan des Abendlandes, Kastellaun 1971[3]

Eysenck, H.-J., Die Ungleichheit der Menschen, München 1975

Ellwein, Th., Groothoff, H. H., Rauschenberger, H., Roth, H. (Hrsg.), Erziehungswissenschaftliches Handbuch, Berlin; Band I 1969, Band III, Teil 1 1971; Band III, Teil 2 1971; Band IV 1975

Flitner, W., Allgemeine Pädagogik, Stuttgart 1970[13]

Fend, H., Sozialisierung und Erziehung, Weinheim 1974[7]

Findeisen, S., Funkkolleg, Was ist Wahrheit, Krelingen, unveröffentlicht

Foerster, F. W., Sexualethik und Sexualpädagogik, Recklinghausen 1956[6]

Frey, H., Die Krise der Theologie, Wuppertal 1972[2]

Freudenreich, u. a. (Hrsg.) Praxishandbuch Rollenspiel, Dortmund 1976

Freire, P., Die Pädagogik der Unterdrückten, Stuttgart 1972[2]

Gamm, H.-J., Das Elend der spätbürgerlichen Pädagogik, München 1972

Gamm, H.-J., Kritische Schule, München 1971[5]

Gamm, H.-J., Einführung in das Studium der Erziehungswissenschaft, München 1974

Giesecke, H., Die Jugendarbeit, München 1975[3]

Giesecke, H., Einführung in die Pädagogik, München 1974[6]

Giesecke, H., Emanzipation – ein neues pädagogisches Schlagwort? in: Deutsche Jugend 1969

Groothoff u. a. (Hrsg.), Pädagogische Grundbegriffe, Frankfurt 1975[12]

Günther, H., Auf dem Wege zu einer neuen Schule – Die falsche Emanzipation, München 1974

Günther, H., Willeke, Cl. u. R., Erklärung zum zweiten Familienbericht, in: ibw-journal, Paderborn 1975

Günther, H., Willeke, Cl. u. R., Kritische Beiträge zur Gruppendynamik. Stuttgart 1975

Günther, H., Willeke, Cl. u. R., Die Gewalt der Verneinung – Die kritische Theorie und ihre Folgen, Stuttgart 1978

Habermas, J., Erkenntnis und Interesse, Frankfurt 1969

Habermas, J., Theorie der Gesellschaft oder Sozialtechnologie, Frankfurt 1971

Habermas, J., Zur Aktualität Walter Benjamins, Frankfurt 1972

Habermas, J., Kultur und Kritik, Frankfurt 1973

Habermas, J. u. Henrich, D., Zwei Reden, Frankfurt 1974

Habermas, J., Zur Rekonstruktion des Historischen Materialismus, Frankfurt 1976[2]

Heiner, u. a., Soziale Kommunikation, Stuttgart 1976

Hielscher, H., (Hrsg.), Sozialerziehung Konkret, Band 1, Dortmund 1977

Huntemann, G., Aufstand der Schamlosen – Das christliche Gewissen angesichts der sexuellen Revolution, Wuppertal 1971

Huntemann, G., ... und was die Bibel dazu sagt, Wuppertal 1969[2]

Initiative Jugendpolitisches Forum (Hrsg.), jugend in der klassengesellschaft – möglichkeiten fortschrittlicher praxis, Frankfurt 1975

Jentsch, W., Jetter, H., Kießig, M., Reller, H. (Hrsg.), Evangelischer Erwachsenenkatechismus, Gütersloh 1975

Kaltenbrunner, G.-K., Klassenkampf und Bildungsreform, Freiburg 1974

Kaltenbrunner, G.-K., Zur Emanzipation verurteilt, Freiburg 1975

Kattmann, U., (Hrsg.), Sexualerziehung in der Schule, Kiel 1975

Kentler, H., Sexualerziehung, Reinbek 1970

Kentler, H., Eltern lernen Sexualerziehung, Reinbek 1975

Kentler, H., Kindersexualität, in: Zeig mal, Wuppertal 1976[3]

Kerstiens, L., Modelle emanzipatorischer Erziehung, Bad Heilbrunn 1974

Klafki, W., u. a., Funkkolleg Erziehungswissenschaft, Band 1–3, Frankfurt 1975[8]

Köberling, H. u. a., Politisch-Soziales Lernen, in: Deutscher Bildungsrat, Die Eingangsstufe des Primarbereiches, Stuttgart 1975

Krappmann, L., Neuere Rollenkonzepte als Erklärungsmöglichkeit für Sozialisationsprozesse, in: betrifft: erziehung, Weinheim 1971, Heft 3

Krappmann, L., Soziologische Dimension der Identität, Stuttgart 1975[4]

Krings, H. u. a. (Hrsg.), Handbuch Philosophischer Grundbegriffe, Band 1–6, München 1973

Künneth, W., Fundamente des Glaubens, Wuppertal 1975

Kultusminister des Landes Hessen, Rahmenrichtlinien der Sekundarstufe I, Gesellschaftslehre, Frankfurt 1973

Kultusminister des Landes NW, Richtlinien für den Politikunterricht, Düsseldorf 1974[2]

Kultusminister des Landes NW, Planungsmaterial für den Politikunterricht, Nur ein Mädchen, Düsseldorf 1975

Kultusminister des Landes NW, RdErl. des Kultusministers vom 13. 5. 1976, Zeugnisreform

Kultusminister des Landes NW, Kollegstufenmodell NW, Ratingen 1973

Langefeld, M. J., Einführung in die theoretische Pädagogik, Stuttgart 1973[8]

Löwisch, D.-J., Erziehung und Kritische Theorie, München 1974

Lück, I., Der Christ in der Konfrontation mit der neuen Schule, in: Das Fundament, Korntal 1975

Marcuse, H., Versuch über die Befreiung, Frankfurt 1972[3]

Marcuse, H., Der eindimensionale Mensch, Neuwied 1974[6]

Marcuse, H., Psychoanalyse und Politik, Frankfurt 1968

Marcuse, H., Triebstruktur und Gesellschaft, Frankfurt 1973

Maier, G., Das Ende der historisch-kritischen Methode, Wuppertal 1974

Moreno, J. L., Gruppenpsychotherapie und Psychodrama, Stuttgart 1973

Moreno, J. L., Die Grundlagen der Soziometrie, Opladen 1974[3]

Mollenhauer, K., Erziehung und Emanzipation, München 1973[6]

Nave-Herz, R., Soziologie der Schule und des Lehrers, in: Erziehungswissenschaftliches Handbuch, Berlin 1971, Band III, Teil 2

Neill, A. S. u. a., Die Befreiung des Kindes, Frankfurt 1975

Neill, A. S., Theorie und Praxis der antiautoritären Erziehung, Reinbek 1975[24]

Nickel, H., Entwicklungspsychologie des Kindes- und Jugendalters, Stuttgart 1976[3], Band I und II

Ollendorf-Reich, I., Wilhelm Reich, München 1975

Oerter, R., Moderne Entwicklungspsychologie, Donauwörth 1975[15]

Otto, G. u. a. (Hrsg), Neues Handbuch des Religionsunterrichts, Hamburg 1972

Petzold, H., Angewandtes Psychodrama, Paderborn 1972

Reble, A., Geschichte der Pädagogik, Stuttgart 1975[12]

Reble, A., Dokumentationsband I und II, Stuttgart 1971

Reich, W., Die sexuelle Revolution, Frankfurt 1966

Reich, W., Der Einbruch der sexuellen Zwangsmoral, Frankfurt 1975

Rohrmoser, G., Die Krise der Institutionen, München 1972

Rohrmoser, G., Emanzipation und Freiheit, München 1970

Rohrmoser, G., Das Elend der kritischen Theorie, Freiburg 1973[3]

Rohrmoser, G., Die methaphysische Situation der Zeit, Stuttgart 1975

Rohrmoser, G., Die Strategie des Neomarxismus. Stuttgart 1975

Rohrmoser, G., Ideenpolitische Perspektiven, Stuttgart 1975

Rohrmoser, G., Revolution unser Schicksal, Stuttgart 1974

Rohrmoser, G., Welche Art von Sozialismus bedroht unsere Freiheit? Stuttgart 1976

Rombach, H. (Hrsg.), Wissenschaftstheorie 1 und 2, Freiburg 1974

Röhrs, H., Allgemeine Erziehungswissenschaft, Weinheim 1973[3]

Ruegg, W., Soziologie, Frankfurt 1975[8]

Scarbath, H., Geschlechtererziehung, Heidelberg 1969

Schäfer, Schaller, Kritische Erziehungswissenschaft und kommunikative Didaktik, Heidelberg 1973

Schelsky, H., Die Arbeit tun die andern, Opladen 1975

Schlotthaus, W., Kommunikationsförderung in der Eingangsstufe, in: Deutscher Bildungsrat, Die Eingangsstufe des Primarbereiches, Stuttgart 1975

Schmack, E., Gundula Niemands erstes Zeugnis, Kastellaun 1977

Schoeck, H., Schülermanipulation, Freiburg 1976

Schröter, G., Zensuren? Zensuren! Kastellaun 1977

437

Speck, J. und Wehle, G., Handbuch pädagogischer Grundbegriffe, Band I und II, München 1970

Staudinger, H., Behler, W., Chance und Risiko der Gegenwart, Paderborn 1976

Stegmüller, W., Hauptströmungen der Gegenwartsphilosophie, Band I, Stuttgart 1975[5], Band II Stuttgart 1975[2]

Ueberschär, B., Rollenverhalten, Frankfurt 1973

Willeke, Cl. und R., Sozialisation oder Erziehung? in: Erwachsenenbildung der katholischen Elternschaft, Köln 1973

Willmann-Institut (Hrsg.), Das neue Lexikon der Pädagogik, Band 1–4, Freiburg 1974

Weber, E., Pädagogik, Band 1–3, Donauwörth 1975[3]

Weiss, A. v., Die Neue Linke – Kritische Analyse, Boppard 1969

Zichmann, J., Soziale Studien, in: Standortbezogener Sachunterricht, Münster 1975

SCHULBÜCHER:

Arbeitsbuch zur politischen Bildung in der Grundschule, Beck, Aust, Hilligen, Frankfurt 1974[4] (Hirschgraben)

drucksachen 5 und 6 neu – Lesebuch, Hrsg.: Block, A., Bödeker, E., Dahrendorf, M., Mihm, A., Rülker, T., Düsseldorf 1974 (Pro-Schule Verlag)

drucksachen 6 neu, Lehrerhandbuch, Düsseldorf 1976

drucksachen A 8 und A 9 neu – Lesebuch, Hrsg.: Block, A., Bödeker, E., Dahrendorf, M., Mihm, A., Rülker, T., Düsseldorf 1974

drucksachen A 8 und A 9, Lehrerhandbuch, Düsseldorf 1976

drucksachen B 7 bis B 10, neu – Lesebuch, Hrsg.: Dahrendorf, M., Mihm, T., Rülker, T., Düsseldorf 1974

drucksachen B 7 bis B 10 neu – Lehrerhandbuch, Düsseldorf 1976

drucksachen C 7 bis C 10 neu – Lesebuch, Hrsg.: Dahrendorf, M., Mihm, A., Rülker, T., Düsseldorf 1974

drucksachen 7 und 10 – Lesebuch Gymnasium, Hrsg.: Block, A., Bödeker, E., Dahrendorf, M., Mihm, A., Rülker, T., Düsseldorf 1974

...damit ich besser schreiben kann, Eucker, I. und J., Kämpf-Jansen, H., Düsseldorf 1975 (Pro-Schule Verlag)

...damit ich besser lesen kann, Eucker, I. und J., Kämpf-Jansen, H., Düsseldorf 1974

...damit ich besser lesen kann, Lehrerhandbuch, Düsseldorf 1975

Erste Studien, 4. Schuljahr, Dortmund 1974, Altmeyer, H. u. a.

Kritisches Lesen 1, 2 und 3 (5., 6. und 7. Schuljahr), Cordes, H., Ehlert, K. u. a., Frankfurt, 1 – 1974[2], 2 – 1974, 3 – 1975 (Diesterweg)

Lernfeld Gesellschaft, Frankfurt 1975[3], Grix, R., Knöll, W.

Lesarten, Band 2–4; Textbuch und Arbeitsbuch, Hrsg.: Boueke, D., Doderer, Kl., Klein, A., Rabenstein, G., Düsseldorf 1974 (Bagel-Verlag)

Lesarten, Band 2–4; Lehrerhandreichungen, Düsseldorf

Lesarten, Band 5–6; Textbuch und Arbeitsbuch, Hrsg.: Boueke, D., Doderer, Kl., Klein, A., Rabenstein, G., Düsseldorf 1974

Lesarten, Band 5–6, Lehrerhandreichungen, Düsseldorf 1976

Lesarten, Band 7–10, Textbuch und Arbeitsbuch, Hrsg.: Boueke, D., Doderer, Kl., Klein, A., Rabenstein, G., Düsseldorf 1974

Lesebuch Bunte Drucksachen, Band 2 bis 4, Hrsg.: Becker, G., Dahrendorf, M., Meis, R., Mihm, A., Rülker, T., Düsseldorf 1974 (Pro-Schule Verlag)

Lesebuch Bunte Drucksachen, Band 2 bis 4, Lehrerhandbuch, Hrsg.: s. o., Düsseldorf 1974

Lesebuch Bunte Lesefolgen, Band 2 bis 4, Hrsg.: Becker, G., Dahrendorf, M., Meis, R., Mihm, A., Rülker, T., Düsseldorf 1976

Mensch und Gesellschaft, Ausgabe NW, Stuttgart 1975[2] (Metzler)

sehen beurteilen handeln, 5./6. Schuljahr, Hilligen, W., George, S., Frankfurt 1976[6]

sehen beurteilen handeln, NRW 7/9, Frankfurt 1977[8]

Sprache und Sprechen, Kochan, C., Ader, D., Bauer, J., Henze, W. (Hrsg.), Hannover, Gesamtwerk 1972 bis 1975; Sprachbuch für alle Altersstufen

Sprachprojekte 2, Schlotthaus, W., Balhorn, H., Drögemüller, H., Grönwoldt, P., Röseler, R., Braunschweig 1974 (Westermann Verlag)

Sprachprojekte 2, Lehrerband, 1975

Texte und Fragen 2. Schuljahr, Buck, S., Wolff, W. (Hrsg.), Frankfurt 1974 (Diesterweg Verlag)

Texte und Fragen 2. Schuljahr, Lehrerband, Frankfurt 1975

Texte und Fragen 2. Schuljahr, Buck, S., und Wolff, W., Frankfurt 1976[2]

Texte und Fragen 3. Schuljahr, Lehrerband, Frankfurt 1977

Texte und Fragen 4. Schuljahr, Buck, S., und Wolff, W., Frankfurt 1976

Texte für die Primarstufe TP 2, Pregel, D., Blumenthal, A., Bödeker, H., Menzel, W., Muth, J., Wacker, H., Hannover 1972

Texte für die Primarstufe TP 3 und TP 4, Verfasser s. o., Hannover 1973

Wörter Sätze Texte 2, Weisgerber, B., Heiliger, F. J., Bochum, Genehmigungsjahr 1975

Texte zum Nachdenken, Hrsg.: Runte, I., Schulze, K.-H., Werner, A., Ratingen 1977 (Henn-Verlag)

Texte zum Nachdenken, Kommentarband, Ratingen 1977

themen und texte, Band 5 bis 10, Hrsg.: Buch, W. u. a., Dortmund, Genehmigungsjahr 1973, (Crüwell Verlag)

Wir lesen alles kurz und klein, Becker, G. und Topsch, W., Düsseldorf 1974 (Pro-Schule Verlag)

Wir lesen alles kurz und klein, Lehrerhandbuch, Becker, G. und Topsch, W., Düsseldorf 1974

Betrifft: Sexualität, Hrsg.: Norddeutscher Rundfunk mit Unterstützung der Bundeszentrale für gesundheitliche Aufklärung, Köln, Braunschweig 1977

Biologie 5/6, Bauer, E. W. (Hrsg.), Ausgabe A, Berlin 1977

biologie 5/6, Gerhardt, A., Dircksen, J., Hörner, P., München 1974

Biologie, Beiheft 1, Lange Strauß Dobers, Braunschweig 1974

Darüber spricht man nicht, Hrsg.: Kinder- und Jugendtheater »rote grütze«, Weismann-Verlag, München 1973

Junge, Mädchen, Mann und Frau, Gütersloh, (Mohn-Verlag), Band 1 1975[8], Band 2 1976[3], Brauer u. a.

Lebendige Welt, Neuausgabe Biologie 1, Garms, H., Braunschweig 1975

Lehrmappe Sexualerziehung, Verch, K., St. Augustin 1975

Richtlinien für die Sexualerziehung in den Schulen des Landes NW, Erlaß des Kultusministers vom 3. 5. 1974, S. 318ff.

Sexualität und Gesellschaft, Kuchta, I., Penne, K.-J., Berlin 1973

Sexualität ist mehr, Assig, D., Baurmann, M. u. a., Wuppertal 1977

Sexualerziehung an öffentlichen Schulen, BVerfG vom 21. 12. 1977, in: Europäische Grundrechte (EugRZ), Kehl/R. 1978, 3

Was heißt hier Liebe, Hrsg.: Kinder- und Jugendtheater »rote grütze« München 1977

Zeig mal, McBride, Wuppertal 1976 (Jugenddienst-Verlag)

Fremdwörterverzeichnis

absolut	unabhängig, beziehungslos, unbeschränkt
Affekt	Gemütsbewegung, stärkere Erregung, oft unter Ausschaltung sonst bestehender Hemmungen
Aggregat	aus mehreren Gliedern bestehender mathem. Ausdruck
aggressiv	angreifend, herausfordernd
Aggressivität	Angriffslust; Streitbarkeit; unbeherrscht affektives Verhalten gegenüber dem Mitmenschen
Aggression	in der heutigen individualen Sozial-

psychologie Umschreibung dieses Verhaltens. Dabei konkurrieren zwei Erklärungsansätze miteinander: a) Aggression wird als »natürliche Entladung« eines Triebstaus definiert; b) Aggression wird als affektive Reaktion auf frustrierende Einwirkungen der Umwelt gedeutet

Ambiguität	Zweideutigkeit, Doppelsinnigkeit
ambivalent	doppelwertig
Ambivalenz	Doppelwertigkeit
amoralisch	sich über die herrschende Moral hinwegsetzend
anal	zum After gehörend
Analyse	Zergliederung eines Ganzen in seine Teile; Untersuchung
analytisch	zergliedernd, zerlegend
Anamnese	allgemein Vorgeschichte, einer Krankheit z. B.
anarchistisch	umstürzlerisch, staatsfeindlich
Anthropologie	Lehre vom Menschen
Apparatschik	abschätzig für: führende Persönlichkeit im staatlichen »Apparat« totalitärer Staaten des Ostens
artikulieren	in Worte fassen, zum Ausdruck bringen
ästhetisch	schön, ausgewogen; abschätzig gemeint: überfeinert
autonom	selbständig, unabhängig, nach eigenen Gesetzen lebend
autorisiert	bevollmächtigt, ermächtigt
Basis	Grundlage, Ausgangspunkt
Bedeutungshierarchien	Rangordnung von Bedeutungsgehalten
Bildungskanon	Richtschnur, Leitfaden für die Bildung
blasphemisch	gotteslästerlich
definitiv	endgültig, abschließend
Denkoperationalität	Summe der Denkvorgänge
Dependenz	Abhängigkeit
determiniert	begrenzt, bestimmt

Determiniertheit	Bestimmtheit
diagnostiziert	durch eingehende Untersuchung festgestellt
diffus	zerstreut, ungeordnet
Dignität	Würde
Diskrepanz	Unstimmigkeit
Diskriminierung	Herabsetzung, Herabwürdigung
Dissens	Meinungsverschiedenheit
disponieren	verfügen, ordnen
Disposition	Verfügung
zur Disposition stellen	in den einstweiligen Ruhestand versetzen
Distanz	Abstand, Entfernung
divergierend	abweichend
dogmatisch	streng an Lehrsätze gebunden
dysfunktional	nicht funktionierend, störend
egalitär	auf politische oder soziale Gleichheit gerichtet
Eindimensionalität	Bereich in einer Ebene oder Ausdehnung
Emotion	Gemütsbewegung, seelische Erregung
empirisch	aus der Erfahrung, Beobachtung, dem Experiment entnommen
Empirie	Erfahrung (im Gegensatz zur Theorie)
endogen	von innen kommend
Entdifferenzierung	innere Unterscheidung, Abstufung
erogen	geschlechtliche Erregung auslösend, erotisch reizbar
Errektion	geschlechtliche Erregung
Establishment	abschätzige Bezeichnung für die etablierte bürgerliche Gesellschaft, die Oberschicht der politisch, wirtschaftlich und gesellschaftlich einflußreichen Personen
etabliert	festgegründet
ethisch	sittlich
Euphorie	subjektives Wohlbefinden Schwerkranker

evident	offenkundig, ersichtlich, überzeugend
faktisch	wirklich, den Tatsachen entsprechend
Fetischismus	unbewußte Fixierung an Objekte, die als Teil für das Ganze stehen und einer Ersatzbefriedigung dienen
fixe Inhalte	unbeweglich, feststehende Inhalte
fixieren	festlegen
flexibel	biegsam, elastisch, geschmeidig
fundamental	grundlegend
Gottessyndrom	die Behauptung, die Gottesvorstellung an sich sei ein Symptom für Wahnsinn
Handlungsschemata	Handlungsmuster, -entwürfe
Hermeneutik	Auslegekunst, Interpretation aus dem Sinnzusammenhang, Deutung
heterosexuell	Geschlechtlichkeit normal empfindend (auf das andere Geschlecht bezogen)
Homosexualität	sich auf das eigene Geschlecht richtendes Geschlechtsempfinden
Humanwissenschaft	Wissenschaft vom Menschen
hypostasiert	verdinglicht, vergegenständlicht
Hypothese	unbewiesene Grundlage
hypothetisch	auf einer unbewiesenen Vermutung beruhend, nur angenommen
Identifikation	Gleichsetzung; Nachahmung und Gleichsetzung persönlicher Ideale
Imitation	Nachbildung, Nachahmung
Immanenz	die sichtbare Welt; Gegensatz: Transzendenz
impliziert	inbegriffen, eingeschlossen
indoktriniert	durchdrungen (ideologisch)
Inhumanität	Unmenschlichkeit
initiieren	den Anstoß geben
integer	unbescholten, ohne Makel, unbestechlich
integrieren	zusammenschließen, ergänzen, vervollständigen in ein übergeordnetes Ganzes

Intention	Absicht, Vorhaben
Interaktion	Wechselbeziehung zwischen aufeinander ansprechenden Partnern (Soziologie)
internalisieren	Gruppennormen als für die eigene Person gültig übernehmen
Introjektion	unbewußte Einbeziehung von Vorstellungen der Außenwelt in die Seele, in den subjektiven Interessenkreis
Intuition	Erkennen des Wesens eines Gegenstandes in einem Akt ohne Reflexion
invariant	unveränderlich bleibend
Inzest	engste Inzucht, Blutschande
Kategorie	Klasse, Gattung, Begriffs-, Anschauungsform
kognitiv	die Erkenntnis betreffend
koitieren	den Beischlaf vollziehen, sich begatten
Kollektiv	allgemein: Gruppe; Arbeits- und Produktionsgemeinschaft
kompensatorisch	ausgleichend
konform	einig, übereinstimmend
Konformismus	Geisteshaltung, die stets um Anpassung bemüht ist
Konstellation	Zusammentreffen von Umständen, Gruppierung
konstituieren	einsetzen, festsetzen
konstitutiv	bestimmend, grundlegend
Konterrevolutionär	Gegenrevolutionär
kontinuierlich	stetig, fortdauernd
Kontinuum	lückenlos zusammenhängendes Gebilde (politische Gesellschaft u. ä.)
Konzept	Entwurf, erste Fassung
konzipieren	eine Grundidee von etwas gewinnen, etwas entwerfen
korporativ	körperschaftlich, insgesamt, in Masse
korrumpieren	verderben
Kreativität	das Schöpferische, Schöpferkraft
Kriterium	Prüfstein, unterscheidendes Merkmal
kumulativ	anhäufend

Kulturanthropologie	Lehre vom Menschen innerhalb der verschiedenen Kulturen und Zeitalter
Legitimität	Rechtmäßigkeit
Legitimationsbasis	Beglaubigungsgrundlage
lesbische (Liebe)	Geschlechtsbeziehung zwischen Frauen
liberal	vorurteilsfrei, freiheitlich gesinnt
libidinös	die sexuelle Lust betreffend
liquidieren	verhüllend für jemanden beseitigen, umbringen
Liquidation	Ausmerzung
manifest	handgreiflich, offenkundig
manifestieren	offenbaren, bekunden
Manipulation	Beeinflussung, Machenschaften
manipulieren	beeinflussen, gezielt lenken
Masturbation	geschlechtliche Selbstbefriedigung
Methode	(planmäßiges) Vorgehen, Verfahren fahren
modifizieren	abändern, abwandeln
monopolisieren	einen alleinigen Anspruch (Monopol) aufbauen
Moralität	Sittlichkeit, Übereinstimmung des Willens mit dem Sittengesetz
Motivation	Beweggrund
negieren	verneinen
nivellieren	gleichmachen, Unterschiede ausgleichen
Nivellierung	Das Ausgleichen von Unterschieden
non verbale Methode	Methode der Gruppendynamik, auf dem Wege gegenseitigen Berührens ohne Sprache untereinander Verbindung aufnehmen
normenkonform	den aufgestellten Regeln gemäß, angepaßt
objektiv	gegenständlich, tatsächlich, auf ein Objekt bezogen; sachlich, unvoreingenommen
objektivieren	etwas zum Objekt machen, vergegenständlichen
objektivierbar	tatsächlich, nachweisbar

obszön	unanständig, schamlos
ökonomisch	wirtschaftlich
Onanie	geschlechtliche Selbstbefriedigung
optimal	in höchst wünschenswertem Maße, sehr gut
oral	den Mund betreffend
Orgasmus	Höhepunkte der geschlechtlichen Erregung
Orgie	ausschweifendes Gelage
pathologisch	krankhaft
permanent	dauernd, anhaltend, ständig
Perzeption	das sinnliche Wahrnehmen als erste Stufe der Erkenntnis
Petting	meist unverbindliche erotisch-sexuelle Spielerei (ohne Geschlechtsverkehr)
Phantom	Trugbild
physiologisch	die Lebensvorgänge im Organismus betreffend
Pollution	unwillkürliche Samenentleerung
Positivismus	Denkrichtung in der Philosophie, die die erfahrungsmäßigen Tatsachen zum allgemeinberechtigten Ausgangspunkt der Forschung nimmt
Postulat	(sittliche) Forderung; sachlich oder denkerisch notwendige Annahme, die unbeweisbar, aber durchaus glaubhaft und einsichtig ist
Potential	Leistungsfähigkeit, Kraft
Präzision	Genauigkeit, Feinheit
Pressionen	Druck, Nötigung, Zwang
primär	zuerst vorhanden, ursprünglich
Prinzip	Grundsatz
Privileg	Vorrecht, Sonderrecht
professionell	berufsmäßig
progressiv	stufenweise fortschreitend, fortschrittlich
Propagierung	Verbreitung, Werbung
rational	vernünftig
Realitätsprinzip	Wirklichkeit, tatsächliche Lage

Reduzierung	Zurückführung
reflexiv	rückbezüglich, vergleichend, prüfend nachdenken
Rekonstruktion	im kommunistischen Sprachgebrauch: Umgestaltung
Repertoire	Vorrat (einstudierter Rollen)
relativieren	einschränken, in Beziehung bringen
Renaissance	Wiederaufleben einer früheren Kulturerscheinung
repräsentieren	vertreten, darstellen (würdig)
repräsentativ	maßgeblich, bedeutsam
repressiv, Repression	hemmend, unterdrückend, einschränkend, Hemmung
reproduzieren	nachbilden, wiedergeben, wiederherstellen
Ressourcen	Hilfsquellen, Reserven
Restauration	Wiedereinrichtung der alten politischen und sozialen Ordnung nach einem Umsturz
Restriktion	Einschränkung eines Begriffes oder Urteils auf einen geringeren Umfang; Beschränkung
revidiert	durchgesehen, geprüft; nach eingehender Prüfung geändert
revisionistisch	nach Änderung eines bestehenden Zustandes strebend
reziprok	wechselseitig, aufeinander bezüglich
Reziprozität	Wechselseitigkeit
rigide	steif, starr
Rigorosität	Rücksichtslosigkeit
Sanktionen	Sicherungsbestimmungen. Zwangsmaßnahmen
Segment	Abschnitt
sekundär	in zweiter Linie in Betracht kommend, hinzukommend
Sensibilität	Empfindsamkeit
Sensitivität	Überempfindlichkeit, Feinfühligkeit
Sexualität	Geschlechtlichkeit
Simulation	Verstellung, Vortäuschung

solidarisieren	sich übereinstimmend oder eng verbunden erklären
Sozialpsychologie	die Erlebnis- und Verhaltensweisen im Gesellschaftsleben untersuchende Forschung, im Grenzgebiet zwischen Soziologie und Psychologie
Subjektivismus	Ansicht, nach der das Subjekt (das Ich) das Primäre, Gegebene sei, alles andere Schöpfung des Bewußtseins dieses Subjekts
Subkultur	eine besondere, z. T. relativ geschlossene Kulturgruppierung innerhalb eines übergeordneten Kulturbereiches
sublim	fein; nur einem geläuterten Verständnis und Empfinden zugänglich
Substrat	die eigenschaftslose Substanz eines Dinges als Träger seiner Eigenschaften
subsumieren	einordnen, unterordnen
subtil	zart, fein
Tendenz	allgemeine Grundstimmung, Neigung, Richtung
Theorem	Lehrsatz
transformieren	umformen
transparent	durchscheinend, durchsichtig
transzendent	den übersinnlichen Bereich betreffend (Gegensatz: immanent)
unorthodox	nicht der herkömmlichen Anschauung entsprechend, nicht starr
unreflektiert	unüberlegt
Utopie	als unausführbar geltender Plan ohne reale Grundlage; Hirngespinst
utopisch	schwärmerisch, unwirklich
variierbar	veränderbar, abwandelbar
verbal	wörtlich, mit Worten
verbalisieren	mit Worten zum Ausdruck bringen
weltimmanent	nur die sichtbare Welt betreffend